Die Internationalisierung der Rechtsstaatlichkeit

Staatlichkeit im Wandel

Herausgegeben von Philipp Genschel, Stephan Leibfried, Patrizia Nanz und Frank Nullmeier für den Sonderforschungsbereich »Staatlichkeit im Wandel« (TranState) der Deutschen Forschungsgemeinschaft in Bremen.

Staatlichkeit im Wandel Sfb 597

Band 1

Auf dem Umschlag wird ein Ausschnitt aus dem Fresko »L'Allegoria del Buon Governo« von Ambrogio Lorenzetti (ca. 1290–1348, jeweils Siena) wiedergegeben, gemalt etwa 1337–1339. Es findet sich in der Sala della Pace des Palazzo Pubblico in Siena und wird dort der »L'Allegoria del Cattivo Governo«, also dem schlechten Regieren, gegenüber gestellt. Dieser Ausschnitt aus dem Fresko konzentriert sich auf den Symbolkern guten Regierens, den guten Regenten, den guten Staat. In diesem Fresko – und dem dazugehörigen Fresko der »Folgenabschätzung«, »Gli Effeti del Buon Governo« – werden alle vier im Sonderforschungsbereich »Staatlichkeit im Wandel« untersuchten Dimensionen des Staates in einer konzentrierten Einheit angesprochen: das *Recht* als Justizia; die *Legitimation* als das »einigende Band« zwischen Bürgerschaft und Herrscher; die *Wohlfahrt* als Securitas; und die *Ressourcen*, insbesondere das »Monopol physischer Gewaltsamkeit«, als Pax. In dieser Allegorie werden in einer idealisierten, auf die Tugenden abstellenden, frühen Form die Qualitäten des demokratischen Rechts- und Interventions-Staates, des DRIS, angesprochen. Von dessen Gestalt, Vergehen und Wiedergewinnung handelt der Bremer Sonderforschungsbereich, einsetzend in der Mitte des 20. Jahrhunderts – und diesem Thema ist auch diese Reihe gewidmet. Zu den Fresken vgl. Maria Luisa Meoni, *Utopia e Realtà nel Buon Governo di Ambrogio Lorenzetti*, Florenz: Edizione IFI 2001.

Bernhard Zangl ist Professor für Politikwissenschaft (Internationale Beziehungen) an der Universität Bremen, Projektleiter im Sonderforschungsbereich und Kodirektor des Instituts für Interkulturelle und Internationale Studien (InIIS).

Bernhard Zangl

Die Internationalisierung der Rechtsstaatlichkeit

Streitbeilegung in GATT und WTO

Campus Verlag
Frankfurt/New York

Dieser Band ist im Rahmen des Sonderforschungsbereichs 597 »Staatlichkeit im Wandel« an der Universität Bremen entstanden und wurde auf Veranlassung des Sfb unter Verwendung der ihm von der Deutschen Forschungsgemeinschaft zur Verfügung gestellten Mittel gedruckt.

Bibliografische Information der Deutschen Bibliothek
Die Deutsche Bibliothek verzeichnet diese Publikation in der Deutschen Nationalbibliografie. Detaillierte bibliografische Daten sind im Internet über http://dnb.ddb.de abrufbar.
ISBN-13: 978-3-593-37891-6
ISBN-10: 3-593-37891-4

Gedruckt auf säurefreiem und chlorfrei gebleichtem Papier.
Printed in Germany

Besuchen Sie uns im Internet: www.campus.de

Inhalt

Vorwort

Das internationale Recht gilt vielen als zentraler Baustein für eine internationale Friedensordnung. Danach lässt sich die Kriegsgefahr, die den anarchischen Strukturen der internationalen Staatenwelt innewohnt, durch einen internationalen Rechtszustand lindern oder gar überwinden. Und dies obwohl sich internationales Recht nicht auf ein den Staaten übergeordnetes Gewaltmonopol stützen kann. Dagegen betonen andere, dass die der anarchisch strukturierten Staatenwelt inhärente Kriegsgefahr einen solchen Rechtszustand dauerhaft verhindert. Aus dieser Sicht bedarf es eines über den Staaten stehenden Gewaltmonopols, das dem internationalen Recht jenes Rückgrat gibt, das bislang nur das nationale Recht aufgrund des staatlichen Gewaltmonopols besitzt. Ohne ein solches Gewaltmonopol muss also das internationale Recht weitgehend wirkungslos bleiben.

Diese uralte Debatte über den Stellenwert des internationalen Rechts hat, wie der transatlantische Streit um den Irakkrieg zeigt, nichts an Aktualität verloren. Die einen – zumeist europäischen »Idealisten« – pochten auf die Einhaltung des internationalen Rechts. Da der internationale Friede durch das Recht stabilisiert werde, dürfe dieses nicht durch den illegalen Irakfeldzug unterminiert werden. Dagegen argumentierten die anderen – zumeist amerikanischen »Realisten« –, dass der Irakkrieg gerade im Dienste des Friedens notwendig sei. Denn solange das internationale Recht den Frieden nicht zuverlässig sichere, müssten sich Staaten auch jenseits des Rechts vor tödlichen Friedensbedrohungen schützen können.

Das vorliegende Buch greift, wenn nicht unmittelbar, so doch zumindest mittelbar in die angedeutete Debatte über die Friedensleistungen des internationalen Rechts ein. Denn es geht den Chancen nach, international einen Rechtszustand – ja eine internationale Rechtsstaatlichkeit – zu verwirklichen. Es tut dies im Vertrauen, dass ein internationaler Rechtszustand nicht nur, aber auch aufgrund seiner möglichen Friedenswirkung wünschenswert wäre. Es tut dies aber auch in der Absicht, kritisch zu prüfen, ob ein solcher Rechtszustand angesichts der international besonders zugespitzten Kriegsgefahren überhaupt erreichbar ist. Schließlich wäre es fatal, politische Energie auf das

Projekt internationaler Rechtsstaatlichkeit zu verschwenden, falls es seinen eigenen Verheißungen von vornherein nicht gerecht zu werden vermag. Kann das Projekt internationaler Rechtsstaatlichkeit hingegen seinen eigenen Ansprüchen genügen, so wäre es die politische Energie allemal wert.

Das vorliegende Buch ist im Kontext des von Michael Zürn und mir gemeinsam geleiteten Forschungsprojekts zur »Judizialisierung der internationalen Streitbeilegung« entstanden, das im Rahmen des Bremer Sonderforschungsbereichs »Staatlichkeit im Wandel« von der Deutschen Forschungsgemeinschaft (DFG) gefördert wird. Daher geht mein erster Dank an das Forschungsteam, mit dem ich seit 2003 das Vergnügen habe zusammenzuarbeiten. Viele der in diesem Buch verarbeiteten Ideen gehen unmittelbar auf die fruchtbaren Diskussionen mit Achim Helmedach, Aletta Mondré, Gerald Neubauer und Michael Zürn zurück. Zudem danke ich Stephan Leibfried, dem Sprecher dieses Sonderforschungsbereichs, der nicht müde geworden ist, mich freundschaftlich, aber bestimmt anzutreiben, das vorliegende Buch fertig zu stellen. Darüber hinaus bin ich meinen Kolleginnen und Kollegen an der Universität Bremen sowohl am Institut für Interkulturelle und Internationale Studien (InIIS) als auch am Institut für Politikwissenschaft (IfP) zu Dank verpflichtet. Sie sind mir nicht nur bei vielen Detailfragen stets bereitwillig mit Rat beigestanden, sondern haben insbesondere zu der netten Arbeitsatmosphäre – und den stets vergnüglichen Mensagängen – beigetragen, die zumindest für mein Arbeiten enorm wichtig ist. Dank gebührt insbesondere Michael Zürn, der mir lange ein sowohl fördernder als auch fordernder und stets bewundernswert guter Chef war. Mit ihm verbindet mich eine akademische Freundschaft, die sicher auch über die Distanz zwischen Bremen und Berlin Bestand haben wird. Weiterhin danke ich Dieter Senghaas, Peter Mayer und dem leider viel zu früh verstorbenen Bernhard Peters, die mich stets loyal unterstützt haben. Zu Dank verpflichtet bin ich auch Dieter Wolf, von dessen Korrekturen das Buch nicht nur inhaltlich, sondern insbesondere auch sprachlich enorm profitiert hat. Danken möchte ich auch Henning Deters und Tim Flink, die das Buch Korrektur gelesen haben, sowie Monika Sniegs, die die Formatierung vollendet hat.

Das vorliegende Buch ist allerdings nicht ausschließlich ein Bremer Produkt, sondern auch in Cambridge und Florenz entstanden. Ohne meine Forschungsaufenthalte 2003-2004 als John F. Kennedy Fellow am Center for European Studies (CES) an der Harvard University in Cambridge/USA sowie 2004-2005 als Jean Monnet Fellow am Robert Schuman Centre for Advanced Studies (RSCAS) des Europäischen Hochschulinstituts in Florenz/Italien läge es sicher noch nicht vor. Beide Institutionen boten mir Arbeitsbedingungen, die ein konzentriertes Schreiben an dem langsam wachsenden Buchmanuskript enorm begünstigt haben. Dank schulde ich insbesondere den Kolleginnen und Kollegen, die im Rahmen des Visiting Scholars Seminars am CES sowie dem Luncheon Seminar am RSCAS wichtige Anmerkungen zu frühen Entwürfen dieses Buchs gemacht haben. Insbesondere danke ich Stefaan Walgrave und Ulrich Sedelmeier, bei denen ich meine oft noch unausgereiften Gedanken einer ersten Prüfung unterziehen konnte. Darüber hinaus danke ich all den Kolleginnen und Kollegen, die unterschiedliche Abschnitte dieses Buchs bei verschiedenen Gelegenheiten kommentiert haben. Namentlich sind dies Karen Alter, Nicole Deitelhoff, Martin Frank, Thorsten Hüller, Christian Joerges, Andrew Moravcsik, Ernst-Ulrich Petersmann und Jonas Tallberg.

Abschließend möchte ich mich bei meinen Eltern sowie bei den Kollegen und Kolleginnen bzw. Freunden und Freundinnen bedanken, die mir in diesem oftmals anstrengenden Schreibprozess den notwendigen Rückhalt gegeben haben. Ein besonderer Dank gebührt Monika Heupel.

Einleitung: Rechtsstaatlichkeit in der postnationalen Konstellation

Im Rahmen der so genannten nationalen Konstellation hat sich Rechtsstaatlichkeit seit dem 17. Jahrhundert schrittweise als das dominante Rechtsprinzip moderner Staaten der heutigen OECD-Welt etabliert. Diese können praktisch alle als Rechtsstaaten gelten. Zwischen den Staaten, auch denen der OECD-Welt, blieb jedoch in der nationalen Konstellation die Souveränität das zentrale Rechtsprinzip. Auch heute noch gelten diese praktisch alle als souverän. Rechtlich prägen beide Rechtsprinzipien die Identität des Staates: der moderne Staat der OECD-Welt des späten 20. Jahrhunderts ist *souveräner Rechtsstaat.*

Als zentrale Rechtsprinzipien der nationalen Konstellation könnten Rechtsstaatlichkeit und Souveränität allerdings kaum unterschiedlicher sein. Während das Rechtsstaatsprinzip vom Staat verlangt, sich selbst dem von ihm gesetzten und durchgesetzten nationalen Recht zu unterwerfen, gibt ihm das Souveränitätsprinzip einen Rechtfertigungsgrund, sich gegebenenfalls über internationales öffentliches Recht auch hinwegsetzen zu dürfen. Insofern trug Souveränität als Rechtsprinzip mit dazu bei, dass sich Rechtsstaatlichkeit nur nach innen, nicht aber nach außen institutionalisieren konnte. Der souveräne Rechtsstaat blieb in der nationalen Konstellation ein *halbierter Rechtsstaat.* Allerdings gibt es in der OECD-Welt des späten 20. und frühen 21. Jahrhunderts Anzeichen dafür, dass der Staat auf eine postnationale Konstellation zusteuert, in der die innere durch eine äußere Rechtsstaatlichkeit ergänzt und so aus dem halbierten ein *komplettierter Rechtsstaat* wird.[1]

Insbesondere die so genannte Judizialisierung internationaler Streitbeilegungsverfahren – deren Vergerichtlichung also – ist als ein solches Anzeichen für eine die nationale Rechtstaatlichkeit ergänzende *internationale Rechtsstaatlichkeit* zu sehen.[2] Da das Gerichtswesen national das institutionelle Rückgrat des Rechtsstaates ist, mag die vermehrte Begründung internationaler Gerichtsinstanzen entsprechend auf eine in der entstehenden postnationalen Konstellati-

1 Zum Unterschied zwischen nationaler und postnationaler Konstellation siehe Habermas (1998). Siehe auch Zangl/Zürn (2003).

2 Zur Rechtsstaatlichkeit im Allgemeinen, sowie der internationalen Rechtsstaatlichkeit im Besonderen siehe u.a. Watts (1993, 2000), Tamanaha (2004), Brownlie (1998).

on institutionell zunehmend gesicherte internationale Rechtsstaatlichkeit verweisen. So ersetzte in der WTO ein gerichtsähnliches das diplomatische Streitbeilegungsverfahren des GATT. Es kann internationale Handelsstreitigkeiten entscheiden und gegebenenfalls Handelssanktionen genehmigen. Im Rahmen der UNO entstand der Internationale Strafgerichtshof zur Verurteilung von Kriegsverbrechern. Viele internationale Umweltabkommen führten gerichtsähnliche Streitbeilegungsverfahren ein, die Verstöße gegen geltende Umweltvereinbarungen feststellen und etwaige Sanktionsmaßnahmen beschließen können. Ein Internationaler Seegerichtshof wurde ins Leben gerufen, der Rechtsstreitigkeiten im internationalen Seerecht schlichten kann. Der Europäische Gerichtshof der EU sowie der Europäische Menschenrechtsgerichtshof des Europarats ermöglichen es, Rechtsstreitigkeiten in Europa verbindlich zu entscheiden.

Diese Judizialisierung internationaler Verfahren der Streitbeilegung kann aber kaum auf das Entstehen internationaler Rechtsstaatlichkeit verweisen, solange sich diese nicht in ein entsprechendes Verhalten der jeweiligen Streitparteien übersetzt. Gerichtsähnliche Streitbeilegungsverfahren deuten nur dann auf das Entstehen internationaler Rechtsstaatlichkeit hin, wenn das konkrete Streitverhalten der beteiligten Staaten sich vermehrt an diesen Verfahren orientiert; diesen zumindest nicht widerspricht. Rechtsstaatlichkeit verlangt, dass sich Staaten, die sich über einen vermeintlichen Rechtsbruch eines anderen Staates beklagen, zumindest dann an das jeweilige Streitbeilegungsverfahren wenden, wenn außergerichtlich keine gütliche Einigung erzielt werden kann. Rechtsstaatlichkeit schließt aus, Recht eigenmächtig durchzusetzen. Und zur Rechtsstaatlichkeit gehört auch, dass Staaten, die eines Rechtsbruchs beschuldigt werden, sich einem Streitbeilegungsverfahren stellen. Jedenfalls sollte es unmöglich sein, sich eigenmächtig über das entsprechende Streitbeilegungsverfahren hinwegzusetzen.

Um also von einer internationalen Rechtsstaatlichkeit sprechen zu können, müssen *judizialisierte Verfahren* der Streiterledigung von *judizialisiertem Verhalten* bei der Streitbeilegung begleitet sein. Denn Rechtsstaatlichkeit setzt nicht nur formal, sondern auch faktisch voraus, dass alle Rechtsgenossen, mächtige wie weniger mächtige, gleichermaßen dem Recht unterworfen sind; vergleichbare Rechtsbrüche also vergleichbar behandelt werden, unabhängig davon, ob sie ein mächtiger oder weniger mächtiger Rechtsgenosse begeht. Nicht nur formal, sondern auch faktisch muss gleiches Recht für alle gelten. Eine formale Judizialisierung von Streitbeilegungsverfahren, auch wenn sie den Gleichbehandlungsgrundsatz verankert, spricht dann internationaler Rechtsstaatlichkeit Hohn, wenn das Verfahren faktisch missachtet wird, so dass sich die Gleichbehandlung also nicht verwirklichen lässt. Nur wo die formale Judizialisierung internationaler Verfahren bei internationalen Streitigkeiten zu einer – im Großen und Ganzen – entsprechenden faktischen Judizialisierung des staatlichen Verhaltens führt, darf dies als ein Anzeichen internationaler Rechtsstaatlichkeit betrachtet werden.

Ob allerdings die Judizialisierung internationaler Streitbeilegungsverfahren zu einer Judizialisierung des Verhaltens führt, schätzen unterschiedliche Theorien des internationalen Rechts bzw. der internationalen Politik unterschiedlich ein. Dementsprechend kommen diese verschiedenen Theorien auch zu völlig unterschiedlichen Einschätzungen darüber, ob sich die internationale Rechtsordnung so reformieren lässt, dass internationale Rechtsstaatlichkeit entstehen kann – mithin aus dem halbierten Rechtsstaat der nationalen Konstellation in der postnationalen Konstellation ein komplettierter Rechtsstaat wird. Die entsprechende Theoriedebatte, die heute vor allem innerhalb des so genannten Institutionalismus geführt wird, besitzt eine lange Tradition. Bis in die 1970er Jahre wurde sie insbesondere zwischen dem so genannten Idealismus und dem so genannten Realismus geführt.[3]

Der *Idealismus* vertrat dabei stets den Standpunkt, international habe sich bislang Rechtsstaatlichkeit deshalb nicht verwirklichen lassen, weil die internationale Rechtsordnung nicht angemessen gestaltet ist (Clark/Sohn 1966, Zimmern 1936, Woolf 1916). Dass sich Staaten willkürlich über internationale Rechtsnormen hinwegsetzen können und vergleichbare Rechtsbrüche international vielfach völlig unterschiedlich behandelt werden, ist aus idealistischer Sicht insbesondere den in der internationalen Rechtsordnung traditionell diplomatischen Streitbeilegungsverfahren geschuldet. Dort können zwar mächtige weniger mächtige Staaten zur Rechtsbeachtung zwingen, doch umgekehrt sind mächtige Staaten in diplomatischen Streitbeilegungsverfahren durch weniger mächtige Staaten kaum wirksam auf das Recht zu verpflichten.

Für Idealisten sorgt ein angemessenes Design der internationalen Rechtsordnung nicht nur für eine bessere Rechtsbeachtung, sondern auch dafür, dass dann vergleichbare Rechtsbrüche gleichartiger behandelt werden. Dabei spielt in praktisch allen Vorschlägen, die Idealisten für eine reformierte internationale Rechtsordnung vorgelegt haben, eine gerichtliche Streitbeilegung – insbesondere eine obligatorische Gerichtsbarkeit – eine tragende Rolle. Streitbeilegungsverfahren, die den Gleichbehandlungsgrundsatz verankern, können aus dieser Sicht mächtige wie weniger mächtige Staaten gleichermaßen dazu bewegen, sich dem Recht zu unterwerfen. Die Judizialisierung internationaler Streitbeilegungsverfahren führt somit für die meisten Idealisten fast *automatisch*

3 Für den Realismus und den Idealismus in der internationalen Politik allgemein siehe Nye (1993), Herz (1959), Menzel (2001) sowie Zangl/Zürn (2003).

zu einer Judizialisierung internationaler Streitbeilegung – und damit zu internationaler Rechtsstaatlichkeit.

Dagegen sieht der so genannte *Realismus* grundsätzlich keine Chance, eine internationale Rechtsstaatlichkeit zu erreichen (Morgenthau 1948, Carr 1964). Für Realisten können und dürfen sich Staaten – mächtige wie schwache – nicht auf das internationale Recht verlassen. Aufgrund der anarchischen Strukturen, die der internationalen Rechtsordnung zugrunde liegen, lassen sich internationale Rechtsnormen gegenüber rechtsbrechenden Staaten nur dann durchsetzen, wenn andere Staaten sich für die Rechtsbeachtung einsetzen. Dazu dürften aber allenfalls mächtige gegenüber deutlich schwächren Staaten bereit sein. Damit bleibt jedoch international eine zuverlässige Rechtsbeachtung ebenso unerreichbar wie die Gleichbehandlung vergleichbarer Rechtsbrüche.

Realisten sehen auch in einem veränderten Design der internationalen Rechtsordnung – etwa einer obligatorischen Gerichtsbarkeit – keinen Ausweg. In ihren Augen können weder diplomatische noch gerichtliche Streitbeilegungsverfahren Staaten – mächtige, aber auch schwache – davon abhalten, sich über internationale Rechtsnormen hinwegzusetzen. Selbst Streitbeilegungsverfahren mit verankertem Gleichbehandlungsgrundsatz können angesichts der international anarchischen Strukturen Staaten nicht dazu zwingen, internationales Recht einzuhalten. Mächtige Staaten können zwar diese Verfahren dazu nutzen, schwächere Staaten zur Rechtsbeachtung zu bewegen, doch gilt das eben nicht umgekehrt. Für Realisten ist damit *ausgeschlossen*, dass die Judizialisierung internationaler Streitbeilegungsverfahren eine Judizialisierung der internationalen Streitbeilegung – und damit internationale Rechtsstaatlichkeit – mit sich bringen kann.

Idealismus wie auch Realismus können jedoch den Stand der internationalen Judizialisierung heute nicht mehr angemessen erfassen. Die idealistische Vermutung, gerichtliche Streitbeilegungsverfahren führten fast automatisch zu einem entsprechenden Streitverhalten, wird schon allein durch das Beispiel des Internationalen Gerichtshofes (IGH) in Den Haag unterminiert. Diesem ist es trotz seines vergleichsweise stark judizialisierten Streitbeilegungsverfahrens bis heute kaum gelungen, die internationale Streitbeilegung zu prägen. Der IGH ebenso wie der Internationale Seegerichtshof (ITLOS) in Hamburg – ein ebenfalls sehr weitgehend judizialisiertes Streitbeilegungsverfahren – werden selten angerufen, ihre Urteile oft missachtet (Merrills 1998). Gleichzeitig erweist sich jedoch die realistische Vermutung, gerichtliche Streitbeilegungsverfahren müssten international letztlich immer wirkungslos bleiben, ebenfalls als unhaltbar. Jedenfalls hat das judizialisierte Streitbeilegungsverfahren des Europäischen Gerichtshofs (EuGH) offenbar zu einem grundlegend veränderten, nämlich judizialisierten, Streitverhalten in Europa beigetragen. Der EuGH und der Europäische Gerichtshof für Menschenrechte (EGMR) werden regelmäßig angerufen und ihre Urteile zumeist beachtet (Alter 2001).

Da mithin weder Idealismus noch Realismus die internationale Rechtsordnung von heute angemessen erfassen können, bestimmen der *Institutionalismus* bzw. die verschiedenen Institutionalismen die Theoriedebatte über die Veränderungen im internationalen Recht, insbesondere dessen Verfassungswerdung (oder *constitutionalization*)[4], Verrechtlichung (oder *legalization*)[5] sowie Vergerichtlichung (oder *judicialization*)[6]. Dabei nimmt der Institutionalismus im Gegensatz zum Idealismus gerade nicht an, die Judizialisierung der Streitbeilegungsverfahren übersetze sich automatisch – also immer und überall – in ein entsprechendes Streitverhalten. Doch schließt er im Gegensatz zum Realismus auch nicht kategorisch aus, dass die Judizialisierung internationaler Streitbeilegungsverfahren – irgendwo und irgendwann – zu einer Judizialisierung des Streitverhaltens führt. Der Institutionalismus nimmt vielmehr an, dass die Judizialisierung von Verfahren der internationalen Streitbeilegung *ceteris paribus* eine Judizialisierung staatlichen Verhaltens bei internationalen Streitigkeiten begünstigt.

Da dieser Vermutung zufolge die Judizialisierung internationaler Streitbeilegungsverfahren eine ebensolche des Streitverhaltens weder automatisch nach sich zieht noch ausschließt, ist sie zwar mit dem Beispiel sowohl des IGH wie des EuGH vereinbar, belegt ist sie dadurch aber keineswegs. Deshalb soll ihr hier systematisch nachgegangen werden. Sorgt ein gerichtsähnliches – im Gegensatz zu einem klassisch diplomatischen – Verfahren eher dafür, dass Staaten, die einen Verstoß gegen internationales öffentliches Recht beklagen, das vorhandene Verfahren nutzen, um gegen den vermeintlichen Rechtsbruch vorzugehen? Nutzen klagende Staaten gerichtliche Verfahren eher als diplomatische? Und sind Staaten, die eines Verstoßes gegen internationales öffentliches Recht bezichtigt werden, eher bereit, sich einem gerichtsähnlichen als einem

4 Hier wird insbesondere unterstrichen, dass sich die internationale Rechtsordnung insofern einer Verfassung annähert, als in ihr zunehmend soziale Grundwerte verankert sind, die – wie für Verfassungsnormen üblich – immer häufiger anderen internationalen, aber auch nationalen Rechtsnormen übergeordnet sind (Zangl/Zürn 2004b: 35-40, Frowein 2000, Petersmann 1997).

5 Dabei wird hervorgehoben, dass die internationale Rechtsordnung nicht nur immer mehr internationale Rechtsnormen einschließt, sondern diese heute vermehrt in eine Infrastruktur des Rechts eingebunden sind, die eine grundlegenden Rechtsprinzipien folgende Rechtsetzung, Rechtsprechung und ansatzweise auch Rechtsdurchsetzung erlaubt (Zangl/Zürn 2004a, Goldstein et al. 2000, Raustiala/Slaughter 2002 sowie List/Zangl 2003).

6 Hier wird betont, dass international vermehrt Gerichtsinstanzen entstehen und die diplomatische durch eine gerichtliche Streitbeilegung abgelöst wird, was nicht zuletzt die internationale Rechtsbeachtung befördern mag (Romano 1999, McCall Smith 2000, Helfer/Slaughter 1998, Keohane et al. 2000, Zangl 2001).

diplomatischen Verfahren zu unterwerfen? Akzeptieren also beklagte Staaten gerichtliche Verfahren eher als diplomatische?

Diese Vermutung, die Judizialisierung des Verfahrens befördere zumindest bei Staaten der OECD-Welt auch eine solche Judizialisierung ihres Verhaltens, lässt sich freilich in verschiedenen internationalen Problemfeldern untersuchen. Gleichwohl konzentriert sich die vorliegende Arbeit auf ein einzelnes Problemfeld – auf die internationale *Handelspolitik*. Sie bietet sich an, weil hier in den 1990er Jahren eine bemerkenswerte Judizialisierung des Streitbeilegungsverfahrens stattgefunden hat. Das diplomatische Verfahren des GATT erhielt mit Gründung der WTO einen gerichtsähnlichen Ersatz. Internationales Streitverhalten nicht über Problemfelder hinweg, sondern innerhalb eines einzelnen Problemfelds im Vergleich der 1970er und 1980er Jahre mit den späten 1990er und 2000er Jahren zu untersuchen, erleichtert es, den Effekt der Judizialisierung des Streitbeilegungsverfahrens zu isolieren.

Darüber hinaus konzentriert sich die Arbeit dabei vornehmlich auf das Streitverhalten eines einzelnen Staates – nämlich das der *USA*. Lässt sich zeigen, dass sich die Judizialisierung des Streitbeilegungsverfahrens des GATT bzw. der WTO auf das Streitverhalten eines so mächtigen Staates auswirkt, kann erstrecht ein Effekt auf schwächere Staaten angenommen werden. Die Arbeit konzentriert sich zudem auf das Streitverhalten der USA bei Streitigkeiten ausschließlich mit ein und demselben Streitgegner – nämlich der *EU*. Indem der Streitgegner konstant gehalten wird, lässt sich der Effekt der Judizialisierung auf das Streitverhalten der USA besser isolieren; zumindest kann ausgeschlossen werden, dass unterschiedliches Streitverhalten auf die je unterschiedlichen Streitgegner zurückzuführen ist.

Um die Effekte der Judizialisierung des Streitbeilegungsverfahrens in GATT und WTO auf das Streitverhalten der USA bei Streitigkeiten mit der EU zu studieren, setzt die Arbeit insbesondere auf einen *paarweisen Vergleich ähnlicher Streitfälle*. Konkret geht es um acht Streitfälle zwischen den USA und der EU, bei denen paarweise jeweils zwei Streitfälle sich in ihrem Streitgegenstand gleichen, einer von ihnen aber in den 1970er und 1980er Jahren im alten GATT mit seinem weitgehend diplomatischen Streitbeilegungsverfahren auftrat, während sich der andere in den 1990er bzw. 2000er Jahren in der WTO mit ihrem gerichtsähnlichen Streitbeilegungsverfahren abspielte. Denn sollte sich bei ähnlichen Streitgegenständen im GATT und in der WTO ein unterschiedliches Verhalten der USA zeigen, so kann dies einfacher auf die Judizialisierung der Verfahren zurückgeführt werden als bei gänzlich unterschiedlichen Streitgegenständen. Konkret steht im folgenden der Vergleich des Verhaltens der USA im so genannten DISC-Streit des GATT mit dem strukturgleichen FSC-Streit in der WTO, im Patentstreit des GATT mit dem strukturell vergleichbaren Stahlstreit in der WTO, im ersten Hormonstreit im GATT mit dem identischen zweiten Hormonstreit in der WTO und im Zitrusstreit des GATT mit dem strukturell sehr ähnlichen Bananenstreit in der WTO an.

Um den Effekten der Judizialisierung der Streitbeilegungsverfahren auf das Streitverhalten der USA in den genannten Streitfällen nachzugehen, gliedert sich die Arbeit in neun Kapitel. In *Kapitel 1* gilt es zunächst den Rechtsbegriff, auf dem die Analyse entstehender internationaler Rechtsstaatlichkeit beruht, präzise zu *konzeptualisieren.* Dabei wird freilich nicht in die philosophischen Debatten der Rechtstheorie über einen angemessenen Rechtsbegriff eingegriffen. Dies bleibt den Rechtstheoretikern überlassen. Gleichwohl findet auch nicht nur eine spezifische Rechtstheorie Anwendung, um allein anhand des dort bevorzugten Rechtsbegriffs das Entstehen internationaler Rechtsstaatlichkeit zu bestimmen. Dies führte zu einem einseitigen Blick auf das Entstehen internationaler Rechtsstaatlichkeit. Vielmehr liefern verschiedene prominente Rechtstheorien die Basis, um herauszuarbeiten, dass internationale Rechtsstaatlichkeit die Judizialisierung internationaler Verfahren ebenso wie die Judizialisierung staatlichen Verhaltens voraussetzt.

Kapitel 2 bestimmt dann, was *operational* unter der Judizialisierung internationaler Verfahren der Streitbeilegung einerseits sowie der Judizialisierung staatlichen Verhaltens bei der internationalen Streitbeilegung andererseits zu verstehen ist. So werden zum einen mit der politischen Unabhängigkeit, dem rechtlichen Mandat, der obligatorischen Gerichtsbarkeit, den kollektiven Sanktionsbefugnissen und dem zugesicherten Beschwerderecht die Kriterien benannt, die diplomatische – also wenig judizialisierte – Verfahren von gerichtsähnlichen – also stark judizialisierten – Verfahren unterscheiden. Ferner werden Kriterien entwickelt, die ein judizialisiertes Verhalten – das mit den bestehenden Verfahren vereinbar ist – von einem nicht-judizialisierten Verhalten – das den bestehenden Verfahren widerspricht – abgrenzen. Diese operationalen Kriterien schaffen damit die Voraussetzungen, um prüfen zu können, ob mit Blick auf die genannten Streitigkeiten die Judizialisierung des Streitbeilegungsverfahrens des GATT bzw. der WTO mit einer Judizialisierung des Streitverhaltens der USA *korreliert.*

In *Kapitel 3* wird schließlich *theoretisch* diskutiert, warum eine Judizialisierung internationaler Streitbeilegungsverfahren zu einem veränderten Streitverhalten von Staaten beitragen kann. Dabei geht es insbesondere um die Kausalmechanismen, über die internationale Streitbeilegungsverfahren auf das Verhalten der an Streitigkeiten beteiligten Staaten einwirken können. Danach beeinflussen internationale Streitbeilegungsverfahren insbesondere über die von ihnen ausgehenden Reputations-, Glaubwürdigkeits-, Sanktions- und Verpflichtungseffekte das internationale Streitverhalten von Staaten. Sodann lässt sich zeigen, dass die Judizialisierung der Verfahren jeden dieser vier Kausalmechanismen stärkt. Reputations-, Glaubwürdigkeits-, Sanktions- und Verpflichtungseffekte gerichtlicher Streitbeilegungsverfahren übertreffen danach jene diplomatischer Streitbeilegungsverfahren. Sollte die Judizialisierung amerikanischen Streitverhaltens *kausal* auf die Judizialisierung des Streitbeilegungsverfahrens zurückgehen, müssten sich diese Kausalmechanismen im WTO-Rahmen eher als im GATT-Rahmen aufzeigen lassen.

Um diese Vermutung anhand der genannten Streitfälle untersuchen zu können, beschreibt *Kapitel 4* zunächst die Judizialisierung des Streitbeilegungsverfahrens vom GATT zur WTO. Anhand der genannten Kriterien lässt sich der erhebliche Judizialisierungsprozess nachzeichnen, den dieses Streitbeilegungsverfahren in den beiden letzten Dekaden durchlaufen hat. So ist das weitgehend diplomatische Streitbeilegungsverfahren des alten GATT in der neu begründeten WTO einem bemerkenswert gerichtsähnlichen Streitbeilegungsverfahren gewichen.

Die darauf folgenden Kapitel analysieren dann anhand der ausgewählten acht Streitfälle, ob diese Judizialisierung des Streitbeilegungsverfahrens eine Judizialisierung des amerikanischen Streitverhaltens nach sich zog. Dabei wird zunächst das Verhalten der USA in den vier Streitfällen untersucht, in denen die EU die USA eines Rechtsbruchs beschuldigte. *Kapitel 5* stellt das Verhalten der USA im *DISC-Streit* des GATT dem im *FSC-Streit* der WTO gegenüber. *Kapitel 6* vergleicht das Verhalten der USA im *Patentstreit* des GATT mit dem im *Stahlstreit* in der WTO. Danach geht es dann um das amerikanische Verhalten in den Streitfällen, in denen die USA ihrerseits die EU eines Rechtsbruchs bezichtigten. In *Kapitel 7* wird ihr Verhalten im Hormonstreit des GATT mit dem im Hormonstreit in der WTO verglichen und *Kapitel 8* befasst sich mit ihrem Verhalten im Zitrusstreit des GATT sowie im Bananenstreit in der WTO.

Kapitel 9 wertet schließlich den Vergleich des amerikanischen Streitverhaltens in den untersuchten acht Streitfällen *aus*. Dabei zeigt sich, dass in jedem der vier im gerichtsähnlichen Streitbeilegungsverfahren der WTO ausgetragenen Streitfälle die USA verfahrensgetreuer agierten, als in dem jeweils korrespondierenden Streitfall unter dem lediglich diplomatischen Streitbeilegungsverfahren des GATT. Dieser Befund stützt also die institutionalistische Vermutung, wonach die Judizialisierung internationaler Streitbeilegungsverfahren zu einer Judizialisierung des internationalen Streitverhaltens von Staaten beiträgt. Dies lässt sich wiederum als Anzeichen dafür deuten, dass der moderne Staat der OECD-Welt zumindest in der internationalen Handelspolitik begonnen hat, sich von einem halbierten zu einem komplettierten Rechtsstaat zu entwickeln; dass Rechtsstaatlichkeit folglich also internationalisierbar ist und sich auch bereits internationalisiert hat.

Teil I Theorie

1 Konzeptualisierung: Rechtsstaatlichkeit als Judizialisierung von Verfahren und Verhalten

Die vorliegende Arbeit will untersuchen, inwieweit die Judizialisierung von Verfahren internationaler Streitbeilegung insofern auf das Entstehen internationaler Rechtsstaatlichkeit verweist, als sie zu einer Judizialisierung staatlichen Verhaltens bei internationalen Streitigkeiten beizutragen vermag. Um jedoch dem Entstehen internationaler Rechtsstaatlichkeit nachgehen zu können, bedarf es zunächst einer *Konzeptualisierung* von Rechtsstaatlichkeit. Die entsprechende Konzeptualisierung soll hier auf der Grundlage moderner Rechtstheorien entwickelt werden.[7] Dabei geht es, das sei ausdrücklich betont, nicht darum, einen Beitrag zur (normativen) Rechtstheorie zu leisten. Beansprucht wird lediglich, pragmatisch aus bestehenden Rechtstheorien Kriterien dafür zu gewinnen, um Rechtsstaatlichkeit – genauer: das Entstehen von Rechtsstaatlichkeit – plausibel zu konzeptualisieren. Die Kriterien für Rechtsstaatlichkeit sollen hier also nicht rechtsphilosophisch begründet werden; vielmehr ist es darum zu tun, rechtsphilosophisch begründete Kriterien zu gewinnen, um mit diesen dann das Entstehen internationaler Rechtsstaatlichkeit beurteilen zu können.[8]

Dabei wird in einem ersten Abschnitt, der Rechtstheorie von Hart (1994) folgend, argumentiert, dass sich Recht von anderen sozialen Regeln durch seine Einbettung in – durch so genannte sekundäre Regeln definierte – Ver-

7 Für einen Überblick über die moderne Rechtstheorie siehe beispielsweise Koller (1997) und Alexy (1994).

8 Denn für eine Gesellschaftswissenschaft, die sich mit Rechtsstaatlichkeit befasst, ist weniger entscheidend, wie diese philosophisch begründet werden kann; entscheidend ist vielmehr, was in der Gesellschaft tatsächlich als Recht – oder eben Rechtsstaatlichkeit – betrachtet wird (Albert 2002). Bei dieser Rekonstruktion des in der Gesellschaft verankerten Rechtsbegriffs kann die Rechtstheorie hilfreich sein, weil sie einerseits dieses Rechtsverständnis prägt und andererseits durch dieses Rechtsverständnis mit geprägt wird. Die nachfolgende Auseinandersetzung mit der Rechtstheorie gleicht deshalb eher einer Rekonstruktion dessen, was gemeinhin unter Recht bzw. Rechtsstaatlichkeit verstanden wird. Dementsprechend können auch Versatzstücke aus unterschiedlichen – sich auch widersprechenden – Rechtstheorien miteinander verknüpft werden, um in pragmatischer Absicht eine empirisch nützliche Konzeptualisierung von Recht – bzw. Rechtsstaatlichkeit – zu entwickeln.

fahren der Rechtsetzung, der Rechtsprechung und der Rechtsdurchsetzung unterscheidet. Ein zweiter Abschnitt unterstreicht, dass diese Verfahren jedoch nur in einer primitiven Rechtsordnung beliebig sein können, in entwickelten Rechtsordnungen aber weitergehenden Kriterien – gewissermaßen tertiären Regeln – genügen müssen. Diese Kriterien einer entwickelten Rechtsordnung werden schließlich, an Habermas' Rechtstheorie (1994) angelehnt, in einem dritten Abschnitt herausgearbeitet. So entsteht ein gradueller Rechtsbegriff, der das Recht auf einer Skala zwischen den Endpunkten einer einfachen, durch die Kriterien von Hart (1994) definierten und einer entwickelten, durch die Kriterien von Habermas (1994) definierten Rechtsordnung einspannt. Auf der Grundlage dieses graduellen Rechtsbegriffs zeigt schließlich ein vierter Abschnitt, dass eine Judizialisierung der Verfahren der Streitbelegung – also der Rechtsprechung und der Rechtsdurchsetzung – sowie eine Judizialisierung des darauf bezogenen Streitverhaltens konstitutiv für das Entstehen von Rechtsstaatlichkeit sind.

1.1 Was unterscheidet Recht und Regeln – primäre und sekundäre Regeln

Was also ist Recht? Um dies zu diskutieren, muss Recht zunächst von anderen sozialen Regeln unterschieden werden. Denn Recht lässt sich als ein spezifischer Typ sozialer Regeln verstehen. Um soziale Regeln wiederum zu definieren, ist zunächst zwischen zwei Regeltypen zu unterscheiden: Regeln mit deskriptivem und Regeln mit präskriptivem Status.[9]

(1) *Deskriptive Regeln* beschreiben Verhaltensregelmäßigkeiten sozialer Akteure. Beispielsweise lässt sich die regelmäßige Nahrungsaufnahme vieler Studenten in der Mensa durch eine deskriptive Regel ausdrücken. Die Regel schreibt den Studenten nicht vor, in der Mensa zu essen, sondern sie beschreibt dies lediglich. Deskriptive Regeln sind daran zu erkennen, dass Regelverstöße nicht kritisiert werden. Studenten, die nicht in die Mensa gehen, brauchen mit Blick auf diese Regel keine Kritik zu fürchten. Die Regel der regelmäßigen Nahrungsaufnahme von Studenten in der Mensa definiert ganz offenbar keinen Verhaltensstandard, aufgrund dessen das Verhalten einzelner

9 Die Unterscheidung von Recht und sozialen Regeln ist in der Rechtstheorie durchaus verbreitet (siehe etwa Hart 1994: 8-11). Darüber hinaus ist es auch in den Internationalen Beziehungen üblich geworden, Recht von anderen sozialen Regeln zu unterscheiden und dementsprechend auch Verrechtlichung von Verregelung (Abbott et al. 2000).

Studenten beurteilt wird, sondern drückt lediglich eine Verhaltensregelmäßigkeit aus. Die Regel beschreibt nur, dass sich Studenten häufig zur Nahrungsaufnahme in die Mensa begeben.

(2) *Präskriptive Regeln* definieren soziale Verhaltensstandards für soziale Akteure. Die regelmäßige Nahrungsaufnahme einer Studentengruppe, die sich wöchentlich zum Mensagang verabredet, folgt wohl eher einer *präskriptiven Regel.* Die Regel beschreibt nicht nur, dass diese Studenten wöchentlich gemeinsam in der Mensa essen, sondern sie schreibt jedem in der Studentengruppe vor, dass er sich zum gemeinsamen Mensagang einfinden *soll.* Präskriptive Regeln sind nun daran zu erkennen, dass Regelverstöße mit Blick auf die Regel kritisiert werden. Folgt die angesprochene Studentengruppe tatsächlich einer präskriptiven Regel über den wöchentlichen Mensagang, so müssen diejenigen aus der Studentengruppe, die nicht zum Mensagang erscheinen, mit Kritik rechnen. Die Regel definiert in dieser Studentengruppe dann einen Verhaltensstandard, aufgrund dessen das Verhalten jedes einzelnen in der Studentengruppe beurteilt wird. Die Regel beschreibt nicht nur, dass die betreffenden Studenten häufig gemeinsam in der Mensa essen, sondern sie schreibt dies vor.[10]

Als *soziale Regeln* sollen im Folgenden nur präskriptive, nicht aber deskriptive Regeln gelten.[11] Soziale Regeln definieren danach Verhaltensstandards, die in wiederkehrenden Verhaltenssituationen spezifische Verhaltensweisen verlangen, verbieten oder erlauben. Soziale Regeln verbieten beispielsweise in unserer Gesellschaft, dass Männer in der Kirche Hüte oder Frauen »zu« kurze Röcke tragen. Gleichzeitig verlangen soziale Regeln in vielen Gesellschaften, dass bei bestimmten Abendveranstaltungen Männer Anzüge und Frauen Abendkleider tragen. Doch während diese sozialen Regeln nicht in Recht gegossen sind, stellen andere Recht dar. Dies gilt beispielsweise für die sozialen Regeln, die in vielen Gesellschaften eigenmächtige Gewalthandlungen verbieten oder bestimmte Steuerzahlungen verlangen.

Welche Kriterien unterscheiden nun bloße soziale Regeln von gültigem Recht? Klassisch gibt es auf diese Frage zwei Antworten (vgl. Höffe 1987: 110-187):

10 Dabei müssen präskriptive Regeln keineswegs zwingend auf einer Vereinbarung, einer Verabredung oder einem Vertrag der Regeladressaten beruhen; präskriptive Regeln können beispielsweise auch durch autoritative Entscheidungen entstehen.

11 Eine ähnliche Definition findet sich auch in der Rechtstheorie von Hart (1994: 8-11). In den Internationalen Beziehungen wurde insbesondere im Rahmen der so genannten Regimetheorie darauf insistiert, als soziale Regeln nur präskriptive, nicht aber auch deskriptive Regeln zu betrachten (Zürn 1992: 139-150, Hasenclever et al. 1997: 8-22).

– Zum einen wird Recht im Rahmen einer *Sanktionstheorie* des Rechts an das Vorhandensein einer übergeordneten Sanktionsinstanz etwa des Staates gebunden. Die Regeln, die eine solche Sanktionsinstanz befiehlt, sind danach Recht; die Regeln hingegen, die nicht von einer derartigen Sanktionsinstanz stammen, bleiben soziale Regeln ohne Rechtscharakter (Austin 1885). Tatsächlich setzen in modernen Gesellschaften die zentralen Sanktionsinstanzen des Staates das in Recht gegossene Gewaltmonopol durch, während die sozialen Regeln einer Kleiderordnung bei Abendveranstaltungen sich kaum auf eine zentrale Sanktionsinstanz stützen können.
– Zum anderen wird Recht im Rahmen einer *Moraltheorie* des Rechts an die Vereinbarkeit mit übergeordneten Moralvorstellungen etwa des Vernunftrechts gebunden. Die Regeln, die sich aus derartigen Moralvorstellungen herleiten lassen, stellen danach Recht dar. Die sozialen Regeln hingegen, die nicht auf solchen Moralvorstellungen fußen – oder diesen gar widersprechen –, können dagegen keinen Rechtscharakter beanspruchen (Radbruch 1957: 119). Tatsächlich lässt sich das im Recht verankerte Gewaltverbot aufgrund allgemeiner Moralvorstellungen begründen, während die Kleiderordnung bei Abendveranstaltungen als einfache soziale Regel kaum Moralbezüge aufweist.

Hier wird nun zunächst weder das Kriterium der Sanktionstheorie noch das der Moraltheorie des Rechts weiter verfolgt. Denn beide haben kaum zu übersehende Schwächen. Die Sanktionstheorie kann Recht kaum unabhängig von der Sanktionsgewalt des modernen Staates denken. Ist aber Kirchen- oder Sportrecht, das nicht der Staat, sondern Kirchen bzw. Sportverbände umsetzen, kein Recht? Und besitzt internationales Recht, das vielfach überhaupt nicht durch Sanktionen gestützt wird, keinen Rechtscharakter? Die Moraltheorie wiederum kann kaum damit umgehen, dass es auch ein grundlegenden Moralvorstellungen widersprechendes – ungerechtes – Recht geben kann. War aber die Sklaverei in den USA, obwohl sie grundlegenden Moralvorstellungen widersprach, kein Recht?

Um den Schwächen dieser beiden Rechtstheorien zu entgehen, wird hier, angelehnt an Hart (1994), ein anderes Kriterium genutzt. Danach charakterisiert Recht, dass es in eine Rechtsordnung eingebunden ist, in der *primäre und sekundäre Regeln* zusammenwirken. Dabei definieren sich primäre Regeln als diejenigen, die den Regelungsadressaten konkrete Verhaltensweisen vorschreiben, verbieten oder erlauben. Das angesprochene Gewaltverbot oder die Steuerpflicht stellen derartige primäre Regeln dar. Die sekundären Regeln sind hingegen diejenigen, die bestimmen, wie primäre Regeln aufzustellen, umzusetzen, anzuwenden oder durchzusetzen sind. Sekundäre Regeln beschreiben danach beispielsweise, wie Steuerrecht zu ändern ist, wie Steuerbehörden sich zu verhalten haben, wie Steuervergehen autoritativ festgestellt werden können oder wie Steuersünder zu bestrafen sind. Das heißt, sekundäre Regeln beziehen sich auf die primären Regeln; sie sind Regeln über Regeln. Sekundäre Regeln definieren im Rahmen einer Rechtsordnung verschiedene Verfahren über den Umgang mit primären Regeln (Hart 1994: 79-99).

Um zu verdeutlichen wie primäre und sekundäre Regeln im Rahmen einer Rechtsordnung zusammenwirken, macht Hart den Vergleich zwischen einer modernen Gesellschaft mit einer entwickelten Rechtsordnung und einer vergleichsweise primitiven Gesellschaft, in der man kaum von Recht sprechen kann. Kennzeichen primitiver Gesellschaften ist danach, dass diese im Wesentlichen durch primäre Regeln gesteuert werden; sekundäre Regeln sind hier kaum vorhanden. In einer solchen Gesellschaft mag ebenso wie in modernen Gesellschaften feststehen, dass unter den Gesellschaftsmitgliedern ein – wie auch immer im einzelnen bestimmtes – Gewaltverbot gilt. Doch anders als in modernen Gesellschaften ist hier nicht eindeutig durch Verfahren geregelt, wie solche primären Regeln zustande kommen müssen, damit sie Geltung beanspruchen können. Ebenfalls nicht geregelt ist, mit welchem Verfahren auf vermeintliche Regelverstöße zu reagieren ist, oder mit welchem Verfahren autoritativ festgestellt werden kann, ob gegen das Gewaltverbot verstoßen wurde. Und es fehlen hier zumeist Verfahren, die bestimmen, wie ein etwaiger Regelverstoß zu sanktionieren ist. Eben diese durch sekundäre Regeln definierten Verfahren sind hingegen in einer modernen Gesellschaft mit entwickelter Rechtsordnung zu beobachten (Hart 1994: 79-99).

Doch auch innerhalb moderner Gesellschaften selbst ist das Rechtskriterium von Hart (1994) hilfreich, um Bereiche, in denen unabhängig vom Staat durch modernes Recht gesteuert wird, von Bereichen zu trennen, in denen »nur« soziale Regeln wirken. Spielen Kinder auf der Straße miteinander Fußball, so gelten auch hier primäre Regeln, nämlich einige Spielregeln des Fußballs. Insofern ist auch dieses Fußballspiel verregelt. Der Ball darf nicht mit der Hand gespielt und der Gegner nicht mit dem Fuß getreten werden. Allerdings gibt es bei solchen Spielen keine sekundären Regeln, die in Streitfällen die Feststellung zuließen, ob nun tatsächlich ein Handspiel oder ein Foulspiel vorliegt. Das Fußballspiel dieser Kinder wird deshalb nicht durch eine Rechtsordnung gesteuert. Die Fußballspiele in der Bundesliga hingegen finden im Rahmen einer erheblich weiter entwickelten Rechtsordnung statt. Denn hier bestimmen sekundäre Regeln, dass im Streitfall der Schiedsrichter auf dem Fußballplatz entscheidet, ob ein Regelverstoß – beispielsweise ein Hand- oder

Foulspiel – vorliegt. Das Fußballspiel wird hier viel eher durch eine Rechtsordnung geprägt.

Überhaupt findet der moderne Profisport im Rahmen komplexer Rechtsordnungen statt, die weitgehend unabhängig vom Staat funktionieren, sich aber durchaus mit der des Staates vergleichen lassen. Bei den verschiedenen Sportverbänden gibt es durch sekundäre Regeln klar definierte Gesetzgebungsverfahren, um die primären Regeln in der jeweiligen Sportart festzulegen. Die je nach Sportverband verschiedenen Gesetzgeber nehmen etwa im Bereich des Dopings regelmäßig Regeländerungen vor. Gerade in diesem Bereich haben die Sportverbände zudem durch sekundäre Regeln Gerichte etabliert, die Dopingvergehen autoritativ feststellen können. Und die Sportverbände schufen sogar sekundäre Regeln, die Sanktionsverfahren definieren, um wirksam gegen Dopingsünder vorgehen zu können.

Schaubild 1.1: Was unterscheidet eine Regelordnung von einer Rechtsordnung?

	Regelordnung	**Rechtsordnung**
Primäre Regeln	definieren Verhaltensstandards, die Verhalten insbesondere verlangen oder verbieten	definieren Verhaltensstandards, die Verhalten insbesondere verlangen oder verbieten
Sekundäre Regeln	nicht vorhanden	definieren Verfahrensvorschriften für Rechtsetzung, Rechtsprechung und Rechtsdurchsetzung

Insgesamt bleibt festzuhalten, dass sich nach Hart (1994: 79-99) Rechtsordnungen dadurch von anderen sozialen Regelordnungen unterscheiden, dass es neben primären Regeln, die von den Regelungsadressaten etwas verlangen oder ihnen etwas verbieten, auch sekundäre Regeln gibt, die bestimmen, wie primäre Regeln aufzustellen und umzusetzen sind. Eine Rechtsordnung hängt mithin von bestimmten *Verfahren* etwa der Rechtsetzung oder der Rechtsdurchsetzung ab.

1.2 Was unterscheidet einfaches von entwickeltem Recht – die letzte Regel

Wodurch begründet sich nun die *Geltung* des Rechts? Im Rahmen des hier bislang entwickelten Rechtsbegriffs geben die sekundären Regeln insofern darauf eine Antwort, als diese die Geltung der primären Regeln begründen. Danach sind im Rahmen einer Rechtsordnung mit primären und sekundären Regeln die Rechtsgenossen deshalb rechtlich verpflichtet, die primären Regeln zu beachten, weil sie gemäß den durch die sekundären Regeln definierten Verfahren aufgestellt bzw. umgesetzt werden. Dabei lassen sich stark idealisierend zumindest drei verschiedene Verfahren unterscheiden, die den »Rechtsprozess« moderner Rechtsordnungen ausmachen:

- Die sekundären Regeln der »Legislation« definieren die *Rechtsetzung*. Das heißt, diese Regeln bestimmen, wie insbesondere der Gesetzgeber Rechtsnormen schaffen muss, damit sie als rechtsverbindlich gelten können. Da diese sekundären Regeln der Legislative somit bestimmen, wie Rechtsnormen zu erkennen sind, sind sie für eine Rechtsordnung unerlässlich. In modernen Gesellschaften muss Recht zumeist ein demokratisches Gesetzgebungsverfahren durchlaufen, um als verbindlich gelten zu können.
- Die sekundären Regeln der »Adjudication« begründen die *Rechtsprechung*. Die entsprechenden Regeln definieren, wie in einer Rechtsordnung im Streitfall autoritativ festgestellt werden kann, ob das Verhalten eines Rechtsgenossen dem Recht entspricht oder gegen das Recht verstößt. In modernen Gesellschaften obliegt die Rechtsprechung zumeist unabhängigen Gerichten.
- Die sekundären Regeln des »Enforcement« regeln die *Rechtsdurchsetzung*. Diese Regeln definieren das Vorgehen gegen Rechtsbrecher. Das heißt, sie regeln, wie Rechtsbrecher in die Rechtstreue gezwungen bzw. vor Rechtsbrüchen abgeschreckt werden können. In modernen Gesellschaften legen sie insbesondere fest, wie die staatliche Sanktionsgewalt ausgeübt wird.

Sekundäre Regeln der Rechtsetzung sind für die Geltung des Rechts besonders grundlegend, weil sich mit ihrer Hilfe die als Recht geltenden primären Regeln identifizieren lassen. In den meisten Rechtssystemen gibt es aber verschiedene Gesetzgeber. So können in Deutschland sowohl Bundestag als auch verschiedene Landtage, aber auch Verwaltung oder Gerichte Recht setzten. Nach Hart (1994: 100-123) ist es nun aber für Rechtssysteme kennzeichnend, dass es einen Gesetzgeber gibt, dessen Recht das der übrigen Gesetzgeber zu brechen vermag. So bricht in Deutschland Bundesrecht Landesrecht und das vom Bundestag verabschiedete Recht geht der Rechtsfortbildung durch Verwaltung und Gerichte vor. Die sekundäre Regel, die den höchsten Gesetzgeber bestimmt, nennt Hart nun die »letzte Regel«.[12] Diese letzte Regel – oder auch Grundnorm – begründet für Hart in jeder Rechtsordnung die Geltung des Rechts. Jede Rechtsnorm beansprucht Geltung aufgrund einer übergeordneten Rechtsnorm. Primäre Regeln des Rechts gelten aufgrund sekundärer Regeln des Rechts und deren Geltung lässt sich auf die Grundnorm zurückführen. Doch wenn sich die Geltung untergeordneter Rechtsnormen durch diejenige der übergeordneten Rechtsnormen begründet, wie kann dann die Geltung der Grundnorm, auf der diese Rangfolge beruht, begründet werden? In der Rechtstheorie sind auf diese Frage drei grundlegend verschiedene Antworten gegeben worden (Alexy 1994: 154-197, auch Höffe 1987: 138-170):

(1) Eine Antwort, die *Hans Kelsen* (1960) prominent vorgetragen hat, operiert mit der Vorstellung einer *analytischen Grundnorm.*[13] Da untergeordnete Rechtsnormen Geltung ausschließlich aufgrund jeweils übergeordneter Rechtsnormen beanspruchen können, muss es nach Kelsen eine Grundnorm geben, die Geltungsgrund aller anderen Rechtsnormen ist, ohne selbst auf einen weiteren Geltungsgrund zu verweisen. Die Grundnorm, die insbesondere den Gesetzgeber erst zur Gesetzgebung autorisiert, ist deshalb nach Kelsen in jeder Rechtsordnung als gegeben zu unterstellen. Die Grundnorm stellt für ihn damit eine analytische Grundlagenprämisse einer jeden Rechtsordnung dar. Eine Rechtsordnung ohne diese analytische Grundlagenprämisse zu denken, ist danach nicht möglich.

(2) Eine gänzlich andere Antwort gibt *Immanuel Kant* (1907) mit seiner *normativen Grundnorm.*[14] Auch bei Kant ist die Geltung der Rechtsnormen von einer Grundnorm abhängig, die den Gesetzgeber erst zur Rechtsetzung autorisiert. Diese Grundnorm setzt Kant freilich nicht nur als analytische Grundprämisse voraus, sondern begründet sie vielmehr normativ als Vernunftgebot.[15] Im Naturzustand könnten Rechte nicht angemessen gesichert werden. Deshalb sei es normativ geboten, den Naturzustand zugunsten eines Rechtszustands zu verlassen, in dem ein Gesetzgeber das Recht wirksam durchzusetzen vermag. Da der Rechtszustand jedoch die Geltung einer Grundnorm voraussetzt, die

---

12 Jede Rechtsnorm, die gemäß der »letzten Regel« entstanden ist, kann auch dann noch als geltendes Recht gelten, wenn sie im Widerspruch zu anderen Rechtsnormen steht, die nicht nach der »letzten Regel« erzeugt wurden. Im Rahmen der Rechtsordnung bestimmt die »letzte Regel« den höchsten Gesetzgeber.

13 Für einen ausgezeichneten Überblick über die Rechtstheorie von Kelsen siehe Koller (1997: 150-161).

14 Für einen hilfreichen Überblick über Kants Rechtstheorie siehe Alexy (1994: 186-194).

15 Kant (1907) formuliert: »Es kann also eine (...) Gesetzgebung gedacht werden, die lauter positive Gesetze enthielte; als dann aber müsste doch ein natürliches Gesetz vorausgehen, welches die Autorität des Gesetzgebers (...) begründete« (Kant 1907: 224).

den Gesetzgeber zur Gesetzgebung autorisiert, sei aus Vernunftgründen zu fordern, diese Grundnorm zu akzeptieren.

(3) Eine dritte Antwort vertritt unter anderem *H.L.A. Hart* (1994) mit der Vorstellung einer gewissermaßen *empirischen Grundnorm.*[16] Für Hart geht die Geltung der vom Gesetzgeber erlassenen Rechtsnormen auf die – bei ihm »letzte Regel« genannte – Grundnorm zurück. Die Grundnorm bestimmt, was als Recht gelten kann. Dass die Grundnorm ihrerseits gilt, muss dabei nach Hart nicht auf eine weitere noch grundlegendere Grundnorm zurückgeführt werden, die ihrerseits die Geltungskriterien der Grundnorm definiert. Vielmehr genügt es, dass die Rechtsorgane in einer Rechtsordnung die Grundnorm tatsächlich akzeptieren. Das heißt, es muss sich lediglich empirisch erweisen, dass die Rechtsorgane akzeptieren, dass die Grundnorm die für das Recht relevanten Geltungskriterien beinhaltet.

Alle drei Antworten auf die Frage nach der Begründung der Grundnorm sind allerdings nicht ganz befriedigend. Dabei leiden die Rechtstheorien von Kelsen (1960) und Hart (1994) an einem Defekt, der letztlich bei allen *positivistischen Rechtstheorien* auftritt. Eine mit Kelsen (1960) lediglich als analytische Grundlagenprämisse unterstellte Grundnorm beantwortet die aufgeworfene Frage nach dem Geltungsgrund der Grundnorm letztlich nicht. Die Setzung, dass die Grundnorm zwar die Geltung aller nachgelagerten Rechtsnormen begründet, selbst aber auf keinen Geltungsgrund verweist, kann die Geltung einer Rechtsordnung kaum begründen. Sie macht vielmehr deutlich, dass die Frage nach der Geltung der Grundnorm in Kelsens positivistischer Rechtstheorie letztlich unbeantwortet bleibt (Koller 1997: 157-161). Dasselbe gilt für die Rechtstheorie von Hart. Die empirische Beobachtung, dass in einer Rechtsordnung die Grundnorm tatsächlich akzeptiert wird, kann nicht gehaltvoll begründen, warum der Grundnorm entsprechend gesetzte Rechtsnormen Geltung beanspruchen dürfen. Denn das Vorhandensein einer der Grundnorm entsprechenden Rechtspraxis erlaubt nicht den Schluss, es sei geboten, dieser Rechtspraxis zu folgen.[17] Die Frage nach der Geltung der Grundnorm findet somit auch in der positivistischen Rechtstheorie von Hart nicht wirklich eine befriedigende Antwort (Alexy 1994: 196-197).

Dieser Defekt der positivistischen Rechtstheorien kann in vernunftrechtlichen Rechtstheorien zumindest prinzipiell überwunden werden. So vermag die *vernunftrechtliche Rechtstheorie* von Kant die Geltung der Grundnorm als Ver-

16 Für eine konzise Übersicht über die Hartsche Rechtstheorie siehe Koller (1997: 162-171).

17 Die Gehorsamspflicht der Rechtsgenossen ist insbesondere auch nicht dadurch zu begründen, dass sich diese vor Sanktionen fürchten. Das Vorhandensein einer Sanktionsgewalt mag die Bereitschaft befördern, dem Recht zu folgen, doch eine Pflicht, das Recht zu achten, kann sie nicht erzeugen (Höffe 1987: 146).

nunftgebot grundsätzlich plausibel zu begründen. Doch Kants Rechtstheorie führt zu der wenig plausiblen Schlussfolgerung, letztlich könne jede beliebige Rechtsnorm eines jeden beliebigen Gesetzgebers, der das Recht zuverlässig umzusetzen vermag, Geltung beanspruchen. Zwar ist der Gesetzgeber verpflichtet, eine wohl geordnete Rechtsordnung mit gerechten Rechtsnormen zu begründen.[18] Gleichwohl unterstreicht Kant, dass selbst gegenüber ungerechten Rechtsnormen solange Gehorsam zu leisten ist, wie der Gesetzgeber diese zuverlässig umsetzt. Denn für Kant ist selbst der auf einem tyrannischen Gesetzgeber beruhende Rechtszustand einem Naturzustand ohne wirksamen Gesetzgeber grundsätzlich vorzuziehen. Doch gerade diese Bewertung überzeugt im Rahmen einer Rechtskonzeption wenig, die die Gehorsamspflicht gegenüber dem Gesetzgeber damit begründet, nur auf diese Weise könnten die natürlichen Rechte der Rechtsgenossen gesichert werden. Denn gerade in einer solchen Rechtskonzeption muss doch die Gehorsamspflicht ganz davon abhängen, dass der Gesetzgeber die natürlichen Rechte der Rechtsgenossen tatsächlich respektiert (Alexy 1994: 189-194).

Gerade aus der Sicht einer vernunftrechtlichen Rechtstheorie erscheint es unmittelbar einsichtig, dass die Gehorsamspflicht beispielsweise gegenüber der Rechtsordnung des Taliban-Regimes in Afghanistan zwischen 1996 und 2001 weniger ausgeprägt ist als gegenüber einem demokratischen Rechtsstaat wie der Bundesrepublik Deutschland. Und ebenso einsichtig ist, dass die Gehorsamspflicht gegenüber dem Nazi-Regime in Deutschland zwischen 1933 und 1945 schwächer sein muss als gegenüber dem demokratischen Rechtsstaat, den Großbritannien damals bereits besaß.[19] Das Vernunftgebot, die Geltung der bestehenden Rechtsordnung zu akzeptieren, lässt sich in demokratischen Rechtsstaaten erheblich überzeugender begründen als in den genannten totalitären Regimen. Denn in demokratischen Rechtsstaaten muss die Gesetzgebung demokratisch organisiert sein, die Gerichte müssen die Gesetze politisch unabhängig anwenden und Gesetzesbrüche werden einigermaßen konsistent mit Sanktionen geahndet. Die für die Anwendung der primären Regeln wichtigen sekundären Regeln sind hier nicht beliebig. Vielmehr folgen sie fundamentalen Regeln – gewissermaßen tertiären Regeln (ähnlich Höffe 1987: 41-192).

Die sekundären Regeln einer Rechtsordnung, insbesondere die Grundnorm, sind danach in ihrer Geltung zwar rechtlich nicht weiter zu begründen, doch dies schließt nicht aus, sie normativ weiter zu rechtfertigen (Alexy 1994:

18 Dementsprechend ist für ihn der Rechtscharakter moralisch verwerflicher Rechtsnormen zweifelhaft.

19 Die genannten Beispiele verweisen auf die berühmte Debatte über die Differenz zwischen dem Recht eines Staates und dem »Recht«, das eine Räuberbande aufstellt und durchsetzt (siehe dazu Höffe 1987: 41-192).

183-184). Dementsprechend gilt: je stichhaltiger sich die durch sekundäre Regeln definierten Rechtsetzungs-, Rechtsprechungs- und Rechtsdurchsetzungsverfahren mittels solcher fundamentaler Regeln normativ begründen lassen, umso gewichtiger ist die Gehorsamspflicht gegenüber den primären Regeln des betreffenden Rechtssystems. Akzeptiert man somit, dass die Gehorsamspflicht gegenüber primären Regeln davon abhängt, dass die sekundären Regeln solchermaßen normativ begründeten tertiären Regeln entsprechen müssen, so wird der Blick frei für einen *graduellen Rechtsbegriff*. Dieser unterscheidet nicht nur zwischen bindendem Recht und anderen sozialen Regeln, sondern differenziert Rechtsordnungen nach ihrer jeweiligen Rechtsqualität – das heißt: der mit ihr verbundenen Gehorsamspflicht.[20]

Diesem graduellen Rechtsbegriff folgend mag die Rechtstheorie von Hart durchaus überzeugend die Kriterien für den Übergang von einer einfachen »Regelordnung« zu einer einfachen Rechtsordnung benennen. Rechtsordnungen zeichnen sich danach dadurch aus, dass sie im Unterschied zu »Regelordnungen« nicht nur primäre, sondern auch sekundäre Regeln besitzen. Doch da die primären wie die sekundären Regeln beliebig sind, weist Hart mit seiner Rechtstheorie lediglich auf die Kriterien einer vergleichsweise einfachen Rechtsordnung hin – einer normativ anspruchslosen Rechtsordnung mit geringer Rechtsqualität. Kann eine Rechtsordnung hingegen – wie etwa die eines demokratischen Rechtsstaates – insbesondere mit ihren sekundären, aber auch ihren primären Regeln, weitergehenden Kriterien – eben tertiären Regeln – genügen, so mag man von einer entwickelten Rechtsordnung – einer normativ anspruchsvollen Rechtsordnung mit hoher Rechtsqualität sprechen.

20 Ein solchermaßen gradueller Rechtsbegriff öffnet damit auch den Blick für einen substantiellen Verrechtlichungsbegriff. Dieser versteht unter Verrechtlichung nicht nur die fortschreitende Verbreitung von Rechtsnormen, sondern vielmehr die Verbreitung einer neuen Rechtsqualität. Einen derartigen Rechtsbegriff vertreten in den Internationalen Beziehungen beispielsweise Abbott et al. (2000).

Schaubild 1.2: Was unterscheidet die einfache und die entwickelte Rechtsordnung?

	Einfache Rechtsordnung	**Entwickelte Rechtsordnung**
Primäre Regeln	definieren Verhaltensstandards	definieren Verhaltensstandards
Sekundäre Regeln	definieren Verfahrensvorschriften für Gesetzgebung, für Gerichtsbarkeit und Sanktionierung	definieren Verfahrensvorschriften für Gesetzgebung, für Gerichtsbarkeit und Sanktionierung
Tertiäre Regeln		definieren weitergehende normative Kriterien für die oben genannten Verfahrensvorschriften

Insgesamt bilden also im Rahmen des hier vertretenen graduellen Rechtsbegriffs die einfache Rechtsordnung und die entwickelte Rechtsordnung die Pole einer Skala unterschiedlicher Rechtsordnungen, die als mehr oder weniger verrechtlicht gelten können. Und letztlich bestimmen tertiäre Regeln darüber, ob eine Rechtsordnung mit ihren Verfahren der Rechtsetzung, Rechtsprechung und Rechtsdurchsetzung mehr dem einen oder dem anderen Endpunkt der Skala zuneigt.

1.3 Was zeichnet entwickeltes Recht aus – die tertiären Regeln

Was unterscheidet nun eine mehr oder weniger entwickelte Rechtsordnung von einer mehr oder weniger einfachen Rechtsordnung? Welche tertiären Regeln schlagen die verschiedenen Rechtstheorien vor, damit eine Rechtsordnung als weitgehend verrechtlicht gelten kann?[21] Dies soll im Folgenden gestützt auf rechtspositivistische wie vernunftrechtliche Rechtstheorien heraus gearbeitet werden. Dabei geht es weniger darum, diese Rechtstheorien möglichst differenziert darzulegen. Vielmehr wird sowohl die rechtspositivistische als auch die vernunftrechtliche Rechtspositionen idealisiert. Die resultierenden »Strohmänner« sollen lediglich helfen, Kriterien zu benennen, die eine entwi-

21 Alexy (1994: 173-183) hat darauf verwiesen, dass die sekundären Regeln einer Rechtsordnung, im Gegensatz zu den primären Regeln, rechtlich nicht mehr begründet werden können. Doch er hat auch unterstrichen, dass dies nicht ausschließt, die sekundären Regeln normativ zu begründen. Eben diese normative Begründung basiert dann auf den hier als tertiär bezeichneten Regeln.

ckelte von einer einfachen Rechtsordnung unterscheiden. Dabei werden die entsprechenden Kriterien jeweils getrennt mit Blick auf erstens die Rechtsetzung, zweitens die Rechtsprechung und drittens die Rechtsdurchsetzung diskutiert.

Die Rechtsetzung

Das hier vertretene graduelle Rechtsverständnis spricht für die Rechtsetzung bereits dann von einer *einfachen Rechtsordnung*, wenn es ein durch sekundäre Regeln definiertes Gesetzgebungsverfahren gibt. Das graduelle Rechtsverständnis folgt also zunächst einer rechtspositivistischen Sicht, nach der die Gesetzgebungsverfahren einer Rechtsordnung keinen weitergehenden normativen Kriterien genügen müssen (Austin 1885, Kelsen 1960, Hart 1994). Der Rechtscharakter einer Rechtsordnung hängt also nicht davon ab, ob die Gesetzgebung in demokratischen oder diktatorischen Verfahren erfolgt; diese kann vielmehr beliebig gestaltet sein.[22] Hier weitere normative Kriterien einzuführen, bedeutet aus rechtspositivistischer Sicht nur, die Definition einer Rechtsordnung mit der einer »guten« Rechtsordnung zu verwechseln. Auch Rechtspositivisten halten eine Rechtsordnung mit demokratischer Gesetzgebung für wünschenswert, doch für die Beurteilung ihres Rechtscharakters spielt eben dies keine Rolle (Hart 1994: 185-212).[23]

Diesen normativ anspruchslosen Rechtsbegriff *kritisiert* die vernunftrechtliche Sicht. So unterstreicht etwa Höffe (1987), Recht müsse begrifflich von Unrecht unterscheidbar bleiben. Die Differenz zwischen dem von einer Räuberbande durchgesetzten »Recht« und dem Recht eines legitimierten Staates darf nicht vollständig verwischen. Recht müsse sich vielmehr stets auf normative Richtigkeitsansprüche stützen können. Denn andernfalls dürfe gegenüber dem Recht kein Gehorsam gefordert werden. Dabei sind allerdings zwei vernunftrechtliche Sichtweisen zu unterscheiden:[24] In der liberalen Rechtstheorie bemisst sich die Geltung des Rechts daran, ob das Recht mit moralischen Grundrechten vereinbar ist. Die Rechtsinhalte müssen liberalen Grundwerten

22 Die Gesetzgebung selbst wie auch einzelne Gesetze brauchen danach keinen moralischen Grundprinzipien zu folgen, um als Recht gelten zu können. Aus rechtspositivistischer Sicht sind Recht und Moral strikt voneinander zu trennen. Für eine knappe Diskussion dieser Trennungsthese siehe Koller (1997: 19-37).

23 Für eine knappe Darstellung derartiger Rechtstheorien siehe etwa Höffe (1987: 138-170).

24 Gesetze wie auch Gesetzgebung müssen danach moralischen Grundprinzipien entsprechen, um als Recht gelten zu können. Aus vernunftrechtlicher Sicht sind Recht und Moral eng miteinander verbunden. Für eine knappe Diskussion dieser Verbindungsthese siehe Koller (1997: 19-37).

entsprechen. Die Richtigkeit der Gesetze ist hier also entscheidend, nicht das Verfahren der Gesetzgebung. Die republikanische Rechtstheorie dagegen bindet die Geltung des Rechts an demokratische Verfahren der Gesetzgebung. Die Rechtsetzung muss hier also mit demokratischen Grundwerten vereinbar sein. Die Richtigkeit der Gesetzgebungsverfahren, nicht die einzelner Gesetze ist hier ausschlaggebend.[25]

Habermas (1994) folgend verbindet das hier vertretene graduelle Rechtsverständnis die liberale und republikanische Rechtstheorie, um Kriterien für eine *entwickelte Rechtsordnung* zu gewinnen (auch Gerstenberg 1997).[26] Grob vereinfacht kommt es bei Habermas' Rechtsbegriff darauf an, dass die Gesetzgebung als deliberative Selbstgesetzgebung aller Rechtsgenossen institutionalisiert ist. Selbstgesetzgebung meint hier zunächst, dass sich die Rechtsadressaten bzw. Rechtsbetroffenen zugleich als Rechtsautoren verstehen können (Habermas 1994: 153). Die Gesetzgebung muss im Rahmen einer deliberativen Demokratie dabei als ein zwangloser Diskurs gestaltet sein, der allen Rechtsgenossen grundsätzlich zugänglich ist. Denn nach Habermas können genau die Rechtsnormen Geltung beanspruchen, denen alle Rechtsgenossen in einem zwanglosen Diskurs zustimmen würden. Dabei gilt als zwangloser Diskurs jeder Versuch der Verständigung über problematische Geltungsansprüche, sofern er unter freien Diskursbedingungen stattfindet (Habermas 1994: 134-139). Diese freien Diskursbedingungen müssen ihrerseits durch verbindliche Verfahren der Gesetzgebung im Recht verankert, sie müssen mithin rechtlich gesichert sein. Das heißt, nach Habermas kann nur ein Gesetzgeber Rechtsgehorsam fordern, der allen Rechtsgenossen Gelegenheit gibt, sich in rechtlich gesicherten Verfahren vermittels öffentlicher Diskurse an der Gesetzgebung zu beteiligen (Habermas 1994: 118).

Das hier vertretene *graduelle Rechtsverständnis* verbindet also die rechtspositivistische und die vernunftrechtliche Sicht auf die Rechtsetzung. Danach gelten

---

25 Diese republikanische Rechtstheorie deutet bereits Kant (1912: 297, 304) an. Seiner eigenen Begründung einer unbedingten Gehorsamspflicht gegenüber jedem beliebigen Gesetzgeber widersprechend, macht Kant an anderer Stelle das Vorhandensein einer letztlich demokratischen – bei Kant selbst: republikanischen – Gesetzgebung zur Bedingung einer Rechtsordnung. Danach kann der Gesetzgeber im Rahmen einer Rechtsordnung nur Gesetze erlassen, die die Rechtsgenossen selbst beschließen würden (Alexy 1994: 190-194): »Was ein Volk nicht über sich selbst beschließen kann, das kann der Gesetzgeber auch nicht über das Volk beschließen« (Kant 1912: 297).

26 Nach Gerstenberg (1997) bedingen sich liberale Grundwerte und demokratische Gesetzgebung wechselseitig. Dementsprechend konzeptualisiert er in seinem deliberativen Rechtsmodell das Verhältnis von liberalen Grundwerten und demokratischer Gesetzgebung als Zirkel. Dieser unterstreicht die Gleichursprünglichkeit von demokratischer Gesetzgebung und liberalen Grundwerten.

nur für die Verfahren der Rechtsetzung in einer entwickelten Rechtsordnung anspruchsvolle Kriterien einer deliberativen Gesetzgebung, während es in einer einfachen Rechtsordnung lediglich darauf ankommt, dass es überhaupt ein vorab festgelegtes Verfahren der Rechtsetzung gibt, die Gesetzgebung mithin nicht willkürlich erfolgt.

Die Rechtsprechung

Ein graduelles Rechtsverständnis spricht bereits dann von einer *einfachen Rechtsordnung*, wenn ein – durch sekundäre Regeln bestimmtes – Verfahren der Rechtsprechung existiert, das den Rechtswillen des Gesetzgebers angemessen widerspiegelt. Aus rechtspositivistischer Sicht müssen die Verfahren zur autoritativen Feststellung von Rechtsbrüchen – beispielsweise durch Gerichte – keinen weitergehenden normativen Kriterien genügen. Da Gerichte ausschließlich das vom autorisierten Gesetzgeber geschaffene Recht buchstabengetreu anwenden sollen, brauchen sie etwa nach Austin (1885) nicht einmal vom Gesetzgeber unabhängig zu sein. Entscheidend ist nur, dass die zuständigen Gerichtsinstanzen dem autorisierten Gesetzgeber untergeordnet sind; sich also nicht die Gesetzgebungsbefugnisse des dazu autorisierten Gesetzgebers anmaßen. Dementsprechend darf ein Gericht auch jenseits des Rechts geltende Gerechtigkeitsvorstellungen nicht in seine Rechtsprechung einfließen lassen. Diese Gerechtigkeitsvorstellungen in Recht zu kleiden, bleibt allein dem dazu autorisierten Gesetzgeber überlassen. Das Gericht darf aus rechtspositivistischer Sicht nur dann über eine rein mechanische Rechtsanwendung hinausgehen, wenn sich eine Rechtsfrage auf der Grundlage geltenden Rechts nicht eindeutig entscheiden lässt.[27] Dann liegt es im Ermessen des Gerichts, wie es eine solche Rechtsfrage im Rahmen des geltenden Rechts entscheidet (vgl. Hart 1994).[28]

Kritik an dieser rechtspositivistischen Sicht auf die Feststellungsverfahren in Rechtsordnungen kommt u.a. aus vernunftrechtlicher Sicht. Dabei bestreitet insbesondere Dworkin (1984) den Ermessensspielraum von Gerichten. Könn-

27 Der Ermessensspielraum als solcher unterminiert dabei aus rechtspositivistischer Sicht die Geltung des Rechts nicht. Denn sollte das durch das Gericht geschaffene Recht nicht den Rechtswillen des autorisierten Gesetzgebers widerspiegeln, so kann dieser das Recht jederzeit korrigieren. Spiegelt der Richterspruch hingegen den Rechtswillen des Gesetzgebers ohnehin wider, so braucht der Gesetzgeber nicht tätig zu werden. Über die Präzedenzwirkung von Gerichtsurteilen sind andere Gerichte gehalten, diesem Richterspruch zu folgen, so dass sein Rechtswille ohnehin ins Recht einfließt (vgl. Hart 1994).

28 Für eine konzise Darstellung dieser Rechtstheorien siehe Dworkin (1984: 50-54).

ten Gerichte eine Rechtsfrage nicht aufgrund der bestehenden Rechtsregeln eindeutig entscheiden, stehe ihnen trotzdem kein Ermessensspielraum zu. Da jeder Rechtsgenosse einen Anspruch auf ein gerechtes Urteil besitzt, kann die Urteilsfindung nach Dworkin auch dann nicht in das Ermessen des Gerichts gestellt sein, wenn sich eine Rechtsfrage aufgrund des vom Gesetzgeber geschaffenen positiven Rechts nicht eindeutig lösen lässt. Die Rechtsgenossen dürften auch dann erwarten, nicht beliebigen, sondern ausschließlich relevanten Gründen für den Richterspruch unterworfen zu sein (so auch Habermas 1994: 270). Die Rechtsprechung müsse sich deshalb auf die normativen Grundprinzipien beziehen, die der Gesetzgebungsprozesses in Recht gegossen habe.[29] Das Recht – einschließlich der ihm zugrunde liegenden Grundprinzipien – rational rekonstruierend, sei das Gericht gehalten, eine Rechtstheorie zu entwickeln, die die gegebene Rechtsordnung abbilde, um unter Bezugnahme auf diese Rechtstheorie dann den Richterspruch zu begründen (Dworkin 1984). Genau diese Begründung erzeugt die Gehorsamspflicht gegenüber dem Richterspruch (Habermas 1994: 258).[30]

Das hier vertretene graduelle Rechtsverständnis setzt mit seinen weiter gehenden Kriterien für *entwickelte Rechtsordnungen* genau bei der Begründung der Rechtsprechung an. In der deliberativen Rechtstheorie von Habermas (1994) kommt es in einer entwickelten Rechtsordnung darauf an, die Rechtsprechung überzeugend zu begründen. Allerdings lässt sich nach Habermas allein in einem Diskurs unter akzeptablen Diskursbedingungen klären, ob das zuständige Gericht ein Urteil überzeugend begründet hat (auch Gerstenberg 1997: 106-109). Deshalb sieht er die für Gerichtsverfahren festgelegten Diskursbedingungen, unter denen über das Urteil gerungen wird, als entscheidend für die Gehorsamspflicht gegenüber dem Gericht an (Habermas 1994: 277). Die Diskursbedingungen selbst bestimmen zwar nicht den Diskurs über das Urteil, doch sie gewährleisten vermittelt über den Diskurs einen für die Rechtsgenos-

29 Da somit nicht-positivierte Prinzipien in das Recht eingehen, wird die Grenze zwischen rechtlichen und anderen sozialen Regeln erheblich durchlässiger als aus rechtspositivistischer Sicht zu unterstellen wäre. Dies verdeutlicht, dass es nicht möglich ist, aufgrund einer Grundnorm das gesamte Recht erschöpfend zu identifizieren (Dworkin 1984).

30 Allerdings ist es bei Dworkin (1984) das einzelne Gericht, das gewissermaßen alleine entscheidet, wie das Recht rational zu rekonstruieren ist, um einen spezifischen Richterspruch zu rechtfertigen. Diese Vorstellung lässt sich jedoch nur dann halten, wenn man heroischen Annahmen über das ideale Gericht – bzw. den von Dworkin (1984) selbst als Herkules bezeichneten idealen Richter – trifft. Dem versucht Habermas (1994) in seiner Rechtstheorie zu entrinnen, indem er die Urteilsfindung vor Gericht diskursiv anlegt.

sen akzeptabel begründeten Richterspruch.[31] Die Diskursbedingungen vor Gericht müssen insbesondere eine auf das Recht gestützte Gleichbehandlung vergleichbarer Rechtsbrüche, mithin eine unparteiliche Rechtsprechung garantieren. Ferner haben die Gerichtsverfahren sicherzustellen, dass die zur Rechtsprechung führenden Diskurse sich tatsächlich am Recht ausrichten und gleiches Recht für alle verbürgen (Habermas 1994: 282). Dementsprechend gehört zu den Diskursbedingungen insbesondere auch, in den Verfahren der Rechtsprechung jeden auf den Diskurs einwirkenden Zwang auszuschließen, der mächtigen gegenüber schwachen Rechtsgenossen ungerechtfertigte Vorteile verschaffen könnte. Eine solchermaßen am Recht orientierte Gleichbehandlung wird nur möglich, wenn die Diskursbedingungen einer unparteilichen Rechtsprechung ihrerseits in das Recht eingelassen, mithin durch rechtlich bindende Verfahren gesichert sind (Habermas 1994: 288).

Das hier vertretene *graduelle Rechtsverständnis* vereint damit die rechtspositivistische und die vernunftrechtliche Sicht auf die Rechtsprechung. Für die Verfahren der Rechtsprechung einer entwickelten Rechtsordnung gelten folglich die normativ anspruchsvollen Kriterien eines deliberativ den Gleichbehandlungsgrundsatz sichernden Gerichtswesens, während es in einer einfachen Rechtsordnung lediglich darauf ankommt, dass die Verfahren der Rechtsprechung den Rechtswillen des Gesetzgebers buchstabengetreu umsetzen.

Die Rechtsdurchsetzung

Das hier vertretene graduelle Rechtsverständnis hält eine *einfache Rechtsordnung* mit letztlich jedem beliebigen – allerdings durch sekundäre Regeln bestimmten – Verfahren der Rechtsdurchsetzung für vereinbar. Die Sanktionsverfahren müssen danach keinen weiterreichenden normativen Kriterien genügen.[32] Gemäß der rechtspositivistischen Sicht von Hart (1994), kommt es lediglich darauf an, dass es Verfahren der Rechtsdurchsetzung gibt, die über Sanktionen gegen Rechtsbrecher entscheiden. Denn die rechtspositivistische Sicht nimmt zumeist an, dass nur ein sanktionsbewährtes Recht böswillige Rechtsgenossen vor Rechtsbrüchen abschrecken bzw. in die Rechtstreue zwingen und somit

31 Dies ist deshalb so entscheidend, weil das Verbot, das Recht in die eigenen Hände zu nehmen, sich nur dann rechtfertigen lässt, wenn die Rechtsgenossen gewisse Garantien besitzen, ein angemessenes Urteil zu erhalten (Habermas 1994: 290).

32 Die Rechtstheorie von Hart (1994) – obwohl eine rechtspositivistische Sicht vertretend – macht das Recht gerade nicht vom Vorhandensein einer übergeordneten Sanktionsgewalt abhängig.

bei gutwilligen Rechtsgenossen das Vertrauen in das Recht erhalten kann (Koller 1997).

Doch bereits eine klassisch rechtspositivistische Sicht *kritisiert* ein solchermaßen anspruchsloses Rechtsverständnis. Gerade der Rechtspositivismus etwa von Austin (1885) oder auch Kelsen (1960) spricht nur dann von Recht, wenn sich der höchste Gesetzgeber einer Rechtsordnung auf einen zentralen Sanktionsapparat stützen kann. Dieser muss in der Lage sein, Rechtsbrüche zuverlässig zu bestrafen. Dazu genügt es nicht, dass der höchste Gesetzgeber nur eigene Sanktionsmittel besitzt. Er muss vielmehr in seinem Rechtsbereich eine übergeordnete Sanktionsinstanz darstellen und über überlegene Sanktionsmittel verfügen – also ein Gewaltmonopol ausüben. Der Gesetzgeber verfügt über die höchste – mithin die souveräne – Sanktionsgewalt. Denn jede geringere Sanktionsgewalt müsste bei etwaigen Rechtsbrüchen abwägen, ob die eigenen Sanktionsmittel ausreichen, den Rechtsbrecher in die Rechtstreue zu zwingen. Das garantiert keine wirklich zuverlässige Sanktionierung von Rechtsbrechern. Aus klassisch rechtspositivistischer Sicht begründet deshalb nur eine übergeordnete und zugleich überlegene Sanktionsgewalt eine Rechtsordnung. Nur eine solche souveräne Sanktionsgewalt vermag gegenüber allen Rechtsgenossen gleichermaßen das Recht zuverlässig durchzusetzen (Austin 1885).[33]

Das hier vertretene graduelle Rechtsverständnis übernimmt dieses Rechtsverständnis zwar nicht, trägt ihm aber mit seinen Kriterien für eine *entwickelte Rechtsordnung* zumindest teilweise Rechnung. Dabei folgt es auch hier der deliberativen Rechtstheorie von Habermas (1994), die ja nicht nur die dem Recht vor allem über eine legitime Rechtsetzung eingeschriebene Geltung, sondern auch die Faktizität einer auf Sanktionen gestützten Rechtsdurchsetzung betont. Rechtsnormen müssen sich demnach stets gleichzeitig durch ihre legitime Geltung, aber auch eine hinter ihnen stehende faktische Sanktionsgewalt bei den Rechtsgenossen Respekt verschaffen können (Habermas 1994: 45-60).[34] Allerdings verlangt Habermas (1994, 2003), der hier Kant (1907) folgt, keine übergeordnete Sanktionsgewalt, die auf sich zentral Sanktionsmittel vereinigt, die sie jedem beliebigen Rechtsgenossen überlegen macht, ihr ein Gewaltmonopol verleiht.[35] Er hält es jedoch trotzdem nicht zuletzt aufgrund des Gleich-

33 Für eine knappe Darstellung der entsprechenden Rechtstheorien siehe Koller (1997: 145-149).

34 Habermas erläutert: »Die Rechtsgültigkeit einer Norm – und darin besteht ihr Witz – besagt nun, dass *beides zugleich* garantiert ist: sowohl die Legalität des Verhaltens im Sinn einer durchschnittlichen Normbefolgung, die erforderlichenfalls durch Sanktionen erzwungen wird, wie auch die Legitimität der Regel selbst, die eine Befolgung der Norm aus Achtung vor dem Gesetz jederzeit möglich macht« (Habermas 1994: 49).

35 Erst dann, wenn es dem Gesetzgeber nicht mehr gelingt, mit seinen Sanktionsmitteln das Recht zuverlässig durchzusetzen, erlischt bei Kant die Gehorsamspflicht der Rechtsgenossen gegenüber dem Gesetzgeber (siehe dazu Alexy 1994: 186-193). Darüber hinaus hat Kant mit

behandlungsgrundsatzes für entscheidend, dass das jeweilige Sanktionsverfahren gewährleistet, mächtige wie weniger mächtige Rechtsgenossen bei Rechtsbrüchen gleichermaßen zuverlässig mit Sanktionsmaßnahmen zu belegen. Die Gleichbehandlung vergleichbarer Rechtsbrüche muss die Sanktionsinstanz sicherstellen können. Nur wenn alle Rechtsgenossen gleichermaßen zuverlässig der Sanktionsgewalt einer Rechtsordnung ausgesetzt sind, kann von allen Rechtsgenossen gleichermaßen Gehorsam gegenüber dem Recht verlangt werden.

Das hier vertretene *graduelle Rechtsverständnis* verbindet nun die unterschiedlichen Sichtweisen rechtspositivistischer und vernunftrechtlicher Rechtstheorien auf die Verfahren der Rechtsdurchsetzung. Eine einfache Rechtsordnung herrscht bereits dann vor, wenn es ein festgelegtes Verfahren gibt, um Sanktionsmaßnahmen zu beschließen und gegebenenfalls auch durchzusetzen. Aber auch für eine entwickelte Rechtsordnung macht dieses Rechtsverständnis das Vorhandensein einer überlegenen Sanktionsinstanz nicht zum notwendigen Kriterium. Vielmehr existiert eine entwickelte Rechtsordnung dann, wenn das Verfahren der Sanktionierung die Gleichbehandlung von vergleichbaren Rechtsbrüchen zuverlässig sicherstellt, gleichviel ob diese von mächtigen oder schwachen Rechtsgenossen begangen werden.

Schaubild 1.3: Was unterscheidet die einfache und die entwickelte Rechtsordnung II

	Einfache Rechtsordnung	**Entwickelte Rechtsordnung**
Gesetzgebungsverfahren	Rechtsetzung durch autorisierten Gesetzgeber	Rechtsetzung als deliberative Selbstgesetzgebung aller Rechtsgenossen
Feststellungsverfahren	Rechtsprechung durch dem Gesetzgeber unterstellte Gerichtsinstanz	Rechtsprechung durch eine die Gleichbehandlung sichernde Gerichtsinstanz
Sanktionsverfahren	Rechtsdurchsetzung mittels beliebigem Sanktionsverfahren	Rechtsdurchsetzung durch eine die Gleichbehandlung sichernde Sanktionsinstanz

Insgesamt unterscheidet sich einfaches Recht von entwickeltem Recht also durch die weiter gehenden Kriterien, die an die Verfahren sowohl der Rechtsetzung, Rechtsprechung als auch Rechtsdurchsetzung anzulegen sind: Während die Gesetzgebung in einer einfachen Rechtsordnung lediglich durch einen dazu autorisierten, ansonsten aber beliebigen Gesetzgeber erfolgen kann, muss

seinen Vorstellungen zum Weltbürgerrecht den Rechtsbegriff ganz eindeutig von der überlegenen Sanktionsmacht des staatlichen Gewaltmonopols abgekoppelt (so auch Habermas 2004).

diese in einer entwickelten Rechtsordnung demokratisch institutionalisiert sein. Während die Feststellung von Rechtsbrüchen in einer einfachen Rechtsordnung durch eine dem Gesetzgeber unterstellte, beliebige Gerichtsinstanz erfolgen kann, müssen in einer entwickelten Rechtsordnung die Gerichte die Gleichbehandlung aller Rechtsgenossen durch eine deliberative Rechtsprechung sichern. Und während in einer einfachen Rechtsordnung die Sanktionierung von Rechtsbrüchen durch ein zwar vorab definiertes, aber ansonsten doch beliebiges Sanktionsverfahren erfolgen kann, muss in einer entwickelten Rechtsordnung die Rechtsdurchsetzung zumindest durch eine Sanktionsinstanz erfolgen, die zuverlässig die Gleichbehandlung aller Rechtsbrüche sicherstellt. Die so beschriebene einfache und entwickelte Rechtsordnung stellen damit die Pole auf einer Skala mehr oder weniger verrechtlichter Rechtsordnungen dar, die sich durch eine mehr oder weniger ausgeprägte Gehorsamspflicht der Rechtsgenossen unterscheiden.

1.4 Was bedeutet Rechtsstaatlichkeit? Judizialisierung von Verfahren und Verhalten

Was bedeutet Rechtsstaatlichkeit? Das dargelegte Rechtsverständnis erlaubt es nun, den hier zugrunde liegenden Begriff von Rechtsstaatlichkeit zu erläutern. Der graduell angelegte Rechtsbegriff erlaubt es ferner, auch das schrittweise Entstehen von Rechtsstaatlichkeit konzeptionell zu fassen.

Grundsätzlich könnte man in einem *weiten Begriffsverständnis* Rechtsstaatlichkeit mit einer im oben dargelegten Sinne entwickelten Rechtsordnung identifizieren. Rechtsstaatlichkeit zeichnet sich dann u.a. durch anspruchsvolle – weil den Kriterien der tertiären Regeln folgende – Verfahren der Rechtsetzung, Rechtsprechung und Rechtsdurchsetzung aus. Und das Entstehen von Rechtsstaatlichkeit ginge dann mit der schrittweisen Annäherung bestehender Verfahren der Rechtsetzung, Rechtsprechung und Rechtsdurchsetzung an diese anspruchsvollen Kriterien einher. Die modernen Staaten der OECD-Welt wären danach Rechtsstaaten, weil ihre Verfahren der Rechtsetzung eine deliberative Selbstgesetzgebung erlauben und ihre Verfahren der Rechtsprechung wie auch der Rechtsdurchsetzung die Gleichbehandlung aller Rechtsgenossen sichern. Und Russland gälte heute als rechtsstaatlicher als noch vor zwei Dekaden, weil sich seine Verfahren der Rechtsetzung, Rechtsprechung und Rechtsdurchsetzung den anspruchsvollen Kriterien – allerdings zögerlich – angenähert haben.

Da ein derartig weiter Begriff von Rechtsstaatlichkeit aber nur partiell der üblichen Begriffsverwendung entspricht, findet hier ein etwas *engerer Begriff von Rechtsstaatlichkeit* Verwendung. Danach bezieht sich Rechtsstaatlichkeit nicht auf die Verfahren der Rechtsetzung, sondern ausschließlich auf die Verfahren der Rechtsprechung und Rechtsdurchsetzung. Der moderne Staat der heutigen OECD-Welt ist danach Rechtsstaat, weil er mit seinen Verfahren der Rechtsprechung und Rechtsdurchsetzung zuverlässig die Gleichbehandlung vergleichbarer Rechtsbrüche sicherstellt. Und Rechtsstaatlichkeit entsteht in einer Rechtsordnung – ganz unserem intuitiven Begriffsverständnis folgend – dann, wenn sich Verfahren der Rechtsprechung bzw. Rechtsdurchsetzung herausbilden, die für die Gleichbehandlung aller Rechtsgenossen Sorge tragen. Russland erweist sich danach heute zumindest deshalb als rechtsstaatlicher als noch vor ein oder zwei Dekaden, weil seine Verfahren der Rechtsprechung und Rechtsdurchsetzung heute eher gewährleisten, vergleichbare Rechtsbrüche auch vergleichbar zu sanktionieren.

Das Beispiel Russlands offenbart jedoch bereits, dass nicht allein das bloße Vorhandensein rechtsstaatlicher *Verfahren* der Rechtsprechung und Rechtsdurchsetzung Rechtsstaatlichkeit hinreichend definiert. Um von Rechtsstaatlichkeit reden zu können, müssen die Verfahren tatsächlich auch das Verhalten der Rechtsgenossen prägen. Nur wenn bei vermeintlichen Rechtsbrüchen das *Verhalten* der beteiligten Rechtsgenossen den vorgegebenen Verfahren zumindest nicht regelmäßig widerspricht, kann sinnvoll von Rechtsstaatlichkeit gesprochen werden. Danach liegt Rechtsstaatlichkeit nicht bereits dann vor, wenn es formal Verfahren der Rechtsprechung und Rechtsdurchsetzung gibt, die eine Gleichbehandlung vergleichbarer Rechtbrüche sichern. Rechtsstaatlichkeit hängt vielmehr davon ab, dass sich unter den Rechtsgenossen bei Rechtsverstößen ein verfahrensgetreues Verhalten entwickelt, so dass dieses Verhalten auch faktisch die Gleichbehandlung vergleichbarer Rechtsbrüche mit sich bringt. Denn warum sollte eine Rechtsordnung als rechtsstaatlich gelten, die zwar über anspruchsvolle Verfahren der Rechtsprechung und der Rechtsdurchsetzung verfügt, in der die Rechtsgenossen diese Verfahren jedoch gewohnheitsmäßig ignorieren oder manipulieren?

Die Bundesrepublik Deutschland ist danach nicht bereits wegen ihrer rechtsstaatlichen Verfahren ein Rechtsstaat , sondern weil diese Verfahren sich bei etwaigen Rechtsbrüchen im Verhalten der meisten Rechtsgenossen auch tatsächlich widerspiegeln. So kommt es in der Bundesrepublik bei Straftaten allenfalls in Ausnahmefällen zu Selbstjustiz der davon betroffenen Rechtsgenossen. Vielmehr ermittelt zumeist die zuständige Staatsanwaltschaft, die dem Verdächtigen vor Gericht die betreffende Straftat nachweisen muss. Nur wenn dies gelingt, kann das Gericht den Straftäter verurteilen. Und dabei spielt es offenbar eine zumindest untergeordnete Rolle, ob es sich um einflussreiche Politiker oder einfache Politologen handelt. Dagegen lässt sich die Rechtsstaatlichkeit beispielsweise in Russland gerade deshalb anzweifeln, weil sich die Verfahren der Rechtsprechung und Rechtsdurchsetzung bislang ganz offensichtlich nicht in ein entsprechendes Verhalten übersetzt haben. Diese Verfahren werden oftmals manipuliert oder missachtet, so dass beispielsweise einflussreiche Politiker selbst bei schweren Straftaten gar nicht mit einer Strafverfolgung rechnen müssen, während unbescholtene, aber kritische Politologen sich der Strafverfolgung ausgesetzt sehen. Russland ist damit zwar weniger rechtsstaatlich als Deutschland, mag sich allerdings schrittweise an eine vollgültige Rechtsstaatlichkeit annähern.

Dabei impliziert das Entstehen von Rechtsstaatlichkeit allgemein, dass die Verfahren der Streitbeilegung – also der Rechtsprechung und Rechtsdurchsetzung – in einer Rechtsordnung zunehmend dem Gleichbehandlungsgrundsatz folgen und zugleich sich das Verhalten der in Streitigkeiten verwickelten Rechtsgenossen diesen Verfahren angleicht. Nach dem hier vertretenen Verständnis von Rechtsstaatlichkeit ist also für das Entstehen von Rechtsstaatlichkeit zweierlei konstitutiv:

- zum einen eine *Judizialisierung* der jeweils bestehenden *Verfahren* der Streitbeilegung und
- zum anderen eine *Judizialisierung* des *Verhaltens* der in Streitigkeiten über vermeintliche Rechtsbrüche verwickelten Rechtsgenossen.

Denn während die Judizialisierung der Verfahren der Streitbeilegung ja gerade kennzeichnet, dass diese die Gleichbehandlung von vergleichbaren Rechtsbrüchen zunehmend institutionalisieren, bezieht sich die Judizialisierung von Verhalten darauf, dass die an Rechtsstreitigkeiten beteiligten Rechtsgenossen sich diesen Verfahren vermehrt tatsächlich unterwerfen.

Ob die eine Art der Judizialisierung, die der Verfahren, die andere Art der Judizialisierung, nämlich die des Verhaltens, begünstigen kann, ist dabei keineswegs selbstverständlich. Dies gilt, wie das Beispiel Russlands zeigt, bereits in der nationalen Rechtsordnung eines Staates. Doch jenseits des Staates in der internationalen Rechtsordnung ist dies noch weniger vorauszusetzen. Warum sollte gerade hier aus der Judizialisierung der Verfahren zur Beilegung von Streitigkeiten im internationalen Recht eine Judizialisierung des Verhaltens der in diese Streitigkeiten verwickelten Staaten folgen? Das internationale Recht leidet ja gerade darunter, dass sich Staaten über die vorgegebenen Verfahren der Streitbeilegung hinweg setzen können. Ob sich diese Gefahr durch eine Judizialisierung der Verfahren der Streitbeilegung reduziert, soll hier deshalb mit Blick auf die internationale Rechtsordnung des GATT bzw. der WTO untersucht werden.

Bevor jedoch die empirische Analyse folgt, gilt es zunächst genauer zu bestimmen, was *operational* unter der Judizialisierung von Verfahren der Streitbeilegung bzw. der Judizialisierung des Verhaltens von Streitparteien verstanden werden kann.

2 Operationalisierung: Kriterien der Judizialisierung von Verfahren und Verhalten[36]

Damit internationale Rechtsstaatlichkeit entsteht, bedarf es zum einen der Judizialisierung internationaler Streitbeilegungsverfahren – also der *de jure* Verankerung des Gleichbehandlungsgrundsatzes in internationalen Streitbeilegungsverfahren – und zum anderen der Judizialisierung des damit verbundenen internationalen Streitverhaltens – also der *de facto* Verwirklichung des Gleichbehandlungsgrundsatzes bei konkreten internationalen Streitigkeiten (siehe Zangl 2005a). Denn nur dann gilt gleiches Recht für alle – nicht nur formal, sondern auch faktisch. Bevor sich allerdings empirisch analysieren lässt, ob und inwieweit sich eine internationale Rechtsstaatlichkeit entwickelt, weil es gerichtsähnlichen besser als diplomatischen Streitbeilegungsverfahren gelingt, auf das Streitverhalten der beteiligten Staaten einzuwirken, bedarf es zunächst der *Operationalisierung* der Judizialisierung sowohl der internationalen Streitbeilegungsverfahren als auch des internationalen Streitverhaltens.

Der nachfolgende Abschnitt legt zunächst die Kriterien für eine Judizialisierung – also eine zunehmende Verankerung des Gleichbehandlungsgrundsatzes – der Streitbeilegungsverfahren offen. Dabei wird argumentiert, dass sich die Judizialisierung internationaler Streitbeilegungsverfahren an den Kriterien der politischen Unabhängigkeit, des rechtlichen Mandats, der obligatorischen Gerichtsbarkeit, den kollektiven Sanktionsbefugnissen sowie dem offenen Beschwerderecht im jeweiligen Streitbeilegungsverfahren bemessen lässt. Der daran anschließende Abschnitt bestimmt dann die Kriterien anhand derer sich eine Judizialisierung staatlichen Streitverhaltens – also die tatsächliche Verwirklichung des Gleichbehandlungsgrundsatzes – beobachtet lässt. Dabei wird argumentiert, dass das entscheidende Kriterium einer Judizialisierung des

36 Dieses Kapitel hat von den Diskussionen im Rahmen des von mir gemeinsam mit Michael Zürn geleiteten, von der Deutschen Forschungsgemeinschaft im Sonderforschungsbereich 597 »Staatlichkeit im Wandel« geförderten Projekts zur »Judizialisierung internationaler Streitbeilegung« besonders profitiert. Insofern als es über weite Strecken den in diesem Projekt gemeinsam erarbeiteten konzeptionellen Vorgaben folgt, ist es auch Ergebnis der fruchtbaren Diskussionen mit Achim Helmedach, Aletta Mondré, Gerald Neubauer und Michael Zürn.

Streitverhaltens darin liegt, dass die Streitbeilegungsverfahren zunehmend respektiert, mithin zunehmend weniger missachtet oder manipuliert werden.

2.1 Die Judizialisierung internationaler Streitbeilegungsverfahren

Jedes internationale Verfahren, das im Streitfalle darüber befindet, ob ein – von wem auch immer – beanstandeter Bruch internationaler Rechtsnormen tatsächlich vorliegt, lässt sich als internationales Streitbeilegungsverfahren bezeichnen.[37] Allerdings ist in unterschiedlichen Streitbeilegungsverfahren der Gleichbehandlungsgrundsatz zumeist sehr unterschiedlich verankert. Diese sind somit unterschiedlich judizialisiert. Ist der Gleichbehandlungsgrundsatz in gerichtlichen Streitbeilegungsverfahren vergleichsweise stark institutionalisiert, bleibt er in diplomatischen Streitbeilegungsverfahren zumeist schwach verankert.[38]

Traditionell *diplomatisch* gestaltete internationale Streitbeilegungsverfahren sichern die Gleichbehandlung vergleichbarer Rechtsbrüche deshalb kaum, weil sie auf politischen Verhandlungen bzw. auf politischer Vermittlung beruhen und es den betreffenden Staaten daher erlauben, ihre jeweiligen Machtmittel zur Geltung zu bringen (Morgenthau 1948, Jackson 1997). Dementsprechend besteht in solchen Streitbeilegungsverfahren für mächtige Staaten eine größere Chance mit ihren Rechtsbrüchen ungeschoren davon kommen, als für schwächere Staaten, die sich vergleichbarer Rechtsbrüche schuldig machen. So muss China, obwohl seine Menschenrechtspolitik mit der von Nordkorea durchaus vergleichbar ist, kaum mit einer Verurteilung durch die UN-Menschenrechtskommission rechnen, während Nordkorea vergleichsweise regelmäßig ob seiner Menschenrechtsverletzungen verurteilt wird. Nicht zuletzt aufgrund der mangelnden politischen Unabhängigkeit der Menschenrechtskommission kann China in diesem eher diplomatisch geprägten Streit-

37 Wenn im Folgenden von internationalen Rechtsnormen oder auch internationalem Recht die Rede ist, so sind damit stets Regeln des Völkerrechts gemeint. Der Begriff des internationalen Rechts bzw. des internationalen öffentlichen Rechts wird hier dem des Völkerrechts vorgezogen, um im Begriff bereits anzudeuten, dass diese Rechtsordnung nicht mehr ausschließlich eine zwischen den ihre »Völker« vertretenden Staaten darstellt (ähnlich Habermas 2004).

38 Für die Unterscheidung von diplomatischen und gerichtlichen Streitbeilegungsverfahren siehe u.a. Jackson (1998), McCall Smith (2000), Keohane et al. (2000), Zangl (2001), Zangl/Zürn (2004b).

beilegungsverfahren seine verfügbaren Machtmittel nutzen, um im Gegensatz zu Nordkorea einer Verurteilung zu entgehen (Zangl/Zürn 2004b).

Den Gleichbehandlungsgrundsatz institutionalisieren *gerichtliche* Streitbeilegungsverfahren zweifellos erheblich besser (Keohane et al. 2000, Romano 1999).[39] Judizialisierte Streitbeilegungsverfahren, die zumeist auf unabhängigen Gerichten beruhen, ermöglichen es eher, bei Rechtsbrüchen mächtige wie schwache Staaten gleichermaßen zu verurteilen. Sie erlauben es Staaten insgesamt viel weniger, die ihnen zur Verfügung stehenden Machtmittel einzusetzen. Beispielsweise muss bei etwaigen Menschenrechtsverletzungen Deutschland vor dem Europäischen Menschenrechtsgerichtshof ebenso mit einer Verurteilung rechnen wie Luxemburg. Insbesondere die politische Unabhängigkeit des Menschenrechtsgerichtshofs und seine obligatorische Gerichtsbarkeit tragen dazu bei, dass die Machtdifferenzen zwischen Staaten wie Deutschland und Luxemburg weniger zu Buche schlagen (Zangl/Zürn 2004b).

Viele der heute entstehenden oder sich entwickelnden Streitbeilegungsverfahren sind allerdings weder ganz diplomatisch geprägt noch können sie als vollständig gerichtlich eingestuft werden; sie blenden den Gleichbehandlungsgrundsatz in ihrem institutionellen Design weder völlig aus, noch nehmen sie ihn gänzlich auf. Vielmehr sind viele dieser mehr oder weniger judizialisierten Streitbeilegungsverfahren auf einer *Skala* zwischen einem ausschließlich diplomatischen und einem vollständig gerichtlichen Streitbeilegungsverfahren angesiedelt (Keohane et al. 2000, Zangl 2001, Zangl/Zürn 2004b). Dies gilt beispielsweise auch für die mit den internationalen Menschenrechtskonventionen begründeten Menschenrechtsausschüsse. Diese sind zwar politisch unabhängiger als die Menschenrechtskommission aber erheblich einfacher politisch zu beeinflussen als der Europäische Menschenrechtsgerichtshof. Dementsprechend können Machtressourcen im Rahmen der Streitbeilegungsverfahren vor den Menschenrechtsausschüssen weniger einfach eingesetzt werden als in der Menschenrechtskommission, aber zugleich sind sie dem Machteinsatz zugänglicher als das Streitbeilegungsverfahren des Europäischen Menschenrechtsgerichtshofs.

Um diesen Unterschieden bei der Institutionalisierung des Gleichbehandlungsgrundsatzes – und damit der institutionellen Vorkehrungen gegen unlauteren Machtgebrauch – gerecht werden zu können, setzt die hier vertretene Operationalisierung der Judizialisierung von Streitbeilegungsverfahren nicht auf die dichotomische Unterscheidung von diplomatischen und gerichtlichen Verfahren. Vielmehr beruht sie auf einer Skala unterschiedlich judizialisierter

39 Für einen Überblick über internationale Streitbeilegungsverfahren – diplomatische wie auch gerichtliche – siehe etwa Merrills (1998).

Verfahren, deren Pole gerichtliche Streitbeilegungsverfahren einerseits und diplomatische Verfahren andererseits definieren (ähnlich Keohane et al. 2000, Alter 2001, Zangl 2001). Jedes Streitbeilegungsverfahren lässt sich auf dieser Skala danach verorten, inwieweit es den folgenden fünf Kriterien einer institutionell gesicherten Gleichbehandlung entspricht: (1) politische Unabhängigkeit, (2) rechtliches Mandat, (3) obligatorische Gerichtsbarkeit, (4) kollektive Sanktionen und (5) Offenheit der Beschwerdeberechtigung.

Politische Unabhängigkeit

Die politische Unabhängigkeit der Streitbeilegungsinstanz, die in einem internationalen Streitbeilegungsverfahren darüber befindet, ob der strittige Rechtsbruch tatsächlich vorliegt, ist für die Gleichbehandlung von etwaigen Rechtsbrüchen von enormer Bedeutung. Denn wenn sich die Streitbeilegungsinstanz durch politische Einflussnahme manipulieren lässt, dann vermögen mächtige Staaten stets die Urteilsfindung stärker zu beeinflussen als weniger mächtige. Ist die Unabhängigkeit der Streitbeilegungsinstanz nicht institutionell gesichert, besteht die Gefahr, mächtige gegenüber schwachen Staaten zu begünstigen. Insofern erweist sich die politische Unabhängigkeit der jeweiligen Streitbeilegungsinstanz als eine wesentliche institutionelle Vorkehrung zur Sicherung der Gleichbehandlung vergleichbarer Rechtsbrüche. Da diese in unterschiedlichen Streitbeilegungsverfahren unterschiedlich stark ausgebildet sein kann, werden hier vier Stufen unterschieden (Keohane et al. 2000: 459-462, Helfer/Slaughter 1998: 353-355, Zangl/Zürn 2004b):

(1) Als politisch besonders abhängig müssen Streitbeilegungsverfahren gelten, in denen die Streitparteien selbst in der relevanten Streitbeilegungsinstanz vertreten sind. Derartige Streitbeilegungsverfahren zeigen sich für die politische Einflussnahme der Streitparteien besonders offen, denn letztlich befinden die selbst darüber, ob der beanstandete Rechtsbruch tatsächlich vorliegt. Die früher im GATT eingesetzten Arbeitsgruppen sind ein Beispiel für eine solche Streitinstanz. Die Streitparteien waren selbst immer in der sie betreffenden Arbeitsgruppe vertreten.

(2) Etwas weniger politisch abhängig sind Streitbeilegungsverfahren, bei denen – im Regelfall – nicht die Streitparteien selbst, sondern vielmehr dritte Staaten die Streitbeilegungsinstanz bilden. Derartige dritte Staaten unterliegen zwar durchaus auch der politischen Einflussnahme der Streitparteien, doch sie sind sicherlich unabhängiger als die Streitparteien selbst. Das Streitbeilegungsverfahren vor der UN-Menschenrechtskommission, aber auch das des UN-

Sicherheitsrats stellen insofern Beispiele dar, als hier im Regelfall der beklagte Staat nicht vertreten ist.

(3) Befinden hingegen in einem Streitbeilegungsverfahren neutrale Experten anstatt Staatenvertreter darüber, ob in einem Streitfall der beanstandete Rechtsbruch tatsächlich vorliegt, so kann dies schon als vergleichsweise politisch unabhängig gelten; zumindest dann, wenn die Experten darauf verpflichtet sind, etwaiger Einflussnahme durch Staaten, auch ihres eigenen Staates, nicht nachzugeben. Derartige Streitbeilegungsverfahren finden sich beispielsweise bei den UN-Menschenrechtsausschüssen, aber auch beim ILO-Ausschuss für Vereinigungsfreiheit.

(4) Als politisch weitgehend unabhängig können jedoch nur Streitbeilegungsinstanzen gelten, die auf einem ständigen Spruchkörper unabhängiger Richter beruhen. Denn während neutrale Experten vielfach in Abhängigkeit von ihren Staaten stehen, zum Beispiel weil sie von diesen ihr Gehalt beziehen, sind Richter, die auf Dauer einem internationalen Spruchkörper angehören, auch von solchen versteckten Einflussquellen besser abgeschirmt. Beispiele für solche Spruchkörper sind etwa die Berufungsinstanz der WTO, der Europäische Menschenrechtsgerichtshof oder der Internationale Strafgerichtshof.

Rechtliches Mandat

Selbst eine politisch tatsächlich unabhängige Streitbeilegungsinstanz kann den Gleichbehandlungsgrundsatz nicht immer garantieren. Sie mag aus politischen Gründen nämlich geneigt sein, mächtige gegenüber weniger mächtigen Staaten zu bevorzugen.[40] Deshalb ist es für die Gleichbehandlung vergleichbarer Rechtsbrüche wichtig, welches Mandat die jeweilige Streitinstanz besitzt. Handelt es sich um ein politisches Mandat, um mit einem politischen Entscheid in einen Streit vermittelnd einzugreifen, oder um ein juristisches Mandat, um durch einen rechtlich begründeten Entscheid zur Streitbeilegung beizutragen. Während ein politisches Mandat der Streitbeilegungsinstanz das Recht belässt, nach politischen Gesichtspunkten vom Gleichbehandlungsgrundsatz abzuweichen – beispielsweise mächtige Staaten anders zu behandeln als weniger mächtige Staaten –, erlegt ein rechtliches Mandat der jeweiligen Streitinstanz die Pflicht auf, unabhängig von politischen Erwägungen allein aufgrund rechtlicher Gesichtspunkte zu entscheiden, so dass eine den Gleichbehandlungs-

40 Selbst vom Europäischen Gerichtshof wird behauptet, er berücksichtige die Interessen mächtiger Staaten mehr als die weniger mächtiger Staaten. Für die entsprechende Debatte siehe u.a. Garrett (1995), Alter (1998), Burley/Mattli (1993).

grundsatz verletzende Bevorzugung mächtiger Staaten gegenüber weniger mächtigen Staaten erheblich schwerer zu rechtfertigen ist (Stone Sweet 2000: 1-30, Helfer/Slaughter 1998: 353-355). Bei dieser institutionellen Vorkehrung zur Sicherung des Gleichbehandlungsgrundsatzes lassen sich erneut vier Stufen unterscheiden:

(1) Von einem politischen Mandat ist bei Streitbeilegungsverfahren zu sprechen, die die zuständige Streitbeilegungsinstanz nicht darauf verpflichten, Entscheidungen rechtlich zu begründen, sondern vielmehr dazu anhalten, politisch kluge Entscheidungen zu treffen, um den jeweils zu behandelnden Streit über einen etwaigen Rechtsbruch beizulegen. Der UN-Sicherheitsrat beinhaltet beispielsweise ein solches Verfahren. Der Sicherheitsrat bedient sich zwar häufig quasi-rechtlicher Begründungen für Resolutionen, mit denen er in Streitigkeiten eingreift, doch ist er darauf durch das Verfahren nicht verpflichtet. Vielmehr kann er mehr oder weniger willkürlich Resolutionen verabschieden, die nach seinem Dafürhalten zu einer friedlichen Streiterledigung beitragen.

(2) Ein allenfalls ansatzweise rechtliches Mandat enthalten Streitbeilegungsverfahren, die zwar ihre Entscheidungen rechtlich begründen, bei denen dies jedoch nicht durch rechtsverbindliche Verfahrensregeln gesichert ist, die die Rechte sowohl der Streitbeilegungsinstanz als auch der Streitparteien im Verfahren definieren. Bei solchen Verfahren sind dann die Entscheidungen der Streitinstanz ihrerseits auch nicht rechtsverbindlich, sondern bleiben rechtliche Empfehlungen – gewissermaßen also unverbindliche Rechtsgutachten. Die bis heute kaum festgelegten Streitbeilegungsverfahren des Washingtoner Artenschutzabkommens (CITES) mögen dies illustrieren. Das dort für die Streitschlichtung zuständige Sekretariat sowie der Ständige Ausschuss agieren auf der Grundlage von unverbindlichen – noch nicht einmal klar fixierten – Verfahrensregeln und können dementsprechend auch keine rechtsverbindlichen Entscheidungen treffen.

(3) Bei Streitbeilegungsverfahren, die durch tatsächlich bindende Verfahrensregeln verpflichtend rechtlich begründete Entscheidungen treffen, kann hingegen selbst dann von einem weitgehend rechtlichen Mandat gesprochen werden, wenn die Entscheidungen selbst nicht rechtlich bindend sind, sondern vielmehr unverbindliche Empfehlungen bleiben. Die Rechtsgutachten des Internationalen Gerichtshofes auf Antrag des UN Sicherheitsrats oder der UN Generalversammlung sind ein Beispiel dafür. Diese werden nach den rechtlich klar definierten Verfahrensregeln erstellt, die den IGH auf eine rechtlich begründete Entscheidungsfindung festlegen, sind aber selbst rechtlich nicht bindend.

(4) Ein vollständig rechtliches Mandat besitzen hingegen nur Streitbeilegungsverfahren, bei denen die Streitbeilegungsinstanz durch rechtlich bindende Verfahrensregeln auf eine rechtliche Entscheidungsfindung festgelegt ist und eine rechtlich bindende Entscheidung treffen kann. Der Internationale Gerichtshof besitzt ein solches rechtliches Mandat für Streitigkeiten, bei denen er von Staaten angerufen wird. Doch auch das Streitbeilegungsverfahren der WTO, der Internationale Strafgerichtshof sowie der Europäische Gerichtshof oder der Europäische Menschenrechtsgerichtshof besitzen ein solchermaßen vollständig rechtliches Mandat.

Obligatorische Gerichtsbarkeit

Der Gleichbehandlungsgrundsatz kann nur in Streitbeilegungsverfahren verwirklicht werden, die obligatorische Gerichtsbarkeit besitzen (Morgenthau 1948, McCall Smith 2000: 139-140). Nur dann befinden die zuständigen Streitinstanzen, nicht aber die beteiligten Streitparteien darüber, wer im jeweiligen Streitfall zuständig ist. Ohne obligatorische Gerichtsbarkeit steht es also im Belieben der jeweiligen Streitparteien die Streitbeilegungsinstanz willkürlich zu blockieren, so dass eine Gleichbehandlung mächtiger und weniger mächtiger Staaten kaum zu gewährleisten ist (Zangl/Zürn 2004b). Denn in einem konkreten Streitfall vermag zwar ein mächtiger Staat einen schwächeren Nachbarn viel eher dazu zu zwingen, die Gerichtsbarkeit einer internationalen Streitbeilegungsinstanz zu akzeptieren. Umgekehrt besteht dazu aber kaum eine Chance. Außerhalb eines geordneten Streitbeilegungsverfahrens sind mächtige Staaten gegenüber weniger mächtigen Staaten ohnehin im Vorteil. Insofern stellt also die obligatorische Gerichtsbarkeit internationaler Streitbeilegungsinstanzen auch eine institutionelle Vorkehrung zur Sicherung des Gleichbehandlungsgrundsatzes dar (Merrills 1998). Auch hier lassen sich wiederum vier Stufen unterschieden:

(1) Eine lediglich fallweise Gerichtsbarkeit liegt insbesondere dann vor, wenn in einem Streitbeilegungsverfahren jede der beteiligten Streitparteien sowohl die Einschaltung als auch den Entscheid blockieren kann. Dann hängt es von den jeweiligen Streitparteien selbst ab, ob eine Streitbeilegungsinstanz überhaupt den behaupteten Rechtsbruch tatsächlich prüfen kann, und ob deren Urteil schließlich angenommen wird. Ein Beispiel dafür ist das alte GATT-Streitbeilegungsverfahren der 1970er und frühen 1980er Jahre, in dem aufgrund des Konsensprinzips für Entscheidungen im GATT-Rat jede Streitpartei sowohl die Einberufung eines so genannten GATT-Panels als auch dessen Entscheid blockieren konnte.

(2) Von einer letztlich noch immer fallweisen Gerichtsbarkeit kann dann gesprochen werden, wenn die beteiligten Streitparteien lediglich entweder die Einschaltung oder den Entscheid einer Streitbeilegungsinstanz blockieren können, jedoch nicht beides. Können sie nur die Einschaltung blockieren, gehen Streitparteien, die dies nicht tun, immerhin das Risiko eines unliebsamen Entscheids ein, den sie dann nicht mehr verhindern können. Ein Beispiel hierfür ist der Internationale Gerichtshof. Können sie nur den Entscheid blockieren, dann kann sich die Streitinstanz immerhin mit dem Streitfall befassen. Ein Beispiel dafür ist das GATT-Streitbeilegungsverfahren der späten 1980er bzw. frühen 1990er Jahre, in dem jede Streitpartei die Einberufung eines GATT-Panels verlangen, jedoch den in einem Bericht festgehaltenen Entscheid im GATT-Rat blockieren konnte.

(3) Von einer annähernd obligatorischen Gerichtsbarkeit wäre hingegen dann zu sprechen, wenn die Einschaltung einer internationalen Streitbeilegungsinstanz oder deren Entscheid zwar nicht durch das einfache Veto einer der Streitparteien blockiert werden kann, aber trotzdem durch einen politischen Mehrheitsbeschluss bestätigt werden muss. Hier ist also die Blockade des Streitbeilegungsverfahrens zumindest den einzelnen Streitparteien entzogen. Ein Beispiel für eine solchermaßen annähernd obligatorische Gerichtsbarkeit stellt das Streitbeilegungsverfahren vor dem Ausschuss für Vereinigungsfreiheit der ILO dar. Dessen Entscheidungen kann der Governing Body der ILO lediglich durch einen Mehrheitsbeschluss ablehnen. Auch die Gerichtsbarkeit des Internationalen Strafgerichtshofs erweist sich insofern nicht tatsächlich als obligatorisch, als der Sicherheitsrat das Verfahren zumindest aufschieben kann.

(4) Eine tatsächlich obligatorische Gerichtsbarkeit setzt aber freilich voraus, dass weder die Einschaltung der zuständigen Streitbeilegungsinstanz noch deren Entscheid durch ein politisches Mehrheitsvotum bestätigt werden muss. Vielmehr ist es hier die Streitbeilegungsinstanz selbst, die darüber befindet, ob sie in einem Streitfall zuständig ist, ohne dass sie dazu nochmals gesondert ermächtigt werden müsste. Beispiele für eine solchermaßen obligatorische Gerichtsbarkeit finden sich beim Europäischen Menschenrechtsgerichtshof sowie beim Europäischen Gerichtshof.

Kollektive Sanktionen

Auch die Sanktionskompetenzen, die ein Streitbeilegungsverfahren besitzt, falls die betroffenen Streitparteien sich weigern, einem Entscheid zu folgen, können für die Gleichbehandlung von Rechtsbrüchen zentral sein (Morgenthau 1948, Zangl/Zürn 2004b). Lassen sich die Entscheide von Streitbeilegungsinstanzen nicht durchsetzen, fühlten sich die beteiligten Streitparteien gegebenenfalls bemüßigt, entweder diese Entscheide zu missachten oder aber eigenmächtig durchzusetzen. Beides ist mächtigen Staaten viel eher möglich als weniger mächtigen. Dementsprechend gelten weit reichende Sanktionskompetenzen eines Streitschlichtungsverfahrens auch als institutionelle Vorkehrung zur Sicherung des Gleichheitsgrundsatzes. Erneut lassen sich hier vier Stufen unterschieden (Yarbrough/Yarbrough 1997):

(1) Die Sanktionskompetenzen der Streitbeilegungsverfahren gelten dann als schwach, wenn es letztlich jeder Streitpartei freigestellt ist, ob und wie sie auf ihren Streitgegner reagiert, wenn er einen im zuständigen Streitbeilegungsverfahren gefällten Entscheid fortgesetzt missachtet. Solche Streitbeilegungsverfahren beschließen in der Regel keine Sanktionen, doch zugleich ist es den Streitparteien zumindest nicht ausdrücklich untersagt, Entscheide selbständig mit Sanktionsmaßnahmen durchzusetzen. Die Sanktionsfrage bleibt in solchen Streitbeilegungsverfahren letztlich ungeregelt und damit in das Belieben der Streitparteien gestellt. Ein Beispiel dafür findet sich in der ILO. Der Ausschuss für Vereinigungsfreiheit kann Staaten, die sich seinen Entscheiden fortgesetzt widersetzen, keine Sanktionen auferlegen. Dies bietet aber mitunter anderen Staaten den Anlass, um gegen den Rechtsbrecher mit Sanktionsmaßnahmen vorzugehen.

(2) Über weiter gehende Sanktionskompetenzen verfügen Streitbeilegungsverfahren, die den Streitparteien eigenständige Sanktionen verbieten, so dass diese nur dann Sanktionen verhängen dürfen, wenn sie dazu im Streitbeilegungsverfahren autorisiert werden. Dabei bleiben die Sanktionskompetenzen hier allerdings insofern noch begrenzt, als die betreffende Streitpartei die entsprechende Sanktionsentscheidung jederzeit blockieren kann. Das Streitbeilegungsverfahren des alten GATT ist ein Beispiel dafür. Der GATT-Rat konnte zwar Sanktionen gegen Staaten autorisieren, die Berichte der Streitschlichtungspanels missachteten. Doch aufgrund des Konsensprinzips im Rat konnte jeder Staat einschließlich der verurteilten Streitpartei den entsprechenden Sanktionsbeschluss verhindern.

(3) Weitergehende Sanktionsbefugnisse eines Streitbeilegungsverfahrens bestehen dann, wenn die Streitparteien eines autorisierenden Sanktionsbeschlusses bedürfen, dieser jedoch nicht mehr von den betroffenen Streitparteien allein blockiert werden kann. Das Streitbeilegungsverfahren der WTO ist hier insofern ein Beispiel, als ein Staat, der den Bericht eines Streitschlichtungspanels bzw. der Berufungsinstanz nicht angemessen umsetzt, Sanktionen nicht mehr zu verhindern vermag. Die Genehmigung von Sanktionen an den Streitgegner erfolgt hier praktisch automatisch.

(4) Ein umfassendes Sanktionsmonopol besteht schließlich bei Streitbeilegungsverfahren, die Sanktionsmaßnahmen nicht nur autorisieren, sondern auch mandatieren können. Solche Streitbeilegungsverfahren verhindern also nicht nur, dass sanktionswillige Streitparteien unangemessene Sanktionsmaßnahmen verhängen, Sie tragen auch dazu bei, dass von sich aus nicht unmittelbar sanktionsbereite Streitparteien Sanktionsmaßnahmen ergreifen müssen. Der UN Sicherheitsrat, der etwa Handelssanktionen gegen einen Staat für die gesamte Staatengemeinschaft verbindlich vorschreiben kann, ist dafür ein prominentes Beispiel.

Offene Beschwerdeberechtigung

Inwieweit der Gleichbehandlungsgrundsatz in internationalen Streitbeilegungsverfahren verwirklicht werden kann, hängt auch davon ab, wer sich in einem Streitbeilegungsverfahren über Rechtsbrüche beschweren kann, wer mithin ein Streitbeilegungsverfahren auszulösen vermag. Ein auf Staaten beschränktes Beschwerderecht ist vielfach nicht in der Lage, die Gleichbehandlung vergleichbarer Rechtsbrüche zu sichern. Denn Staaten scheuen sich vielfach aus diplomatischer Rücksichtnahme davor, im Rahmen eines Streitbeilegungsverfahrens sich formal über Rechtsbrüche anderer zu beschweren (McCall Smith/Tallberg 2005). Insbesondere schwache Staaten hüten sich häufig davor, eine Beschwerde gegen einen mächtigen Staat vorzubringen. Dementsprechend stärkt es den Gleichbehandlungsgrundsatz, wenn das Beschwerderecht über Staaten hinausreicht (Keohane et al. 2000: 462-466, Zangl 2001: 57, Alter 2001). Wenn beispielsweise internationale Organisationen (IGOs) oder internationale Nicht-Regierungsorganisationen (NGOs) ein Streitbeilegungsverfahren auslösen können, verringert sich die Gefahr erheblich, dass aufgrund diplomatischer Rücksichtnahme Rechtsbrüche mächtiger Staaten formal gar nicht beanstandet werden. Insofern lässt sich eine offene Beschwerdeberechtigung als institutionelle Vorkehrung zur Sicherung des Gleichbehandlungsgrundsatzes interpretieren. Auch hier gibt es vier Stufen:

(1) Das Beschwerderecht bleibt dann beschränkt, wenn tatsächlich nur Staaten ein Streitbeilegungsverfahren auslösen können. Das muss nicht bedeuten, dass beispielsweise IGOs oder NGOs die Streitbeilegungsinstanz nicht über vermeintliche Rechtsbrüche aufklären dürfen. Doch verbindet sich damit eben nicht die Pflicht für die Streitinstanz, sich mit dieser Beschwerde zu befassen. Eine solche Pflicht besteht hier nur bei Beschwerden von Staaten. Dies gilt beispielsweise für das Streitbeilegungsverfahren der WTO, das ein ausschließliches Staatenverfahren geblieben ist.

(2) Ein Beschwerderecht gilt auch dann als vergleichsweise geschlossen, wenn abgesehen von Staaten lediglich entweder IGOs oder aber NGOs ein formales Streitbeilegungsverfahren in Gang setzen dürfen. Bei Verstößen gegen das Washingtoner Artenschutzabkommen beispielsweise kann das mit dem Abkommen geschaffene Sekretariat durch eine »Beschwerde« ein Streitbeilegungsverfahren anstrengen. Umweltverbänden bleibt dies jedoch verwehrt. Im Streitbeilegungsverfahren vor dem ILO-Ausschuss für Vereinigungsfreiheit hingegen sind Gewerkschaften und Arbeitgeberverbände beschwerdeberechtigt. Dafür besitzt hier das Sekretariat – das so genannte internationale Arbeitsamt – kein Beschwerderecht.

(3) Ein vergleichsweise offenes Beschwerderecht existiert hingegen bei internationalen Streitbeilegungsverfahren, die sowohl von IGOs als auch NGOs ausgelöst werden können. Dies ist beispielsweise bei einigen internationalen Umweltregimen der Fall. Sowohl Umweltorganisationen wie Greenpeace oder Friends of the Earth als auch die jeweiligen Sekretariate sind hier gewissermaßen von Amtswegen zu einer Beschwerde befugt. Auch im ILO-Klageverfahren können – im Gegensatz zum Verfahren vor dem ILO-Ausschuss für Vereinigungsfreiheit – sowohl der Governing Body als auch Gewerkschaften und Arbeitgeberverbände – über ihre Delegierten auf der Internationalen Arbeitskonferenz – Klage einreichen.

(4) Als besonders offen gilt schließlich die Beschwerdeberechtigung in Streitbeilegungsverfahren, die auch Individuen die Gelegenheit geben, sich über den Rechtsbruch eines Staates – möglicherweise sogar des eigenen – zu beklagen. Eine derartig offene Beschwerdeberechtigung ist zwar bei internationalen Streitbeilegungsverfahren selten, kommt aber unter anderem in einigen Menschenrechtsregimen vor. So könne sich im Rahmen des so genannten 1503-Verfahrens Individuen bei der UN-Menschenrechtskommission über massive Menschenrechtsverletzungen eines Staates beschweren. Und auch das Zusatzprotokoll zum Internationalen Pakt über bürgerliche und politische Rechte begründet ein Individualbeschwerderecht.

Schaubild 2.1: Judizialisierung internationaler Streitbeilegungsverfahren

Politische Unabhängigkeit Dritte Partei besteht aus	*diplomatisches Verfahren: politisch beeinflussbar* 1. politischen Vertretern der Streitparteien (GATT working parties) 2. politischen Vertretern einer dritten Partei (UNSR, UNMK) 3. politisch unabhängigen Experten (ILO) 4. politisch unabhängigem, dauerhaftem Spruchkörper (ICC, ICJ) *gerichtliches Verfahren: politisch unabhängig*
Rechtliches Mandat Auftrag der Dritten Partei	*diplomatisches Verfahren: politisches Mandat* 1. Verfahren soll zu politischem Entscheid führen (UNSR) 2. unverbindliches Verfahren soll zu juristischer Empfehlung führen (CITES) 3. verbindliches Verfahren soll zu juristischer Empfehlung führen (IGH-Gutachten) 4. verbindliches Verfahren soll zu juristischem Entscheid führen (IGH-Urteile) *gerichtliches Verfahren: juristisches Mandat*
Obligatorische Gerichtsbarkeit Zuständigkeit der Dritten Partei	*diplomatisches Verfahren: fallweise Gerichtsbarkeit* 1. Verfahren und Entscheid können von einzelner Streitpartei blockiert werden (GATT) 2. Verfahren oder Entscheid kann von einzelner Streitpartei blockiert werden (IGH) 3. Verfahren und/oder Entscheid kann zwar nicht von einzelner Streitpartei, aber durch politischen (Mehrheits-)Beschluss blockiert werden (WTO) 4. weder Verfahren noch Entscheid kann blockiert werden (EGMR) *gerichtliches Verfahren: obligatorische Gerichtsbarkeit*
Kollektive Sanktionen Sanktionskompetenzen der Dritten Partei	*diplomatisches Verfahren: begrenzte Sanktionskompetenz* 1. Sanktionsrechte nicht geregelt (ILO) 2. Sanktionen müssen autorisiert werden, doch betroffene Streitpartei kann dies blockieren (GATT) 3. Sanktionen müssen autorisiert werden, ohne dass betroffene Streitpartei dies blockieren kann (WTO) 4. Sanktionen können mandatiert werden, ohne dass betroffene Streitpartei dies blockieren kann (UNSR) *gerichtliches Verfahren: erhebliche Sanktionskompetenz*

Offenes Beschwerderecht Anrufung der Dritten Partei durch	*diplomatisches Verfahren: begrenztes Beschwerderecht* 1. nur Staaten können das Streitbeilegungsverfahren anrufen (GATT, WTO) 2. auch IOs oder NGOs können Streitbeilegungsverfahren anrufen (ILO) 3. auch IOs und NGOs können Streitbeilegungsverfahren anrufen (CITES) 4. auch einzelne Individuen können Streitbeilegungsverfahren anrufen (UN 1503) *gerichtliches Verfahren: offenes Beschwerderecht*

Für die bei der Judizialisierung internationaler Streitbeilegungsverfahren wichtige Verankerung des Gleichbehandlungsgrundsatzes kommt es folglich nicht nur auf alle fünf Kriterien der Judizialisierung, sondern auch auf die dort jeweils definierten vier Stufen an (ähnlich Keohane et al. 2000, Zangl 2001, Zangl/Zürn 2004b). Das heißt allerdings nicht, dass alle Stufen bei allen fünf Kriterien der Judizialisierung gleiches Gewicht besitzen. Da es bei internationalen Streitbeilegungsverfahren kaum parallel zu einer Judizialisierung bei einem Kriterium und einer Ent-Judizialisierung bei einem anderen Kriterium kommt, bedarf es keiner internen »Verrechnung«, um die Judizialisierung oder Ent-Judizialisierung des betreffenden Streitbeilegungsverfahrens insgesamt zu beurteilen. Sollte ein solches Verrechnen gleichwohl notwendig werden, ist allerdings die Annahme – obwohl zugegeben nicht ganz unproblematisch – durchaus plausibel, nicht nur alle fünf Kriterien der Judizialisierung, sondern auch jede einzelne ihrer Stufen als grundsätzlich gleichwertig anzusehen. Gestützt auf diese Annahme lässt sich dann die Judizialisierung oder auch Ent-Judizialisierung jedes beliebigen internationalen Streitbeilegungsverfahrens bewerten.

2.2 Die Judizialisierung internationalen Streitverhaltens

Um untersuchen zu können, ob sich die so verstandene Judizialisierung internationaler Streitbeilegungsverfahren in eine Judizialisierung des internationalen Streitverhaltens – also nicht nur in eine formale, sondern auch faktische Gleichbehandlung vergleichbarer Rechtsbrüche – übersetzt, gilt es zu operationalisieren, was unter der Judizialisierung internationalen Streitverhaltens zu verstehen ist. Dabei scheint es nahe liegend, aufgrund von Kriterien zu bemessen, ob im jeweiligen Streitbeilegungsverfahren vergleichbare Rechtsbrüche vergleichbar behandelt werden. Eine derartige Operationalisierung setzt allerdings operationale Kriterien sowohl für »vergleichbare Rechtsbrüche« als auch für »vergleichbare Rechtsfolgen« voraus. Aufgrund solcher Kriterien wäre etwa zu prüfen, ob die Rechtsfolgen bei vergleichbaren Menschenrechtsverletzungen für China und Nordkorea vergleichbar sind.

Eine solche Operationalisierung erscheint jedoch aus zumindest zwei Gründen wenig plausibel. Zum einen kommt es offenbar nicht nur darauf an, ob vergleichbare Rechtsbrüche vergleichbar behandelt werden. Bleiben vergleichbare Rechtsbrüche ganz ohne Rechtsfolgen, handelt es sich intuitiv kaum um eine judizialisierte Streitpraxis. Dass die Internationale Menschenrechtskommission trotz Menschenrechtsverletzungen weder Iran noch Syrien verurteilt, ist kaum als Ausweis einer Judizialisierung zu sehen. Zum anderen ist es offenbar wichtig, wie über Rechtsfolgen entschieden wird. Übt ein Rechtsgenosse konsistent an den Verfahren vorbei Selbstjustiz, weist auch das kaum auf ein judizialisiertes Streitverhalten hin. Gehen die USA gegen die atomaren Rüstungsbemühungen des Iran ähnlich eigenmächtig wie im Irak vor, wäre das ja wohl kaum als Ausweis einer Judizialisierung zu betrachten.

Davon ausgehend, dass die vorgegebenen Streitbeilegungsverfahren das Streitverhalten im Sinne der Gleichbehandlung stets »zähmen«, soll hier eine andere Operationalisierung gewählt werden Ein Streitverhalten ist danach dann judizialisiert, wenn es vermehrt den im Streitbeilegungsverfahren selbst definierten Kriterien entspricht. Der Grad an Verfahrenskonformität bestimmt also den Grad der Judizialisierung des Verhaltens. Setzen sich die in internationale Streitigkeiten verstrickten Staaten regelmäßig über das vorgegebene Streitbeilegungsverfahren hinweg, so ist ihr Verhalten als wenig judizialisiert einzustufen. Selbstjustiz lässt sich schließlich kaum als judizialisiertes Streitverhalten betrachten. Handeln die Staaten hingegen bei internationalen Streitigkeiten regelmäßig entsprechend den Vorgaben des Verfahrens, so darf ihr Verhalten als weitgehend judizialisiert gelten.

So verhielten sich beispielsweise die USA im ersten Irakkrieg 1991 insofern judizialisiert, als sie, getreu der UN-Charta, nach der irakischen Aggression gegen Kuwait zunächst den Sicherheitsrat anriefen. Dieser autorisierte sie dann, gegebenenfalls auch unter Anwendung militärischer Gewalt Kuwait zu befreien. Dagegen ist das US-Verhalten im zweiten Irakkrieg 2003 gerade deshalb als nicht judizialisiert anzusehen, weil sie jenseits der UN-Charta bar einer Autorisierung des Sicherheitsrats eigenmächtig vorgingen, um den Irak zu entwaffnen, dem illegale Rüstungsprojekte unterstellt wurden.

Vier Verhaltensweisen

Allerdings ist auch das Kriterium der Verfahrenskonformität weiter zu spezifizieren. Denn sowohl innerhalb als auch außerhalb des jeweiligen Verfahrens können sich Staaten entweder verfahrenskonform oder verfahrenswidrig verhalten. Dementsprechend muss einerseits nicht jedes Verhalten, das auf eine Streiterledigung außerhalb des zuständigen Streitbeilegungsverfahrens zielt, automatisch als nicht judizialisiert gelten. Staaten, die beispielsweise durch außergerichtliche Verhandlungen versuchen, Streitigkeiten über vermeintliche Rechtsbrüche einvernehmlich beizulegen, verhalten sich ja vielfach durchaus korrekt. So mögen zwar die Versuche der USA und der EU, ihre Streitigkeiten über die Subventionen für Boeing bzw. Airbus außerhalb des Streitbeilegungsverfahrens der WTO beizulegen, nicht gerade auf ein judizialisiertes Streitverhalten hindeuten, aber sie sprechen insofern auch nicht dagegen, als in der WTO derartige Vergleichsversuche nicht nur nicht geächtet, sondern sogar ausdrücklich erwünscht sind. Und auch innerhalb nationalstaatlicher Rechtsordnungen werden Versuche einer außergerichtlichen Streiterledigung ja zumeist nicht als bedenklich eingestuft. Andererseits sollte jedoch auch nicht jedes Verhalten, das Streitigkeiten innerhalb des jeweils vorgesehenen Streitbeilegungsverfahrens einer Entscheidung zuführt, automatisch als judizialisiert betrachtet werden. Denn Staaten, die sich zwar dem vorgesehenen Streitbeilegungsverfahren unterwerfen, dieses dann aber etwa durch bewusst falsche Behauptungen oder durch Bestechung zu manipulieren versuchen, verhalten sich ja keineswegs angemessen. So deutete etwa die Bereitschaft des Irak, dem Sicherheitsrat 2002 unter anderem einen Bericht über sein Atomwaffenprogramm vorzulegen, deshalb kaum auf ein judizialisiertes Verhalten hin, weil der Bericht offenbar bewusst falsche Behauptungen enthielt. Und auch in nationalstaatlichen Rechtsordnungen gilt es ja als besonders problematisch, wenn vor Gericht falsche Aussagen gemacht werden oder das Gericht bestochen wird.

Schaubild 2.2: Verhaltensweisen bei der internationalen Streitbeilegung

	Innerhalb des Verfahrens	**Außerhalb des Verfahrens**
Verfahrenskonform	verfahrensgetreu	verfahrensvermeidend
Verfahrenswidrig	verfahrensmanipulierend	verfahrensmissachtend

Da sich Staaten sowohl innerhalb als auch außerhalb der jeweiligen Verfahren verfahrenskonform oder verfahrenswidrig verhalten können, sollen hier vier Stufen judizialisierten Streitverhaltens unterschieden werden:

(1) Als die höchste Stufe judizialisierten Streitverhaltens sollen *verfahrensgetreue* Verhaltensweisen gelten. Verfahrensgetreues Verhalten zeichnet sich dadurch aus, dass die betreffende Streitpartei dem zuständigen Verfahren folgt. Verfahrensgetreue Verhaltensweisen bringen also die Bereitschaft der jeweiligen Streitpartei zum Ausdruck, den vorliegenden Streitfall innerhalb des relevanten Streitbeilegungsverfahrens auszutragen. So lässt sich beispielsweise das Verhalten der USA vor dem ersten Irakkrieg 1991 als weitgehend verfahrensgetreu beschreiben. Die US-Administration wandte sich damals an den UN-Sicherheitsrat, der den Überfall des Irak auf Kuwait unmittelbar als unerlaubte Aggressionshandlung verurteilte. Als sich der Irak trotz Aufforderung des Sicherheitsrates nicht bereit zeigte, sich aus Kuwait zurückzuziehen, vertrieben die USA den Irak mit militärischer Gewalt. Im Gegensatz zum zweiten Irakkrieg 2003 erbaten und erhielten die USA dazu auch die notwendige Autorisierung durch den Sicherheitsrat. Das heißt, die USA folgten weitgehend dem in der UN-Charta beschriebenen Verfahren.

(2) Die zweithöchste Stufe judizialisierten Streitverhaltens bilden hier *verfahrensvermeidende* Verhaltensweisen. Verfahrensvermeidendes Verhalten heißt, die Streitparteien halten die rechtlichen Vorgaben ein und machen sich keines Verfahrensbruchs schuldig. Im Gegensatz zu verfahrensgetreuem Verhalten versuchen sie lediglich, den Streit außerhalb des zuständigen Streitbeilegungsverfahrens etwa durch Verhandlungen oder durch Vermittlung einvernehmlich zu bereinigen. Diese Verhaltensweisen bringen also zum Ausdruck, dass das Streitbeilegungsverfahren zwar respektiert, aber lieber vermieden wird.[41] Ein Beispiel für derartiges Verhalten sind die bereits angesprochenen Versuche der USA und der EU, ihre Streitigkeiten über die Subventionen für die Flugzeugindustrie außerhalb des Streitbeilegungsverfahrens der WTO zu beizulegen. Da diese außergerichtlichen Vergleichsversuche in der WTO ausdrücklich erlaubt – ja sogar erwünscht – sind, gelten die entsprechenden Verhandlungen zwischen der EU und den USA zumindest solange als verfahrenskonform, wie keine der beiden Streitparteien Verhaltensweisen androht oder gar anwendet, die in der WTO als widerrechtlich gelten müssen.

(3) Die zweitniedrigste Stufe judizialisierten Streitverhaltens umfasst *verfahrensmanipulierendes* Verhalten. Von verfahrensmanipulierendem Verhalten lässt

41 In Rechtsbereichen wie der internationalen Strafgerichtsbarkeit, in denen derartige außergerichtliche Vergleiche zumindest dem Geist des zuständigen Streitbeilegungsverfahrens widersprechen, ist das entsprechende Verhalten freilich nicht als verfahrensvermeidend, sondern vielmehr als verfahrensmissachtend einzustufen.

sich dann sprechen, wenn dieses zwar mit den Verfahrensvorschriften des relevanten Streitbeilegungsverfahrens nicht vereinbar ist, aber der Verstoß gegen diese Verfahrensvorschriften noch einen gewissen Respekt vor dem Verfahren selbst zum Ausdruck bringt. Der Verstoß erfolgt hier innerhalb des Verfahrens, etwa durch Bestechung des Gerichts oder Beibringen falscher Beweise, um dadurch das Verfahren zu den eigenen Gunsten zu beeinflussen. Ein Beispiel dafür ist der Versuch der USA, aber auch Frankreichs, Deutschlands und Großbritannien, im Vorfeld des zweiten Irakkriegs 2003 das Abstimmungsverhalten der Sicherheitsratsmitglieder aus Afrika mit kaum mehr als angemessen zu bezeichnenden Versprechungen und Drohungen zu beeinflussen. Die beteiligten Staaten hielten den Sicherheitsrat offenbar für bedeutsam, nahmen sich aber trotzdem das Recht, ihn mit fragwürdigen Instrumenten zu manipulieren.

(4) Die niedrigste Stufe judizialisierten Streitverhaltens besteht in *verfahrensmissachtendem* Verhalten. Das zuständige Streitbeilegungsverfahren erheischt insofern keinen Respekt, als die Streitparteien dessen Verfahrensvorschriften derart offen verletzen, dass der Streitbeilegungsprozess außerhalb des Verfahrens erfolgen muss. Es geht hier also nicht darum, das Streitbeilegungsverfahren zu manipulieren, sondern es wird ignoriert und unterminiert. Als ein Beispiel für eine derartige Verhaltensweise lässt sich Deutschland nennen, das einen Entscheid des ILO-Ausschusses für Vereinigungsfreiheit, wonach Beamten in nicht-hoheitlichen Tätigkeitsbereichen das Streikrecht eingeräumt werden muss, fortgesetzt missachtet. Ein anderes Beispiel sind die vom Sicherheitsrat nicht autorisierten NATO-Luftangriffe auf Serbien im Rahmen des Kosovokonflikts.

Insgesamt kann also dann von einer Judizialisierung ihres Verhaltens gesprochen werden, wenn Staaten bei internationalen Streitigkeiten vermehrt verfahrensgetreue Verhaltensweisen zeigen, während verfahrensmanipulierende bzw. verfahrensmissachtende Verhaltensweisen seltener werden.[42] Sollte sich also zeigen, dass die USA bei internationalen Streitigkeiten im Rahmen der WTO vermehrt auf deren Streitbeilegungsverfahren zurückgreifen und zugleich immer seltener eigenmächtig gegen vermeintlich unerlaubte Handelspraktiken vorgehen, dann wäre dies als Judizialisierung ihres Streitverhaltens anzusehen. Und ebenso wäre es als Judizialisierung ihres Streitverhaltens zu betrachten, wenn die USA das Streitbeilegungsverfahren der WTO vermehrt auch dann achten, wenn ihnen ihrerseits unlautere Handelspraktiken vorge-

42 Dabei ist es unerheblich, ob verfahrensvermeidende Verhaltensweisen zu- oder abnehmen. Solange verfahrensgetreues Verhalten auf Kosten von verfahrenswidrigen Verhaltensweisen anwächst, deutet dies stets auf eine zunehmende Judizialisierung hin.

worfen werden; sie mithin immer weniger das Streitbeilegungsverfahren manipulieren oder gar missachten.

Vier Streitphasen

Bei der Beurteilung der Judizialisierung des Streitverhaltens ist allerdings zu beachten, dass sich Staaten im Streitverlauf nur selten konstant einer der vier Verhaltensweisen bedienen. Vielmehr springen Staaten im Streitverlauf typischerweise zwischen verschiedenen Verhaltensweisen hin und her. Beispielsweise agierten die USA vor dem zweiten Irakkrieg 2003 zunächst ja durchaus verfahrensgetreu. Sie riefen den Sicherheitsrat an, der schließlich dem Irak auch auftrug, von internationalen Inspektoren unterstützt zu beweisen, seinen Abrüstungsverpflichtungen ordnungsgemäß nachzukommen. Doch als sich abzeichnete, dass der Sicherheitsrat der von den USA befürworteten militärischen Intervention nicht zustimmen würde, versuchten sie zunächst, verfahrensmanipulierend die Stimmen afrikanischer Staaten im Sicherheitsrat zu kaufen. Und als die gewünschte Sicherheitsratsresolution trotzdem nicht zustande kam, entschlossen sie sich, verfahrensmissachtend, ohne Sicherheitsratsermächtigung gegen den Irak militärisch vorzugehen.

Um diesem hin und her zwischen verschiedenen Verhaltensweisen während eines Streitfalls besser gerecht werden zu können, soll bei der empirischen Analyse jeder Streitfall in verschiedene Streitphasen unterteilt werden.[43] Dabei werden vier Streitphasen unterschieden, die üblicherweise durchlaufen werden, gleichviel ob sich die Streitparteien verfahrensgetreu, -vermeidend, -manipulierend oder -widrig verhalten:

(1) Internationale Streitigkeiten beginnen typischerweise in der *Thematisierungsphase*, weil eine der Streitparteien der anderen vorwirft, geltende internationale Rechtsnormen zu verletzen. So begann beispielsweise der Streit, der 2003 in den Irakkrieg mündete, damit, dass die USA dem Irak vorwarfen, er setze heimlich sein Atomwaffenprogramm fort. In der Thematisierungsphase wird vornehmlich verbal darüber gestritten, ob der beanstandete Rechtsbruch tatsächlich vorliegt. Die USA behaupteten dies beim vermeintlichen Atomprogramm des Irak, während dieser bestritt, gegen die ihm vom Sicherheitsrat auferlegte Abrüstungsbedingungen zu verstoßen. Darüber hinaus kündigen die Streitparteien in der Thematisierungsphase zumeist an, wer über den behaupte-

43 Dies hat zudem den Vorteil, in der empirischen Analyse die Anzahl der Beobachtungspunkte zu erhöhen, ohne die Anzahl der betrachteten Streitfälle steigern zu müssen (siehe dazu King/Keohane/Verba 1994).

ten Rechtsbruch wie befinden soll. Dies kann verfahrenskonform durch das jeweilige Streitbeilegungsverfahren, verfahrensvermeidend durch Verhandlungen oder aber verfahrensmissachtend durch einseitiges Diktat geschehen.[44] Im Falle des Irakstreits kündigten die USA zunächst an, den Sicherheitsrat mit dem vermeintlichen Atomprogramm des Irak zu befassen. Die Thematisierungsphase endet typischerweise dadurch, dass das jeweilige Verfahren tatsächlich ausgelöst wird. Im Irakfall war die Thematisierungsphase beendet, als die USA den Sicherheitsrat offiziell einschalteten, um ihn mit dem Atomwaffenprogramm des Irak zu befassen.

(2) Internationale Streitigkeiten treten somit in die *Feststellungsphase* ein. In dieser ringen die Streitparteien um die Entscheidung, ob ein Rechtsbruch vorliegt bzw. wie dieser gegebenenfalls zu korrigieren ist. Dabei kann die Entscheidung wiederum verfahrensgetreu durch das zuständige Streitbeilegungsverfahren, verfahrensumgehend durch Verhandlungen oder aber auch verfahrenswidrig durch einseitiges Diktat zustande kommen. Im angesprochenen Irakfall beispielsweise diskutierten im Sicherheitsrat zunächst auch die USA noch weitgehend verfahrenskonform, ob der Irak seinen nach dem ersten Irakkrieg 1991 vom Sicherheitsrat auferlegten Abrüstungsverpflichtungen nachgekommen sei. Die Feststellungsphase endet entweder mit einem Entscheid im Streitbeilegungsverfahren, einem Ergebnis der Verhandlungen oder aber einem einseitigen Diktat einer Streitpartei. Im Irakstreit schloss der Sicherheitsrat die Feststellungsphase mit der Resolution 1441 ab, die dem Irak auferlegte, in Kooperation mit UN-Inspektoren nachzuweisen, dass er seinen Abrüstungsverpflichtungen nachgekommen war.

(3) Der Feststellungsphase folgt allgemein die *Umsetzungsphase*. Hier geht es darum, ob die Streitparteien den jeweiligen Entscheid akzeptieren bzw. umsetzen. Im angesprochenen Irakfall konnten, wie vom Sicherheitsrat angeordnet, die UN-Inspektoren zwar in den Irak einreisen, um verschiedene verdächtige Anlagen zu inspizieren. Doch zugleich legte der Irak dem Sicherheitsrat keinen Bericht vor, der den Verbleib zahlreicher Rüstungsgüter befriedigend erläutert hätte. Die USA, die bislang weitgehend verfahrenskonform agiert hatten, drohten deshalb nunmehr verfahrenswidrig – weil ohne eine entsprechende Autorisierung durch den Sicherheitsrat –, mit militärischer Gewalt den Irak zu entwaffnen. Darüber hinaus agierten sie insofern verfahrensmanipulierend, als sie den Sicherheitsrat mit fragwürdigen Geheimdienstinformationen über irakische Rüstungsprojekte zu beeinflussen suchten. Da die Umsetzungsphase im

44 Bei verfahrensmanipulierendem Verhalten wird wie bei verfahrensgetreuen Verhaltensweisen ein Streitbeilegungsverfahren angestrengt. Dementsprechend erfolgt die Einteilung in Streitphasen der »Logik« des zuständigen Streitbeilegungsverfahrens.

allgemeinen mit Ablauf der jeweils explizit oder auch implizit gesetzten Umsetzungsfrist endet, war diese im Irakfall abgeschlossen, als der Sicherheitsrat die Berichte der UN-Inspektoren erhalten hatte, ohne deren Mandat zu verlängern.

(4) Weigert sich die betroffene Streitpartei, den – wie auch immer getroffenen – Entscheid zu akzeptieren bzw. umzusetzen, treten internationale Streitigkeiten zumeist in eine *Sanktionsphase* ein. Diese Streitphase beginnt mit dem Verstreichen der Umsetzungsfrist. Typischerweise sollen dann Sanktionen helfen, die getroffenen Entscheide gegen die jeweilige Streitpartei durchzusetzen. Das kann heißen, dass die klagende Streitpartei verfahrensgetreu Sanktionen beim zuständigen Streitbeilegungsverfahren beantragt; dass sie verfahrenswidrig festlegt, wann sie welche Sanktionsmaßnahmen ergreifen wird, um gegen den Rechtsbruch vorzugehen; oder dass beide Streitparteien nun verfahrensvermeidend in Verhandlungen über etwaige Kompensationen eintreten. Im Irakfall übten die USA Selbstjustiz und intervenierten militärisch im Irak. Da dies der UN-Charta widersprach, agierten sie in der Sanktionsphase eindeutig verfahrensmissachtend.

Wie das Beispiel des Irakkrieges zeigt, lässt sich mittels der verschiedenen Streitphasen das hin und her unterschiedlicher Verhaltensweisen während eines Streitfalls erfassen. Dies gilt zumindest dann, wenn man das Verhalten für die beteiligten Staaten – hier die USA und den Irak – getrennt beurteilt.[45] Und das Beispiel des Irakkriegs zeigt zudem, dass sich in den verschiedenen Streitphasen typischerweise je unterschiedliche Verhaltensweisen als verfahrensgetreu, -vermeidend, -manipulierend oder –missachtend fassen lassen.

* * *

Die dargelegte Operationalisierung sowohl der Judizialisierung internationaler Streitbeilegungsverfahren als auch der Judizialisierung internationalen Streitverhaltens sollte es nunmehr erlauben, empirisch zu prüfen, ob sich die Judizialisierung der Streitbeilegungsverfahren des GATT bzw. der WTO – wie ver-

45 Wo ein Staat verschiedene Verhaltensweisen innerhalb einer Streitphase zeigt, werden diese dann getrennt kodiert, wenn dies in einer klaren zeitlichen Abfolge geschieht. Legt hingegen ein Staat in einer Streitphase mehrere Verhaltensweisen mehr oder weniger zeitgleich an den Tag,gelten folgende Kodierungsregeln: (1) Das Verhalten eines Staates soll nur dann als verfahrensgetreu bzw. verfahrensumgehend eingestuft werden, wenn er sich nicht zeitgleich verfahrenswidriger oder verfahrensmanipulierender Verhaltensweisen schuldig macht. (2) Das Verhalten soll aber auch dann als verfahrensgetreu gewertet werden, wenn zeitgleich verfahrensumgehendes Verhalten zu beobachten ist. (3) Falls verfahrensmanipulierende und verfahrensmissachtende Verhaltensweisen zeitgleich beobachtet werden, ist das Verhalten für diese Streitphase als verfahrensmissachtend zu kodieren.

mutet – in eine Judizialisierung des amerikanischen Streitverhaltens übersetzt hat; ob mithin in GATT und WTO internationalisierte Rechtsstaatlichkeit entstanden ist.

3 Theorie: Effekte der Judizialisierung von Verfahren auf das Verhalten

Die vorliegende Arbeit geht der Vermutung nach, dass zumindest unter den Bedingungen der heutigen OECD-Welt die Judizialisierung internationaler Streitbeilegungsverfahren ein damit einhergehendes Streitverhalten unterstützt – und auf diese Weise das Entstehen internationaler Rechtsstaatlichkeit fördert. Diese Vermutung kann – wie bereits diskutiert – weder aus der Theorie des Realismus noch des Idealismus abgeleitet werden. Denn im Gegensatz zum Idealismus geht sie nicht davon aus, dass sich eine Judizialisierung von Streitbeilegungsverfahren automatisch in eine Judizialisierung des Streitverhaltens übersetzt. Doch zugleich schließt sie im Gegensatz zum Realismus nicht aus, dass eine Judizialisierung internationaler Streitbeilegungsverfahren zu einer Judizialisierung des internationalen Streitverhaltens führen kann. Der Institutionalismus ist also einerseits pessimistischer als der Idealismus, andererseits aber optimistischer als der Realismus.

Aus der Sicht des Institutionalismus korreliert aber die Judizialisierung der Verfahren nicht nur mit der Judizialisierung des Verhaltens. Vielmehr begünstigt die Judizialisierung des Streitbeilegungsverfahrens – kausal – die Judizialisierung des Verhaltens. Deshalb sollte die institutionalistische *Theorie* auch erklären können, *warum* Verfahrenswandel Verhalten ändert.[46] Warum begünstigt aus institutionalistischer Sicht die Judizialisierung internationaler Streitbeilegungsverfahren eine Judizialisierung des Streitverhaltens der Staaten? Grundsätzlich sind zwar verschiedene Institutionalismen – verschiedene dem Institutionalismus zuzuordnende Theorien – voneinander zu unterscheiden – etwa ein rationalistischer bzw. ökonomischer Institutionalismus von einem konstruktivistischen bzw. soziologischen Institutionalismus –, die auf partiell unterschiedlichen Annahmen über internationale Politik bzw. internationales Recht basieren.[47] Doch die folgenden zwei grundlegenden Annahmen haben alle Theorien des Institutionalismus gemein:

---

46 Für einen Überblick über den Institutionalismus in den Internationalen Beziehungen siehe u.a. Hasenclever/Mayer/Rittberger (1997, 2000), Zangl/Zürn (1999) sowie Keohane (1989).

47 Für den rationalen Institutionalismus siehe u.a. Keohane (1984, 1989), Zürn (1992), Zangl (1999), Martin (1992) und Scharpf (1997). Für den soziologischen Institutionalismus siehe u.a.

(1) Alle Institutionalismen nehmen an, dass internationale Institutionen bedeutsame Effekte für das Verhalten von Staaten haben können. Danach tragen Institutionen insbesondere dazu bei, dass sich Staaten international vereinbarten Regelungen entsprechend verhalten; sie fördern also die Regelbeachtung. Kurz: *institutions matter*!

(2) Alle Institutionalismen gehen ferner davon aus, dass die jeweiligen Effekte auf das Verhalten von Staaten vom konkreten Design der gegebenen internationalen Institution abhängen. Ob Staaten international vereinbarte Regeln beachten oder sich an diesen vergehen, hängt danach insbesondere auch davon ab, wie die jeweils zuständige internationale Institution ausgestaltet ist. Kurz: *institutional design matters*![48]

Bereits aufgrund dieser beiden grundlegenden Annahmen der unterschiedlichen, dem Institutionalismus zuzuordnenden Theorien liegt die Vermutung nahe, dass die Judizialisierung von Streitbeilegungsverfahren ein entsprechendes Streitverhalten befördert. Denn aus Sicht des Institutionalismus sind internationale Streitbeilegungsverfahren als Institutionen anzusehen, die sich dementsprechend auf das Verhalten von Staaten auswirken können. Insbesondere sollten sie auch dazu beitragen, dass Staaten international vereinbarte Regeln einhalten. Dieser Effekt hängt dabei aus Sicht des Institutionalismus unter anderem vom Design des jeweiligen Streitbeilegungsverfahrens ab. Je nach dem, wie das jeweilige Streitbeilegungsverfahren institutionell ausgestaltet ist, sollte es Staaten mehr oder weniger zur Regelbeachtung – und damit auch der Regeln, des Streitbeilegungsverfahrens selbst – anhalten können.

Daraus folgt zwar noch nicht zwingend, dass ein Streitbeilegungsverfahren mit gerichtlichem Design diesen Effekt stärker entwickeln kann als ein diplomatisches Streitbeilegungsverfahren. Fast alle Institutionalisten und Institutionalistinnen sind sich aber einig, dass die Judizialisierung internationaler Streitbeilegungsverfahren diesen Effekt bekräftigt und somit eine Judizialisierung des Streitverhaltens von Staaten begünstigt.[49] Keine Einigkeit besteht jedoch in

---

Wendt (1992, 1999), Hurrell (1993), Katzenstein (1996), Risse (2000), Finnemore (1996), Klotz (1995), Müller (1994) und Checkel (2001).

48 Während der Institutionalismus sich lange damit begnügt hat zu zeigen, dass Institutionen einen Unterschied für das Verhalten von Staaten machen (Keohane 1984, 1989, Rittberger 1990), bemühen sich mittlerweile die meisten Institutionalisten zu verdeutlichen, dass das Design von Institutionen einen wichtigen Unterschied für das Verhalten von Staaten macht (Haas/Keohane/Levy 1993, Mitchell 1994, Miles et al. 2001, Victor/Raustiala/Skolnikoff 1998, Koremenos et al. 2001, Wettestad 1999, Young 1999, Weiss /Jacobson 1998).

49 Für diese Vermutung siehe etwa Keohane et al. (2000), McCall Smith (2000), Romano (1999), Yarbrough/Yarbrough (1997), McCall Smith/Tallberg (2005), Zürn (2005), Zangl/Zürn (2004c), Zangl (2001), Helfer/Slaughter (1998), Alter (2001), Stone Sweet (1997).

der Antwort auf die Frage, *warum* die Judizialisierung internationaler Streitbeilegungsverfahren eine Judizialisierung des Streitverhaltens von Staaten fördert. Verschiedene Institutionalismen heben unterschiedliche Effekte hervor, über die internationale Institutionen allgemein – also nicht nur ihre Streitbeilegungsverfahren – das Verhalten von Staaten beeinflussen, insbesondere deren Regelbeachtung stützen können. Im Rahmen des Institutionalismus sind dementsprechend verschiedene Effekte zu unterscheiden:[50]

Zum einen kann zwischen *normativen* und *strategischen* Effekten, über die internationale Institutionen die Regeltreue von Staaten zu beeinflussen vermögen, unterschieden werden. Internationale Institutionen können normative Effekte zeitigen, weil die in ihnen verankerten Regeln beeinflussen, welche Handlungen Staaten bzw. ihre Gesellschaften als vertretbar oder verwerflich einstufen. Als normativer Effekt des Gewaltverbots der Charta der Vereinten Nationen gilt etwa, dass die einseitige Gewaltanwendung durch Staaten gegen andere Staaten heute als normativ verwerflich – oder gar als Verbrechen – angesehen wird (Zacher 2001). Von diesen normativen Effekten sind die strategischen Effekte zu unterscheiden, die es internationalen Institutionen erlauben, mittels der in ihnen verankerten Regelungen die Handlungsanreize für die jeweiligen Staaten und Gesellschaften zu verändern. Danach dürfte die mit dem Gewaltverbot der Charta der Vereinten Nationen verbundene Strafandrohung durch den Sicherheitsrat dazu beigetragen haben, gewaltbereite Staaten von kriegerischer Gewalt abzuschrecken (Cortright/Lopez 2000, 2002).

Zum anderen ist zwischen beschränkenden und ermöglichenden Effekten zu unterscheiden, über die internationale Institutionen – unabhängig von ihren normativen oder strategischen Effekten – die Regeltreue von Staaten beeinflussen können. Institutionen wirken danach jedenfalls dann beschränkend, wenn dort verankerte Regeln bestimmte Handlungsweisen wirksam verbieten, zu denen Staaten andernfalls neigen würden. So stellt international das Gewaltverbot der Charta der Vereinten Nationen für Staaten und ihre Gesellschaften eine Handlungseinschränkung dar. Denn es nimmt ihnen eine Handlungsoption, die sie vormals besaßen und die viele Staaten – zumindest für sich alleine – gerne weiter besäßen. Institutionen können aber mit ihren Regeln auch neue Handlungsoptionen schaffen; beispielsweise dann, wenn diese etwas erlauben, was andernfalls gar nicht möglich wäre. So eröffnet der Sicherheitsrat der Vereinten Nationen den von der Gewalt anderer betroffenen Staaten zu-

---

50 Für einen Überblick über die verschiedenen Effekte, die im Rahmen des Institutionalismus insbesondere von der so genannten Compliance-Forschung diskutiert werden, siehe Levy/Young/Zürn (1995), Mitchel (1996), List/Zangl (2003), Raustiala/Slaughter (2002).

sätzliche Handlungsoptionen. Sie können den Sicherheitsrat anrufen, damit dieser den betreffenden Staat verurteilt und Sanktionen verhängt.

Schaubild 3.1: Die vier Kausalpfade des Institutionalismus

	Beschränkender Effekt auf betreffenden Staat	**Ermöglichender Effekt für andere Staaten**
Vornehmlich normativer Effekt	Normative Verpflichtung auf Rechtsordnung	Reputationsentzug durch Anprangern
Vornehmlich strategischer Effekt	Interesse an Glaubwürdigkeit der Rechtsordnung	Anwendung autorisierter Sanktionen

Sicherlich ist die Differenzierung zwischen normativen und strategischen sowie beschränkenden und ermöglichenden Effekten internationaler Institutionen oftmals nicht ganz eindeutig. Die Effekte überlappen sich partiell oder sind gar miteinander verschränkt. Darüber hinaus verbinden sich die jeweiligen Effekte – wie gesagt – innerhalb des Institutionalismus mit unterschiedlichen Theorien. Vor allem die normativen, aber auch die ermöglichenden Effekte werden eher vom soziologischen bzw. konstruktivistischen Institutionalismus,[51] die strategischen sowie die beschränkenden Effekte eher vom rationalistischen bzw. ökonomischen Institutionalismus in den Vordergrund gestellt.[52] Doch letztlich darf man annehmen, dass internationale Institutionen alle vier Effekte entfalten können. Dementsprechend scheint es auch vertretbar, die beiden Differenzierungen in einer 2x2-Matrize zu kreuzen, in der sich dann vier Kausalpfade verorten lassen, mittels der aus Sicht der verschiedenen Institutionalismen internationale Institutionen das Verhalten von Staaten beeinflussen. Danach begünstigen internationale Institutionen die Regelbeachtung von Staaten, weil

(1) Staaten in internationalen Institutionen normative *Verpflichtungsgefühle* entwickeln, sich den dort verankerten Regeln entsprechend zu verhalten;
(2) Staaten vielfach vor Regelverstößen zurückschrecken, die die *Glaubwürdigkeit* einer Institution, an der sie grundsätzlich interessiert sind, unterminieren können;
(3) Institutionen Staaten die Gelegenheit geben, andere Staaten bei Regelverstößen anzuprangern und damit deren *Reputation* zu beschädigen;

---

51 Siehe etwa Wendt (1992, 1999), Hurrell (1993), Katzenstein (1996), Risse (2000), Finnemore (1996), Klotz (1995), Müller (1994), Checkel (2001), Franck (1990).

52 Siehe u.a. Keohane (1984, 1989), Zürn (1992), Zangl (1994, 1999), Martin (1992) und Scharpf (1997).

(4) sie Staaten oftmals die Gelegenheit bieten, gegen etwaige Regelverstöße mit autorisierten *Sanktionen* vorzugehen.[53]

Diese vier Kausalpfade begründen jedenfalls aus der Sicht des Institutionalismus, warum die Judizialisierung der in internationalen Institutionen verankerten Streitbeilegungsverfahren eine Judizialisierung staatlichen Verhaltens bei der internationalen Streitbeilegung begünstigen mag.[54]

3.1 Verstärkung der Verpflichtungseffekte

Der Institutionalismus hat wiederholt auf einen Kausalpfad verwiesen, demgemäß internationale Institutionen unter anderen deshalb das Verhalten von Staaten prägen können, weil diese sich an die dort verankerten Regeln normativ gebunden fühlen (Franck 1990). Diesem insbesondere vom soziologischen Institutionalismus hervorgehobenen Kausalpfad zufolge internalisieren Staaten die in internationalen Institutionen geltenden Regeln und fühlen sich diesen innerlich selbst dann verpflichtet, wenn sie dazu »äußerlich« nicht gezwungen werden.[55] Gemäß diesem Kausalpfad sozialisieren internationale Institutionen Staaten und Gesellschaften unter anderem dazu, die dort verankerten Regeln zu achten (Schimmelfennig 2000, 2003). Je erfolgreicher sie dazu sozialisiert werden und je mehr sie dies internalisieren, um so weniger sind sie geneigt, gegen diese Regeln zu verstoßen, und um so mehr wollen sie die dort verankerten Regeln sogar auch achten. Die Regelbeachtung entwickelt sich dann zum normativen Selbstzweck. Die normativen Verpflichtungsgefühle tragen so dazu bei, Verhaltensweisen, die den Regeln einer Institution widersprechen, gar nicht mehr in Erwägung zu ziehen (Koh 1997, Franck 1990).

Derartige normative Verpflichtungsgefühle binden beispielsweise Deutschland heute offensichtlich an die Regeln des so genannten Atomwaffensperrvertrags (Müller 1993). Obwohl es dem damit verbundenen Verzicht auf Atomwaffen ursprünglich nur widerwillig zustimmte, gilt heute ein Verstoß gegen

53 Insbesondere die so genannte Compliance-Forschung hat diese vier Kausalpfade herausgearbeitet. Siehe dazu u.a. Zürn (2005), Victor/Raustiala/Skolnikoff (1998), Underdal (1998), Miles et al. (2001), Koh (1997), Cameron/Werksman/Roderick (1996), Chayes/Chayes (1993, 1995), Mitchell (1994), Checkel (2001).

54 Im Gegensatz zur Compliance-Forschung beziehen sich diese Kausalpfade hier aber nicht auf die Beachtung substantieller Regeln (Verhaltensvorschriften), sondern vielmehr auf die Beachtung der prozeduralen Regeln von Streitbeilegungsverfahren (Verfahrensvorschriften).

55 Vielfach wird behauptet, internationale Regelungen besäßen einen inhärenten »compliance pull« (Frank 1990).

diesen Vertrag als völlig undenkbar. Deutschland hat den dort verankerten Verzicht auf Atomwaffen so weit verinnerlicht, dass die Atomwaffenoption gar nicht mehr erwogen wird. Jeder gegenteilige Vorschlag riefe heute Entrüstung hervor. Selbst der Verdacht, in Deutschland gehe man nicht entschieden etwaigen Verstößen der eigenen Atomindustrie gegen die Verpflichtungen des Atomwaffensperrvertrags nach, galt schon als skandalös. Die Regeln des Atomwaffensperrvertrags wurden offenbar derart internalisiert, dass sie zum normativen Verhaltensmaßstab geworden sind (Müller 1993).

Von derartigen normativen Verpflichtungsgefühlen profitiert in internationalen Institutionen freilich nicht nur die Beachtung inhaltlicher, sondern auch prozeduraler Regeln. Deshalb begünstigen normative Verpflichtungsgefühle auch die Beachtung internationaler Streitbeilegungsverfahren. Staaten beachten die Streitbeilegungsverfahren in internationalen Institutionen unter anderem auch deshalb, weil sie sich ihnen verpflichtet fühlen. So scheint es zumindest plausibel, dass die USA im Vorfeld der militärischen Intervention im Irak 2003 unter anderem deshalb ein Vorgehen im Rahmen der Vereinten Nationen anstrebten, weil die UN-Charta bei derartigen Interventionen eine Autorisierung durch den Sicherheitsrat vorschreibt. Dabei mögen zwar für die Administration von US-Präsident George W. Bush derartige Verpflichtungsgefühle keine bedeutende Rolle gespielt haben. Doch die Bush-Administration ließ sich auf das Verfahren des Sicherheitsrats offenbar unter anderem deshalb ein, weil zumindest in der amerikanischen Gesellschaft, aber auch im amerikanischen Kongress derartige Verpflichtungsgefühle verbreitet sind (Zangl 2005b).

Die Verpflichtungsgefühle von Staaten bzw. deren Gesellschaften sind aus Sicht des Institutionalismus jedoch nicht bei allen in internationalen Institutionen verankerten Streitbeilegungsverfahren gleichermaßen zu erwarten. Der Europäische Gerichtshof für Menschenrechte stützt sich in den europäischen Staaten und Gesellschaften auf ausgeprägtere Verpflichtungsgefühle als die Menschenrechtskommission der Vereinten Nationen. Dies mag aus Sicht des Institutionalismus auf vielerlei Gründen beruhen. Doch hängen unterschiedliche Verpflichtungsgefühle aus dieser Sicht insbesondere auch davon ab, ob das jeweilige Streitbeilegungsverfahren selbst als *legitim* wahrgenommen wird. Je legitimer die Streitbeilegungsverfahren, umso stärker die normativen Verpflichtungsgefühle, je weniger legitim ein Verfahren, umso schwächer auch die Verpflichtungsgefühle in den betroffenen Staaten und Gesellschaften (Zangl 2001).[56]

56 Dass die Legitimität international vereinbarter Regeln die Verpflichtungsgefühle, diese einzuhalten, beeinflusst, hat insbesondere Frank (1990) herausgearbeitet. Siehe aber beispielsweise auch Zürn (2005) sowie Zürn/Neyer (2005).

Dass beispielsweise viele Staaten und Gesellschaften das Streitbeilegungsverfahren im UN-Sicherheitsrat insbesondere aufgrund der willkürlich verteilten Vetorechte nicht als hinreichend legitim erachten, kann danach zumindest mit erklären, warum dieses auch heute noch oftmals ignoriert bzw. missachtet wird. Dies mag verständlich machen, warum sich die NATO mit ihrer militärischen Intervention im Kosovo-Konflikt über den Sicherheitsrat hinwegsetzen konnte. Die Regierungen der NATO-Staaten argumentierten gegenüber ihren Gesellschaften erfolgreich, angesichts der Gewalt, mit der jugoslawische Streitkräfte gegen die Separationsbestrebungen im Kosovo vorgingen, seien sie aufgrund des willkürlichen Vetogebrauchs durch Russland ohne die Autorisierung durch den Sicherheitsrat zu militärischen Interventionsmaßnahmen gegen die jugoslawischen Streitkräfte berechtigt (Zangl/Zürn 2003).

Ausgehend von der Annahme, dass gerichtliche Streitbeilegungsverfahren *ceteris paribus* als legitimer angesehen werden als diplomatische, lässt sich damit aus Sicht des Institutionalismus die Vermutung theoretisch begründen, dass die Judizialisierung internationaler Streitbeilegungsverfahren zu einer Judizialisierung staatlichen Streitverhaltens beiträgt. Gerichtliche Streitbeilegungsverfahren wecken demnach in den betreffenden Staaten und Gesellschaften normative Verpflichtungsgefühle insbesondere deshalb wirksamer als diplomatische Streitbeilegungsverfahren, weil sie den Grundsatz rechtlicher Gleichbehandlung verankern. Da gerichtliche Streitbeilegungsverfahren diesen in vielen Staaten und Gesellschaften tief verwurzelten Grundsatz institutionalisieren, werden sie eher als legitim angesehen und können sich damit stärker auf normative Verpflichtungsgefühle stützen als diplomatische Streitbeilegungsverfahren. Die unterschiedlich ausgeprägten Verpflichtungsgefühle tragen aus Sicht des Institutionalismus ihrerseits dazu bei, dass Staaten bei internationalen Streitigkeiten sich eher an gerichtliche als an diplomatische Streitverhalten halten.

3.2 Verstärkung der Glaubwürdigkeitseffekte

Ein zweiter vom Institutionalismus beschriebener Kausalpfad betont, die in internationalen Institutionen verankerten Regeln prägten das Verhalten von Staaten deshalb, weil diese oftmals ein Interesse an der Glaubwürdigkeit der jeweiligen Institution als Ganzes besäßen (Williamson 1985, Zürn 2005). Nach diesem insbesondere vom rationalen Institutionalismus hervorgehobenen Kausalpfad sind Staaten mit einem solchen Interesse bereit, sich auch unliebsamen Regeln zu fügen, um nicht durch Regelverstöße die Glaubwürdigkeit der Institution insgesamt zu unterminieren. Denn Staaten wissen, so die dem Institutionalismus folgende Annahme, dass Regelverstöße die Glaubwürdigkeit einer internationalen Institution im Hinblick auf die wirksame Sicherung der Regelbeachtung seitens der beteiligten Staaten beschädigen können, so dass die Institution insgesamt gefährdet wird. Dieses Interesse an der jeweiligen Institution kann somit dazu beitragen, dass die jeweiligen Staaten die in ihr verankerten Regeln beachten (Cronin 2001: 113-114).

Das Interesse an der Glaubwürdigkeit der Europäischen Union erklärt beispielsweise, warum die Staaten in der EU das Europarecht zumeist beachten. Alle EU-Staaten besitzen ein ausgeprägtes Interesse daran, die Glaubwürdigkeit der Institutionen der Europäischen Union und den darauf bezogenen Integrationsprozess nicht zu gefährden. Denn alle Staaten in der EU profitieren von dieser Glaubwürdigkeit, die ihnen zusichert, dass einmal vereinbarte und beschlossene Regeln in der EU auch weitgehend Beobachtung finden. Ferner haben die Staaten in die Institutionen der EU viel investiert und wollen dieses Investment in die Glaubwürdigkeit der EU nicht durch wiederholte oder fortgesetzte Regelverstöße gefährden. Könnten doch ihre eigenen Regelbrüche dazu beitragen, dass sich auch andere Staaten zu Regelbrüchen berechtigt sehen, was die Glaubwürdigkeit der EU als Institution tatsächlich massiv beeinträchtigen würde.

Von diesem Interesse an der Glaubwürdigkeit einer Institution profitieren nicht nur deren inhaltliche, sondern gerade auch deren prozedurale Regeln. Insbesondere auch die in internationalen Institutionen verankerten Streitbeilegungsverfahren mögen unter anderem deshalb beachtet werden, weil andernfalls ihre Glaubwürdigkeit und damit die der jeweiligen internationalen Institution insgesamt leiden würde. Da Streitbeilegungsverfahren in internationalen Institutionen damit betraut sind, die Regelbeachtung zu stützen, greifen Verstöße gegen solche Verfahren die Glaubwürdigkeit der Institution besonders leicht an. Dies mag beispielsweise erklären, warum letztlich alle ständigen Sicherheitsratsmitglieder – auch die USA – bei ernsthaften internationalen Sicherheitsbedrohungen die UNO eingeschaltet sehen wollen. Sie bevorzugen es, diesen Sicherheitsbedrohungen innerhalb und nicht außerhalb des Sicherheitsrates zu begegnen. Denn gerade die ständigen Sicherheitsratsmitglieder haben ein Interesse daran, dass der Sicherheitsrat, in dem sie über ein Vetorecht verfügen, als zentrale Institution der internationalen Sicherheitspolitik nicht an Glaubwürdigkeit verliert.

Laut Institutionalismus ist allerdings das Interesse von Staaten, die Glaubwürdigkeit einer internationalen Institution nicht durch Verstöße gegen das jeweilige Streitbeilegungsverfahren zu unterminieren, nicht immer gleichermaßen gegeben (Koremenos et al. 2001, McCall Smith 2000). Der Europäische

Gerichtshof kann auf ein wesentlich größeres Interesse an seiner Glaubwürdigkeit bauen als der Internationale Gerichtshof. Dieses variierende Interesse an der Glaubwürdigkeit eines Streitbeilegungsverfahrens hängt aus Sicht des Institutionalismus unter anderem davon, ob das jeweilige Streitbeilegungsverfahren *zuverlässig* gegen Regelverstöße vorgehen und dabei einigermaßen zuverlässig die Regelbeachtung sichern kann. Sichern Verfahren die Regelbeachtung zuverlässig, ist dieses Interesse größer als bei Verfahren, die ohnehin die Regeltreue nicht zuverlässig garantieren können. Bei Verfahren mit schwacher Regelbeachtung beeinträchtigen nämlich weitere Regelverstöße die Glaubwürdigkeit kaum mehr zusätzlich. Dagegen richtet bei Streitbeilegungsverfahren mit bislang zuverlässiger Regelbeachtung der eigene Regelverstoß erheblichen Schaden an.

Dass der Internationale Gerichtshof bislang die Staaten nur wenig zuverlässig zum Respekt vor internationalen Rechtsnormen anhalten konnte, mag danach auch verständlich machen, warum sich viele Staaten oftmals weigern, im Streitfall ein Verfahren vor dem IGH anzustreben bzw. zu akzeptieren und die entsprechenden Richtersprüche dann auch zu respektieren. Die mangelnde Glaubwürdigkeit des IGH, internationales Recht durchzusetzen, sorgt für geringes Interesse, diese Glaubwürdigkeit durch eigene Regelverstöße nicht weiter zu gefährden. Ein obstruktives Streitverhalten zerstört hier wenig. Just dies ist freilich beim Europäischen Gerichtshof völlig anders. Er gilt bei der Durchsetzung des Europarechts als weithin zuverlässig. Deshalb sind die Staaten auch bereit, sich ihm zu unterwerfen. Sie wollen nicht durch den Verstoß gegen seine Rechtsprechung die Glaubwürdigkeit des EuGH selbst sowie der EU insgesamt unterminieren.

Davon ausgehend, dass gerichtliche Streitbeilegungsverfahren *ceteris paribus* als zuverlässiger angesehen werden als diplomatische, ist somit aus der Sicht des Institutionalismus die Vermutung theoretisch begründet, dass die Judizialisierung internationaler Streitbeilegungsverfahren möglicherweise zu einer Judizialisierung des internationalen Streitverhaltens von Staaten beiträgt. Da gerichtliche eher als diplomatische Streitbeilegungsverfahren die Regelbeachtung in einer internationalen Institution wirksam sichern, besitzen Staaten ein größeres Interesse, die Glaubwürdigkeit dieser Institution nicht durch eigene Regelverstöße zu beschädigen. Da gerichtliche Streitbeilegungsverfahren die Glaubwürdigkeit der jeweiligen Institution stützen, wecken sie das Interesse der beteiligten Staaten, die Verfahren nicht durch ein Streitverhalten zu gefährden, mit dem sie aus dem jeweiligen Streitbeilegungsverfahren ausscheren. Da hingegen diplomatische Streitbeilegungsverfahren die Regelbeachtung weniger wirksam sichern, können sie sich viel weniger darauf verlassen, deshalb beachtet zu werden, weil die Staaten fürchten, die Glaubwürdigkeit des Verfahrens zu unterminieren.

3.3 Verstärkung der Reputationseffekte

Ein weiterer vom Institutionalismus hervorgehobener Kausalpfad unterstreicht, dass Staaten sich an die in internationalen Institutionen verankerten Regeln halten, weil Verstöße gegen dieselben zu Reputationsverlusten führen (Keohane 1984, 1997). Dieser Kausalpfad wird zwar auch vom rationalen Institutionalismus akzeptiert, beruht aber letztlich doch eher auf dem soziologischen Institutionalismus. Denn er betont die normative Empörung, der sich Staaten aussetzen, die in internationalen Institutionen verankerte Regeln verletzen. Darüber hinaus eröffnen Institutionen den von Regelverstößen betroffenen Staaten die Verhaltensoption, den verantwortlichen Staat vor der internationalen Staatengemeinschaft anzuprangern (Liese 2001). Gerade durch Streitbeilegungsverfahren können Regelbrecher in internationalen Institutionen besonders wirksam angeprangert werden. Denn ein im Rahmen eines Streitbeilegungsverfahrens verurteilter, aber nicht korrigierter Regelverstoß ruft in der Staatengemeinschaft zumeist besondere Empörung hervor. Die resultierenden Reputationsverluste schaden den betroffenen Staaten außerordentlich: Sie müssen fürchten, dass die Staatengemeinschaft sie in der betreffenden Institution nicht mehr als gleichwertig anerkennt (Hurell 1993, Chayes/Chayes 1995). Zumindest aber laufen sie Gefahr – und just dies unterstreicht auch der rationale Institutionalismus –, dass andere Staaten in der jeweiligen Institution mit ihnen nicht mehr oder weniger bereitwillig kooperieren.[57] Denn andere Staaten bedenken genau, ob sie einem Staat weiter vertrauen, der sich in internationalen Institutionen fortgesetzt über vereinbarte Regeln hinwegsetzt (Keohane 1997).[58]

Gerade in der internationalen Menschenrechtspolitik findet sich vielfach die Behauptung, Menschenrechtsnormen würden verstärkt eingehalten, weil manche Staaten fürchten, angeprangert zu werden (Liese 2001). Um den damit verbundenen Reputationsverlusten zu entgehen, bestreiten diese Staaten oft-

57 Der Reputationsverlust beruht somit auf normativen Effekten, die jedoch weitergehende strategische Effekte nach sich ziehen können (Keohane 1984, 1997).

58 Die Reputationskosten sind insbesondere dann hoch, wenn sich andere Staaten – bzw. die Staatengemeinschaft als ganzes – der verletzten Regel bzw. dem jeweiligen Streitbeilegungsverfahren normativ besonders verpflichtet fühlen. Insofern ist der Reputationseffekt gewissermaßen als das Spiegelbild des Verpflichtungseffekts aufzufassen.

mals zwar zunächst die beanstandete Menschenrechtspraxis. Doch sobald dies nicht mehr möglich ist, korrigieren sie ihre Menschenrechtspolitik zumindest scheinbar, um ihre Reputationsverluste gering zu halten. Sie lassen sich dann oftmals auch auf eine Menschenrechtsrhetorik ein, die ihrerseits aber dazu führt, dass etwa bekannt werdende Menschenrechtsverletzungen mit zusätzlichen Reputationsverlusten verbunden sind. Diese argumentative Selbstverstrickung kann schrittweise dazu führen, dass selbst Staaten, die sich nicht an die Menschenrechte binden wollen, internationale Menschenrechtsnormen beachten (Risse et al. 2002).[59]

Der Reputationsverlust, der mit Regelverstößen verbunden ist, kommt dabei nicht nur der Beachtung inhaltlicher, sondern auch prozeduraler Regeln zugute. Gerade ein Verstoß gegen die Streitbeilegungsverfahren in internationalen Institutionen führt häufig dazu, dass sich ein Staat massiver Reputationsverluste aussetzt. So nehmen die durch Menschenrechtsverletzungen eines Staates ausgelösten Reputationsverluste dadurch massiv zu, dass ihn international etwa die Menschenrechtskommission der Vereinten Nationen verurteilt. Wie »unangenehm« dies für Staaten offenbar ist, zeigt sich nicht zuletzt daran, dass sie oftmals große Anstrengungen unternehmen, um ein derartiges Anprangern zu verhindern. So übt China vor entsprechenden Sitzungen regelmäßig Druck auf die in der Menschenrechtskommission vertretenen Staaten aus, um einer Verurteilung ihrer Menschenrechtspraxis zu entgehen. Staaten, die sich so einer Verurteilung nicht entziehen können, sind hingegen eher bereit mit der Menschenrechtskommission zusammenzuarbeiten, um ihre Menschenrechtssituation zu verbessern (Liese 2001).

Aus Sicht des Institutionalismus kann nun aber nicht jedes Streitbeilegungsverfahren gleichermaßen auf diese Reputationseffekte bauen. So sind die Reputationsverluste eines europäischen Staates, der aufgrund der Verletzung eines Richterspruchs des Europäischen Gerichtshofs für Menschenrechte angeprangert wird, sicher ausgeprägter als die, die mit der Verletzung einer vergleichbaren Resolution der Menschenrechtskommission der UN einhergehen. Denn die Stärke der Reputationseffekte hängt insbesondere auch davon

59 Auch beim GATT gilt die Regelbeachtung deshalb als hoch, weil Staaten fürchteten, andere Staaten prangerten sie bei Regelverstößen an, so dass sie massive Reputationsverluste hinnehmen müssten. Derartige Reputationsverluste versprachen im Rahmen des GATT aber deshalb besonders kostspielig zu sein, weil hier die beteiligten Staaten laufend über eine fortschreitende Liberalisierung der internationalen Handelsbeziehungen verhandelten. Dementsprechend konnten sich Regelverstöße eines Staates in einem Handelsbereich in anderen ihn besonders interessierenden Handelsbereichen als ernsthaftes Verhandlungshindernis erweisen. Um derartige auf Reputationsverlusten basierende Verhandlungshindernisse zu vermeiden, waren die Staaten im Allgemeinen bereit, die Regeln des GATT zu achten (Keohane 1984).

ab, ob die Staatengemeinschaft das jeweilige Streitbeilegungsverfahren als *legitim* – und dementsprechend normativ verbindlich – wahrnimmt. Als legitim anerkannte Streitbeilegungsverfahren lösen danach eben nicht nur besondere normative Verpflichtungsgefühle aus, sondern sie führen im Verletzungsfalle auch zu besonderen Reputationsverlusten. Je legitimer ein Streitbeilegungsverfahren, je weniger also ein Ausscheren normativ begründet werden kann, umso mehr ernten Verstöße empörte Reaktionen, die die Reputation dann auch besonders beeinträchtigen.

Dies mag nun auch verständlich machen, warum die USA, die nach ihrem eigenmächtigen Irakkrieg ohnehin gegen den Vorwurf kämpfen mussten, sich nach Gusto über internationale Regelungen hinwegzusetzen, dem Internationalen Gerichtshof gehorchend 2005 die Todesurteile gegen zahlreiche mexikanische Staatsbürger aufhoben. Der von Mexiko angerufene Gerichtshof hatte beanstandet, dass mexikanische Staatsbürger, die in den USA massiver Straftaten angeklagt waren, von den amerikanischen Strafverfolgungsbehörden nicht über ihr Recht auf Rechtsbeistand durch die konsularische Vertretung Mexikos informiert worden waren. Deshalb verlangte der IGH, den mexikanischen Staatsangehörigen müssten im Rahmen des amerikanischen Rechtssystems weitere Revisionsmöglichkeiten gewährt werden, durch die dem beanstandeten Verfahrensfehler Rechnung getragen werden könne. Die USA traten daraufhin zwar von dem Protokoll der Wiener Konsularrechtskonvention zurück, das dem IGH in solchen Streitfällen die Gerichtsbarkeit zuweist, scheuten aber offenbar die Reputationsverluste, die mit dem Verstoß gegen den ergangenen Richterspruch verbunden gewesen wären. Die mexikanischen Straftäter bekamen jedenfalls die verlangten zusätzlichen Revisionsmöglichkeiten zugestanden.

Davon ausgehend, dass gerichtliche Streitbeilegungsverfahren *ceteris paribus* als legitimer erachtet werden als diplomatische, lässt sich somit aus Sicht des Institutionalismus theoretisch verständlich machen, warum die Judizialisierung internationaler Streitbeilegungsverfahren eine Judizialisierung staatlichen Streitverhaltens befördern kann. Da gerichtliche im Gegensatz zu diplomatischen Streitbeilegungsverfahren den Grundsatz rechtlicher Gleichbehandlung institutionalisieren, gelten sie als legitimer, so dass Verstöße gegen gerichtliche Streitbeilegungsverfahren eher empörte Reaktionen hervorrufen, die die Reputation des betroffenen Staates unterminieren. Um diesen zusätzlichen Reputationsverlusten zu entgehen, zeigen sich Staaten im Streitfalle daher bereit, gerichtliche Streitbeilegungsverfahren zu respektieren. Da bei diplomatischen Streitbeilegungsverfahren dagegen die Reputationsverluste begrenzbarer sind, werden Staaten hier eher versucht sein, aus diesen auszuscheren.

3.4 Verstärkung der Sanktionseffekte

Der Institutionalismus benennt schließlich einen vierten Kausalpfad, über den internationale Institutionen dazu beitragen können, dass sich Staaten den dort verankerten Regeln entsprechend verhalten. Wie insbesondere der rationalen Institutionalismus betont, stützen internationale Institutionen die Befolgung internationaler Regeln, in dem sie den Staaten helfen, gegen Regelbrecher mit Sanktionen vorzugehen (Underdal 1998). So können gerade im Rahmen der Streitbeilegungsverfahren internationaler Institutionen Sanktionsmaßnahmen beschlossen – also autorisiert, koordiniert oder mandatiert – werden. Internationale Institutionen tragen so dazu bei, Staaten von Regelverletzungen abzuschrecken (Keohane 1984, Axelrod/Keohane 1986, Zangl 1999). Denn Sanktionen reduzieren bei beteiligten Staaten die Anreize zur Regelverletzung und stärken jene zur Regelbeachtung. Ferner zwingen von internationalen Institutionen gestützte Sanktionsmaßnahmen Staaten, die sich bereits einer Regelverletzung schuldig gemacht haben, zumindest dann in die Regeltreue, wenn die mit den Sanktionen einhergehenden Verluste den Vorteil der Regelverletzung zumindest ausgleichen (Downs/Rocke/Barsoom 1996, Fearon 1998).

So konnten beispielsweise die Sanktionen, die die internationale Staatengemeinschaft in den 1990er Jahren unter anderem gegen den Sudan und Libyen aufgrund deren Verbindung zum internationalen Terrorismus verhängte, besonders wirksam werden, weil der UN-Sicherheitsrat sie unterstützte. Da sie der Sicherheitsrat beschlossen hatte, implementierten sie nicht nur einzelne interessierte Staaten wie etwa die USA, sondern viele Staaten der internationalen Staatengemeinschaft. Der Sicherheitsrat hatte die Sanktionsmaßnahmen der internationalen Staatengemeinschaft gewissermaßen koordiniert und konnte diese dann zumindest ansatzweise auch kontrollieren. Beides trug zweifelsohne dazu bei, dass diese vergleichsweise rasch greifen konnten. Als sich die Sanktionsmaßnahmen dann zunächst im Sudan, später aber auch in Libyen immer mehr bemerkbar machten, begannen sich diese Staaten – allerdings zeitverzögert – schrittweise vom internationalen Terrorismus zu distanzierten, so dass der Sicherheitsrat später seine Sanktionsmaßnahmen wieder aufheben konnte (Cortright/Lopez 2000, 2002).

Die Sanktionsdrohungen, die von internationalen Institutionen und insbesondere ihren Streitbeilegungsverfahren ausgehen, kommen dabei nicht nur der Beachtung inhaltlicher, sondern ebenso prozeduraler Regeln zugute. Auch die Beachtung der jeweiligen Streitbeilegungsverfahren mag davon profitieren. Und dies nicht nur, weil der Verstoß gegen die Streitbeilegungsverfahren selbst mit Sanktionen bestraft werden kann, sondern auch, weil sie Staaten helfen, gegen Regelbrecher vorzugehen. Allein dadurch, dass Streitbeilegungsverfahren Regelverstöße autoritativ feststellen, können Staaten etwaige Sanktionsmaßnahmen gegen den Regelbrecher leichter rechtfertigen. Dies senkt nicht zuletzt ihr Risiko, für ihre Sanktionen mit Vergeltungsmaßnahmen rechnen zu müssen (McCall Smith/Tallberg 2005). Denn während die Vergeltung eigenmächtiger Sanktionen anderer Staaten letztlich immer zu rechtfertigen ist, schrecken Staaten vor der Vergeltung von in Streitbeilegungsverfahren autorisierten Sanktionen eher zurück. Dies macht es für Staaten nicht nur attraktiv, Sanktionen erst nach einem Streitbeilegungsverfahren zu verhängen, sondern macht Sanktionsdrohungen insofern auch glaubhafter, als Vergeltungsdrohungen sanktionswillige Staaten nicht von ihren Sanktionen abschrecken. So wollte beispielsweise die EU in ihrem Stahlstreit mit den USA Sanktionen erst dann verhängen, nachdem sie das Streitbeilegungsverfahren der WTO dazu autorisiert hatte. Denn durch die Sanktionsgenehmigung reduzierte sie das Risiko amerikanischer Vergeltungsmaßnahmen.

Nicht nur aus der Sicht des Institutionalismus ist aber klar, dass nicht jedes Streitbeilegungsverfahren in internationalen Institutionen gleichermaßen auf diese Sanktionseffekte vertrauen kann. Der UN-Sicherheitsrat darf sicherlich stärker auf Sanktionseffekte bauen als der Internationale Gerichtshof. Denn – so die Sicht des Institutionalismus – letztlich vermag er Regelverletzungen *zuverlässiger* zu ahnden. Dies ist insofern entscheidend, als Staaten somit ihre Sanktionsdrohungen gegen Regelbrecher im Rahmen eines Streitbeilegungsverfahrens glaubhaft machen können. Wissend, dass ein Regelbruch tatsächlich ein Urteil nach sich zieht, dürften sie eher geneigt sein, sich einem Streitbeilegungsverfahren zu unterwerfen, um ihre Sanktionen zu rechtfertigen. Und wissend, dass sie eine Verurteilung ihres Regelbruchs nicht verhindern können, werden Regelbrecher sanktionswillige Staaten weniger mit Vergeltungsdrohungen von Sanktionsmaßnahmen abschrecken können. Dies macht zuverlässig sanktionierende Streitbeilegungsverfahren nicht nur für sanktionswillige Staaten attraktiver, sondern ihre Sanktionsdrohungen auch glaubhafter.[60]

Dies mag beispielsweise erklären, warum die Streitbeilegungsverfahren der WTO viel häufiger angerufen und die dort ergehenden Berichte viel häufiger beachtet werden als die des GATT (Jackson 1997, 1998, Petersmann 1997). Da das Streitbeilegungsverfahren des GATT Regelverletzungen nur wenig zuverlässig verurteilen konnte, schalteten es die betreffenden Staaten nur selten in ihren Streitigkeiten ein. Denn sie wussten, dass der beklagte Staat eine Verurteilung jederzeit verhindern konnte, so dass sich Sanktionen gegen dessen vermeintlichen Regelbruch nicht rechtfertigen ließen. Dagegen wird das WTO-

60 Bei diesem Kausalpfad sind die normativen und die strategischen Effekte besonders sichtbar miteinander verknüpft.

Streitbeilegungsverfahren gerade deshalb häufig angerufen, weil es Regelbrüche äußerst zuverlässig verurteilt. Zumindest kann der beklagte Staat eine Verurteilung nicht eigenmächtig verhindern. Da zudem nach einer Verurteilung ein etwaiges Sanktionsbegehren nicht aufzuhalten ist, gibt es für klagende Staaten einen erheblichen Anreiz, das Streitbeilegungsverfahren nunmehr auch zu nutzen. Und da Regelbrecher gegen autorisierte Sanktionen kaum offen mit Vergeltung drohen können, sind die Sanktionsdrohungen glaubhafter und schrecken damit wirksamer vor fortgesetzten Regelbrüchen ab.

Davon ausgehend, dass *ceteris paribus* gerichtliche Streitbeilegungsverfahren Regelverletzungen zuverlässiger verurteilen – oder dies zumindest von den beteiligten Staaten angenommen wird –, lässt sich aus Sicht des Institutionalismus theoretisch begründen, warum eine Judizialisierung der Streitbeilegungsverfahren eine Judizialisierung des Streitverhaltens mit sich bringen kann. Da gerichtliche Streitbeilegungsverfahren Regelbrüche erheblich zuverlässiger verurteilen – und gegebenenfalls sogar Sanktionen beschließen können – als diplomatische Streitbeilegungsverfahren, halten sich die in Streitigkeiten verstrickten Staaten eher an die Vorgaben eines gerichtlichen Streitbeilegungsverfahren. Die wegen eines Regelverstoßes verurteilten Staaten zeigen sich eher zur Verhaltensänderung bereit und die vom Regelverstoß betroffenen Staaten sind eher gewillt, im Rahmen des Streitbeilegungsverfahrens gegen den Regelverstoß vorzugehen.

* * *

Insgesamt lässt sich also aus dem Institutionalismus nicht nur ableiten, dass die Judizialisierung internationaler Streitbeilegungsverfahren eine Judizialisierung staatlichen Streitverhaltens begünstigt, sondern auch, dass die Judizialisierung der Streitbeilegungsverfahren deshalb eine ebensolche des Streitverhaltens fördert, weil sie die vier Kausalpfade zusätzlich aktiviert, die ganz allgemein dazu beitragen, dass internationale Streitbeilegungsverfahren das Streitverhalten in rechtliche Bahnen lenken. Judizialisierte Verfahren erzeugen ausgeprägtere Verpflichtungs-, Reputations-, Glaubwürdigkeits- und Sanktionseffekte als diplomatische Verfahren. Dementsprechend machen sich diese Kausalpfade bei internationalen Streitigkeiten, die in internationalen Institutionen mit gerichtlichen Streitbeilegungsverfahren auftreten, viel stärker bemerkbar, als bei Streitigkeiten, die in internationalen Institutionen mit lediglich diplomatischem Streitbeilegungsverfahren ausbrechen.

Teil II Empirie

4 Die Judizialisierung der Verfahren im GATT bzw. der WTO

Der Vermutung, die *de jure* Judizialisierung internationaler Verfahren der Streitbeilegung trage zu einer *de facto* Judizialisierung staatlichen Verhaltens bei der Streitbeilegung – und damit zum Entstehen internationaler Rechtsstaatlichkeit – bei, untersucht die vorliegende Arbeit nunmehr mit Blick auf das Streitverhalten der USA in insgesamt acht, jeweils paarweise ähnlichen Streitfällen mit der EU in GATT und WTO. Dabei wurde das GATT bzw. die WTO für die Analyse deshalb gewählt, weil sich hier in den vergangenen beiden Dekaden eine deutliche Judizialisierung des Streitbeilegungsverfahrens beobachten lässt. Dies erlaubt es, innerhalb ein und desselben Problemfelds das internationale Streitverhalten im Rahmen der eher diplomatischen Streitbeilegungsverfahren des GATT mit dem in den gerichtsähnlichen Streitbeilegungsverfahren der neu begründeten WTO zu vergleichen. Den Vergleich zwischen der Streitbeilegung im Rahmen gerichtlicher und diplomatischer Streitbeilegungsverfahren des GATT bzw. der WTO innerhalb desselben Problemfelds durchzuführen, besitzt insbesondere den Vorteil, dass das Problemfeld nicht als Störvariable berücksichtigt werden muss. Im Gegensatz zu einem Vergleich beispielsweise zwischen der Streitbeilegung in den gerichtsähnlichen Verfahren der WTO und den eher diplomatischen Verfahren des Sicherheitsrats der UNO muss somit nicht in Rechnung gestellt werden, dass sich Handels- und Sicherheitspolitik grundlegend unterscheiden, so dass dies etwaige Verhaltensunterschiede ebenso erklären kann wie die unterschiedlich judizialisierten Streitbeilegungsverfahren von WTO und UNO.

Ob die Judizialisierung der Streitbeilegungsverfahren des GATT bzw. der WTO zu einer Judizialisierung des Streitverhaltens geführt hat, ließe sich freilich mit Blick auf verschiedene Staaten der OECD-Welt untersuchen. Die vorliegende Arbeit konzentriert sich aber ganz auf das Streitverhalten der USA. Denn zum einen ermöglicht dies den Vergleich des Streitverhaltens ein und desselben Staates in diplomatischen und gerichtlichen Streitbeilegungsverfahren. Das hat den Vorteil, dass die Störvariable »Staat« nicht weiter berücksichtigt werden muss. Indem das Streitverhalten desselben Staates in GATT und WTO verglichen wird, ist leichter nachzuvollziehen, ob etwaige Verhaltensunterschiede auf die Judizialisierung des Streitbeilegungsverfahrens von GATT bzw. WTO zurückgehen. Denn würde das Streitverhalten beispielsweise von Norwegen und Japan miteinander verglichen, so müsste stets untersucht werden, ob etwaige Verhaltensdifferenzen in GATT und WTO nicht darauf zurückzuführen sind, dass diese beiden Staaten eben unterschiedlich sind. Der ausschließliche Blick auf das Streitverhalten der USA ist zum anderen aber auch dadurch begründet, dass sich so am *hard case* untersuchen lässt, ob sich die Judizialisierung der Streitbeilegungsverfahren von GATT bzw. WTO in ein verändertes Streitverhalten übersetzt. Da die USA aufgrund ihrer hervorgehobenen Machtposition bei internationalen Streitigkeiten viel eher dazu neigen dürften, sich eigenmächtig über die vorgesehenen Streitbeilegungsverfahren hinwegzusetzen, ist zu erwarten, dass die Judizialisierung der Streitbeilegungsverfahren in GATT und WTO sich kaum auf ihr Streitverhalten auswirkt. Sollte sich trotzdem zeigen lassen, dass die USA sich über gerichtsähnliche Streitbeilegungsverfahren weniger hinwegsetzen als über diplomatische, so wäre dementsprechend zu erwarten, dass dies gerade auch im *soft case* weniger mächtiger Staaten wie Dänemark, Belgien oder Schweden gilt.

Ob die Judizialisierung der Streitbeilegungsverfahren des GATT bzw. der WTO sich auf das Streitverhalten der USA auswirkt, ließe sich mit Blick auf Streitigkeiten mit jedem beliebigen Staat analysieren. Trotzdem sollen hier nur Streitigkeiten mit der EU in den Blick genommen werden. Indem nur Streitigkeiten mit ein und demselben Streitgegner verglichen werden, kann die Analyse einfacher nachvollziehen, ob etwaige amerikanische Verhaltensunterschiede in GATT und WTO tatsächlich auf die Judizialisierung der dortigen Streitbeilegungsverfahren zurückzuführen sind. Zumindest fällt so die Störvariable »Streitgegner« weg. Es kann mithin ausgeschlossen werden, dass unterschiedliches Streitverhalten der USA in den unterschiedlich judizialisierten Streitbeilegungsverfahren von GATT und WTO unterschiedlichen Streitgegnern geschuldet ist. Indem die Arbeit nur Streitigkeiten mit der EU in den Blick nimmt, betrachtet sie allerdings beim Streitgegner den *soft case*. Da die EU den USA in ihrer Machtposition im GATT bzw. in der WTO noch am ehesten vergleichbar ist, dürften die USA hier noch am wenigsten dazu neigen, sich eigenmächtig über das jeweilige Streitbeilegungsverfahren hinwegzusetzen. Dementsprechend darf auch nicht völlig umstandslos von einem aufgrund der Judizialisierung des Streitbeilegungsverfahrens in GATT und WTO gegenüber der EU veränderten Streitverhalten der USA darauf geschlossen werden, dass die USA ihr Streitverhalten auch im *hard case* – also bei Streitigkeiten mit weniger mächtigen Staaten wie etwa Norwegen oder Kanada – anpassen würden.

Dass trotzdem in allen acht zu untersuchenden Streitfällen die EU als Streitgegner der USA gewählt wurde, ist dem hier angestrebten *most similar case design* geschuldet (King/Keohane/Verba 1994). Danach soll das amerikanische Streitverhalten in möglichst ähnlichen Streitfällen verglichen werden. Die Streitfälle sind dabei so zu wählen, dass sie sich zumindest paarweise insbesondere auch im Streitgegenstand möglichst ähnlich sind. Denn dann lässt sich im paarweisen Vergleich ähnlicher Streitfälle der Effekt der Judizialisierung des Streitbeilegungsverfahrens des GATT bzw. der WTO auf das amerikanische Streitverhalten insofern besser isolieren, als die Störvariable »Streitgegenstand« weitgehend wegfällt. Da die USA aber in GATT wie WTO nur mit der EU einigermaßen regelmäßig in Streitigkeiten verwickelt sind, ließen sich nur hier paarweise ähnliche Streitfälle auffinden. Um den Streitgegenstand möglichst konstant zu halten, wurden folgende vier Vergleichspaare ausgewählt. Erstens soll das Streitverhalten der USA im so genannten DISC-Streit des GATT mit dem FSC-Streit in der WTO verglichen werden. Denn im Streitgegenstand – Steuersubventionen für die amerikanische Exportwirtschaft – sind diese fast identisch. Zweitens wird das Streitverhalten der USA im Patentstreit im GATT mit dem im Stahlstreit in der WTO verglichen. Denn aufgrund ihres Streitgegenstands – amerikanische Schutzmaßnahmen gegen unfaire Handelspraktiken – sind sie vergleichbar. Drittens geht es um das Streitverhalten der USA in den beiden beim Streitgegenstand – europäisches Einfuhrverbot für Hormonfleisch – identischen Hormonstreitfällen. Und viertens soll das Streitverhalten im so genannten Zitrusstreit des GATT mit dem im Bananenstreit der WTO verglichen werden, weil beide sich im Streitgegenstand insofern ähneln, als es jeweils um die Diskriminierung amerikanischer Agrarexporte ging, die sich durch die europäische Präferenzbehandlung von Entwicklungsländern ergab.

Um durch den paarweisen Vergleich dieser Streitfälle zu prüfen, ob die Judizialisierung des Streitbeilegungsverfahrens in GATT und WTO das amerikanische Streitverhalten beeinflusst hat, gilt es hier allerdings zunächst, die bislang nur unterstellte Judizialisierung dieses Streitbeilegungsverfahrens nachzuzeichnen. Dabei wird anhand der oben dargelegten Kriterien der politischen Unabhängigkeit, des rechtlichen Mandats, der obligatorischen Gerichtsbarkeit, der Sanktionsautorität sowie der Beschwerdemöglichkeiten zunächst der Stand der Judizialisierung des Streitbeilegungsverfahrens im alten GATT der 1970er und 1980er Jahre dargelegt, um diesen dann dem Stand des seit den 1990er Jahren geltenden Streitbeilegungsverfahrens der WTO gegenüberzustellen.

4.1 Das Streitbeilegungsverfahren des GATT

Im alten GATT beruhte die Streitbeilegung bis in die späten 1980er und frühen 1990er Jahre auf einem nur wenig judizialisierten, weitgehend diplomatischen Streitbeilegungsverfahren (Petersmann 1997: 84-87, Jackson 1997: 107-137). Dieses Streitbeilegungsverfahren, das sich im Verlaufe der 1950er und 1960er Jahre aufgrund einer bis dahin allenfalls implizit gültigen, aber nicht explizit festgehaltenen Streitbeilegungspraxis herausgebildet hatte, wurde 1979 in den Vereinbarungen der so genannten Tokio-Runde des GATT niedergelegt (L/4907).[61]

(1) Das dort definierte Streitbeilegungsverfahren des GATT ging allerdings lediglich in seiner *Unabhängigkeit* über ein klassisch diplomatisches Streitbeilegungsverfahren hinaus (Hudec 1993, Petersmann 1997: 71). Denn das GATT hatte das ursprüngliche Streitbeilegungsverfahren der 1950er Jahre aufgegeben, das so genannte Arbeitsgruppen mit der Streitbeilegung beauftragte. Diesen Arbeitsgruppen gehörten unter anderem die Vertreter der am Streit beteiligten Staaten selbst an. Stattdessen ging man in den 1960er und 1970er Jahren dazu über, so genannte Streitschlichtungspanels, die aus zumeist drei unabhängigen Experten der internationalen Handelspolitik bestanden, mit der Streitschlichtung zu beauftragen (Jackson 1997: 107-137).[62] Da die Streitparteien die Experten fallweise bestimmen mussten, konnte zwar mitnichten von einem festen Spruchkörper gesprochen werden. Die Experten waren auch keine unabhängigen Richter, sondern zumeist Diplomaten unbeteiligter Staaten (Stone Sweet 1996, Petersmann 1997: 85).[63] Doch das Streitschlichtungsverfahren des GATT verlangte immerhin, dass die Experten in den Streitschlichtungspanels nicht beeinflusst werden bzw. sich nicht beeinflussen lassen durften. Die Experten sollten mithin nicht als Staatenvertreter agieren:

»Panel members would serve in their individual capacities and not as government representatives (...). Governments would therefore not give them instruction nor seek to influence them as individuals with regard to the matters before the panel. Panel members should be selected with a view to insuring the independence of the members« (L/4907).

(2) Das *Mandat* der Streitschlichtungspanels des GATT hingegen war kaum judizialisiert. Die Streitschlichtungspanels unterlagen jedenfalls nicht der

---

61 Für einen Überblick über das Streitbeilegungsverfahren des GATT siehe insbesondere Hudec (1993), Petersmann (1997: 66-91), Waincymer (2002), Jackson (1997: 107-137), auch Senti (1986).

62 Damit folgte das GATT einem Vorschlag des damaligen Generaldirektors Eric Wyndham-White von 1955. Siehe Jackson (2000: 115-116).

63 Die Experten in den Streitschlichtungspanels konnten sich seit den 1980er Jahren allerdings auf eine Rechtsabteilung im GATT-Sekretariat stützen (Petersmann 1997: 85).

Pflicht, ausschließlich aufgrund rechtlicher Gesichtspunkte im betreffenden Streitfall zu einem in so genannten Berichten festgehaltenen Entscheid zu gelangen. Vielmehr konnten sie in ihren Bericht auch politische Gesichtspunkte einfließen lassen (Hudec 1993, Petersmann 1997). Da die meisten damaligen Experten eher Diplomaten als Juristen waren, erwies sich eine streng juristisch verfahrende Berichtserstellung ohnehin als kaum machbar. Die Streitschlichtungspanels besaßen dementsprechend auch nicht vornehmlich den Auftrag, juristisch korrekte Berichte zu liefern, sondern sie sollten vor allem zu einer politisch einvernehmlichen Streitbeilegung beitragen. Ihnen war also nicht vornehmlich aufgegeben, in den ihnen vorgelegten Streitfällen einen rechtlich begründeten Bericht zu verfassen. Vielmehr sollte ihr Bericht für die betroffenen Streitparteien politisch akzeptabel sein. Da die Berichte zudem nicht als verbindlich galten, traten die Streitschlichtungspanels in konkreten Streitfällen oftmals weniger als Richter denn als Schlichter – oder gar als Vermittler – zwischen den Streitparteien auf (Waincymer 2002: 75).[64]

(3) Das Streitbeilegungsverfahren des GATT war darüber hinaus aber auch insofern wenig judizialisiert, als Streitbeilelungspanels keine obligatorische *Gerichtsbarkeit* besaßen. Um ein Streitbeilegungsverfahren überhaupt in Gang zu bringen, hatte der klagewillige Staat beim GATT zunächst formale Konsultationen mit dem Staat zu beantragen, den er einer GATT-widrigen Handelspraxis beschuldigte (Stone Sweet 1997). Brachten diese bilateralen Konsultationen nichts ein, so konnte der betreffende Staat beim GATT ein Streitschlichtungspanel beantragen, das darüber befinden sollte, ob der beklagte Staat sich tatsächlich GATT-widriger Handelspraktiken bediente (Petersmann 1997). Die Gerichtsbarkeit der Streitschlichtungspanels des GATT hing jedoch in jedem einzelnen Streitfall ganz davon ab, ob der beschuldigte Staat diese zu akzeptieren bereit war. Denn Streitschlichtungspanels konnten nur dann eingerichtet werden, wenn der GATT-Rat zustimmte. Da dieser aber nur im Konsens aller Vertragsparteien – das heißt aller Staaten – entscheiden konnte, war es auch dem Staat, dessen Handelspraktiken als GATT-widrig beanstandet wurden, letztlich möglich, die Errichtung eines Streitschlichtungspanels zu blockieren (Hudec 1993: 54, Jackson 1997, 1998).

Diese Blockademöglichkeit wurde allerdings in den 1970er Jahren zumindest ansatzweise eingeschränkt. So schufen insbesondere die in der Tokio-Runde des GATT vereinbarten so genannten Kodizes etwa zu Subventions- und Dumpingmaßnahmen gesonderte Streitbeilegungsverfahren, die ein Recht des klagenden Staates auf ein Streitschlichtungspanel verankerten. Damit

64 Zur Diskussion über die rechtliche Verbindlichkeit der Berichte der GATT Streitschlichtungspanels siehe u.a. Petersmann (1997: 76-77).

konnte der jeweils beklagte Staat zumindest bei Streitigkeiten auf der Grundlage dieser Kodizes die Errichtung eines Panels im GATT-Rat nicht mehr blockieren (Hudec 1993: 55).[65] Darüber hinaus schälte sich in der Streitbeilegungspraxis die Gewohnheit heraus, einen vermeintlich vertragsbrüchigen Staat zumindest dann die Errichtung eines Streitschlichtungspanels nicht weiter blockieren zu lassen, wenn sich im GATT-Rat ein Konsens abzeichnete, den betreffenden Streitfall einem Panel zu überantworten (Hudec 1993: 87-88). Diese Gewohnheit allerdings bestenfalls vage andeutend, hielt die Streitbeilegungsvereinbarung der Tokio-Runde fest:

»It is agreed that if a contracting party (...) requests the establishment of a panel to assist the CONTRACTING PARTIES to deal with the matter, the CONTRACTING PARTIES would decide on its establishment in accordance with standing practice« (L/4907).[66]

Doch selbst wo ohne den Konsens des beschuldigten Staates ein Streitschlichtungspanel eingerichtet werden konnte, war keineswegs gesichert, dass dieses seine Gerichtsbarkeit ausüben konnte. Denn die Experten, die einem Streitschlichtungspanel angehören sollten, waren im GATT nicht vorab bestimmt. Die betroffenen Staaten mussten sich vielmehr in jedem einzelnen Streitfall zunächst darauf einigen, welche Experten dem Panel angehören sollten (Hudec 1993: 54). Zwar konnte der GATT-Generaldirektor Experten vorschlagen, doch seinem Vorschlag musste der GATT-Rat zustimmen.[67] Just dies war wiederum nur im Konsens aller Staaten möglich, so dass es letztlich von der Zustimmung jeder der Streitparteien abhing, ob das beschlossene Streitbeilegungspanel seine Arbeit unverzüglich aufnehmen konnte. Immerhin wurde diese Blockademöglichkeit insofern eingeschränkt, als die Streitparteien die vorgeschlagenen Experten nur mit einer überzeugenden Begründung ablehnen durften. Dementsprechend kamen die Panels praktisch nie gänzlich allein deshalb nicht zustande, weil sich die Streitparteien nicht auf die dafür notwendigen Experten einigen konnten. Doch ließen sich Panels somit zumindest vorübergehend aufhalten und sich ihre Gerichtsbarkeit dadurch durchaus beeinträchtigen (Petersmann 1997: 66-91).

Die obligatorische Gerichtsbarkeit der Streitschlichtungspanels im GATT fand ferner ihre Einschränkung darin, dass der GATT-Rat nicht nur die Errichtung eines Panels, sondern auch dessen in so genannten Berichten festge-

---

65 Die entsprechende Verfahrensregel wurde 1989 auch für das allgemeine Streitbeilegungsverfahren des GATT übernommen (Petersmann 1997: 89).

66 Der GATT-Rat sollte dementsprechend dem Gesuch eines Staates nach einem Streitschlichtungspanel möglichst innerhalb von 30 Tagen zustimmen.

67 Der Generaldirektor sollte dementsprechend eine Liste qualifizierter Experten führen, die gegebenenfalls in ein Streitschlichtungspanel gewählt werden konnten (L/4907).

haltene Entscheidung annehmen musste (Stone Sweet 1996). Die Berichte der Streitschlichtungspanels erhielten andernfalls keinen verpflichtenden Charakter. Da der GATT-Rat dies aber ebenfalls nur mit dem Konsens aller Staaten veranlassen konnte, sah sich jeder Staat – insbesondere auch ein durch das Streitschlichtungspanel verurteilter – in der Lage zu verhindern, dass die Berichte wirksam wurden (Jackson 1997, 2004). Zwar galt auch hier die Gewohnheitsregel, die Blockade eines entsprechenden Berichts seitens eines »verurteilten« Staates zumindest dann nicht zuzulassen, wenn sich im GATT-Rat ein Konsens abzeichnete, die Entscheidung des Panels zu akzeptieren. Doch der betreffende Staat war dazu kaum zu zwingen (Hudec 1993: 87-88). Jeder vertragsbrüchige Staat konnte im GATT-Rat eine entsprechende Entscheidung blockieren, um so zu verhindern, dass der seinen Rechtsbruch verurteilende Bericht wirksam wurde. Auch deshalb mussten die Streitschlichtungspanels stets darauf achten, die Berichte mit diplomatischem Geschick so zu formulieren, dass alle Streitparteien sie akzeptierten.

(4) Das Streitbeilegungsverfahren des GATT blieb auch in seiner *Sanktionsgewalt* wenig judizialisiert. Selbstjustiz war zwar untersagt. Selbst wenn ein Streitschlichtungspanel die Handelspraktiken eines Staates als GATT-widrig eingestuft hatte, durften die davon betroffenen Staaten nicht eigenmächtig im GATT verankerte Handelsvergünstigungen zurücknehmen, um den Rechtsbrecher zu bestrafen.[68] Solche Sanktionsmaßnahmen bedurften einer Autorisierung durch den GATT-Rat (Petersmann 1997: 82-84, Senti 1986).[69] Das Streitschlichtungsverfahren des GATT gab den betroffenen Staaten allerdings keine wirksame Handhabe, um eine derartige Autorisierung zu erlangen (Hauser/Schanz 1995, Hudec 1993). Denn der GATT-Rat blieb bei seiner Entscheidung an den Konsens aller anwesenden Staatenvertreter gebunden. Ein Staat, der trotz seiner »Verurteilung« durch ein Streitschlichtungspanel seine GATT-widrigen Handelspraktiken fortsetzte, konnte im GATT-Rat Sanktionsmaßnahmen blockieren. Die Autorisierung von Strafmaßnahmen gegen den Widerstand »verurteilter« Staaten blieb damit im GATT praktisch ausgeschlossen. Tatsächlich kam es auch nur in einem einzigen Streitfall zu einer

68 Das heißt, das GATT schränkte das im allgemeinen Völkerrecht verankerte Recht auf Repressalien und Retorsionen erheblich ein (Petersmann 1997: 82).

69 Streng genommen handelte es sich nicht einmal um Sanktionen, sondern lediglich um Kompensationsmaßnahmen. Denn der GATT-Rat konnte dem betroffenen Staat lediglich erlauben, Handelsvergünstigungen zurückzunehmen, die die Nachteile ausglichen, die von der rechtswidrigen Handelspraxis des verurteilten Staates ausgingen. Dementsprechend verlor der verurteilte Staat dadurch auch nur die Vorteile, die er sich durch seine GATT-widrige Handelspraxis erschlichen hatte (Charnovitz 2002, Hudec 1993).

solchen Autorisierung durch den GATT-Rat (Charnovitz 2002, Petersmann 1997: 83, Hudec 1975: 507).

(5) Das Streitbeilegungsverfahren des GATT ist zudem auch aufgrund des beschränkten *Beschwerderechts* als kaum judizialisiert einzustufen (Petersmann 1997: 66-91). Das Streitbeilegungsverfahren im GATT war ein reines Staatenverfahren, in dem sich nur Staaten über die vermeintlich regelwidrige Handelspraxis anderer Staaten beklagen konnten.[70] Weder supranationalen Akteuren, wie beispielsweise dem GATT-Sekretariat, noch privaten Akteuren, wie insbesondere Unternehmen oder Unternehmerverbände, die durch regelwidrige Handelspraktiken einzelner Staaten massiv betroffen sein konnten, räumte das Streitbeilegungsverfahren des GATT eine Beschwerdemöglichkeit ein. Zwar gab es in einigen Staaten – insbesondere auch den USA und der EU – eigene Verfahren, mittels derer Unternehmen bzw. Unternehmerverbände ihre Staatenvertreter anhalten konnten, durch ein Streitbeilegungsverfahren im GATT für ihre Rechte einzutreten. Doch eine echte Beschwerdemöglichkeit war damit nicht verbunden.[71] Denn letztlich vermochte sich der Staat überall einer solchen Beschwerde zu entziehen. Nirgends konnten Unternehmen oder Unternehmerverbände Staatenvertreter rechtlich zwingen, im GATT ein Streitbeilegungsverfahren gegen einen Staat mit vermeintlich GATT-widrigen Handelspraktiken anzustrengen. Ausschließlich Staaten kontrollierten also das Beschwerderecht im Streitbeilegungsverfahren des GATT (Neyer 2004).

Insgesamt lässt sich also das Streitbeilegungsverfahren des GATT trotz der vielfältigen kleinen Judizialisierungsschritte, die es zwischen den 1950er und den späten 1980er Jahren durchlaufen hatte, als nur wenig judizialisiert – mithin weitgehend diplomatisch – einstufen.

---

70 Dabei stellte das Beschwerderecht im GATT insofern eine Besonderheit dar, als es sich zunächst nicht auf Rechtsbrüche bezog, sondern vielmehr auf die Beeinträchtigung von eingeräumten Handelsvergünstigungen. Das heißt, Staaten konnten sich auch dann beschweren, wenn andere Staaten Handelsvergünstigungen, die sie einmal zugestanden hatten, durch im GATT legale Handelsmaßnahmen wieder zunichte machten. Und Staaten konnten gegen Rechtsverstöße ihrer Handelspartner nur dann vorgehen, wenn damit eine solche Beeinträchtigung verbunden war (Petersmann 1997: 73-74). Allerdings hatte bereits 1962 ein Streitschlichtungspanel entschieden, dass Rechtsbrüche prima facie als Beeinträchtigung gelten sollten (Jackson 2004).

71 Selbst in den USA bot das entsprechende Section 301-Verfahren Unternehmen und Unternehmerverbänden kein echtes Klagerecht. Durch das Section 301-Verfahren können sie die eigene Administration lediglich öffentlichkeitswirksam auf unfaire Handelspraktiken anderer Staaten aufmerksam machen, um damit den Druck zu erhöhen, damit sich die Administration mittels eines Streitbeilegungsverfahrens im GATT für ihre Belange einsetzt. Doch letztlich entscheidet stets die Administration darüber, ob sie eine Klage beim GATT anstrengen will. Dazu kann sie im Rahmen des Section-301-Verfahrens zumindest von Unternehmen bzw. Unternehmerverbänden nicht gezwungen werden (Decker 2002: 75-77, Bhagwati 1990).

4.2 Das Streitbeilegungsverfahren der WTO

Die Vereinbarungen der so genannten Uruguay-Runde legten 1994 nicht nur den Grundstein für die neue internationale Handelsorganisation WTO, die das alte Handelsregime des GATT in sich aufnahm, sondern sie reformierten zugleich auch das Streitbeilegungsverfahren grundlegend. Das neu entstandene Streitbeilegungsverfahren der WTO kann als weitgehend judizialisiert – also gerichtsähnlich – gelten.[72]

(1) Das Streitbeilegungsverfahren der WTO wurde gegenüber dem des GATT nicht zuletzt dadurch erheblich judizialisiert, dass die *Unabhängigkeit* der Streitschlichtungspanels gestärkt und eine Berufungsinstanz begründet wurde (Jackson 1997: 107-137, 2000: 125).[73] Die Panels setzen sich zwar weiterhin nicht aus wirklich unabhängigen Richtern sondern lediglich aus neutralen Experten zusammen, deren fallweise Rekrutierung die Streitparteien selbst mitbestimmen können. Da aber der Generaldirektor der WTO nunmehr dann über die Besetzung des Streitschlichtungspanels entscheiden kann, wenn sich die Streitparteien nicht auf die notwendigen drei Experten zu einigen vermögen, kommt dem mittlerweile erheblich weniger Bedeutung zu als im GATT (Jackson 2004). Ferner erhalten vermehrt Juristen statt Diplomaten einen Ruf als Experten in Streitbeilegungspanels. Entscheidend für die Unabhängigkeit der Rechtsprechung in der WTO dürfte aber insbesondere sein, dass die Berichte der Streitschlichtungspanels heute der Prüfung seitens einer tatsächlich unabhängigen Berufungsinstanz unterliegen (Hudec 1998).

Die Unabhängigkeit der Berufungsinstanz übertrifft die der Streitschlichtungspanels insofern, als die sieben Berufungsrichter nicht nur für einen konkreten Streitfall von den jeweiligen Streitparteien selbst ausgesucht werden (Jackson 2000: 125). Die Streitschlichtungsinstanz wählt vielmehr Berufungsrichter für vier Jahre, um über alle Streitfälle, die vor die Berufungsinstanz gelangen, zu befinden (Petersmann 1997: 187). Die Berufungsinstanz bildet mithin einen festen Spruchkörper, die dadurch Kontinuität erhält, dass alle zwei Jahre jeweils nur drei bzw. vier der sieben Richter ausgetauscht werden. Für einen konkreten Streitfall sind allerdings jeweils nur drei Richter zuständig (Hudec 1998). Diese entscheiden den Streit gemeinschaftlich, so dass die Staaten nicht nachvollziehen können, welcher Richter in ihrem Streitfall wie ent-

---

72 Für einen Überblick über das Streitbeilegungsverfahren der WTO siehe u.a. Jackson (1997: 107-137, 1998, 2000: 125-126, 2004), Petersmann (1997: 177-198), Hauser/Schanz (1995), Stone Sweet (1997). Siehe auch Shapiro/Stone Sweet (2002).

73 Dabei ist sicher zuzugestehen, dass Gerichte im Allgemeinen nicht völlig unabhängig sind. Die Unabhängigkeit variiert zudem je nach Streitgegenstand. Für eine entsprechende Analyse der Unabhängigkeit des Streitschlichtungsverfahrens der WTO siehe Kelemen (2001).

schieden hat. Welche drei Berufungsrichter einen auftretenden Streitfall bearbeiten, entscheidet ein Schlüssel, den die Staaten vorher nicht kennen. Das verhindert, dass die Staaten voraussehen können, wann sie ein Berufungsverfahren anstrengen müssen, damit bestimmte Richter ihren Streitfall zugeteilt bekommen (Jackson 2004). Um eine konsistente Rechtsprechung über verschiedene Streitfälle hinweg zu sichern, besprechen alle sieben Richter der Berufungsinstanz jeden Streitfall mindestens einmal gemeinsam (Jackson 2004, Petersmann 1997: 189). Die Berufungsinstanz genießt damit letztlich die Unabhängigkeit eines ordentlichen Gerichts; sie könnte mithin auch als Berufungsgericht bezeichnet werden.

(2) Darüber hinaus judizialisierte die WTO auch das *Mandat* des Streitschlichtungsverfahrens grundlegend (Hudec 1998). Die Streitschlichtungspanels sind heute erheblich stärker darauf verpflichtet, in ihren mittlerweile rechtlich verbindlichen Berichten politische hinter juristische Gesichtspunkte zu stellen. Da die Panels allerdings weiterhin nicht ausschließlich zu einer juristisch begründeten Berichtserstellung verpflichtet sind, sondern nach wie vor auch zu einer einvernehmlichen Streitbeilegung beitragen sollen, sind die politischen Gesichtspunkte nicht gänzlich zugunsten der juristischen verschwunden, doch die Gewichte haben sich eindeutig verschoben. Dies wird schon allein daran deutlich, dass sich die bereits früher begonnene Entwicklung fortgesetzt hat, statt Diplomaten vermehrt Juristen in die Panels zu berufen. Ferner verfügt auch das Sekretariat der WTO nunmehr über eine ansehnliche Rechtsabteilung, die die Panels dabei unterstützt, nach juristischen Gesichtspunkten korrekte Berichte zu verfassen (Jackson 2004). Das Gewicht juristischer Gesichtspunkte wurde in den Streitschlichtungspanels jedoch insbesondere durch die neu geschaffene Berufungsinstanz gestärkt. Denn diese ist verpflichtet, im Berufungsfalle die Berichte der Streitschlichtungspanels ausschließlich nach juristischen, keinesfalls aber nach politischen Gesichtspunkten zu beurteilen. Um ihre Berichte revisionsfest zu machen, sind die Streitschlichtungspanels deshalb gezwungen, diese nach juristischen Gesichtspunkten möglichst wasserdicht zu begründen, was ihr Mandat wenn nicht explizit, so doch implizit erheblich verändert hat (Hudec 1998).

(3) Das neue Streitbeilegungsverfahren der WTO wurde zudem gegenüber dem des GATT auch insofern erheblich judizialisiert, als faktisch eine obligatorische *Gerichtsbarkeit* entstanden ist (Palmeter/Mavroidis 2004: 10, Petersmann 1997: 182). Um ein Streitbeilegungsverfahren anzustoßen, muss der klagende Staat zwar weiterhin zunächst formale Konsultationen mit dem beklagten Staat durchführen. Das heißt, auch die WTO hält ihn zunächst dazu

an, zu einer gütlichen Streiterledigung zu kommen.[74] Gelingt es dabei aber nicht, den Streit innerhalb von 60 Tagen zu bereinigen, so besitzt der klagewillige Staat nunmehr ein Recht auf die Einrichtung eines Streitbeilegungspanels der WTO (Hauser/Schanz 1995). Das entsprechende Gesuch muss zwar die Streitbeilegungsinstanz der WTO passieren, in der wie im alten GATT-Rat jeder Staat Sitz und Stimme hat. Doch für die Genehmigung eines Panels, die der klagende Staat innerhalb von 15 Tagen erwirken kann, ist nicht mehr der Konsens aller Staaten notwendig. Das Streitschlichtungspanel gilt vielmehr dann als genehmigt, wenn sich nicht alle Staaten im Konsens dagegen aussprechen. Das heißt, dass aufgrund dieses »umgekehrten Konsens« bereits die Stimme des klagenden Staates genügt, um ein Streitschlichtungspanel einzurichten (Stone Sweet 1996, Palmeter/Mavroidis 2004: 10):

»If the complaining party so requests, a panel shall be established at the latest at the DSB meeting following that at which the request first appears as an item on the DSB's agenda, unless at that meeting the DSB decides by consensus not to establish a panel« (Art. 6.1. DSU).

Darüber hinaus müssen sich die Streitparteien zwar weiterhin in jedem einzelnen Streitfall darauf einigen, wer dem Panel angehören soll. Gelingt jedoch eine solche Einigung nicht innerhalb von 20 Tagen, kann nunmehr der Generaldirektor der WTO das Panel nach seinem Dafürhalten besetzen.[75] Der beklagte Staat kann sich somit auch nicht mehr über diesen »Umweg« der Gerichtsbarkeit des Streitschlichtungspanels entziehen (Petersmann 1997: 182-183, Jackson 2004).

Die obligatorische Gerichtsbarkeit ist in der WTO ferner insofern gesichert, als einzelne Staaten weder die Errichtungen der Panels noch deren Berichte blockieren können (Stone Sweet 1997, Jackson 1997: 107-137). Dementsprechend müssen die Streitschlichtungspanels in der WTO nicht mehr im selben Ausmaß wie im GATT darauf achten, dass ihre Berichte für die Streitparteien akzeptabel sind; vielmehr können sie ihre Berichte tatsächlich aufgrund ihrer Beurteilung der Rechtslage verfassen (Jackson 2000: 125). Die Staaten dürfen zwar den Zwischenbericht kommentieren, den die Streitschlichtungspanels anzufertigen haben. Doch die Panels müssen diese Kommentare lediglich berücksichtigen. Die endgültigen Berichte, die die Panels in der Regel innerhalb von sechs Monaten abfassen müssen, werden vielmehr fast automa-

74 Dabei sind die Streitparteien darauf verpflichtet, ihren Streit im Rahmen der vorgegebenen Rechtsnormen zu erledigen. Eine Streitbeilegung jenseits des Rechts gilt danach nicht als rechtens (Petersmann 1997: 179).

75 Tatsächlich wird es in immer mehr Streitfällen notwendig, dass der Generaldirektor über die Besetzung der Streitschlichtungspanels entscheidet (Jackson 2004).

tisch verbindlich. Zwar muss sie die angesprochene Streitbeilegungsinstanz annehmen. Doch dazu bedarf es in der WTO im Gegensatz zum alten GATT ebenfalls keines Konsenses aller Staaten mehr. Vielmehr kann der Bericht nur mehr im Konsens aller Staaten abgelehnt werden. Da darüber zudem innerhalb von 60 Tagen nach der Veröffentlichung des Berichts eine Entscheidung fallen muss, sichert der »umgekehrte Konsens« fast automatisch die unverzügliche Annahme des Berichts (Hudec 1998).

Allerdings können die Streitparteien die Annahme des Berichts durch die Streitschlichtungsinstanz verhindern, indem sie die neu geschaffene Berufungsinstanz anrufen. Da dies die Entscheidung der Streitbeilegungsinstanz aber nur aufschiebt, beeinträchtigt auch dieser Schritt nicht die obligatorische Gerichtsbarkeit des Streitbeilegungsverfahrens der WTO (Petersmann 1997: 186). Die Berufungsinstanz soll lediglich sicherstellen, dass der Bericht des Streitschlichtungspanels richtig entschieden hat. Dementsprechend muss sie innerhalb von 60 Tagen einen Bericht verfassen, in dem sie den ursprünglichen Bericht des Streitschlichtungspanels prüft.[76] Der Bericht der Berufungsinstanz geht dann gemeinsam mit dem ursprünglichen Bericht des Streitschlichtungspanels spätestens nach weiteren 30 Tagen der Streitschlichtungsinstanz zur Genehmigung zu. Für die obligatorische Gerichtsbarkeit der WTO entscheidend ist, dass dabei erneut der so genannte umgekehrte Konsens sicherstellt, dass die Streitschlichtungsinstanz beide Berichte praktisch automatisch annimmt (Jackson 1997, 2004). Denn um die Entscheidung von Streitschlichtungspanel und Berufungsinstanz zu blockieren, bedarf es nunmehr eines Konsenses aller Staaten in der Streitschlichtungsinstanz:

»An Appellate Body report shall be adopted by the DSB and unconditionally accepted by the parties to the dispute unless the DSB decides by consensus not to adopt the Appellate Body report within 30 days following its circulation to the Members« (Art 17.14 DSU).

(4) Das Streitbeilegungsverfahren der WTO verfügt zudem über deutlich gestärkte *Sanktionsbefugnisse* (Jackson 1997: 107-137, Palmeter/Alexandrov 2002). Da wie im GATT Selbstjustiz untersagt ist, bedürfen Sanktionsmaßnahmen auch in der WTO stets einer ausdrücklichen Autorisierung. Eine solche lässt sich allerdings im Streitbeilegungsverfahren der WTO erheblich einfacher erwirken (Charnovitz 2002, Jackson 1997: 107-137, 2004). Setzt ein durch ein Streitpanel oder das Berufungsgericht verurteilter Staat den Bericht nicht in-

76 In Ausnahmefällen kann diese Frist auf 90 Tage verlängert werden. Insgesamt soll jedoch das Streitbeilegungsverfahren von der Errichtung des Streitschlichtungspanels bis zur Annahme des Berichts der Berufungsinstanz zwölf Monate nicht überschreiten (Petersmann 1997: 187).

nerhalb der vorgegebenen Frist von in der Regel höchstens 15 Monaten um,[77] so ist er verpflichtet, den betroffenen Staaten Kompensationen anzubieten. Gelingt es den Streitparteien allerdings nicht, sich binnen 20 Tagen auf angemessene Kompensationen zu einigen, so steht es der betroffenen Streitpartei frei, bei der Streitschlichtungsinstanz der WTO Sanktionsmaßnahmen zu beantragen (Petermann 1997: 192-193, Charnovitz 2002: 619-620). Im Gegensatz zum alten GATT kann der beklagte Staat diesen Antrag in der Streitschlichtungsinstanz nicht blockieren. Denn für die Autorisierung, die bereits 30 Tage nach Ablauf der Umsetzungsfrist erfolgen soll, bedarf es keines Konsens der dort vertretenen Staaten; vielmehr sind die Sanktionsmaßnahmen dann automatisch autorisiert, wenn sie nicht im Konsens abgelehnt werden. Der zu bestrafende Staat kann allenfalls gegen das Strafmaß vorgehen. Dann wird das ursprüngliche Streitschlichtungspanel beauftragt, bis spätestens 60 Tage nach Ablauf der Umsetzungsfrist über die Sanktionsmaßnahmen zu entscheiden (Hauser/Schanz 1995).

(5) Nur das *Beschwerderecht* wurde im Streitbeilegungsverfahren der WTO gegenüber dem des GATT nicht weiter judizialisiert. Wie im alten Verfahren des GATT sind Beschwerden nach wie vor ausschließlich Staaten vorbehalten (Schleyer 1997). Die Streitbeilegung unterliegt damit auch in der WTO in zweifacher Hinsicht einem reinen Staatenverfahren: Es kann zum einen nur die Handelspraxis von Staaten angeklagt werden. Und es sind zum anderen ausschließlich Staaten, die sich über diese Handelspraxis beklagen können. Supranationale Akteure wie das ausgebaute WTO-Sekretariat oder private Akteure wie Unternehmen, Unternehmer- oder Umweltverbände besitzen nach wie vor kein Recht, ein Streitschlichtungsverfahren anzustoßen. Diese Akteure können sich allenfalls durch so genannte *Amicus Briefs* in ein laufendes Streitbeilegungsverfahren einschalten. Doch auch dies erlaubt es ihnen lediglich, für den Streit sachdienliche Informationen in das Verfahren einzubringen (Ohlhoff 1999).[78] Das Beschwerderecht üben also auch im Streitbeilegungsverfahren der WTO ausschließlich Staaten aus.

---

77 Die Frist zur Umsetzung legt der Schiedsspruch eines Streitbeilegungspanels fest, wenn es den Streitparteien nicht gelingt, sich binnen 45 Tagen gütlich auf eine solche zu einigen. Dann kann jeder der beteiligten Staaten binnen 90 Tagen einen solchen Schiedsspruch herbeiführen. Zumeist wurden 15 Monate als angemessene Frist angesehen, doch inzwischen wird eine möglichst kurze Frist zur Umsetzung angestrebt (Jackson 2004).

78 Insbesondere Umweltschutzorganisationen haben davon Gebrauch gemacht, um in die Streitbeilegungsverfahren Informationen über Umweltschutzbelange einzuspeisen (Rittberger/Zangl 2003: 230).

4.3 Die Streitbeilegungsverfahren des GATT und der WTO im Vergleich

Im Vergleich zum Streitbeilegungsverfahren des GATT erweist sich das der WTO trotzdem als erheblich stärker judizialisiert. Das Verfahren des GATT kann lediglich aufgrund der politischen Unabhängigkeit der Streitschlichtungspanels als eher stark judizialisiert gelten, ist jedoch sowohl aufgrund seiner mangelnden obligatorischen Gerichtsbarkeit als auch seiner beschränkten Sanktionsbefugnisse als eher schwach und aufgrund seines Mandats wie auch des Beschwerderechts sogar als ausgesprochen schwach judizialisiert einzustufen. Dagegen zeigt sich das Streitbeilegungsverfahren der WTO abgesehen vom Beschwerderecht, das auch hier nur schwach judizialisiert ist, sowohl in seiner Unabhängigkeit als auch aufgrund seines Mandats, seiner Gerichtsbarkeit und seiner Sanktionsbefugnisse als stärker judizialisiert. Dabei können Unabhängigkeit, Mandat und Gerichtsbarkeit der WTO-Verfahren sogar als außerordentlich stark judizialisiert gelten; aber auch die Sanktionsbefugnisse des WTO-Streitbeilegungsverfahrens sind eher stark judizialisiert.

Schaubild 3.1: Die Judizialisierung der Streitbeilegungsverfahren im GATT und in der WTO

	GATT	WTO
Politische Unabhängigkeit	*eher stark* (unabhängige Experten)	*sehr stark* (fester Spruchkörper)
Rechtliches Mandat	*sehr schwach* (politische Vermittlung)	*sehr stark* (juristischer Entscheid)
Obligatorische Gerichtsbarkeit	*eher schwach* (Verfahren ist blockierbar)	*sehr stark* (kaum zu blockieren)
Kollektive Sanktionsbefugnisse	*Eher schwach* (blockierbare Sanktionen)	*eher stark* (kaum zu blockieren)
Offenes Beschwerderecht	*Sehr schwach* (auf Staaten beschränkt)	*sehr schwach* (auf Staaten beschränkt)

Das Streitbeilegungsverfahren des GATT durchlief also mit der Gründung der WTO einen gleichermaßen eindeutigen wie bemerkenswerten Judizialisierungsprozess. Inwieweit sich diese Judizialisierung der Streitbeilegungsverfahren in eine entsprechende Judizialisierung des Streitverhaltens der USA bei Streitfällen mit der EU übersetzt hat, wird im Folgenden durch den Vergleich ähnlich gelagerter Streitfälle untersucht.

5 Die Judizialisierung des US-Verhaltens: Der DISC- und der FSC-Streit im Vergleich

Um nun zu untersuchen, wie sich die Judizialisierung der Streitbeilegungsverfahren im GATT bzw. in der WTO bei Streitigkeiten mit der EU auf das Streitverhalten der USA auswirkt, soll hier zunächst der so genannte DISC-Streit im GATT mit dem so genannten FSC-Streit der WTO verglichen werden. In beiden Streitfällen beschuldigte die EU (bzw. die damalige EWG)[79] die USA, sich über im GATT bzw. der WTO verankerte Rechtsnormen hinwegzusetzen. Dementsprechend ist in diesen Streitfällen jeweils zu analysieren, ob die USA sich angesichts der Klage der EU verfahrenskonform verhalten haben.

Die beiden Streitfälle können gewissermaßen als ideale Vergleichsfälle gelten, um die Effekte der Judizialisierung der Verfahren im GATT bzw. in der WTO auf das Verhalten der USA zu isolieren. Denn einerseits sind sich beide Streitfälle sehr ähnlich, doch andererseits wurde der DISC-Streit im wenig judizialisierten Verfahren des GATT ausgetragen, während sich der FSC-Streit im erheblich stärker judizialisierte Streitbeilegungsverfahren der WTO abspielte. Die beiden Streitfälle sind sich sehr ähnlich, weil nicht nur mit den USA und der EU zweimal dieselben Streitparteien beteiligt waren, sondern es zweimal um praktisch denselben Streitgegenstand ging. In beiden Streitfällen beschuldigte die EU die USA, durch ihre Steuergesetzgebung GATT- bzw. WTO-widrige Exportsubventionen zu vergeben. Die USA hatten jeweils Steuerschlupflöcher geschaffen, die es amerikanischen Unternehmen erlaubten, Exportgeschäfte steuerlich begünstigt über eigens dafür gegründete Tochtergesellschaften – so genannte Domestic International Sales Corporations (DISCs) bzw. so genannten Foreign Sales Corporations (FSC) – abzuwickeln. In beiden Streitfällen konnten diese Steuerschlupflöcher zudem nicht durch die Administration selbst, sondern nur durch eine vom Kongress zu beschließende Gesetzesänderung geschlossen werden. Dementsprechend bestimmte in beiden Streitfällen nicht alleine die Administration, sondern eben auch der Kon-

79 Der Einfachheit halber wird im Folgenden auch dann von der »EU« gesprochen, wenn diese zum entsprechenden Zeitpunkt noch als »EWG« bzw. »EG« firmierte.

gress das amerikanische Verhalten. Die beiden Streitfälle gleichen sich darüber hinaus darin, dass die mächtige Lobby der amerikanischen Exportwirtschaft jeweils Administration und Kongress bedrängte, der von der EU geforderten Anpassung der Steuergesetze zu widerstehen. Dazu kommt, dass die beiden Streitfälle auch im jeweiligen Streitwert vergleichbar sind. Es ging nicht um symbolische Streitwerte; vielmehr befasste sich der DISC-Streit mit Steuervergünstigungen in Höhe von ca. 2 Mrd. Dollar, der FSC-Streit sogar mit Steuervergünstigungen in Höhe von ca. 4 Mrd. Dollar.[80]

5.1 Das US-Verhalten im DISC-Streit (1971-1985)

Der DISC-Streit, der zwischen 1971 und 1985 die transatlantischen Handelsbeziehungen teilweise massiv belastete, hatte Steuervergünstigungen zum Gegenstand, die *Domestic International Sales Corporations* nach amerikanischem Steuerrecht genossen (Jackson 1978, Hudec 1993: 59-100). Diese Steuervergünstigungen für DISCs wurden 1972 eingeführt, um den vermeintlichen Wettbewerbsnachteil auszugleichen, den amerikanische Unternehmen gegenüber vielen europäischen Unternehmen hinnehmen mussten, da das Steuersystem in den USA sich von den Steuersystemen insbesondere auch in den meisten EU-Staaten grundlegend unterscheidet. Denn während das amerikanische Steuerrecht auf einer so genannten Globalbesteuerung beruht, folgen die europäischen Steuergesetze traditionell zumeist einer Territorialbesteuerung (Parent 1989: 93-101, Hufbauer 2002: 1-3). Während der Globalbesteuerung gemäß amerikanische Unternehmen Erträge versteuern müssen, gleichviel ob sie diese im Inland oder im Ausland erwirtschaften, sind der Territorialbesteuerung entsprechend europäische Unternehmen nur bei Erlösen steuerpflichtig, die sie im Inland erwirtschaften, nicht aber für die, die sie im Ausland erzielen. Dies wirkt sich insbesondere auf die Besteuerung ausländischer Tochtergesellschaften amerikanischer bzw. europäischer Unternehmen in so genannten Steueroasen aus. Während amerikanische Unternehmen die Erträge dieser Töchter in den USA versteuern müssen, bleiben die entsprechenden Erträge europäischer Unternehmen in den EU-Staaten zumeist steuerfrei (Jackson 1978: 749-753, Hudec 1993: 59-62).

80 Sollte sich angesichts dieser Streitwerte tatsächlich zeigen, dass die Judizialisierung der Verfahren im GATT bzw. in der WTO eine Judizialisierung amerikanischen Verhalten nach sich zieht, so wäre zu erwarten, dass sich dieser Effekt ceteris paribus bei Streitigkeiten mit geringerem Streitwert erst recht beobachten lässt.

Den damit verbundenen Wettbewerbsnachteil amerikanischer Unternehmen wollten die USA durch die 1971 angekündigten und seit 1972 gültigen Steuervergünstigungen für DISCs ausgleichen.[81] DISCs sind letztlich in den USA ansässige Briefkastenfirmen, die amerikanische Unternehmen als Tochtergesellschaften gründen, um ihre Exportgeschäfte abzuwickeln (Parent 1989: 39-44). Dabei verkauft das entsprechende Unternehmen zumindest formal seine Exportgüter an die DISC, die ihrerseits zumindest formal den entsprechenden Exportartikel an den ausländischen Abnehmer verkauft. Faktisch wird das Exportgeschäft hingegen direkt zwischen dem jeweiligen Unternehmer und dem ausländischen Abnehmer abgewickelt. Die Steuerersparnis für das amerikanische Unternehmen ergibt sich nun dadurch, dass die Erträge aus dem Exportgeschäft, die ja faktisch zu 100 Prozent im betreffenden Unternehmen erwirtschaftet werden, steuerlich zu 50 Prozent in der DISC verbleiben können.[82] Und von diesen 50 Prozent des Ertrags der DISC sind wiederum nur 50 Prozent ordentlich zu versteuern. Die verbleibenden 50 Prozent hingegen – also 25 Prozent des gesamten Ertrags aus dem Exportgeschäft – werden der DISC von den amerikanischen Steuerbehörden gestundet (Hudec 1993: 60, Jackson 1978: 752-753).

Die EU kritisierte diese Stundung der Steuern für *Domestic International Sales Corporations* als GATT-widrige Exportsubvention (L/4422). Die EU unterstrich, dass im GATT ausdrücklich auf den Export bezogene Ausnahmen von den für Unternehmen ansonsten vorgesehenen Steuerpflichten als unerlaubte Exportsubventionen gelten (New York Times 31.08.1971). Die Stundung der Steuerschulden von DISCs käme insofern einer solchen auf den Export bezogenen Ausnahme von Steuerpflichten gleich, als diese zeitlich unbegrenzt erfolge. Das entsprechende Steuergesetz sehe weder vor, die anfallende Steuerschuld zurückzuzahlen, noch die Exporterträge der DISC irgendwann an das steuerpflichtige Unternehmen zurück zu gegeben, so dass dann Steuern anfallen würden. Da es zugleich erlaube, dass die steuerfreien Exporterträge der DISC aber etwa als Kredite dem Unternehmen zur Verfügung gestellt werden, komme dies einer unbegrenzten Steuerbefreiung auf diese Exporterträge gleich. Und selbst wenn die Steuerschuld irgendwann bezahlt würde, dann sei

81 Diese Steuervergünstigungen hatte die Administration zwar bereits früher vorgesehen (New York Times 25.06.1970, 11.12.1970), konnte sie aber erst im Rahmen der von US-Präsident Richard Nixon im August 1971 verkündeten *New Economic Policy* verwirklichen, mit der die USA das von ihr selbst eingeleitete Ende des Bretton Woods-Systems abzufedern versuchten.

82 Alternativ kann vereinbart werden, dass vier Prozent der Exporterlöse bei der DISC verbleiben. Je nachdem wie hoch der damit erzielte Ertrag ist, kann es für ein Unternehmen günstiger sein, 50 Prozent der Erträge oder vier Prozent der Erlöse in der DISC zu belassen (Jackson 1978: 753).

deren Stundung als ein auf Exportgeschäfte bezogener zinsfreier Kredit anzusehen, der ebenfalls als unerlaubte Exportsubvention zu gelten habe (Jackson 1978: 766, Parent 1989: 52-53). Die EU argumentierte:

»An unlimited deferral of taxes was (...) the equivalent in economic terms to an exemption [from direct federal corporation taxes, BZ] since the deferral granted by the DISC legislation was unlimited because there was no rule in the legislation which in practice prevented the deferral from being maintained indefinitely« (L/4422).

Die USA hingegen verteidigten die Steuervergünstigungen für DISCs als mit dem GATT vereinbar (L/4422). So verwiesen sie darauf, dass eine Stundung von Steuern keinen Steuererlass darstelle. Dementsprechend stelle sie auch keine auf den Export bezogene Ausnahme von ansonsten geltenden Steuerpflichten amerikanischer Unternehmen dar. Die Unternehmen könnten sich insbesondere nicht darauf verlassen, dass ihre Steuerschulden dauerhaft gestundet würden (Jackson 1978: 766). Darüber hinaus argumentierten die USA, die Steuervergünstigungen für DISCs glichen nur die Wettbewerbsnachteile aus, die amerikanische Unternehmen aufgrund des Steuersystems der USA gegenüber europäischen Unternehmen hinnehmen müssten (Parent 1989: 93-117). Während die im Ausland erwirtschafteten Erträge europäischer Unternehmen zumeist steuerfrei blieben, würden diese Erträge amerikanischer Unternehmen besteuert. Dabei sei nicht nur ungerecht, dass viele europäische Staaten ihren Unternehmen erlaubten, ihre Exportgeschäfte über in Steueroasen beheimatete ausländische Tochtergesellschaften weitgehend steuerfrei abzuwickeln, sondern auch dass sie diesen Unternehmen erlaubten, ihre Exportgüter an diese Tochtergesellschaften unter den marktüblichen Preisen zu verkaufen. Da die Tochtergesellschaft dann aber das entsprechende Exportgut zu marktüblichen Preisen verkaufe, entstehe das Gros der Erträge dieser Unternehmen in Steueroasen. Da diese Erträge dann wiederum steuerfrei an die Unternehmen in ihren jeweiligen europäischen Staaten zurückflössen, ergäben sich somit für amerikanische Unternehmen noch zusätzliche Wettbewerbsnachteile (Hudec 1993: 68). Diese glichen die Steuervergünstigungen für DISCs lediglich aus.[83] Die USA unterstrichen:

»These countries wholly or partially exempted from taxation export earnings repatriated by a foreign sales subsidiary to its parent while the United States taxed that income« (L/4422).[84]

---

83 Ein weiterer Vorwurf der USA bezog sich schließlich darauf, die europäischen Staaten befreiten die Exportgeschäfte ihrer Unternehmen auch noch von der Mehrwertsteuer (Parent 1989: 102-117).

84 Die USA argumentierten zudem, dass sie durch die DISCs ihr Zahlungsbilanzproblem in den Griff bekommen wollten. Durch die DISCs solle der Anreiz für amerikanische Unternehmen beseitigt werden, ihre im Ausland erwirtschafteten Erträge wiederum im Ausland anstatt im

Thematisierungsphase

Als die EU 1971 die damals nur geplanten Steuervergünstigungen für DISCs erstmals im Rahmen des GATT kritisierte, reagierten die USA zunächst mit eindeutig verfahrensvermeidenden Verhaltensweisen. Indem die US-Administration drohte, ihrerseits gegen die Steuersysteme einiger europäischer Staaten im GATT vorzugehen, versuchte sie die EU-Kommission davon abzuhalten, die für das Streitbeilegungsverfahren des GATT obligatorischen Konsultationen gegen die amerikanische Steuergesetzgebung zu beantragen (Hudec 1993: 66-68, Jackson 1978: 761).[85] Und als die EU im Februar 1972 trotzdem formal um Konsultationen ersuchte, verlangten die USA im GATT ihrerseits Konsultationen über die Steuersysteme Frankreichs, Belgiens und der Niederlande (New York Times 27.02.1973). Dadurch hofften sie, die EU-Kommission zu separaten Verhandlungen bewegen zu können (Hudec 1993: 68).

Um die EU-Kommission verfahrensvermeidend zu separaten Verhandlungen anzuhalten, forderte die US-Administration zudem, die Konsultationen über ihre amerikanische Steuergesetzgebung gemeinsam mit den Konsultationen über die beanstandeten europäischen Steuersysteme abzuhalten. Als sich die EU-Kommission jedoch auf keine derartige Verknüpfung der Konsultationen einlassen wollte, blockierte die US-Administration den Konsultationsprozess vorübergehend, so dass dieser erst im Juli 1972 aufgenommen werden

Inland zu reinvestieren (Parent 1989: 118-120, 78). Dadurch könne die negative Kapitalbilanz der USA ausgeglichen werden. Die Administration beabsichtige mit den Steuererleichterungen für DISCs lediglich »to neutralize taxation as a consideration for US firms in deciding whether to locate manufacturing facilities in the United States or abroad« (GATT, L/4422).

85 Die US-Administration weigerte sich zudem, wie von der EU-Kommission gefordert, den aufziehenden Streit in der Arbeitsgruppe zu behandeln, die der GATT-Rat eingerichtet hatte, um die von US-Präsident Richard Nixon im August 1971 gemeinsam mit der Aufgabe der Golddeckung des Dollars angekündigten Handelspraktiken zu diskutieren. Dabei waren die Steuervergünstigungen für DISCs ein integraler Bestandteil dieser neuen Handelspraktiken, die die US-Administration verfolgte, um die Aufgabe der Golddeckung des Dollars abzustützen (New York Times 26.08.1971). Die US-Administration behauptete schlicht, die Diskussion über diese Steuererleichterungen für DISCs sei nicht durch den Auftrag der Arbeitsgruppe gedeckt (Parent 1989: 49, Jackson 1978: 761). Und als die Arbeitsgruppe trotzdem über DISCs diskutierte, weigerte sich der US-Vertreter im GATT, an den entsprechenden Gesprächen teilzunehmen, versuchte zu verhindern, dass diese Gespräche im GATT dokumentiert wurden und der GATT-Rat diese Gespräche akzeptierte (Hudec 1993: 65). Das GATT-Sekretariat sah sich sogar gezwungen, den Bericht über die Gespräche der Arbeitsgruppe zunächst nicht zu veröffentlichen, sondern lediglich in einer gemilderten Kurzversion zu verbreiten (New York Times 17.09.1971).

konnte.[86] Dabei unterstrich die US-Administration weiterhin, dass sie zwar bereit sei, mit der EU-Kommission über Steuerfragen zu verhandeln, dass sie sich aber einem Streitbeilegungsverfahren nicht unterwerfen wolle (Hudec 1993: 69). Die Subventionsregelungen im Allgemeinen und die Steuerregelungen im speziellen seien im GATT viel zu unspezifisch, um die Steuervergünstigungen für DISCs rechtlich beurteilen zu können (Parent 1989: 50, Jackson 1978: 761-762).[87] Die Administration drohte deshalb: Sollte die EU ein Streitschlichtungspanel gegen die Steuervergünstigungen für DISCs anstrengen, so würden die USA ihrerseits gegen die europäischen Steuersysteme vorgehen, um die EU so zu separaten Verhandlungen über Steuerfragen zu zwingen.

Die Administration wollte ein Streitbeilegungsverfahren im GATT insbesondere deshalb vermeiden, weil sie die Steuervergünstigungen an die amerikanische Exportwirtschaft für die Stabilisierung der amerikanischen Handelsbilanz als unverzichtbar betrachtete. Die Nixon-Administration hatte die Steuergesetze für DISCs mit dem Paket umfassender Handelsmaßnahmen verknüpft, mit dem sie die von Präsident Nixon am 15. August 1971 verkündete Aufgabe der Golddeckung des Dollars abfedern wollte. Darin bestärkte mittlerweile auch der Kongress die Administration, der ein entsprechendes Gesetzesvorhaben der Exekutive 1970 noch blockiert hatte, weil er die Steuervergünstigungen für DISCs als wenig wirksame Exportförderung ansah (New York Times 05.11.1970).[88] Doch angesichts der 1971 dramatisch verschlechterten Handelsbilanz hatte sich im Kongress die Stimmung gedreht, zumal die Lobby der Exportwirtschaft – insbesondere die United States Chamber of Commerce, das National Foreign Trade Council sowie die National Association of Manufacturers – für Steuervergünstigungen warb. Um die Handelsbilanz weiter zu

86 Robert Hudec (1993: 68) interpretiert dies sogar als verfahrensmissachtend: »An obligation to consult is not worth much if the obligated government is allowed to impose conditions unilaterally«.

87 Die EU-Kommission betonte hingegen, die bestehenden Subventionsregelungen im GATT seien zumindest so präzise, dass sie die Steuervergünstigungen für DISCs eindeutig als rechtswidrig auswiesen.

88 Der damals von Finanzminister David M. Kennedy ausgearbeitete Gesetzentwurf sah vor, durch DISCs die Erträge aus Exportgeschaften steuerlich um ca. 450 bis 600 Mio. Dollar zu entlasten, um dadurch zusätzliche Exporte von ca. einer Milliarde Dollar zu stimulieren (New York Times 12.05.1970). Das Gesetz scheiterte im Kongress unter anderem deshalb, weil eine vom Kongress eingesetzte Kommission erklärte, dass die geplanten Steuervergünstigungen die Exportgeschäfte kleiner gegenüber denen großer Unternehmen benachteiligen, die Exporte insgesamt aber nur wenig wirksam befördern würden. Das Repräsentantenhaus rang sich dann zwar trotzdem dazu durch, das Gesetzesvorhaben der Administration zu stützen, doch im Senat stieß es auf so wenig Gegenliebe, dass es dort nicht weiter verfolgt wurde (New York Times 15.11.1970).

stabilisieren, pochte deshalb nun auch der Kongress darauf, die Exportwirtschaft u.a. durch Steuervergünstigungen für DISCs zu fördern (New York Times 01.12.1971, 03.12.1971).[89]

Da somit in den USA weder Administration noch Kongress einen Spielraum sahen, der EU nachzugeben, waren die Konsultationen zum Scheitern verurteilt (Parent 1989: 50, Jackson 1978: 761). Der Streit ging damit in eine neue Runde, als die EU im Mai 1973 beim GATT ein Streitschlichtungspanel beantragte, das über die GATT-Konformität der Steuervergünstigungen für DISCs befinden sollte, und die USA im Gegenzug ebenfalls noch im Mai 1973 ein Streitschlichtungspanel verlangten, das die Steuergesetze der genannten europäischen Staaten beurteilen sollte (New York Times 30.05.1973).

Feststellungsphase

Die USA änderten nun ihr bis dahin weitgehend verfahrensvermeidendes Verhalten zumindest vorübergehend zugunsten von verfahrensgetreuen Verhaltensweisen. So verzichtete die Administration insbesondere darauf, im GATT-Rat das von der EU beantragte Streitschlichtungspanel zu blockieren, so dass dieser ein solches noch im Juli 1973 gemeinsam mit den Streitschlichtungspanels über die Steuersysteme Frankreichs, Belgiens und der Niederlande beschließen konnte.

Die endgültige Errichtung der Panels sollte sich allerdings als äußerst langwierig erweisen (Parent 1989: 51-52). Denn die USA verlangten, den Streit über die amerikanischen Steuergesetze gemeinsam mit dem über die drei europäischen Steuersysteme in einem Panel zu behandeln, während die EU die vier Streitfälle über die vier Steuersysteme möglichst getrennt in vier Panels behandelt sehen wollte.[90] Zwar konnten sich die Streitparteien darauf einigen, es bei vier Panels zu belassen, die dafür dieselbe Besetzung haben sollten, doch die Besetzung selbst blieb strittig (Hudec 1993: 69). Während die EU die übliche Besetzung mit drei neutralen Staatenvertretern bevorzugte, verlangten die USA eine Besetzung mit neutralen Steuerexperten, die die komplexe Steuermaterie auch beherrschten. Zwar konnte man sich schließlich auf eine Besetzung mit

89 Die Administration war 1971 sogar aus dem Kongress aufgefordert worden, die Steuervergünstigungen für DISCs wieder einzubringen; so zum Beispiel vom Vorsitzenden des im Repräsentantenhaus zuständigen Ways and Means Committee, Willbur Mills (New York Times 30.07.1971).

90 Die US-Administration glaubte, die EU-Kommission im Falle der Verurteilung sowohl des amerikanischen als auch der europäischen Steuersysteme am besten zu Verhandlungen über neue Steuerregelungen im GATT bewegen zu können (Jackson 1978: 762).

drei Staatenvertretern und zusätzlich zwei Steuerexperten einigen, doch die konkrete Auswahl nicht nur der Staatenvertreter, sondern auch der Steuerexperten blieb umstritten. Sowohl die USA als auch die EU lehnten wiederholt die Vorschläge der jeweils anderen Seite ab, so dass sich die endgültige Errichtung des Streitschlichtungspanels bis Februar 1976 verzögerte (Jackson 1978: 762-763, Hudec 1993: 69-71).[91]

Das Panel selbst konnte, nachdem es die Streitparteien gehört hatte, relativ rasch bis November 1976 seine Berichte anfertigen (GATT L/4422). Darin wurde festgestellt, dass die von der EU beanstandete amerikanische Steuerregelung ebenso eine GATT-widrige Exportsubvention darstellte wie die von den USA beanstandeten europäischen Steuerregelungen (The Economist 20.11.1976, Journal of Commerce 08.11.1976). Der Bericht interpretierte die Stundung von Steuerschulden im Rahmen der DISCs als eine auf den Export bezogene Ausnahme von ansonsten anfallenden Steuerzahlungen. Diese Stundung stelle zumindest insofern eine auf den Export bezogene Steuervergünstigung dar, als sie zinsfrei erfolge (Jackson 1978: 767, Hudec 1993: 72-75). Deshalb, so argumentierte das Panel in seinem Bericht weiter, sei davon auszugehen, dass aufgrund dieser Steuervergünstigungen für DISCs amerikanische Unternehmen für dasselbe Erzeugnis im Ausland niedrigere Preise verlangen könnten als im Inland (Hudec 1993: 75-81, Parent 1989: 58-60). Obgleich vorsichtig formulierend, stellte das Panel dementsprechend in seinem Bericht eine GATT-widrige Exportsubvention fest:

»The DISC legislation in some cases has effects which were not in accordance with the United States obligations« (GATT L/4422).

Um eine verbindliche Verurteilung zu verhindern, gingen die USA nun wieder zu verfahrensvermeidendem Verhalten über. Im GATT-Rat blockierten sie den Bericht des Panels. Dieses habe die Steuervergünstigungen für DISCs rechtlich falsch beurteilt.[92] Die US-Administration wollte der Annahme des Berichts über die amerikanischen Steuervergünstigungen im GATT-Rat nur dann zustimmen, wenn zugleich die EU-Kommission die Annahme der Berichte über die beanstandeten europäischen Steuersysteme zusichere. Doch die EU blockierte diese Berichte, da sich diese Panels aus ihrer Sicht in der Beur-

91 Darüber hinaus ließen beide Seiten das Streitbeilegungsverfahren vorübergehend ruhen; auch dies trug zu dieser enormen Verzögerung bei.

92 Die US-Administration versuchte die EU-Kommission weiterhin davon zu überzeugen, dass man jenseits des Streitbeilegungsverfahrens des GATT durch internationale Verhandlungen den Streit über die jeweiligen Steuersysteme beilegen sollte. Der Handelsbeauftragte der Administration von Gerald Ford, Frederick B. Dent, forderte bereits im November 1976 eine internationale Konferenz, die sich mit Steuerfragen befassen sollte (New York Times 06.11.1976, The Economist 20.11.1976).

teilung der europäischen Steuersysteme rechtlich geirrt hätten (Parent 1989: 121, Jackson 1978: 777). Die EU fand dabei allerdings im Gegensatz zu den USA Unterstützung bei den meisten Staaten im GATT-Rat. Denn das Gros der Staatenvertreter im GATT-Rat beurteilte die Steuervergünstigungen für DISCs in den USA tatsächlich als GATT-widrig, während es die Steuersysteme der europäischen Staaten für GATT-konform hielt. Die meisten Staaten plädierten sogar dafür, der GATT-Rat solle den Bericht über die amerikanischen Steuergesetze annehmen, hingegen den über die europäischen Steuersysteme ausdrücklich zurückweisen (Hudec 1993: 82-88).

Die von der US-Administration unter Präsident Gerald Ford im DISC-Streit verfolgte Strategie, dem Streitbeilegungsverfahren im GATT zuzustimmen, um die EU-Kommission zu Verhandlungen über Steuerfragen zu bewegen, war damit gescheitert. Die Administration, die die Steuervergünstigungen aufrecht erhalten wollte, um mit der Exportwirtschaft die amerikanische Handelsbilanz zu stärken, hatte nicht nur gehofft, die Berichte der Streitschlichtungspanels beurteilten die amerikanischen Steuervergünstigungen für DISCs und die beanstandeten europäischen Steuersysteme gemeinsam als entweder GATT-konform oder GATT-widrig. Sie hatte vielmehr ferner darauf gesetzt, somit entweder ihre Steuervergünstigungen für DISCs unbehelligt weiterführen oder aber mit der EU-Kommission auf gleicher Augenhöhe über Steuerfragen verhandeln zu können. Doch nun standen im GATT-Rat die USA allein am Pranger, während die EU entlastet wurde. Das Streitbeilegungsverfahren im GATT hatte damit nicht nur keine zusätzliche Verhandlungsmasse geschaffen, um die EU zu Verhandlungen im GATT über Steuerfragen zu bewegen; im Gegenteil, es hatte die amerikanische Verhandlungsposition deutlich geschwächt. Um diese nicht weiter zu beschädigen, sah sich die Ford-Administration gezwungen, den Bericht des Streitschlichtungspanels im GATT-Rat zu blockieren, so dass dessen Annahme sechsmal hintereinander scheiterte (Hudec 1993: 82-88).[93]

Doch auch als 1977 mit dem neu gewählten Präsidenten Jimmy Carter die Administration wechselte, gaben die USA ihr verfahrensvermeidendes – partiell sogar verfahrensmissachtendes – Verhalten nicht auf. Die Carter-

93 Robert Hudec (1993: 87-88) betrachtet dies sogar als ein verfahrensmissachtendes Verhalten der USA. Er interpretiert die Annahme bzw. Ablehnung der Berichte von Streitschlichtungspanels durch den GATT-Rat als Berufungsverfahren. In diesem gelte das ungeschriebene Gesetz, dass sich die Streitparteien bei der Annahme bzw. Ablehnung der Berichte von Streitschlichtungspanels dem Konsens der übrigen Staaten fügen. Im vorliegenden Streitfall habe ein Konsens im GATT-Rat bestanden, den Bericht des Panels über die Steuerbegünstigung für DISCs zu bestätigen, aber die Berichte über die europäischen Steuersysteme zu korrigieren (Hudec 1993: 87-88).

Administration zeigte allerdings zunächst bei den Steuervergünstigungen für DISCs erheblich mehr Kompromissbereitschaft als die Ford-Administration. Denn innerhalb der Administration waren diese Steuervergünstigungen zumindest umstritten. In der neuen Administration sprach sich insbesondere das Finanzministerium dafür aus, das entsprechende Steuergesetz zu ändern (The Economist 20.11.1976). Die Steuervorteile für DISCs seien angesichts wachsender Staatsschulden nicht zu rechtfertigen (Hudec 1993: 88-89).[94] Dies zumal sich nicht einwandfrei nachweisen lasse, dass die Steuervorteile für DISCs die amerikanische Exportwirtschaft tatsächlich nennenswert stärkten (Washington Post 24.07.1977). Insbesondere das Wirtschaftsministerium wies dies aber zurück. Dass das Gros der amerikanischen Exporte über DISCs abgewickelt werde, deute darauf hin, dass die damit verbundenen Steuererleichterungen durchaus bedeutsam seien. Um die amerikanische Handelsbilanz zu stärken, müssten die Steuervorteile für die Exportwirtschaft erhalten bleiben (Washington Post 24.07.1977). Der US-Handelsbeauftragte vertrat in der Administration gewissermaßen eine Kompromisslinie zwischen Finanz- und Wirtschaftsministerium. Er war zwar bereit, die Steuervorteile für DISCs abzuschaffen, wollte diese aber nur im Rahmen internationaler Verhandlungen aufgeben, bei denen die EU den USA im Gegenzug an anderer Stelle entgegenkam (Washington Post 24.07.1977).

Da sich US-Präsident Jimmy Carter jedoch ganz unabhängig vom Streitbeilegungsverfahren des GATT bereits während des Präsidentschaftswahlkampfes gegen die Steuererleichterungen für DISCs ausgesprochen hatte, brachte die Administration trotz dieser divergierenden Sichtweisen 1978 einen eigenen Gesetzesentwurf im Kongress ein, der die Steuervorteile für DISCs abschaffen sollte (Hudec 1993: 88-89). Doch obwohl die Administration darauf verweisen konnte, dass der Bericht des Streitschlichtungspanels die DISC-Steuervergünstigungen als GATT-widrig beurteilte, zeigte sich schon bald, dass der Kongress kaum willens sein würde, das bei den Unternehmen der amerikanischen Exportwirtschaft geschätzte Steuergesetz aufzugeben. Der Kongress hatte die Steuervorteile für die insgesamt 8000 amerikanischen DISCs, die mehr als drei Viertel der amerikanischen Exportgeschäfte abgewickelten, bereits ohnehin gekürzt (The Economist 20.11.1976). Um Unternehmen wie Boing, General Electric oder Caterpillar nicht zu vergraulen, die sich gemeinsam mit insgesamt 1800 Unternehmen im so genannten *Special Committee for United States Exports*

94 Auch im Kongress waren entsprechende Stimmen zu hören. So erklärte Pete Stark aus dem Repräsentantenhaus: »Any tax programme this inconclusive and fuzzy should be terminated. The GATT has declared our Disc programme illegal. We should scrap the turkey and use the money we save to reduce the nation's deficits« (Financial Times 14.12.1983).

als Exportlobby zusammengeschlossen hatten, wollte der Kongress die Steuervorteile für DISCs nicht weiter antasten (Washington Post 15.10.1981).

Die Administration sah sich deshalb im Juli 1978 gezwungen, den Gesetzesentwurf zurückzuziehen, der die Steuererleichterungen für DISCs beseitigt hätte (New York Times 25.12.1980).[95] Bemerkenswerterweise betrachtete nun die Carter-Administration die Sache damit als erledigt. Nachdem der Kongress nicht, wie von ihr gewünscht, die Steuervergünstigungen für DISCs beseitigen wollte, sah sie sich nicht gezwungen, durch anderweitige Steuerreformen das amerikanische Steuerrecht entsprechend des Panel-Berichts GATT-konform zu gestalten. Der Bericht wurde schlicht ignoriert. Dabei hätte die Carter-Administration, im Kongress zumindest eine Steuerregelung für DISCs anstoßen können, die die Steuervergünstigungen für die amerikanische Exportwirtschaft zwar unangetastet ließ, diese aber an die amerikanischen Verpflichtungen im GATT anpasste. Die Administration verlegte sich stattdessen darauf, den Bericht des Panels im GATT weiter zu blockieren. Darüber hinaus versuchte sie, die EU in Verhandlungen dazu zu bewegen, die GATT-widrigen Steuervergünstigungen für DISCs zumindest vorübergehend zu dulden (Hudec 1993: 89-90). Das Streitbeilegungsverfahren des GATT konnte das Verhalten der Administration von US-Präsident Carter also offenbar nicht nennenswert beeinflussen.[96]

Dies sollte sich interessanterweise erst 1981 mit dem neu gewählten Präsidenten Ronald Reagan ändern.[97] Die neue Administration verteidigte die Steu-

95 Da der Kongress somit verhindert hatte, dass die USA zu einem eindeutig verfahrensgetreuen Verhalten zurückkehren konnten, versuchte die US-Administration mit der EU-Kommission vertraulich eine Verhandlungslösung zu erreichen (Hudec 1993: 89-90). Danach war die US-Administration bereit einzuräumen, dass die Steuervorteile für DISCs nicht mit dem GATT vereinbar seien. Darüber hinaus verpflichtete sie sich, nach den Präsidentschaftswahlen 1980 in den Kongress eine veränderte Gesetzesvorlage einzubringen, die das amerikanische Steuerrecht GATT-konform machen sollte. Und die US-Administration wollte im GATT-Rat der Rehabilitierung der europäischen Steuersysteme zustimmen. Die EU sollte dafür im Gegenzug zum einen bis nach den Präsidentschaftswahlen im Rahmen des GATT auf weitere Schritte gegen das amerikanische Steuerrecht verzichten und zum anderen einem Beschluss des GATT-Rates zustimmen, der die europäischen Steuersysteme weiter disziplinieren sollte. Der Beschluss sollte festhalten, dass die Geschäfte zwischen inländischen Mutterunternehmen und ausländischen Töchtern aufgrund realistischer Preise erfolgen müssten, so dass Erträge nicht dorthin verschoben werden dürften, wo die Steuerlast am geringsten sei. Doch auch diese Vereinbarung scheiterte am Kongress, der sich nicht bereit zeigte, das amerikanische Steuerrecht an das GATT anzupassen und zugleich die europäischen Steuergesetze gutzuheißen, die ebenfalls für GATT-widrig befunden worden waren (Hudec 1993: 90).

96 Innerhalb der Administration warb u.a. der Handelsbeauftragte für eine derartige Steuerreform (Washington Post 24.07.1977).

97 Die EU übte nämlich im Rahmen des GATT-Rats wieder vermehrt Druck auf die USA aus. Der Rat solle die drei Berichte zu den europäischen Steuersystemen formal »annehmen«, die

ervergünstigungen für die amerikanische Exportwirtschaft durch DISCs zwar zunächst vehement, ja erwog sogar deren Ausweitung (New York Times 25.12.1980). Doch im GATT-Rat durch ihre Blockadehaltung im DISC-Streit völlig isoliert, kündigte sie im Juli 1981 an, das amerikanische Steuerrecht GATT-konform reformieren zu wollen (Wall Street Journal 15.07.1981, Financial Times 07.10.1981).[98] US-Präsident Ronald Reagan und sein Handelsbeauftragter William Brock wollten die GATT-widrigen Steuervorteile für DISCs abschaffen und durch eine GATT-konforme Steuerregelung ersetzen. Das amerikanische Steuerrecht sollte dabei allerdings nur technisch an das GATT angepasst werden, ohne die Steuervergünstigungen für die Exporte amerikanischer Unternehmen tatsächlich zu reduzieren – das heißt, ohne deren Wettbewerbsposition zu beeinträchtigen (Washington Post 15.10.1981).

Obwohl die Administration bereits im Oktober 1981 von ihrem Gesetzesvorhaben wieder abrückte, sollte der Streit im GATT-Rat nun durch verfahrensgetreues Verhalten beendet werden (New York Times 28.10.1981, Washington Post 28.10.1981). Die Reagan-Administration zeigte sich bereit, einen Beschluss im GATT-Rat zu unterstützen, der sowohl die drei Berichte der Streitschlichtungspanels zu den europäischen Steuersystemen als auch den Bericht zum amerikanischen Steuersystem annahm (The Wall Street Journal 10.12.1981). Darüber hinaus wollte sie nunmehr akzeptieren, dass der GATT-Rat in dem entsprechenden Beschluss zusätzlich festhielt, dass die für die europäischen Steuersysteme typische Steuerfreiheit für Erträge, die außerhalb des eigenen Territoriums erwirtschaftet werden, GATT-konform sei (Parent 1989: 122-123, Hudec 1993: 92). Die Administration zeigte sich letztlich, wie vom Gros der Staaten im GATT-Rat stets verlangt, bereit zu akzeptieren, dass die europäischen Steuersysteme als GATT-konform, die amerikanische Steuervergünstigung für DISCs aber als GATT-widrig zu beurteilen seien (Parent 1989: 122-123, Hudec 1993: 92). Da die EU-Kommission dem zuzustimmen bereit war, fasste der GATT-Rat im Dezember 1981 einen entsprechenden Beschluss:

EU zugleich aber freisprechen, in dem er betone, auf dem Territorialprinzip beruhende Steuersysteme seien im GATT nicht als unerlaubte Exportsubventionen zu betrachten. Doch obwohl dies letztlich inzwischen ohnehin im Subventionskodex des GATT festgehalten worden war, wollte die US-Administration dem zunächst nicht ohne weiteres zustimmen (Hudec 1993: 91).

98 Die Washington Post (15.10.1981) berichtete: »Officials of the Reagan administration intimated on several occasions that DISC will have to be repealed in order to bring our laws into conformity with our international obligations.«

»The Council adopts these reports on the understanding that (...) economic processes (...) located outside the territorial limits of the exporting country need not be subject to taxation by the exporting country« (zit. nach Hudec 1993: 92).

Das damit einher gehende verfahrensgetreue Verhalten der US-Administration war vor allem darauf zurückzuführen, dass die EU-Kommission im GATT-Rat zum einen vermehrt darauf gedrängt hatte, den Bericht des Panels über die GATT-widrigen Steuervergünstigungen für DISCs anzunehmen, und zum anderen auch Sanktionsanträge aufgrund des fortgesetzten Verstoßes gegen diesen Bericht in den GATT-Rat eingebracht hatte (New York Times 04.11.1981). Dies konnte insofern wirkungsvoll sein, als die Reagan-Administration damit im GATT Reputationsverluste hinnehmen musste, die sie in ihrem vehementen Kampf gegen die Subventionspraktiken anderer Staaten zunehmend behinderten. Jedes Mal, wenn sie andere Staaten wegen ihrer Subventionspraxis im GATT angreifen wollte oder sie für eine strengere Subventionskontrolle im GATT plädierte, wurde sie mit den GATT-widrigen Steuervergünstigungen für DISCs konfrontiert. Das Streitbeilegungsverfahren des GATT erwies sich also zumindest insofern als wirksam, als die fortgesetzte Blockade des Berichts des Streitschlichtungspanels aufgrund des damit verbundenen Reputationsverlusts den Kampf der Reagan-Administration gegen die Subventionen anderer Staaten zunehmend behinderte. Um sich just dieses Klotzes am Bein der Subventionsbekämpfung zu entledigen, zeigte sich die Reagan-Administration bereit, im GATT ihr verfahrensvermeidendes Verhalten aufzugeben, in dem sie den Bericht des Streitschlichtungspanels akzeptierte (Wall Street Journal 10.12.1981).

Umsetzungsphase

Die USA kehrten damit allerdings erneut nur vorübergehend zu einem verfahrensgetreuen Verhalten zurück und zeigten stattdessen nun vermehrt verfahrensmanipulierende Verhaltensweisen. Denn die Reagan-Administration weigerte sich, den Beschluss des GATT-Rats angemessen umzusetzen. Dem Geist dieses Beschlusses völlig widersprechend, behaupteten sie, dieser rehabilitiere nicht nur die europäischen, sondern auch das amerikanische Steuersystem (Hudec 1993: 92-94, Parent 1989: 123). Der »Persilschein« für Erträge, die außerhalb des eigenen Territoriums erwirtschaftet würden, bestätige nicht nur die GATT-Konformität der europäischen Steuerregelungen, sondern auch die der amerikanischen Steuervergünstigungen für DISCs. Dementsprechend sehe die Administration keine Veranlassung, die Steuergesetzgebung für DISCs zu reformieren (New York Times 22.07.1982). Damit isolierten sich die USA im

GATT-Rat allerdings erneut; nicht nur die EU hatte den Beschluss stets so aufgefasst, dass er zwar die Rehabilitation der europäischen Steuersysteme festhielt, aber eine Reform der amerikanischen Steuervergünstigungen für DISCs erzwang (Hudec 1993: 92, Parent 1989: 123). Darüber hinaus machte nicht nur die EU deutlich, bei den Verhandlungen über die entsprechende Beschlussvorlage habe nie zur Disposition gestanden, neben dem Bericht über die europäischen Steuergesetze auch den über das amerikanische Steuerrecht für DISCs einzuschränken (Financial Times 01.07.1982). Die USA verdrehten den Beschluss eigenmächtig, um die GATT-widrigen Steuervorteile für DISCs aufrechtzuerhalten (Financial Times 11.05.1982).

Die EU-Kommission beantragte deshalb im Mai 1982 – von Kanada unterstützt –, der GATT-Rat möge die fortgesetzten Steuervergünstigungen für DISCs unmissverständlich verurteilen (Financial Times 11.05.1982). Der GATT-Rat müsse unverzüglich reagieren, um die USA endlich zu einer GATT-konformen Steuergesetzgebung zu zwingen (Parent 1989: 123-124). Im Juli 1982 brachte die EU-Kommission im GATT-Rat zudem Sanktionsanträge gegen die Steuergesetzgebung der USA ein (The Wall Street Journal 15.07.1982, Financial Times 20.07.1982). Danach sollten Strafmaßnahmen in Höhe von bis zu 3 Mrd. Dollar verhängt werden (New York Times 22.07.1982).[99] Den Sanktionsantrag der EU unterstützten zwar nur wenige Staaten, doch praktisch alle befürworteten im GATT-Rat die Verurteilung der Steuergesetzgebung der USA. Den USA gelang es zwar, die entsprechenden Anträge der EU nochmals zu blockieren, doch zugleich standen sie erneut völlig alleine da (Hudec 1993: 92-94).[100] Um die Steuervergünstigungen für DISCs aufrechtzuerhalten, bot der Handelsbeauftragte William Brock erneut nur Verhandlungen im GATT über konkretere Steuerregelungen an (Financial Times 22.07.1982). Doch nicht nur die EU, sondern letztlich praktisch alle Staaten im GATT-Rat verlangten, die USA sollten zunächst die bestehenden Steuerregelungen im GATT beachten (Financial Times 22.07.1982, 01.07.1982).[101]

---

99 Konkret hatte die EU beantragt »to suspend applications of tariff concessions or other GATT obligations at an appropriate level to be determined« (Financial Times 22.07.1982).

100 Die US-Administration gab sich weiterhin kämpferisch. Der Vertreter des US-Handelsbeauftragten David MacDonald erklärte: »We'll fight it head to head like we always have« (Christian Science Monitor 19.07.1982).

101 GATT-Generaldirektor Arthur Dunkel sah angesichts des obstruktiven Verhaltens der USA sogar das GATT insgesamt gefährdet und versuchte, die USA dementsprechend zum Einlenken im DISC-Streit zu bewegen. Er argumentierte: »Even the US would find that a trading system based on economic and political power would yield far less than a system based on (multilaterally established) rules« (Christian Science Monitor 19.07.1982).

Erst jetzt kehrte die US-Administration wieder zu verfahrensgetreuem Verhalten zurück. Im Juli 1982 kündigte sie an, mit veränderten Steuergesetzen ihren GATT-Verpflichtungen nachkommen zu wollen (New York Times 28.07.1982).[102] Der Handelsbeauftragte William Brock erklärte, Vorschläge für eine GATT-konforme Steuerregelung für DISCs ausarbeiten zu lassen, die die Wettbewerbsfähigkeit der amerikanischen Exportwirtschaft nicht unterminierten (Financial Times 28.07.1982, Christian Science Monitor 04.08.1982). Dabei war die neuerliche Verhaltensänderung der Reagan-Administration zumindest mittelbar durch das Streitbeilegungsverfahren des GATT beeinflusst. Denn wie die fortgesetzte Blockade des Berichts des Streitschlichtungspanels, so hatte sich auch der fortgesetzte Verstoß gegen den mittlerweile ja angenommenen Bericht des Panels aufgrund von Reputationsverlusten als selbstschädigend erwiesen (Financial Times 28.07.1982). Er behinderte den von der Reagan-Administration im GATT weiterhin vehement geführten Kampf gegen GATT-widrige Subventionen anderer Staaten (Financial Times 07.10.1981). Angesichts ihres Verhaltens im DISC-Streit musste sich die Administration stets vorhalten lassen, sie verstoße mit den Steuervergünstigungen für DISCs nicht nur selbst gegen die Subventionsregeln des GATT, sondern missachte sogar offen den Bericht eines Streitschlichtungspanels (Washington Post 09.12.1982). Um diesen Klotz am Bein der Subventionsbekämpfung im Rahmen des GATT nunmehr endgültig abzuschütteln, war die Administration letztlich bereit, die Steuervergünstigungen für DISCs zu reformieren (Hudec 1993: 92-94). Finanzminister Donald T. Regan erklärte:

»A general consensus has developed among GATT member countries that the DISC is inconsistent with the GATT and that the US should bring its tax practices into compliance with these rules. The administration believes that the US should respect the GATT consensus and attempt to comply with it« (Washington Post 09.12.1982).

Um verfahrensgetreu die Steuervorteile für DISCs an das GATT anzupassen, musste die Administration allerdings den dazu wenig geneigten Kongress gewinnen (New York Times 10.03.1983). Angesichts der Bedeutung, die die amerikanische Exportwirtschaft den Steuervergünstigungen für DISCs für ihre Wettbewerbsfähigkeit zumaß, galt es als wenig wahrscheinlich, dass der Kongress eine Gesetzesänderung akzeptieren würde (Wall Street Journal 22.02.1983).[103] Dies zumal die Exportlobby den Kongress bereits bearbeitete.

---

102 Die US-Administration kündigte im GATT-Rat im Oktober 1982 an: »The US Government decided to propose to Congress amendments to the DISC legislation to address the concerns expressed in the council« (The Globe and Mail 02.10.1982).

103 Die EU beantragte unterdessen im Januar 1983 beim GATT erneut Sanktionen. Doch die entsprechende Beschlussfassung im GATT-Rat wurde erneut verschoben, weil die US-

Die Administration musste sich deshalb ganz darauf konzentrieren, eine für den Kongress zustimmungsfähige Steuerregelung für DISCs zu entwerfen. Dabei bildeten sich innerhalb der Administration wie auch im Kongress zwei Lager (Financial Times 14.12.1983). Das eine Lager, in der Administration durch das Finanzministerium vertreten, plädierte für eine moderate Rückführung der Steuervergünstigungen für die Exportwirtschaft, während das andere Lager, dem in der Administration das Wirtschaftsministerium die Stimme verlieh, zusätzliche Steuerbelastungen für die Exportwirtschaft unbedingt vermeiden wollte (Washington Post 09.12.1982). Als diese Differenzen zumindest innerhalb der Administration im März 1983 ausgeräumt waren, konnte sie ihren Gesetzesvorschlag in den Kongress einbringen (Washington Post 10.03.1983).

Entsprechend den Kräfteverhältnissen im Kongress folgte der Gesetzesentwurf ganz den amerikanischen Exportinteressen. Die Steuervergünstigungen auf die Erträge amerikanischer Unternehmen aus Exportgeschäften blieben weitgehend unangetastet, um die Wettbewerbsfähigkeit der amerikanischen Exportwirtschaft nicht zu beeinträchtigen (Washington Post 10.03.1983). Um diese Steuervergünstigungen gleichwohl GATT-konform zu gestalten, sollten die im bisherigen Steuerrecht verankerten *Domestic International Sales Corporations* durch *Foreign Sales Corporations* ersetzt werden (New York Times 10.03.1983). Die FSCs stellen wie DISCs kleine Tochtergesellschaften dar, über die amerikanische Unternehmen ihre Exportgeschäfte steuerlich begünstigt abwickeln können. Die FSCs unterscheiden sich dabei von den DISCs vornehmlich durch ihren Standort. Denn während DISCs gerade deshalb als GATT-widrig galten, weil sie letztlich inländische Steueroasen darstellten, sollten FSCs insofern GATT-konform sein, als sie in ausländischen Steueroasen wie den Virgin Islands angesiedelt sein mussten (New York Times 10.03.1983). Da die FSCs zudem nicht wie die DISCs reine Briefkastenfirmen sein durften, sondern zumindest minimale Exportdienstleistungen erbringen mussten, sollten sie unter den vom GATT-Rat 1981 erteilten »Persilschein« für außerhalb des eigenen Territoriums erwirtschaftete Erträge fallen (The Economist 27.08.1983). Die Administration ging somit davon aus, dass die zukünftig zu erhebenden reduzierten Steuersätze für die Erträge der Exportgeschäfte der FSCs nicht als GATT-widrige Exportsubvention anzusehen waren (Hufbauer 2002).

Der Gesetzesentwurf wurde zwar erst nach langwierigen Verhandlungen zwischen Administration und Kongress im Juni 1984 verabschiedet. Doch als

Administration ankündigte, in Kürze ein verändertes Steuergesetz in den Kongress einzubringen (Financial Times 20.01.1983).

er im Januar 1985 in Kraft trat, waren die USA endgültig zu einem verfahrensgetreuen Verhalten zurückgekehrt. Nach einem insgesamt zwar mehr als zehnjährigen Streit mit der EU passten sie ihre Steuergesetzgebung für Exportgeschäfte an das GATT an (Financial Times 07.01.1985). Damit hatte erstmals in der Geschichte des GATT ein amerikanischer Kongress aufgrund einer entsprechenden Vorlage der Administration ein Gesetz ausdrücklich mit der Begründung geändert, es GATT-konform gestalten zu wollen.[104] Obwohl die EU die GATT-Konformität auch der veränderten Steuergesetze anzweifelte, ging sie im Rahmen des GATT zunächst nicht mehr gegen die USA vor. Der zehnjährige DISC-Streit ging damit zu Ende (Hudec 1993: 95, Parent 1989: 124-125).

Insgesamt: Geringer Einfluss des Streitbeilegungsverfahrens

Insgesamt erwies sich das US-Verhalten im DISC-Streit als überwiegend verfahrensvermeidend. Über die verschiedenen Streitphasen hinweg war es darauf gerichtet, das Streitbeilegungsverfahren des GATT zu vermeiden bzw. zu umgehen, um mit der EU zu einer separaten Verhandlungslösung zu gelangen. Dabei konnte das Verfahren des GATT das Verhalten der USA kaum nennenswert beeinflussen. Dementsprechend scheuten sich die USA auch nicht, zumindest vorübergehend verfahrensmanipulierende bzw. quasi verfahrensmissachtende Verhaltensweisen zu nutzen, um die EU zu separaten Verhandlungen zu zwingen. Dass sie in den verschiedenen Streitphasen trotzdem jeweils wieder zu verfahrensgetreuem Verhalten zurückfanden, war allerdings nur teilweise auf das Streitbeilegungsverfahren des GATT selbst zurückzuführen. Dieses konnte letztlich nur über einen vergleichsweise kontingenten Kausalpfad wirken, bei dem die Reputationsverluste, die das verfahrensvermeidende und verfahrensmanipulierende Verhalten der USA mit sich brachte, ausschlaggebende Wirkung zeigten. Durch ihr Verhalten setzten die USA ihre Reputation eines vertrauenswürdigen Verhandlungspartners aufs Spiel, was sich bei den GATT-Verhandlungen über eine verbesserte Subventionskontrolle bemerkbar machen sollte: Zahlreiche Staaten machten ein verfahrensgetreues Verhalten der USA im DISC-Streit zur Voraussetzung ernsthafter Verhandlungen über eine verbesserte Subventionskontrolle.

104 Rober Hudec bemerkt angesichts dieses historischen Ereignisses: »For once the United States Congress passed a law whose only purpose, openly stated, was to bring United States law into conformity with GATT legal obligations« (Hudec 1993: 95).

Schaubild 5.1: Das US-Verhalten im DISC-Streit: Einfluss des GATT-Verfahrens

	US-Verhalten	Einfluss des Verfahrens
Thematisierungsphase	➢ verfahrensvermeidend	gering: ➢ nur aufgrund von Reputationsverlusten
Feststellungsphase	➢ zunächst verfahrensgetreu ➢ dann verfahrensvermeidend ➢ später verfahrensgetreu	
Umsetzungsphase	➢ zunächst verfahrensmanipulierend ➢ dann verfahrensgetreu	

5.2 Das US-Verhalten im FSC-Streit (1997-2004)

Im Gegensatz zum Verfahren des GATT beeinflusste das Verfahren der WTO im Streit über so genannte *Foreign Sales Corporations*, der 1997 zwischen den USA und der EU als Neuauflage ihres beigelegten Streits über die abgeschafften *Domestic International Sales Corporations* ausbrach, das amerikanische Verhalten erheblich wirksamer. Der so genannte FSC-Streit entstand, weil das amerikanische Steuerrecht neue Steuerschlupflöcher für Exporterlöse schuf. Es erlaubte amerikanischen Unternehmen zwar nicht mehr, ihre Exportgeschäfte steuergünstig über DISCs abzuwickeln; dafür aber konnten sie nunmehr über FSCs ihre Exporte steuerlich günstiger stellen. Dabei bestand der wichtigste Unterschied zu DISCs darin, dass FSCs nicht in den USA selbst, sondern in Steueroasen wie den Virgin Islands, aber auch Barbados, Bermudas oder Jamaika angesiedelt werden mussten. Amerikanische Unternehmen konnten danach in diesen Steueroasen FSCs als Tochtergesellschaften gründen, um über diese zumindest steuerlich ihre Exporte abzuwickeln. Das amerikanische Steuerrecht gewährte für deren Erträge aus Exportgeschäften ebenso wie die Rückübertragung dieser Erträge an ihr amerikanisches Mutterunternehmen Steuervergünstigungen von 15 bis 30 Prozent auf die ansonsten für alle Unternehmen gleichermaßen geltende Steuersätze (Hufbauer 2002).

Nachdem sie jahrelang das entsprechende amerikanische Steuerrecht unwidersprochen akzeptiert hatte, kritisierte die EU ab 1997 die Steuervergünstigungen für FSCs ähnlich wie zuvor die Steuervorteile für DISCs als in der WTO untersagte Exportsubventionen (Langbein 2000: 547). Die USA verschafften durch ihr Steuerrecht den Exporten amerikanischer Unternehmen weiterhin einen ungerechtfertigten Wettbewerbsvorteil (Journal of Commerce 08.01.1999). Die EU beanstandete insbesondere, die Steuervergünstigungen für FSCs bezögen sich nur auf Erträge, die mit in den USA gefertigten Exporterzeugnissen erzielt würden. Sie würden hingegen nicht für Erträge gewährt, die FSCs mit Exporterzeugnissen erwirtschafteten, deren Herstellungsort außerhalb der USA liege (WT/DS108/1). Das amerikanische Steuerrecht diskriminiere also zwischen Erträgen aus in den USA und außerhalb der USA gefertigten Erzeugnissen (WT/DS108/2).[105] Die Steuervergünstigungen für FSCs stellten somit eine unerlaubte Exportsubvention von in den USA gefertigten Erzeugnissen amerikanischer Unternehmen durch den amerikanischen Steuerzahler dar (Financial Times 24.07.1999). Dies um so mehr, so erklärte die EU, als es das amerikanische Steuerrecht amerikanischen Unternehmen WTO-widrig erlaube, ihre Erzeugnisse kostengünstig an die FSCs abzugeben, so dass die Erträge der FSCs künstlich erhöht werden könnten, um zusätzlich Steuern zu sparen (WT/DS108/R). Damit ergebe sich, so beklagte sich etwa EU-Außenhandelskommissar Leon Brittan, für amerikanische Unternehmen ein ungerechtfertigter Wettbewerbsvorteil:

»The FSC scheme clearly breaks the WTO rules and distorts international trade by giving US companies an unfair advantage over their European competitors« (Journal of Commerce 19.11.1997).

Die USA behaupteten hingegen, die Steuervergünstigungen für FSCs verstießen keineswegs gegen WTO-Recht (Murphy 2000: 531-533); keinesfalls seien sie mit Exportsubventionen zu vergleichen (Journal of Commerce 08.04.1998). Die Steuervergünstigungen stellten lediglich sicher, dass die durch das amerikanische Steuersystem entstehenden Wettbewerbsnachteile amerikanischer gegenüber europäischen Unternehmen ausgeglichen würden (Financial Times 24.07.1999, 25.02.2000). Die USA unterstrichen, es sei den Staaten in der WTO ausdrücklich erlaubt, die Erträge, die Unternehmen außerhalb des von ihnen kontrollierten Territoriums erwirtschaften, von ansonsten anfallenden Steuerpflichten auszunehmen (WT/DS108/5). Ausschließlich aufgrund dieser Ausnahmeregelung seien die europäischen Steuersysteme in der WTO nicht angreifbar. Um die Wettbewerbsnachteile für amerikanische Unternehmen auszugleichen, simuliere das amerikanische Steuerrecht mit seinen Steuervergünstigungen für FSCs die europäischen Steuersysteme, in dem es Steuervergünstigungen für die außerhalb des Territoriums der USA erwirtschafteten Erträge amerikanischer Unternehmen gewähre (Langbein 2000: 546-547, Mur-

105 Die EU klagte: »The requirement that the tax exemption under the FSC scheme is limited to receipts from the export of products having at least 50 per cent United States origin by market value means that the subsidy is contingent upon the use of domestic over imported goods and is, therefore, prohibited« (WT/DS108/2).

phy 2000: 531-532.).[106] Dabei dürften nach amerikanischem Steuerrecht FSCs keine Briefkastenfirmen sein. Denn das amerikanische Steuerrecht verlange, dass die FSCs tatsächlich ökonomisch relevante Exportaktivitäten durchführten. Und nur die durch diese Exportaktivitäten außerhalb der USA erzielten Erträge würden steuerlich begünstigt. Dabei stelle das amerikanische Steuerrecht sicher, dass amerikanische Unternehmen die Erträge nicht künstlich durch die FSC in die Steueroasen verschieben könnten (WT/DS108/5). Die US-Administration erklärte:

»[T]hrough this combination of requirements and transfer pricing rules, the FSC emulates the type of tax treatment received by a foreign sales subsidiary of a manufacturing company in a territorial-type system. Like those systems, the FSC exempts from tax income earned outside the territory of the home country« (WT/DS108/R 4.349).[107]

Thematisierungsphase

Als die EU die Steuervergünstigungen für FSCs im Rahmen der WTO erstmals beanstandete, reagierten die USA wie im DISC-Streit mit verfahrensvermeidenden Verhaltensweisen. Sie zeigten sich zwar bereit, den aufziehenden Streit über ihre Steuergesetze durch die von der EU im November 1997 bei der WTO beantragten formalen Konsultationen zu bereinigen (WT/DS108/1). Im Gegensatz zum DISC-Streit kamen sie im FSC-Streit ihrer Konsultationspflicht umstandslos nach. Dementsprechend trafen sich die EU-Kommission und die US-Administration sogar dreimal zu solchen Konsultationen (Journal of Commerce 08.04.1998). Doch um die EU-Kommission davon abzuhalten, nach einem etwaigen Scheitern der Konsultationen bei der WTO ein Streitschlichtungspanel zu beantragen, drohte die US-Administration wie im DISC-Streit auch noch während der Konsultationsphase mit Gegenklagen gegen aus ihrer Sicht WTO-widrige europäische Steuersysteme (Journal of Commerce 05.08.1999).

Die Clinton-Administration versuchte ein Streitschlichtungspanel zu vermeiden, weil sie befürchtete, dieses könne auch die Steuervergünstigungen für

106 Die USA erläuterten: »[A] portion of the »foreign trade income« of a FSC is exempted from US tax by treating it as foreign source income not effectively connected with a US trade or business. This treatment corresponds to the exemption of income attributable to a foreign branch or foreign subsidiary of a French, Belgian, or Dutch corporation under a territorial-type system« (WT/DS108/5 4.336).

107 An anderer Stelle unterstrich die US-Administration: »The FSC was expressly designed to exempt income derived from foreign economic activities. Because it does so, it is entirely consistent with WTO standards and principles« (WT/DS108/R 4352).

FSCs als WTO-widrig verurteilen. Zwar war sie selbst davon überzeugt, dass die amerikanischen Steuergesetze ihren Verpflichtungen in der WTO entsprachen, doch scheute sie das Risiko eines Streitbeilegungsverfahrens. Keinesfalls wollte sie sich in die Situation manövrieren, einem WTO-Streitschlichtungspanel folgend die Steuervergünstigungen der eigenen Exportwirtschaft beseitigen zu müssen. Dies zumal sie davon ausging, durch die FSC lediglich Steuerbelastungen zu beseitigen, der die Exportwirtschaft andernorts ohnehin nicht ausgesetzt war (Journal of Commerce 08.01.1999). Die Wettbewerbssituation amerikanischer Unternehmen sollte beim Export keinesfalls gefährdet werden. Diese wickelten schließlich jährlich Exporte in Höhe von gut 150 Mrd. Dollar über die insgesamt gut 6300 Foreign Sales Corporations ab, die damit Erträge von ca. 10 Mrd. Dollar erwirtschafteten (Journal of Commerce 08.04.1998).

Darüber hinaus drängte auch der Kongress die Administration, im FSC-Streit nicht nachzugeben.[108] Dieser wachte überhaupt mit Argusaugen darüber, dass die Administration bei Streitigkeiten in der WTO nicht mit zu weichen Bandagen kämpfte. Dabei wurde der Kongress von der einflussreichen Lobby der Exporteure aus der Auto-, Flugzeug-, Elektro-, Maschinenbau- und Chemieindustrie bestärkt (Journal of Commerce 08.04.1998). Denn gerade diese profitierten von den jährlich ca. 2 Mrd. Dollar Steuernachlässen, die die FSCs erzielten. Darüber hinaus warb die 1984 begründete DISC/FSC Tax Association sowohl im Kongress als auch in der Administration für den Erhalt der Steuervergünstigungen an die amerikanische Exportwirtschaft (Journal of Commerce 08.01.1999).

Da es somit für die US-Administration kaum Spielraum gab, um der EU-Kommission entgegenzukommen, mussten die Konsultationen schließlich scheitern. Die USA versuchten zwar, die EU nochmals von der Beantragung eines Streitschlichtungspanels abzubringen, indem sie im Mai 1998 bei der WTO die angedrohten Gegenklagen gegen das Steuerrecht in Belgien, Frankreich, Griechenland, Irland und den Niederlanden einreichten (WT/DS127/1 bis WT/DS131/1).[109] Doch die EU ließ sich nicht einschüchtern. Im Juli 1998 beantragte sie bei der WTO ein Streitschlichtungspanel, das die beanstandeten Steuervergünstigungen für FSCs prüfen sollte (WT/DS108/2).

---

108 Beispielsweise forderte das für Handelsfragen im Repräsentantenhaus zuständige Ways and Means Committee die Clinton-Administration auf, im FSC-Streit mit der EU-Kommission nicht nachzugeben (Journal of Commerce 08.01.1999).

109 Die US-Administration beschuldigte die EU-Kommission zudem, den Streit über die Steuervergünstigungen für FSCs nur heraufzubeschwören, um ihre Verhandlungsposition in anderen Streitfällen – insbesondere dem so genannten Bananen- und dem Hormonstreit – gegenüber den USA zu stärken (Hufbauer 2002: 5).

Feststellungsphase

Im Rahmen des damit eingeleiteten Streitbeilegungsverfahrens verhielten sich die USA nun aber weitgehend verfahrensgetreu.[110] Dementsprechend konnte die Streitbeilegungsinstanz der WTO das beantragte Panel noch im September 1998 beschließen. Und nachdem sich EU-Kommission und US-Administration auf dessen Besetzung geeinigt hatten, nahm dieses im November 1998 seine Arbeit wie vorgesehen auf (WT/DS108/3). Dabei zeichnete sich frühzeitig ab, dass es – wie von der EU beklagt – die Steuererleichterungen für FSCs in den USA als rechtswidrig einstufen würde (Financial Times 24.07.1999). Bereits der vorläufige Bericht des Streitbeilegungspanels, der den Streitparteien im Juli 1999 zuging, deutete dies an (Journal of Commerce 05.08.1999). Tatsächlich beurteilte das Panel in seinem endgültigen Bericht im Oktober 1999 diese Steuervergünstigungen als nicht WTO-konform (Murphy 2000: 531). Insbesondere beanstandete es, das Steuersystem der USA belaste durch die FSCs die Erlöse amerikanischer Unternehmen bei Exporten aus amerikanischer Produktion weniger als die Erlöse, die amerikanische Unternehmen durch ihre ausländische Produktion erzielten (Hufbauer 2002: 5). Die Steuervergünstigungen seien eine auf den Export bezogene Ausnahme auf ansonsten zu entrichtende Steuerzahlungen (Brumbaugh 2002: 3). Der Bericht verlangte dementsprechend von den USA, ihre Steuergesetzgebung an das WTO-Recht anzupassen (WT/DS108/R).

Die US-Administration zeigte sich trotzdem bereit, ihrem verfahrensgetreuen Vorgehen treu zu bleiben. Dabei brachte der Bericht des Panels die Clinton-Administration angesichts der bevorstehenden Präsidentschafts- und Kongresswahlen im Herbst 2000 in eine schwierige Situation. Denn letztlich verlangte er von ihr im Kongress ein beliebtes Steuergesetz zu kippen, von dem amerikanische Unternehmen wie General Motors, Microsoft oder Boeing massiv profitierten (Financial Times 30.10.1999, Journal of Commerce 18.10.1999).[111] Die Administration versuchte, sich aus dieser misslichen Situation zumindest vorübergehend zu befreien, indem sie im November 1999 die Berufungsinstanz der WTO anrief, um den Bericht des Streitschlichtungspanels prüfen zu lassen. Denn aus Sicht der Administration hatte das Panel der

110 Darüber hinaus verfolgte sie die Streitbeilegungsverfahren gegen die europäischen Steuersysteme nicht mehr weiter.

111 Und um dieses Steuergesetz zu ändern, war die Administration zudem auf einen Kongress angewiesen, den zum einen nicht mehr die Demokraten, sondern die Republikaner kontrollierten und dem im Herbst Wahlen bevorstanden (Financial Times 30.10.1999). Dementsprechend war kaum zu erwarten, dass die Abgeordneten einer solch unpopulären Gesetzesänderung zustimmen würden.

WTO den Streit rechtlich nicht korrekt beurteilt. Insbesondere habe es zu wenig beachtet, dass das Subventionsabkommen von 1979 ebenso wie ein Beschluss des GATT-Rats von 1981 Steuervergünstigungen für Erträge heimischer Unternehmen, die außerhalb des vom jeweiligen Staat kontrollierten Territoriums erwirtschaftet werden, ausdrücklich zulasse (WT/DS108/7). So erklärte die Handelsbeauftragte Charlene Barshefsky bereits unmittelbar, nachdem der Bericht bekannt geworden war:

»We believe that the panel committed multiple legal errors on both substantive and procedural issues, and we will present those errors to the appellate body« (Journal of Commerce 01.11.1999).

Doch auch die Berufungsinstanz beanstandete in ihrem im Februar 2000 veröffentlichten Bericht die Steuervorteile, die das amerikanische Steuerrecht FSCs einräumte (Langbein 2000, Murphy 2000: 533). Wie das Streitschlichtungspanel, so sah auch die Berufungsinstanz insbesondere als WTO-widrig an, dass die Steuervergünstigungen die Erlöse amerikanischer Unternehmen bei Exporten aus amerikanischer Produktion günstiger stellten als die Erlöse amerikanischer Unternehmen aus ausländischer Produktion (WT/DS108/AB/R). Sie kreierten damit eine allein auf Exporte bezogene Ausnahme von ansonsten geltenden Steuerpflichten (Langbein 2000: 548). Nachdem die Streitbeilegungsinstanz der WTO im März 2000 den Bericht der Berufungsinstanz sowie den durch diese modifizierten Bericht des Panels angenommen hatte, sahen sich die USA somit verpflichtet, ihre Steuergesetze anzupassen (WT/DS108/10). Bis Oktober 2000 sollten sie danach mit einer entsprechenden Gesetzesreform aufwarten, um im folgenden Steuerjahr bereits eine WTO-konforme Besteuerung von FSCs anwenden zu können (Financial Times 25.02.2000, Washington Post 25.02.2000).

Obwohl die US-Administration unter Präsident Clinton sich somit durch das angestrengte Berufungsverfahren vor den amerikanischen Kongress- und Präsidentschaftswahlen nicht aus ihrer misslichen Situation befreien konnte, wollte sie ihre verfahrensgetreue Vorgehensweise nicht aufgeben. Dass die Administration nicht einmal ansatzweise über einen offenen Rechtsbruch nachdachte, mag darauf verweisen, dass sie die normative Verpflichtung durchaus ernst nahm, die sich aus dem Streitbeilegungsverfahren der WTO ergab. Jedenfalls erklärte sie, im Kongress eine Reform des amerikanischen Steuerrechts erwirken zu wollen, die die Besteuerung der FSCs WTO-konform gestalte.[112]

112 Obwohl die Chancen, dies im Kongress durchzusetzen, als gering angesehen wurden, unterstrich etwa die Handelsbeauftragte Charlene Barshefsky, die Administration sei bereit, ihre in-

Damit riskierte die Administration allerdings, im Kongress abgewiesen zu werden. Viele Abgeordnete wollten angesichts der bevorstehenden Kongresswahlen einem Gesetzesvorhaben nicht zustimmen, das die Wettbewerbsfähigkeit der amerikanischen Exportwirtschaft zu beeinträchtigen drohte. Tatsächlich herrschte im Kongress eine enorme Empörung über den Bericht der Berufungsinstanz der WTO (Washington Post 25.02. 2000).[113] Einige Abgeordnete plädierten angesichts der Verurteilung der Steuervergünstigungen für FSCs – sicherlich etwas übertrieben – sogar für einen Austritt aus der WTO. Obwohl eine entsprechende Abstimmung im Kongress ohnehin anstand, galt allerdings ein Votum des Kongresses gegen die WTO als unwahrscheinlich (Financial Times 29.03.2000).[114] Gleichwohl macht allein der Vorschlag eines Austritts aus der WTO deutlich, dass der Kongress die Steuervergünstigungen für FSCs unbedingt erhalten wollte (Washington Post 30.05.2000).

Der Kongress stand wie die Administration im FSC-Streit zudem unter wachsendem Druck der Lobby der amerikanischen Exportwirtschaft (Washington Post 30.05.2000). Diese gehörte in den USA zwar nach wie vor grundsätzlich zu den Befürwortern der WTO, zeigte sich jedoch nicht zuletzt aufgrund der Verurteilung der Steuervergünstigungen für FSCs mit der WTO zunehmend unzufrieden (Financial Times 29.03.2000). Dementsprechend machte sich etwa die FSC/DISC Tax Association ungeachtet der Berichte des Streitschlichtungspanels bzw. des Berufungsgerichts der WTO weiterhin für den Erhalt der Steuervergünstigungen für FSCs stark (Journal of Commerce 18.10.1999).[115] Darüber hinaus hatte sich mittlerweile im Rahmen des National Foreign Trade Council eine außerordentlich mächtige Lobbygruppe gebildet, der insgesamt 55 Unternehmen sowie 21 Unternehmerverbände angehörten (Journal of Commerce 02.08.1999). Beispielsweise von Boeing, Caterpillar,

---

ternationalen Verpflichtungen im Rahmen der WTO zu respektieren (Financial Times 25.02.2000).

113 Die entsprechende Kritik brachten in beiden Häusern insbesondere die zuständigen Ausschüsse vor; im Senat das Finance Committee und im Repräsentantenhaus das Ways and Means Committee (Washington Post 25.02.2000).

114 Gleichwohl wurde die Verurteilung der Steuervergünstigungen für FSCs durch die WTO angesichts dieser Abstimmung als besonders schädlich eingeschätzt. Senator Charles E. Grassley, der dem Unterausschuss des Senats für internationalen Handel vorstand, unterstrich: »It comes at a very bad time (...). For a lot of people the WTO is a questionable institution« (Washington Post 25.02.2000).

115 Dabei wies diese Lobby der Administration schon früh einen möglichen Ausweg aus dem Dilemma, die Steuervergünstigungen für die Exportwirtschaft zu erhalten, ohne gegen die Berichte des Streitschlichtungspanels bzw. des Berufungsgerichts verstoßen zu müssen. Ihr Direktor Bob Ross erklärte: »There are a lot of bright people in Washington who will figure out a way to give exporters a tax incentive without violating WTO rules« (Journal of Commerce 18.10.1999).

General Motors, Microsoft und Walt Disney unterstützt, bedrängte diese Lobbygruppe die Administration ebenso wie den Kongress, den Berichten der WTO nicht nachzugeben (Washington Post 25.02.2000).[116]

Obwohl sich die Situation im FSC-Streit für die Clinton-Administration angesichts der im November 2000 bevorstehenden Kongress- und Präsidentschaftswahlen nicht gerade verbessert hatte, zog sie allerdings nicht einmal in Erwägung, die Berichte des Streitschlichtungspanels und des Berufungsgerichts offen zu missachten. Die Administration nahm offenbar die normative Verpflichtung auf das Streitbeilegungsverfahren der WTO durchaus ernst. Jedenfalls stand für sie fest, dass die USA die entsprechenden Berichte zu akzeptieren hatten. Um ein entsprechendes Steuergesetz jedoch durch den Kongress bringen zu können, plante sie das Steuerrecht so zu reformieren, dass es den Vorgaben der WTO entsprach, ohne aber die Steuervergünstigungen für die amerikanische Exportwirtschaft zu beschränken. Die Administration unterstrich, sie gedenke ein Steuergesetz in den Kongress einzubringen, das die Wettbewerbsfähigkeit der amerikanischen Exportwirtschaft nicht unterminiere, aber trotzdem den Berichten des Streitschlichtungspanels bzw. des Berufungsgerichts der WTO genüge (Murphy 2000: 533). Ganz im Sinne der normativen Verpflichtung der USA, die Berichte der WTO zu achten, erklärte etwa der zuständige Staatssekretär im Finanzministerium Stuart Eizenstat:

> »In general it is the intention of the US to implement the recommendations and rulings of the WTO in a manner that respects our WTO obligations while protecting the interests of US companies and workers« (zit. nach Murphy 2000: 533).[117]

Umsetzungsphase

Die Clinton-Administration erklärte sich also zunächst bereit, ihr verfahrensgetreues Verhalten fortzusetzen, indem sie die Berichte des Streitschlichtungspanels bzw. der Berufungsinstanz der WTO angemessen umsetzte (Murphy 2000: 533). Dementsprechend kündigte sie im Mai 2000 an, dem Kongress in Bälde ein verändertes Steuergesetz vorzulegen, damit dieses, wie von der WTO verlangt, bis Oktober 2000 verabschiedet werden könne (New York Times

116 Mit Blick auf den Bericht der Berufungsinstanz der WTO beklagte Fred Murray vom National Foreign Trade Council: »We're concerned, even outraged, at the practical implication of the decision« (Washington Post 25.02.2000).

117 Bereits früher hatte er erklärt: »However this comes out we have to make sure we have not put our exporting companies at a competitive disadvantage (...). That is our absolute drop-dead bottom line« (Washington Post 25.02.2000).

03.05.2000). Dabei folgte die US-Administration tatsächlich der Strategie, ein WTO konformes Steuerrecht einzubringen, das die Wettbewerbsfähigkeit der amerikanischen Exportwirtschaft unangetastet ließ. Sie machte sich insbesondere zu nutze, dass die Berichte der WTO nicht auf den von der EU erhobenen Vorwurf eingingen, die bisherigen Steuervergünstigungen für FSCs seien deshalb als WTO-widrig anzusehen, weil sie Erlöse amerikanischer Unternehmen aus dem Export gegenüber deren inneramerikanischen Erlösen günstiger stellten. Die Berichte hatten die Steuervergünstigungen nur deshalb kritisiert, weil sie die Erlöse, die amerikanische Unternehmen beim Export mit amerikanischen Erzeugnissen erzielten, steuerlich günstiger stellten als die Erlöse amerikanischer Unternehmen beim Export ausländischer Erzeugnisse. Dementsprechend lag es nahe, die bestehenden Steuervergünstigungen WTO-konform zu machen, indem diese auf beide Arten von Erlösen amerikanischer Unternehmen ausgedehnt wurden (Hufbauer 2002: 6). Der stellvertretende Finanzminister Stuart Eizenstat erklärte:

»Our new proposal would replace the FSC regime (...) with special tax rates to income for both export and non-export foreign sales, leases, or rentals by certain eligible manufacturers« (zit. nach Murphy 2000: 533).

Die Clinton-Administration brachte den entsprechenden Vorschlag zügig in den Kongress ein, um, wie von der WTO verlangt, die amerikanischen Steuergesetze bis Oktober 2000 an ihre internationalen Verpflichtungen anzupassen (Washington Post 30.05.2000, Financial Times 15.09.2000). Die scheidende Clinton-Administration behandelte das vorgeschlagene Steuergesetz im Kongress sogar als eine ihrer wichtigsten Prioritäten.[118] Der Kongress sollte die von der WTO beanstandeten Steuervergünstigungen für *Foreign Sales Corporations* durch einen *Extraterritorial Income Exclusion Act* korrigieren (Financial Times 02.10.2000, 02.11.2000). Dabei unterstützte letztlich auch die Lobby der Exportwirtschaft die Administration. Diese befürchtete, dass die EU bei der WTO umfangreiche Sanktionsmaßnahmen beantragen würde, falls die USA ihre Steuergesetze nicht anpassten. Schließlich gab das Streitbeilegungsverfahren der WTO der EU das Recht dazu. Darüber hinaus erschien der Lobby der amerikanischen Exportwirtschaft das geplante Steuergesetz aber auch insofern akzeptabel, als es die bisherigen Steuervorteile sogar noch auszuweiten versprach (Financial Times 28.07.2000). Die Steuervergünstigungen sollten sich schließlich nicht mehr nur auf die Erlöse beziehen, die amerikanische Unternehmen außerhalb des amerikanischen Territoriums mit Exportgeschäften

118 Der stellvertretende Finanzminister Stuart Eizenstat drängte den Kongress zu einem schnellen Gesetzgebungsverfahren: »We cannot emphasis strongly enough how critical it is that Congress (acts) as expeditiously as possible« (Financial Times 02.10.2000).

erzielten, sondern sie sollten unabhängig vom Export für alle Erlöse gelten, die amerikanische Unternehmen außerhalb des amerikanischen Territoriums erwirtschafteten (Hufbauer 2002: 6, Brumbaugh 2002: 4-5).

Der Gesetzesentwurf der Administration wurde deshalb nicht nur von der Lobby der Exportwirtschaft begrüßt, sondern auch im Kongress breit unterstützt (Financial Times 28.07.2000). Den Vorschlag der Administration nur unwesentlich modifizierend, verabschiedete er noch im November 2000 das neue Steuergesetz.[119] Das Streitbeilegungsverfahren der WTO hatte offenbar nicht nur bei der Administration die Bereitschaft geweckt, die amerikanischen Steuergesetze zu überarbeiten. Insbesondere vermittelt über die Sanktionsmöglichkeiten, die das Streitbeilegungsverfahren der WTO nunmehr bot, hatte es auch die Lobby der Exportwirtschaft sowie den Kongress dazu anhalten können, einem zumindest technisch veränderten Steuergesetz zuzustimmen (Charnovitz 2002: 619). Die historische Bedeutung dieses Gesetzgebungsakts unterstreichend, berichtete die Financial Times:

»Yesterday's action was the first time that Congress has rewritten a US law in order to comply with a ruling of the WTO« (Financial Times 02.11.2000).

Der Streit zwischen den USA und der EU über die Steuervergünstigungen für die amerikanische Exportwirtschaft war damit allerdings nicht beendet (Murphy 2000: 533-534, Brumbaugh 2002: 3). Denn während die US-Administration davon ausging, durch das neue Steuergesetz die Berichte des Streitschlichtungspanels bzw. des Berufungsgerichts der WTO angemessen umgesetzt zu haben, reklamierte die EU-Kommission schon frühzeitig, auch das veränderte Steuergesetz genüge nicht den Berichten der WTO (Financial Times 15.09.2000, 02.10.2000).[120] Sie klagte, die vorgesehenen Steuerregelungen seien nicht nur erneut WTO-widrig, sondern weiteten die ungerechtfertigten Exportsubventionen sogar noch weiter aus (Washington Post 30.05.2000).[121] Der Streit zwischen den USA und der EU mutierte damit von

119 Die EU hatte zuvor im Rahmen der WTO einer Fristverlängerung bis November 2000 zugestimmt (WT/DS108/11).

120 Die ablehnende Reaktion der EU-Kommission versperrte der US-Administration schon frühzeitig das in der WTO sonst übliche Verfahren, bei dem nach einer Verurteilung der beklagte Staat mit dem klagenden Staat darüber verhandelt, wie der entsprechende Bericht des Streitschlichtungspanels bzw. des Berufungsgerichts umzusetzen sei. Die Auffassungsunterschiede zwischen der US-Administration und der EU-Kommission über eine WTO-konforme Besteuerung von FSCs waren zu ausgeprägt (Washington Post 30.05.2000, Financial Times 28.07.2000).

121 EU-Außenhandelskommisar Pascal Lamy unterstrich: »In some respects it [the proposal] is a backward step. As long as such preferential treatment for exports continues to be the object of any US proposals, it is frankly hard to see how a WTO-compatible measure can emerge« (Financial Times 02.09.2000). An anderer Stelle unterstrich die EU-Kommission: »If hunting

einem über Steuererleichterungen für *Foreign Sales Corporations* zu einem über Steuererleichterungen für *Extraterritorial Income*.

Um diesen sich abzeichnenden ETI-Streit nicht weiter zu eskalieren, trafen die US-Administration und die EU-Kommission allerdings bereits im September 2000 eine Vereinbarung darüber, wie sie angesichts des diesbezüglich unklaren Streitbeilegungsverfahrens der WTO verfahren wollten. Denn einerseits gab das Streitbeilegungsverfahren dem klagenden Staat das Recht, dann Sanktionen zu beantragen, wenn der beklagte Staat die Berichte des Streitschlichtungspanels bzw. des Berufungsgerichts nicht angemessen umsetzt. Insofern schien die EU einen Sanktionsantrag stellen zu können, um gegen die Steuergesetze der USA vorzugehen. Doch andererseits war aber ja gerade strittig, ob die USA mit der geplanten Steuerreform die Berichte angemessen umsetzten. Insofern hätte die EU zunächst erneut ein Streitschlichtungspanel beantragen müssen, um die neuen Steuergesetze zuerst prüfen zu lassen. Die USA und die EU vereinbarten, in der WTO zunächst ein Streitschlichtungspanel sowie gegebenenfalls das Berufungsgericht über die Steuervergünstigungen für ETI befinden zu lassen, ehe das unterdessen ruhende Sanktionsverfahren aktiviert werden sollte (WT/DS108/12).

Dieser Vereinbarung folgend, wurde der Streit weiter im Rahmen der WTO verfahrensgetreu ausgetragen. Das für die Sanktionen zuständige Schlichtungsverfahren der WTO wurde zwar im November 2000 angerufen, doch von den USA und der EU bereits im Dezember 2000 wieder einvernehmlich beurlaubt (WT/DS108/18). Denn zunächst sollte das vereinbarungsgemäß von der EU im November 2000 beantragte Streitschlichtungspanel der WTO über die modifizierten Steuergesetze in den USA entscheiden (WT/DS108/14).[122] Das Streitschlichtungspanel der WTO, das seine Arbeit unmittelbar aufnahm, stufte in seinem Bericht vom August 2001 allerdings auch die amerikanischen Steuergesetze zum ETI als WTO-widrig ein (WT/DS108/RW). Und auch das Berufungsgericht, das die mittlerweile vom neuen US-Präsidenten George W. Bush geführten US-Administration im Oktober 2001 angerufen hatte, um diesen Bericht nochmals rechtlich zu prü-

---

elephants is prohibited by an international treaty, a national law which allows elephants to be hunted will not brought in line with the treaty by passing a new law that says that giraffes also can be hunted« (Washington Post 30.05.2000).

122 Dabei versicherten beide Seiten, dass sie hofften, im Rahmen des neuerlichen Streitbeilegungsverfahrens im Rahmen der WTO den Streit gütlich beilegen zu können. Der Staatssekretär im US-Finanzministerium Stuart Eizenstat erklärte: »This is not the start of a trade war, it's part of the process by which to litigate the new legislation« (Financial Times 18.11.2000). Und EU-Außenhandelskommissar Pascal Lamy unterstrich: »While wishing to de-escalate this dispute, our aim is to see the WTO-incompatible exports subsidies removed« (Financial Times 18.11.2000).

fen,[123] sah in seinem Bericht vom Januar 2002 in den Steuergesetzen der USA einen Verstoß gegen WTO-Recht. Die USA waren damit verpflichtet, die von der EU beanstandeten Steuergesetze erneut zu überarbeiten (WT/DS108/AB/RW). Dazu kam, dass die WTO nun auch dem Antrag der EU-Kommission zustimmte, Sanktionen in der für die Geschichte des GATT und der WTO bislang einzigartigen Höhe von 4 Mrd. Dollar verhängen zu dürfen (WT/DS108/ARB).[124]

Sanktionsphase

Die Bush-Administration setze ihr verfahrensgetreues Verhalten trotzdem weitgehend fort. Sie hatte die EU-Kommission zwar schon früher gewarnt, dass sie etwaige Sanktionen nicht unbeantwortet lassen würde (Financial Times 28.07.2000). Insbesondere hatte sie damit gedroht, im Rahmen der WTO das ruhende Streitbeilegungsverfahren gegen die Steuersysteme einiger europäischer Staaten wieder aufzunehmen (Financial Times 28.06.2001, 20.11.2001). Angesichts der Sanktionsmaßnahmen in Höhe von 4 Mrd. Dollar sprach der US-Handelsbeauftragte Robert Zoellick sogar von einer Atombombe. Der Einsatz dieser Atombombe durch die EU zwinge die USA unweigerlich zu Vergeltungsmaßnahmen.[125] Nachdem die WTO die Sanktionen allerdings genehmigt hatte, schreckte die Bush-Administration davor zurück. Um autorisierten Sanktionen zu entgehen, erklärte sie sich vielmehr bereit, das amerikanischen Steuergesetz erneut anzupassen (Financial Times 03.05.2002). Trotz der geringen Chancen, den Kongress zu einer von der WTO verlangten Gesetzesänderung zu bringen (Financial Times 27.06.2001), versprach US-Präsident George W. Bush noch im Mai 2002, seine Administration werde eine solche Gesetzesänderung in Angriff nehmen (Financial Times 31.08.2002).[126]

123 Die USA beklagten unter anderem, der Bericht des Streitschlichtungspanels gebe keine Richtung vor, wie sie ihr Steuersystem WTO-konform gestalten könnten. Das Berufungsgericht solle eine Richtschnur definieren, an der sich die USA bei den geforderten Steuerreformen orientieren könnten (Financial Times 20.11.2001).

124 Alternativ hätte die US-Administration einseitige Zollsenkungen als Kompensationen anbieten können. Doch angesichts der ohnehin niedrigen Zollsätze fiel es ihr tatsächlich schwer, Zollsenkungen in Höhe von 4 Mrd. Dollar ausfindig zu machen.

125 Der stellvertretende Finanzminister in der Clinton-Administration Stuart Eizenstat hatte mit Blick auf Sanktionen schon früher unterstrichen: »This would risk escalating our dispute with the EU into a major trade war. I cannot state strongly enough how unnecessary and unwise such an escalation of this conflict would be« (Financial Times 28.07.2000).

126 Mit Blick auf den erwarteten Gegenwind im Kongress erklärte der Handelsbeauftragte Robert Zoellick: »This is obviously a very difficult and complex issue. Domestic tax systems are particularly sensitive« (Financial Times 26.01.2002).

Denn er befürchtete, die drohenden Sanktionen könnten der amerikanischen Exportwirtschaft erheblich schaden. Bereits unmittelbar nach der Sanktionsentscheidung der WTO hatte der US-Handelsbeauftragte Robert Zoellick erklärt:

»I believe today's findings will ultimately be rendered moot by US compliance with the WTO's recommendations and rulings in this dispute« (Washington Post 31.08.2002).

Doch offenbar nicht nur aufgrund drohender Sanktionsmaßnahmen zeigte sich die US-Administration bereit, verfahrensgetreu ihre WTO-widrigen Steuervergünstigungen für die amerikanische Exportwirtschaft zu reformieren. So begründete die Administration ihr Bestreben, die eigene Steuergesetzgebung an die WTO-Berichte anzupassen, auch mit den normativen Verpflichtungen, die die USA eingegangen seien und daher auch respektieren müssten.[127] Darüber hinaus unterstrich sie, dass ein offener Verstoß gegen die Berichte des Streitschlichtungspanels und des Berufungsgerichts die Glaubwürdigkeit des Streitbeilegungsverfahrens der WTO unterminieren könne. Da die amerikanische Exportwirtschaft aber von einem glaubwürdigen Streitbeilegungsverfahren der WTO insgesamt ernorm profitiere, müssten die USA dieses auch in Streitfällen wie dem über die Steuervergünstigungen für die eigene Exportwirtschaft respektieren, in denen sie sich lieber über dessen Berichte hinwegsetzen würden. Der US-Handelsbeauftragte Robert Zoellick versäumte dementsprechend kaum eine Gelegenheit, um zu unterstreichen, dass die USA daran interessiert sein müssten, die Glaubwürdigkeit des WTO-Streitbeilegungsverfahren nicht durch einen Verstoß gegen seine Berichte im FSC-Streit zu schwächen:

»The United States respects its WTO obligations, which serve America's interests, and we intend to continue to seek to cooperate with the EU in order to manage and resolve this dispute« (Washington Post 15.01.2002).[128]

Doch nicht nur in der Administration, sondern auch im Kongress wollte man eine WTO-konforme Steuerregelung für die Exportwirtschaft in Angriff nehmen. Der Kongress sah sich selbst mittlerweile von der Lobby der Exportwirtschaft bedrängt, das Steuerrecht für ETI abermals zu reformieren, um den

127 Der Handelsbeauftragte Robert Zoellick hatte bereits früher unterstrichen, die USA seien bereit »to respect our WTO obligations and to seek to come into compliance with the ruling« (Financial Times 26.01.2002). Außerdem erklärte er: »Our goal is to promote US economic interests while at the same time, fulfilling our WTO obligations, and we believe we will be able to accomplish both« (Financial Times 21.08.2001).

128 Ein anderer Vertreter der Administration erklärte mit Blick auf den FSC-Streit: »We (...) have a long term strategic interest in moving the trading system toward further trade liberalisation. We (also) recognise very clearly the enormous beneficial trade and investment relationship we have, and we're not going to do something to screw that up« (Financial Times 16.01.2002).

drohenden Sanktionen zu entgehen. Angesichts möglicher Sanktionen legte das National Foreign Trade Council dem Kongress sogar selbst Gesetzesvorschläge vor, die das amerikanische Steuerrecht an die WTO anpassen sollten, ohne die Steuervergünstigungen für die amerikanische Exportwirtschaft zu reduzieren (Financial Times 03.05.2002, 31.08.2002). Der Kongress diskutierte unterdessen zwei konkurrierende Vorschläge (Washington Post 31.08.2002). Der so genannte Thomas-Vorschlag sah eine grundlegende Steuerreform vor, die die Erträge amerikanischer Unternehmen aus der Produktion außerhalb der USA grundsätzlich steuerfrei stellte und sie nur dann den US-Steuern unterwarf, wenn sie in die USA transferiert würden. Diesen Vorschlag unterstützten Unternehmen wie Texas Instruments, Exxon Mobile und Ford, die auch außerhalb der USA produzierten. Dem so genannten Crane-Rangel-Vorschlag gemäß sollten hingegen die Steuervergünstigungen, die amerikanischen Unternehmen bislang nur bei Erträgen aus Exportgeschäften mit amerikanischen Erzeugnissen gewährt wurden, auf alle Erträge amerikanischer Unternehmen aus amerikanischer Erzeugung ausgedehnt werden, gleichviel ob die Erzeugnisse für den Export bestimmt waren oder nicht. Dieser Vorschlag fand Unterstützung durch Unternehmen wie Boeing, Microsoft oder Motorola, die vornehmlich in den USA produzierten (Washington Post 06.07.2003).[129]

Um beide – den Thomas- wie den Crane-Rangel-Vorschlag – wurde zwar erbittert gerungen, doch interessanterweise entbrannte im Kongress ebenso wenig wie in der Lobby der Exportwirtschaft ein Streit darüber, *ob* die USA den Berichten des Streitschlichtungspanels bzw. des Berufungsgerichts der WTO folgen sollten. Diese dauerhaft zu ignorieren, galt weder hier noch da ernsthaft als diskutabel. Dass die USA ihren Verpflichtungen in der WTO nachkommen mussten, wurde schlicht unterstellt. Der Streit ging lediglich darüber, *wie* die USA den Berichten der WTO folgen sollten, um die Wettbewerbsposition der amerikanischen Exportwirtschaft nicht zu gefährden. Da sich die beiden angesprochenen Vorschläge in beiden Häusern des Kongresses jedoch wechselseitig blockierten, gelang es den USA nicht, ihr Steuerrecht fristgerecht an ihre WTO-Verpflichtungen anzupassen. Gewissermaßen unbeabsichtigt verstießen sie gegen die Berichte. Ganz im Sinne der amerikanischen Verpflichtung, die WTO Berichte zu beachten, erklärte der Abgeordnete des Repräsentantenhauses Philip M. Crane:

129 Die Situation verkomplizierte sich insbesondere dadurch, dass sich im zuständigen Ways and Means Committee des Repräsentantenhauses der Thomas-Vorschlag durchsetzte, während das zuständige Finance Committee des Senats den dem Crane-Rangle-Vorschlag ähnlichen Baucus-Vorschlag unterstützte (United States Mission to the European Union 28.10.2003).

»We all agree that we must repeal the FSC/ETI exemption and replace it with a WTO-compliant solution. The issue is how best to do it« (http://www.lowtax.net /lowtax/html/offon/usa/usacorp.html; 06.11.2003).

Die EU wurde angesichts des schleppenden Gesetzgebungsprozesses im Kongress allerdings zunehmend ungeduldig. Wiederholt hatte sie die von der WTO autorisierten Sanktionsmaßnahmen aufgeschoben. Denn bei den Sanktionen wirkte angesichts ihrer Höhe von 4 Mrd. Dollar die von der Atombombe bekannte Selbstabschreckung. Die EU-Kommission wollte die USA zwar zu einer WTO-konformen Steuergesetzgebung zwingen, schreckte aber selbst vor den möglichen Folgen einer konsequenten Sanktionierung zurück (Financial Times 27.06.2001, 25.02.2000).[130] Dementsprechend erklärte sie sich zunächst bereit, zumindest solange auf die von der WTO autorisierten Sanktionen zu verzichten, wie die US-Administration ernsthaft versuche, im Kongress eine WTO-konforme Steuerregelung durchzusetzen (Journal of Commerce 30.08.2002, Financial Times 31.08.2002).[131] Doch als sich der Gesetzgebungsprozess im amerikanischen Kongress immer mehr verzögerte, so dass auch im Mai 2003 nicht absehbar war, bis wann das amerikanische Steuerrecht WTO-konform sein würde, stellte die EU ein Ultimatum (Financial Times 08.05.2003). Sollte der Kongress nicht bis September 2003 eine WTO-konforme Steuerregelung verabschieden, so werde sie ab März 2004 die Sanktionen sukzessive auf die von der WTO genehmigte Höhe von 4 Mrd. Dollar hochfahren (New York Times 05.11.2003).[132] Da der Kongress weiter keine WTO-konforme Steuerregelung verabschieden konnte, verhängte die EU im März 2004 tatsächlich erste Sanktionsmaßnahmen (Wall Street Journal 02.03.2004).

Die US-Administration verhielt sich insofern weiter verfahrensgetreu, als sie zum einen im Kongress weiterhin ein neues Steuerrecht für ETI durchzusetzen versuchte und zum anderen die europäischen Sanktionsmaßnahmen klaglos akzeptierte; jedenfalls drohte sie der EU-Kommission nicht mit Ge-

130 Bereits unmittelbar nachdem die WTO Sanktionen in Höhe von 4 Mrd. Dollar genehmigt hatte, erklärte Außenhandelskommissar Pascal Lamy: »Before any countermeasures are taken, we will carefully evaluate progress made on US implementation. (...) The path is now clear for the EU to adopt sanctions if the US does not repeal the [offending tax system] expeditiously« (Washington Post 31.08.2002).

131 Bereits früher hatte er in Bezug auf etwaige Sanktionen angekündigt: »We can hold off on this as long as we like if we think that the US is making serious effort to change its law and bring itself into compliance« (Washington Post 21.08.2001).

132 Außenhandelskommissar Pascal Lamy erklärte: »The Commission will review the situation in the autumn and, if there is no sign that compliance is on the way at that time, it would start the legislative procedure for the adoption of counter-measures by January 1, 2004« (Financial Times 08.05.2003).

genmaßnahmen.[133] US-Präsident George W. Bush drängte im März 2004 den Kongress persönlich, endlich ein WTO-konformes Steuergesetz zu verabschieden, um weitere für die amerikanische Exportwirtschaft schädliche Sanktionen zu vermeiden (Wall Street Journal 02.03.2004). Darüber hinaus baten angesichts der bevorstehenden Sanktionen zuletzt im Oktober 2003 Finanzminister John Snow, Handelsminister Don Evans und der Handelsbeauftragte Robert Zoellick in einem gemeinsamen Schreiben den Kongress dringend, baldmöglichst ein WTO-konformes Steuergesetz zu verabschieden (United States Mission to the European Union 28.10.2003). Die Administration betrachtete es als eine ihrer wichtigsten handelspolitischen Prioritäten, endlich eine WTO-konforme Steuergesetzgebung im Kongress verabschiedet zu bekommen:

»The administration's top priority is getting a bill enacted that complies with the WTO ruling and avoids triggering $4 billion in EU trade sanctions« (United States Mission to the European Union 01.10.2003).

Tatsächlich gelang es dem Kongress, von der Administration bedrängt, im Oktober 2004 sich auf eine neue Steuerregelung zu einigen. Danach werden die WTO-widrigen Steuervergünstigungen für die amerikanische Exportwirtschaft nunmehr innerhalb von zwei Jahren schrittweise an die WTO-Verpflichtungen der USA angepasst. Die EU, die mittlerweile ihre Sanktionsmaßnahmen auf ca. 500 Mio. der genehmigten 4 Mrd. US-Dollar angehoben hatte, wollte dies zwar nicht unumwunden akzeptieren. Vielmehr sollten die Sanktionsmaßnahmen solange aufrechterhalten bleiben, wie die amerikanische Exportwirtschaft WTO-widrige Steuervergünstigungen erhielt. Doch letztlich war der transatlantische Steuerstreit damit – zumindest bis auf weiteres – beendet (Financial Times 05.10.2004, 16.12.2004).

Insgesamt: Gewisser Einfluss des Streitbeilegungsverfahrens

Insgesamt verhielten sich die USA im FSC-Streit zwar nicht mustergültig. Denn wie im DISC-Streit versuchten sie, die EU auch im FSC-Streit zunächst verfahrensvermeidend zu separaten Verhandlungen zu bewegen. Doch als dies scheiterte, ließen sich die USA auf weitgehend verfahrensgetreue Verhaltensweisen ein. Lediglich, dass sie trotz guter Absichten nicht fristgerecht mit einer WTO-konformen Steuergesetzgebung aufwarten konnten, mag diese Einschätzung trüben.

---

133 Ein Vertreter der Administration erklärte: »The administration is working vigorously to try and achieve compliance with our WTO obligations« (Financial Times 03.10.2003).

Dabei zeigt sich im FSC-Streit im Gegensatz zum DISC-Streit auch ein erheblicher Einfluss des nunmehr judizialisierten Streitbeilegungsverfahrens der WTO. Dieser Einfluss machte sich in den verschiedenen Streitphasen insbesondere über drei Kausalpfade bemerkbar: Ein erster Kausalpfad hatte zweifellos mit dem amerikanischen Interesse an der Glaubwürdigkeit der Rechtsordnung der WTO zu tun. Mehrfach verwiesen sowohl Administration als auch Kongress darauf, die USA besäßen ein Interesse an einem glaubwürdigen Streitbeilegungsverfahren der WTO, dementsprechend dürften sie dieses auch dann nicht durch verfahrensmissachtende Verhaltensweisen gefährden, wenn es in einzelnen Streitfällen nicht die von den USA gewünschten Resultate erbringe. Ein zweiter Kausalpfad beruhte auf den normativen Verpflichtungsgefühlen, die die Rechtsordnung der WTO mit ihrem Streitbeilegungsverfahren insbesondere in der Administration, letztlich aber auch im Kongress zu erzeugen vermochte. Aufgrund dieser Verpflichtungsgefühle wurde vielfach nicht einmal in Erwägung gezogen, sich verfahrensmissachtend über das Streitbeilegungsverfahren hinwegzusetzen. Der dritte Kausalpfad, basierend auf den glaubhaften Sanktionsdrohungen, die das Streitbeilegungsverfahren der WTO ermöglichte, scheint jedoch der bedeutsamste gewesen zu sein. Denn aufgrund der im Streitbeilegungsverfahren autorisierten Sanktionen befürworteten nicht nur Administration und Kongress, sondern letztlich sogar die Exportlobby ein verfahrenskonformes Verhalten. Dies zumal sich den USA nach der Autorisierung dieser Sanktionen durch das Streitbeilegungsverfahren der WTO offenbar aufgrund sowohl normativer Verpflichtungsgefühle gegenüber der Rechtsordnung der WTO als auch einem Interesse an der Glaubwürdigkeit dieser Rechtsordnung der WTO Gegenmaßnahmen gegen die Sanktionen der EU von vornherein verboten hatten. Dementsprechend ließen sich die von der WTO autorisierten Sanktionen der EU eben auch nicht wie etwa im DISC-Streit durch die Androhung von Gegenmaßnahmen verhindern.

Schaubild 5.2: Das US-Verhalten im FSC-Streit: Einfluss des WTO-Verfahrens

	US-Verhalten	**Einfluss des Verfahrens**
Thematisierungsphase	➢ verfahrensvermeidend	gegeben, aufgrund: ➢ Sanktionsdrohungen ➢ Verpflichtungsgefühle ➢ Glaubwürdigkeitserwägungen
Feststellungsphase	➢ weitgehend verfahrensgetreu	
Umsetzungsphase	➢ weitgehend verfahrensgetreu	
Sanktionsphase	➢ weitgehend verfahrensgetreu	

5.3 Vergleich des US-Verhaltens im DISC- und FSC-Streit

Der Vergleich des amerikanischen Verhaltens im DISC- und FSC-Streit macht zunächst deutlich, dass weder das Streitbeilegungsverfahren im GATT noch das in der WTO die USA wirklich sicher zu ausschließlich verfahrensgetreuem Verhalten bewegen konnte. Allerdings verhielten sich die USA im FSC-Streit im stärker judizialisierten Streitbeilegungsverfahren der WTO erheblich verfahrensgetreuer als im wenig judizialisierten Streitbeilegungsverfahren des GATT während des DISC-Streits. Zwar agierten sie in beiden Streitfällen in der Thematisierungsphase anfänglich verfahrensvermeidend, doch während sie im DISC-Streit des GATT dann in der Feststellungs- und Umsetzungshase sowohl verfahrensvermeidende, als auch verfahrensmanipulierende Verhaltensweisen zeigten, schwenkten sie im FSC-Streit in der WTO in der Feststellungsphase auf weitgehend verfahrensgetreue Verhaltensweisen ein, die sie – trotz verspäteter Beachtung der Berichte des Streitschlichtungspanels und der Berufungsinstanz – auch in der Umsetzungs- und Sanktionsphase weitgehend beibehielten.

Diese Korrelation bekräftigt aufgrund des gewählten *most similar case design* bereits die Vermutung, dass die Judizialisierung des Streitbeilegungsverfahrens im GATT bzw. in der WTO eine Judizialisierung des Verhaltens der USA nach sich zieht. Die Vermutung wird zudem dadurch bestärkt, dass sich im FSC-Streit der Einfluss des judizialisierten Streitbeilegungsverfahrens der WTO über deutlich robustere Kausalpfade einstellte als im DISC-Streit im wenig judizialisierten Streitbeilegungsverfahren des GATT. Im DISC-Streit erlangte das Streitbeilegungsverfahren des GATT letztlich überhaupt nur aufgrund von Reputationseffekten, die sich bei den Verhandlungen über eine verbesserte Subventionskontrolle bemerkbar machten, Relevanz für das amerikanische Verhalten. Das Streitbeilegungsverfahren der WTO beeinflusste hingegen über verschiedene Kausalpfade das amerikanische Verhalten. Ein verfahrensgetreues Verhalten der USA wurde erstens durch die glaubhaften Sanktionsdrohungen begünstigt, die das Streitbeilegungsverfahren der WTO ermöglichte. Die USA sahen sich zweitens zu einem verfahrensgetreuen Verhalten angehalten, weil sie aus handelspolitischen Interessen die Glaubwürdigkeit des Streitbeilegungsverfahrens nicht unterminieren wollten. Und schließlich konnte drittens das Streitbeilegungsverfahren der WTO die USA beeinflussen, weil es normative Verpflichtungsgefühle zu wecken vermochte.

Darüber hinaus deutet der Vergleich des DISC- mit dem FSC-Streit darauf hin, dass die Judizialisierung des Streitbeilegungsverfahrens im GATT bzw. in der WTO nicht nur das amerikanische Streitverhalten, sondern die Streitbeilegung zwischen den USA und der EU insgesamt in rechtsstaatliche Bahnen lenkte. Denn während im DISC-Streit über die Thematisierungsphase hinaus auch in der Feststellungs- und der Umsetzungsphase die Streitbeilegung weitgehend außerhalb des Streitbeilegungsverfahrens stattfand, indem die USA und die EU miteinander verhandelten, wurde der FSC-Streit weitgehend innerhalb des Streitbeilegungsverfahrens ausgetragen. Zwar kam es hier wie da zu außergerichtlichen Verhandlungen, doch während diese im DISC-Streit letztlich auch in der Feststellungs- und Umsetzungsphase das eigentliche Streitbeilegungsverfahren eindeutig überlagerten, war dies im FSC-Streit insbesondere in der Feststellungs- und Umsetzungsphase umgekehrt. Allein in der Sanktionsphase wandten sich die USA und die EU im FSC-Streit vom Streitbeilegungsverfahren ab, um außerhalb desselben zu verhindern, dass die autorisierten Sanktionen der EU zu einer weiteren Streiteskalation führten, nachdem die USA die WTO-Berichte nicht fristgerecht umsetzen konnten.

Der Vergleich von DISC- und FSC-Streit unterstreicht somit, dass die Judizialisierung der Streitbeilegungsverfahren im GATT bzw. in der WTO neben der Judizialisierung des amerikanischen Streitverhaltens möglicherweise auch eine Judizialisierung des Streitaustrags insgesamt befördert hat. Eine im strengen Sinne rechtsstaatliche Streiterledigung konnte im FSC-Streit zwar auch das gerichtsähnliche Streitbeilegungsverfahren der WTO nicht sichern, doch der Streitaustrag verlief in rechtsstaatsähnlicheren Bahnen als beim DISC-Streit im Rahmen der diplomatischen Streitbeilegungsverfahren des GATT.

6 Die Judizialisierung des US-Verhaltens: Der Patent- und der Stahlstreit im Vergleich

Um weiter zu analysieren, ob die Judizialisierung der Streitbeilegungsverfahren im GATT bzw. in der WTO zu einer Judizialisierung des Streitverhaltens der USA führte, soll dieses Streitverhalten in zwei weiteren Streitfällen mit der EU untersucht werden: dem so genannten Patentstreit im GATT und dem Stahlstreit in der WTO. In beiden Streitfällen beschuldigte die EU die USA eines Verstoßes gegen im GATT bzw. in der WTO verankerte Rechtspflichten. Dementsprechend ist zu untersuchen, inwieweit die USA auf die Klage der EU verfahrenskonform reagiert haben.

Die beiden Streitfälle sind sicherlich keine ähnlich idealen Vergleichsfälle wie der DISC- und der FSC-Streit. Dazu stimmen sie nicht genug überein. Gleichwohl scheinen beide Streitfälle hinreichend gleich gelagert, um einigermaßen eindeutige Rückschlüsse über die Effekte der Judizialisierung der Verfahren im GATT bzw. in der WTO auf das Verhalten der USA ziehen zu können. Im Patentstreit und im Stahlstreit waren mit den USA und der EU nicht nur zweimal dieselben Streitparteien verwickelt, sondern es ging auch um ähnliche Streitgegenstände. Denn in beiden Streitfällen beklagte sich die EU über Handelspraktiken, mit denen sich die USA vor vermeintlich unfairen Handelspraktiken anderer Staaten schützen wollten. Im Patentstreit ging die EU gegen die Schutzmaßnahmen der USA gegen den Patentraub in anderen Staaten vor und im Stahlstreit klagte sie gegen die Schutzmaßnahmen, mit denen sich die USA vor einer durch Dumping- und Subventionsmaßnahmen anderer Staaten beförderten Marktzerrüttung im Stahlbereich zu schützen suchten.

Die beiden Streitfälle erscheinen zudem insofern ähnlich, als – im Gegensatz sowohl zum DISC- als auch zum FSC-Streit – weder im Patent- noch im Stahlstreit zwingend eine Gesetzesänderung notwendig war. Insbesondere im Stahlstreit konnte der amerikanische Präsident die von ihm beschlossenen Stahlzölle zurücknehmen, ohne formal auf eine Gesetzesänderung im Kongress angewiesen zu sein. Aber auch im Patentstreit musste das beanstandete Patentschutzverfahren nicht unbedingt durch einen Gesetzesakt des Kongress geändert werden. Der Präsident hätte seine Befugnisse im Rahmen des Patentschutzverfahrens nutzen können, um den Patentstreit zumindest zu entschärfen. Zugleich ließ sich aber freilich weder der Stahl- noch der Patentstreit vom Präsidenten und seiner Administration ganz unabhängig vom Kongress lösen.[134] Dazu kommt, dass in beiden Streitfällen gleichermaßen gut organisierte Lobbygruppen – die Patent- bzw. Stahllobby – sowohl Administration als auch Kongress dazu anhielten, gegenüber der EU nicht nachzugeben. Darüber hinaus sind beide Streitfälle auch hinsichtlich des Streitwertes vergleichbar; es ging auch hier jeweils nicht nur um symbolische Summen. Im Stahlstreit standen Stahlzölle zur Debatte, die der einflussreichen amerikanischen Stahlindustrie eine Entlastung von jährlich ca. 2 Mrd. Dollar brachten und im Patentstreit ging es um ein Patentschutzverfahren, das angeblich vor Patentrechtsverletzungen von jährlich ca. 4 Mrd. Dollar schützte.[135]

6.1 Das Verhalten der USA im Patentstreit (1986-1994)

Im Patentstreit, der zwischen 1986 und 1994 die transatlantischen Handelsbeziehungen teilweise erheblich belastete, ging es um ein Patentschutzverfahren, das es amerikanischen Unternehmen erlaubte, gegen Importe ausländischer Unternehmen vorzugehen, die angeblich gegen deren amerikanische Patentrechte verstießen. Dieses Patentschutzverfahren war 1984 mit *Section 337* zum *Tariff Act* von 1930 neu eingeführt und 1988 nochmals verschärft worden. Dabei besaß es für die entsprechenden Unternehmen den Vorzug, dass es vor der dem amerikanischen Wirtschaftsministerium zugeordneten Internationalen Trade Commission abgewickelt wurde. Damit mussten US-Unternehmen bei Patentrechtsverletzungen ausländischer Unternehmen nicht die in Patentsachen zumeist schleppend agierenden ordentlichen Gerichte bemühen. Dementsprechend ließ sich Patentraub durch ausländische Unternehmen deutlich schneller abstellen. Dies zumal die International Trade Commission im Gegensatz zu ordentlichen Gerichten bei Patentrechtsverstößen unverzüglich ein Importverbot gegen Erzeugnisse des entsprechenden ausländischen Unter-

134 Dabei sind die beiden Streitfälle auch insofern vergleichbar, als jeweils parallel zum Streitbeilegungsverfahren in internationalen Verhandlungen über einen verbesserten Patentschutz bzw. über eine veränderte Stahlpolitik gerungen wurde. Das heißt, die EU bzw. die USA konnten in beiden Streitfällen versuchen, die Verhandlungen damit zu verknüpfen.

135 Sollte sich angesichts dieser Streitwerte tatsächlich zeigen, dass die Judizialisierung der Verfahren im GATT bzw. in der WTO ein verfahrensgetreues Verhalten der USA stützt, so wäre zu erwarten, dass sich dies ceteris paribus bei geringeren Streitwerten erst recht beobachten lässt.

nehmens verhängen konnte (Hudec 1993: 220, Duvall 1990, Dinan 1991, Abbott 1990).[136]

Die EU aber beklagte, dieses amerikanische Patentschutzverfahren verstoße gegen das im GATT verankerte Diskriminierungsverbot (L/6439, 36S/345). Dieses schrieb vor, Importprodukte rechtlich nicht schlechter zu stellen als heimische Erzeugnisse. Mit dem amerikanischen Patentschutzverfahren, konnten jedoch amerikanische Unternehmen, die Patentrechtsverletzungen durch importierte Erzeugnisse beklagten, die International Trade Commission anrufen, während sie bei vergleichbaren Patentrechtsverletzungen durch amerikanische Erzeugnisse ein Gerichtsverfahren anstrengen mussten.

Dies sei, so die EU, insofern diskriminierend, als Unternehmen, die des Eingriffs in amerikanische Patentrechte bezichtigt würden, vor der International Trade Commission nicht die Rechtsmittel eines ordentlichen Gerichtsverfahrens zugebilligt bekämen. Diese – zumeist ausländischen – Unternehmen könnten sich damit weniger wirksam gegen den Vorwurf solcher Patentrechtsverletzung verteidigen, als die – zumeist amerikanischen – Unternehmen, die mit heimischen Erzeugnisse angeblich bestehende Patentrechte verletzten. Besonders gravierend sei, dass die beklagten Unternehmen vor der International Trade Commission keine Gegenklagen erheben könnten. Dazu komme aber auch, dass sie angesichts des beschleunigten Patentschutzverfahrens der International Trade Commission vielfach keine angemessene Verteidigung vorbereiten könnten.[137] Ferner werde eine solche Verteidigung noch zusätzlich dadurch beeinträchtigt, dass sie wegen derselben Patentstreitigkeit zugleich vor der International Trade Commission und einem ordentlichen Gericht verklagt werden könnten. Auch dies mache es ausländischen Unternehmen schwerer als amerikanischen, sich gegen den Vorwurf einer Patentrechtsverletzung zu verteidigen (Hudec 1993: 547, Duvall 1990, Abbott 1990).

Die USA hingegen insistierten darauf, das Patentschutzverfahren vor der International Trade Commission sei mit dem GATT vereinbar (L/6439, 36S/345). Dieser besondere Patentschutz habe sich als notwendig erwiesen, um amerikanische Unternehmen vor dem sich zunehmend verbreitenden Patentraub ausländischer Unternehmer zu bewahren. Insbesondere die Patente der amerikanischen Chemie-, Pharma-, Auto- und Computerindustrie würden

136 Die International Trade Commission hat zunächst zu entscheiden, ob eine Patentrechtsverletzung vorliegt, die heimische Unternehmen schädigt. Erst dann beschließt sie ein Importverbot, das seinerseits allerdings vom amerikanischen Präsidenten blockiert werden kann (Duvall 1990).

137 Das Patentschutzverfahren vor der International Trade Commission musste nach Section 337 innerhalb von 12 – in Ausnahmefällen 18 – Monaten abgeschlossen sein. Gerichtsverfahren können sich hingegen oft jahrelang hinziehen.

vermehrt gestohlen. Der Patentraub ausländischer Unternehmen insbesondere aus Brasilien, Mexiko, China, Indien oder Thailand komme amerikanischen Unternehmen teuer zu stehen.[138] Das Patentschutzverfahren vor der International Trade Commission unterscheide sich zwar von dem Patentschutz vor ordentlichen Gerichten, führe jedoch nicht zu einer Diskriminierung importierter gegenüber amerikanischen Erzeugnissen. Das Patentschutzverfahren vor der International Trade Commission bringe bei manchen Patentstreitigkeiten sogar Vorteile für ausländische Unternehmen; es bevorzuge amerikanische Unternehmen mithin nicht immer. Dementsprechend sei mit dem Patentschutzverfahren nach Section 337 keine systematische Diskriminierung ausländischer gegenüber amerikanischen Unternehmen verbunden und damit auch keine systematische Diskriminierung importierter gegenüber heimischen Erzeugnissen (Hudec 1993: 220, Duvall 1990, Abbott 1990).

Thematisierungsphase

Die EU hatte das amerikanische Patentschutzverfahren erstmals 1986 angesichts eines Patentstreits zwischen der niederländischen Chemiefirma Akzo und dem amerikanischen Chemiegiganten Du Pont kritisiert (Hudec 1993: 547). Sowohl Akzo als auch Du Pont beanspruchten das Patent für ein hitzebeständiges und superstabiles Faserprodukt (Journal of Commerce 08.10.1987, Financial Times 08.10.1987). Du Pont behauptete, Akzo greife mit »Twaron« in seine Patentrechte ein; Akzo hingegen sah seine Patentrechte durch Du Ponts »Kevlar« verletzt. Du Pont gelang es, über ein Patentschutzverfahren vor der International Trade Commission 1986 ein Importverbot für »Twaron« zu erwirken. Akzo, das seinerseits nicht vor der International Trade Commission gegen Du Pont aufgrund der behaupteten Patentrechtsverletzung durch »Kevlar« vorgehen konnte, sah sich ungerechtfertigt bestraft, weshalb sich das Unternehmen an die EU wandte (Financial Times 21.03.1987).

Als die EU dies zum Anlass nahm, um im GATT gegen das amerikanische Patentschutzverfahren vor der International Trade Commission vorzugehen, verhielten sich die USA verfahrensgetreu.[139] Den von der EU-Kommission

138 Der Handelsbeauftragte der USA Clayton Yeutter beklagte: »I see no difference at all between stealing a patent for a product and stealing the product itself« (Washington Post 27.02.1988).

139 Der EU ging es nicht so sehr um den Patentrechtsstreit zwischen Akzo und Du Pont – dieser sollte ohnehin bereits im Mai 1988 beigelegt werden (Financial Times 01.02.1989). Vielmehr lag ihr am Patentschutzverfahren vor der amerikanischen International Trade Commission. Die EU hatte schon früh erklärt: »Our aim is to bring the US law in line with GATT, not to punish Du Pont« (Journal of Commerce 23.03.1987).

beim GATT beantragten Konsultationen kam die US-Administration bereitwillig nach. Dass das Streitbeilegungsverfahren des GATT das US-Verhalten dabei allerdings nennenswert beeinflusst hat, muss bezweifelt werden. Denn die US-Administration betrachtete die Konsultationen als willkommene Gelegenheit, die von ihr im Rahmen der Uruguay-Runde des GATT angestrebte internationale Vereinbarung zum Schutz geistiger Eigentumsrechte zu diskutieren. Dabei sollte aus Sicht der Administration das beanstandete Patentschutzverfahren als ein Verhandlungsgegenstand eingebracht werden, um anderen Staaten in der Uruguay-Runde eine Vereinbarung über den Schutz geistiger Eigentumsrechte schmackhaft zu machen. Die Administration wollte eine Reform ihres Patentschutzverfahrens von einer befriedigenden Vereinbarung über den Schutz geistigen Eigentums im GATT abhängig machen.[140]

Dieser Verhandlungsstrategie entsprechend zeigte sich die US-Administration freilich nicht bereit, im Patentstreit mit der EU-Kommission frühzeitig nachzugeben. Ganz im Gegenteil! Da die US-Administration unter Präsident Ronald Reagan seit 1986 eine weitere Verschärfung des amerikanischen Patentschutzverfahrens anstrebte, spitzte sich der Patentstreit sogar noch weiter zu (Journal of Commerce 20.02.1987). Das Patentschutzverfahren sollte durch den Omnibus Trade Act so umgestaltet werden, dass amerikanische Unternehmen vor der International Trade Commission nicht mehr nachweisen mussten, durch die Patentrechtsverletzung der betreffenden ausländischen Unternehmen tatsächlich auch wirtschaftlichen Schaden erlitten zu haben. Vielmehr sollte es genügen nachzuweisen, dass ausländische Unternehmen gegen ihre Patente verstießen. Um einen Importstopp entsprechender Erzeugnisse ausländischer Unternehmen zu erwirken, sollte amerikanischen Unternehmen der enorm kostspielige Schädigungsnachweis erspart bleiben.[141]

Aus Sicht der EU-Kommission machte die US-Administration damit das amerikanische Patentschutzverfahren im GATT nochmals angreifbarer (Journal of Commerce 20.02.1987).[142] Der Reagan-Administration aber erschien das

---

140 Die USA schlugen vor, in einer solchen Vereinbarung gewisse Standards des nationalen Schutzes geistigen Eigentums niederzulegen. Bei Verstößen gegen diese Standards sollte das Streitbeilegungsverfahren der künftigen WTO angerufen werden können, so dass ein mangelnder Patentschutz in einem Staat zu autorisierten Sanktionsmaßnahmen führen konnte (Financial Times 29.10.1987, Journal of Commerce 29.10.1987).

141 Darüber hinaus sollte das Patentverfahren vor der International Trade Commission nunmehr allen Unternehmen offen stehen, die über Produktionsstätten in den USA verfügten; die Unternehmen mussten also nicht mehr zwingend amerikanische Unternehmen sein.

142 Darüber hinaus warnte aber auch die Trial Lawyers Association – einer Vereinigung von bei der International Trade Commission akkreditierten Rechtsanwälten – die Administration davor, dass ein solchermaßen gestärktes Patentschutzverfahren kaum mehr GATT-konform sein dürfte (Journal of Commerce 20.02.1987).

verbesserte Patentschutzverfahren nicht zuletzt deshalb so dringlich, weil die International Trade Commission vorrechnete, amerikanische Unternehmen müssten durch den Verstoß gegen ihre geistigen Eigentumsrechte – also neben Patentrechten, auch Kopier- und Namensrechten – jährlich Einbußen von 8 bis 20 Mrd. Dollar hinnehmen.[143] Dazu kam aus Sicht der Administration, dass der Patentraub auch die Anreize für amerikanische Unternehmen reduzierte, in die Entwicklung neuer Erzeugnisse zu investieren. Denn werde das entsprechende Patent nicht hinreichend geschützt, so lasse sich die dahinter stehende kostspielige Entwicklung kaum refinanzieren. Sich über den weit verbreiteten Patentraub ausländischer Unternehmen beklagend, unterstrich ein Patentexperte des US-Handelsbeauftragten Clayton Yeutter:

»Essentially, the right of a company to control the use of its invention is eliminated. This harms consumers because the company won't be able to fund future research and development of new drugs, chemicals or other products« (New York Times 13.05.1987).

Doch nicht nur die Reagan-Administration drängte seit 1986 auf ein verschärftes Patentschutzverfahren, sondern auch der Kongress (Hudec 1993: 220). Dort herrschte die Ansicht vor, der Patentschutz in den USA müsse verbessert werden, um amerikanische Unternehmen vor dem wachsenden Patentraub ausländischer Unternehmen zu bewahren (Journal of Commerce 20.02.1987). Das Patentschutzverfahren vor der International Trade Commission könne amerikanische Unternehmen zwar nicht vor Patentverletzungen heimischer Unternehmen schützen, zumindest aber erlaube es ihnen gegen Patentrechtsverletzungen ausländischer Unternehmen wirksam vorzugehen. Warum sollten ausländische Unternehmen die Patente amerikanischer Unternehmen unbehelligt verletzten können, nur weil amerikanische Unternehmen, die sich solcher Patentrechtsverletzungen schuldig machten, häufig vor Gericht glimpflich davon kämen (Hudec 1993: 220)? Die USA müssten durch ihren Patentschutz sicherstellen, dass ausländische Unternehmen nicht die Patente amerikanischer Unternehmen entwenden könnten, um die so entwickelten Erzeugnisse in die USA zu exportieren und damit amerikanische Unternehmen zu schädigen. So unterstrich beispielsweise Senator Dennis DeConcin:

»Our Laws must enable United States companies to protect themselves from foreign manufacturers which steal American-owned technology and then use American innovations to compete with United States-manufactured products« (New York Times 13.05.1987).

143 Damit gingen, so berichtete die International Trade Commission weiter, allein in der Chemie-, Automobil-, Bekleidungs-, Sportgeräte- und Musikindustrie mehr als 130.000 amerikanische Arbeitsplätze verloren (New York Times 13.05.1987).

Die Aufmerksamkeit, die sowohl die Administration als auch der Kongress einem verbesserten Patentschutz entgegenbrachten, wurde freilich auch dadurch begünstigt, dass sich in den USA eine beachtenswerte Patentlobby gebildet hatte (New York Times 13.05.1987, Journal of Commerce 30.03.1987). Unternehmen, die besonders auf einen wirksamen Patentschutz angewiesen waren, schlossen sich beispielsweise im Intellectual Property Committee zusammen (Financial Times 29.10.1987).[144] Insbesondere große Unternehmen etwa aus der Pharma-, Automobil- und Elektroindustrie verlangten dort, die USA müssten ihren Patentschutz verbessern. Ausländische Unternehmen könnten die Patente amerikanischer Unternehmen bislang praktisch gefahrlos stehlen. Darüber hinaus betonten sie, amerikanische Unternehmen litten massiv darunter, dass der Patentschutz in den USA deutlich weniger wirksam sei als in anderen Staaten; dort würden Patente im allgemeinen erheblich besser geschützt (Journal of Commerce 20.02.1987).

Angesichts dieses massiven Drucks, das amerikanische Patentschutzverfahren bei der International Trade Commission zu stärken, anstatt zu schwächen, mussten die Konsultationen – obwohl verfahrensgetreu durchgeführt – scheitern. Die EU beantragte deshalb im März 1987 beim GATT ein Streitschlichtungspanel, das das Patentschutzverfahren der USA beurteilen sollte (L/6439, 36S/ 345).[145]

Feststellungsphase

Die USA verhielten sich zunächst weiter verfahrensgetreu, auch nachdem die EU beim GATT ein Streitschlichtungspanel beantragt hatte. So ließen sie insbesondere das beantragte Panel bereits im Oktober 1987 im GATT-Rat passieren; blockierten dieses also nicht (Hudec 1993: 547). Darüber hinaus behinderten sie auch die Auswahl der Experten nicht, so dass das Panel bereits im Januar 1988 mit der Arbeit an seinem Bericht beginnen konnte (Hudec 1993: 547). Der Bericht des Panels – der sich nicht auf das 1988 verschärfte, sondern vielmehr das ursprünglich 1984 eingeführte Patentschutzverfahren bezog – kam allerdings zu dem Schluss, dass das amerikanische Patentschutzverfahren GATT-widrig sei.

Das Streitschlichtungspanel sah insbesondere das Diskriminierungsverbot des GATT verletzt (Duvall 1990, Abbott 1990). Dem Bericht zufolge darf ein

144 Doch auch andere Lobbygruppen verlangten einen verbesserten Patentschutz (New York Times 13.05.1987).

145 Japan, Korea, Kanada und die Schweiz machten Eingaben, in denen sie letztlich die EU unterstützten (Hudec 1993: 547).

Patentschutzverfahren im GATT nur dann zwischen inländischen und ausländischen Produkten diskriminieren, wenn dies erforderlich ist, um Patentrechte wirksam durchsetzen zu können. Das amerikanische Patentschutzverfahren gehe aber darüber deutlich hinaus (Hudec 1993: 547-548). In seinem Bericht beanstandete das Panel insbesondere, amerikanische Unternehmen könnten gegen angebliche Patentrechtsverletzungen durch von zumeist ausländischen Unternehmen in die USA importierte Erzeugnisse sowohl vor einem ordentlichen Gericht als auch vor der International Trade Commission vorgehen. Patentrechtverletzungen durch amerikanische Produkte – also von zumeist amerikanischen Unternehmen – ließen sich dagegen nur mittels Gang vor ordentliche Gerichte rügen. Darüber hinaus monierte der Bericht die zeitliche Begrenzung des Patentschutzverfahrens vor der International Trade Commission. Denn diese erlaube es den beklagten Unternehmen vielfach nicht, ihre Verteidigung wie vor einem ordentlichen Gericht vorzubereiten. Dazu komme schließlich, dass den beklagten Unternehmen, anders als bei ordentlichen Gerichtsverfahren, vor der International Trade Commission nicht das Recht eingeräumt werde, Gegenklagen einzureichen (Dinan 1991, Hudec 1993: 547-548). Der Bericht des Streitschlichtungspanels empfahl daher, dass die im GATT-Rat vertretenen Vertragsparteien des GATT:

»request the United States to bring its procedures applied in patent infringement cases bearing on imported products into conformity with its obligations under the General Agreement« (L/6439, 36S/ 345).

Aufgrund des unliebsamen Berichts des Streitschlichtungspanels gingen die USA nun schrittweise zu verfahrensvermeidenden Verhaltensweisen über (Hudec 1993: 221). Die neu gewählte Administration von Präsident George Bush kritisierte, dass sich der Bericht deutlich über den eigentlichen Streitfall hinaus mit dem amerikanischen Patentschutz im weiteren Sinne befasse (Financial Times 07.02.1989). Ferner führe er zu massiven Auswirkungen über den Patentschutz hinaus. Denn dem Bericht folgend sei praktisch jedes nationalstaatliche Verfahren – vom Patentschutz über den Gesundheitsschutz oder die Besteuerung – immer dann GATT-widrig, wenn es zwischen in- und ausländischen Erzeugnissen unterscheide bzw. in- und ausländische Erzeugnisse nicht haargenau gleich behandele. Die Bush-Administration forderte den GATT-Rat daher auf, den Bericht abzulehnen. Er stelle einen unerwünschten Präzedenzfall dar, aufgrund dessen auch jenseits des Patentschutzes bislang als völlig unverdächtig geltende staatliche Verfahren, die zwischen in- und ausländischen Erzeugnisse unterschieden, im GATT angreifbar werden könnten (Financial Times 08.02.1989, 13.04.1989).[146]

Jenseits dieser Kritik ging die US-Administration nun insofern zu einem verfahrensvermeidenden Verhalten über, als sie das – im GATT allerdings ungeschriebene – Gesetz missachtete, ein in einem Streitbeilegungsverfahren unterliegender Staat solle die Annahme des Berichts zumindest dann zulassen, wenn sich im GATT-Rat diesbezüglich ein Konsens der übrigen Staaten bilde. Doch trotz eines solchen Konsenses blockierten die USA in acht aufeinander folgenden Sitzungen des GATT-Rats die Annahme des Berichts über ihren Patentschutz (Hudec 1993: 548). Der Bericht fand sich ab Februar 1989 bei jeder der monatlichen Sitzungen des GATT-Rats auf der Tagesordnung; bei jeder dieser Sitzungen forderten die übrigen Vertragsstaaten die USA auf, den Bericht zu akzeptieren; und bei jeder dieser Sitzungen blockierten die USA den Bericht, so dass dieser im GATT formal unwirksam bleiben musste (Financial Times 12.10.1989, Journal of Commerce 13.10.1989). Die Administration stellte monatelang eine Annahme des unliebsamen Berichts über das amerikanische Patentschutzverfahrens noch nicht einmal in Aussicht (Journal of Commerce 20.07.1989).

Das Streitbeilegungsverfahren des GATT konnte das US-Verhalten ganz offenbar nicht beeinflussen. Der Bericht hatte die Bush-Administration allerdings auch in eine schwierige Situation gebracht. Schließlich hatte der Kongress das betreffende Patentschutzverfahren vor der Internationalen Trade Commission gerade erst im Vorjahr durch den *Omnibus Trade Act* verschärft (Journal of Commerce 18.01.1989). Die Chancen, den Kongress angesichts der starken Patentlobby, in der amerikanische Unternehmen über wachsenden internationalen Patentraub klagten, dazu bewegen zu können, das Patentschutzverfahren nun dem GATT folgend zu verwässern, galten als gering (Financial Times 07.02.1989, 14.02.1989).[147] Dies zumal die International Tra-

146 Die EU-Kommission forderte die US-Administration hingegen auf, den amerikanischen Patentschutz unverzüglich GATT-konform zu gestalten (Financial Times 01.02.1989). Dementsprechend lehnte sie einen Vorschlag der US-Administration vehement ab, die Diskussion des Berichts im GATT-Rat aufzuschieben, um dessen Auswirkungen jenseits des Patentschutzes besser beurteilen zu können (Financial Times 08.02.1989). Vielmehr forderte sie die Administration auf, den Bericht im GATT-Rat passieren zu lassen, um danach ihr Patentschutzverfahren an das internationale Recht anzupassen (Journal of Commerce 01.02.1989). Dabei wurde die EU-Kommission im GATT-Rat von praktisch allen Staaten eindeutig unterstützt. Das Gros der Vertragsparteien verlangte, dass die US-Administration den Bericht im GATT-Rat akzeptieren (Journal of Commerce 09.02.1989 u. 23.06.1989, Financial Times 14.02.1989).

147 Dabei schien eine Anpassung des amerikanischen Patentschutzes an das GATT nicht zwingend zu einer Verwässerung desselben führen zu müssen (Journal of Commerce 12.10.1989).

de Commission im Auftrag der Administration errechnet hatte, dass amerikanische Unternehmen durch Patentraub jährlich einen Schaden von 43 bis 61 Mrd. Dollar erlitten (Washington Post 27.02.1988). Selbst kosmetische Korrekturen des beanstandeten Patentschutzverfahrens wies der Kongress unter dem Druck der Patentlobby ab (Journal of Commerce 20.07.1989, 12.10.1989).

Anstatt den Bericht des Streitschlichtungspanels zu akzeptieren, machte die US-Administration das beanstandete Patentschutzverfahren weiterhin zum Gegenstand der Verhandlungen über geistige Eigentumsrechte (TRIPS) im Rahmen der Uruguay-Runde des GATT. Die Administration erklärte, dass die USA ihr Patentschutzverfahren nur dann anpassen könnten, wenn die Verhandlungen über geistige Eigentumsrechte im GATT zu einer befriedigenden internationalen Vereinbarung führten (Journal of Commerce 08.11.1989). Die USA seien, so erklärte der stellvertretende Handelsbeauftragte Rufus Xerxa, zwar grundsätzlich bereit, die Berichte von Streitschlichtungspanels des GATT zu akzeptieren, doch solange es im GATT keinen wirksamen Patentschutz gebe, könnten die USA ihr bisheriges Patentschutzverfahren nicht aufgeben:

»We are not going to sacrifice an effective system in the United States for an international system that does not have credible protection for intellectual property« (Journal of Commerce 06.11.1989).

Durch diese Verknüpfung einer Reform des amerikanischen Patentschutzverfahrens mit den Verhandlungen über den Schutz geistigen Eigentums im Rahmen des GATT hoffte die Bush-Administration zweierlei zu erreichen: Einerseits erwartete sie, für ihre Bereitschaft, den Bericht des Streitschlichtungspanels zu akzeptieren und das beanstandete Patentschutzverfahren zu ändern, ihren Verhandlungspartnern zusätzliche Kompromisse abringen zu können. Denn bislang kamen die Verhandlungen über geistige Eigentumsrechte im Rahmen des GATT nicht wie von der Administration gewünscht voran. Und andererseits hoffte sie damit, den durch die Patentlobby bedrängten Kongress für eine Reform des Patentschutzes durch die International Trade Commission gewinnen zu können. Die Reform des beanstandeten Patentschutzverfahrens hätte sich dann als Preis für die von der Patentlobby ja ebenfalls verlangte internationale Vereinbarung über den Schutz geistiger Eigentumsrechte darstellen lassen.[148] In Bezug auf ein GATT-konformes Patentschutzverfahren unterstrich der stellvertretende Handelsbeauftragte der USA, Rufus Xerxa:

148 Insbesondere das Intellectual Property Committee forderte eine internationale Vereinbarung zum Schutz geistigen Eigentums (Financial Times 29.10.1987).

»It will be impossible to reach domestic consensus until we have a better international understanding to protect the legitimate commercial interests of intellectual property rights holders« (Journal of Commerce 13.10 1989).

Die Verknüpfung der Annahme des Berichts des Streitschlichtungspanels mit den Verhandlungen über den Schutz geistiger Eigentumsrechte sollte sich für die US-Administration allerdings als Eigentor erweisen, das die USA letztlich wieder zu verfahrensgetreuen Verhaltensweisen zwang. Just durch diese Verknüpfung konnte das Verfahren des GATT das US-Verhalten verstärkt beeinflussen. Denn anstatt die eigene Verhandlungsposition zu stärken, erwies sich die amerikanische Blockade des Berichts des Streitschlichtungspanels aufgrund der damit verbundenen Reputationsverluste als Klotz am Bein der Verhandlungen über geistige Eigentumsrechte. Selbst die Handelsbeauftragte Carla Hills musste einräumen, die Blockade des Berichts über das amerikanische Patentschutzverfahren erschwere die im Rahmen der Uruguay-Runde geführten Verhandlungen über den Schutz geistiger Eigentumsrechte (Journal of Commerce 16.10.1989, Financial Times 02.03.1989).[149] Denn nicht nur die EU warf den USA nun Doppelzüngigkeit vor (Financial Times 13.04.1989, 20.10.1989, Journal of Commerce 20.07.1989). Einerseits verlangten die USA nach einem internationalen Patentschutz, der dem Streitschlichtungsverfahren des GATT unterworfen werden solle, und andererseits seien sie nicht bereit, ihren Patentschutz dem Bericht eines solchen Streitschlichtungsverfahrens folgend zu reformieren (Hudec 1993: 221). Nur wenn sich die USA bereit zeigten, den Bericht des Panels zu akzeptieren, könnten die Verhandlungen über den Schutz geistiger Eigentumsrechte zügig vorangehen (The Economist 20.05.1989).

Angesichts der damit bereits erlittenen Reputationsverluste blieb der Administration nur das Eingeständnis, dass sie die Blockade des Berichts aufgeben musste, um die Verhandlungen über den Schutz geistigen Eigentums in der Uruguay-Runde voranbringen zu können (Hudec 1993: 221). Diese Verhandlungen waren für die Administration nicht zuletzt auch deshalb so entscheidend, weil ohne eine zufrieden stellende Vereinbarung zum Schutz geistigen Eigentums eine Ratifizierung des Verhandlungspakets der Uruguay-Runde des GATT durch den Kongress praktisch ausgeschlossen schien (Financial Times 17.10.1989). Angesichts des Einflusses der Patentlobby des Intellectual Property Committee im Kongress entwickelte sich dort – neben einer befriedi-

149 Dementsprechend kritisierten selbst die amerikanischen Vertreter bei den Verhandlungen über den Schutz geistiger Eigentumsrechte die Blockade des Berichts: »How do we go on the offensive when we won't own up on the panel reports? Do we want to use the GATT as a sword or as a shield? If we use it as a shield, we gum up the whole works« (Journal of Commerce 16.10.1989).

genden Vereinbarung über Agrarsubventionen – eine zufrieden stellende Vereinbarung über den Schutz geistiger Eigentumsrechte zur Gretchenfrage der Uruguay-Runde. Die Administration musste davon ausgehen, dass ohne eine solche Vereinbarung der Kongress die Uruguay-Runde scheitern lassen würde (Financial Times 29.09.1989).

Um den gordischen Knoten zu durchschlagen, kehrten die USA deshalb nun vorübergehend zu verfahrensgetreuen Verhaltensweisen zurück. Im November 1989 stimmten sie im GATT-Rat der Annahme des Berichts über das amerikanische Patentschutzverfahren zu (Journal of Commerce 08.11.1989, 09.11.1989).[150] Der ehemalige stellvertretende US-Handelsbeauftragte Alan F. Holmer erklärte diesen Verhaltenswandel der Administration mit den für die Verhandlungen über geistige Eigentumsrechte besonders schmerzhaften Reputationsverlusten:

> »They never were going to be successful in the Uruguay Round, particularly in the intellectual property negotiations, if they continued to block that panel report. It was having a very negative impact on the negotiations« (New York Times 13.11.1989).

Bereits unmittelbar nach der Annahme des Berichts im GATT-Rat gingen die USA aber zu eindeutig verfahrensmissachtenden Verhaltensweisen über. Die Bush-Administration erklärte, sie sei zumindest zunächst nicht gewillt, das beanstandete Patentschutzverfahren tatsächlich auch aufzugeben. Die Administration wolle im Kongress erst dann einen Gesetzentwurf für ein GATT-konformes Patentschutzverfahren einbringen, wenn die Verhandlungen über den Schutz geistiger Eigentumsrechte im Rahmen der Uruguay-Runde des GATT erfolgreich abgeschlossen seien (Hudec 1993: 548, Dinan 1991).[151] Bis dahin bleibe, so stellten US-Präsident Bush und die Handelsbeauftragte Carla Hills klar, das Patentschutzverfahren unverändert gültig (Journal of Commerce 08.11.1989).[152] Solange der Schutz geistigen Eigentums im GATT nicht zufrieden stellend geregelt sei, besäßen die USA die Berechtigung, ihr Patentschutzverfahren unverändert beizubehalten (New York Times 13.11.1989, The

150 Die Administration sah sich zwischenzeitlich ob der Blockade des Berichts auch Angriffen in der amerikanischen Presse ausgesetzt (Journal of Commerce 12.10.1989, Financial Times 14.02.1989). Die Financial Times unterstrich: »The ethics of the vendetta and the rule of law are mutually exclusive alternatives. Can there be any serious doubt about which the US should choose?« (Financial Times 14.02.1989).

151 Sie war lediglich bereit, im Kongress eine Reform von Section 337 diskutieren zu lassen, um den entsprechenden Gesetzesentwurf bei Abschluss der Uruguay-Runde zügig einbringen zu können (Financial Times 08.08.1990).

152 Die Handelsbeauftragte Carla Hills unterstrich: »Until legislated changes in section 337 are enacted by the Congress, the policies that have guided our review of Section 337 orders prior to the GATT report will continue to apply« (Journal of Commerce 08.11.1989).

Economist 21.04.1990, Financial Times 08.11.1989). Um Verständnis werbend, erklärte ein hochrangiger Vertreter der Administration:

»The whole area of intellectual property is in a state of flux and we have to see how the (GATT) process will change. That's why we can't divide it from the Uruguay Round. It's pretty clear that what we're saying is that any (US statute) changes will have to await the Uruguay Round« (Journal of Commerce 08.11.1989).

Umsetzungsphase

Die USA verhielten sich nun weiterhin eindeutig verfahrensmissachtend. Die Administration lenkte auch dann nicht ein, als sich die Uruguay-Runde immer weiter über den für 1990 geplanten Abschluss hinaus bis 1994 verzögerte, so dass sie kaum mehr behaupten konnte, den bereits 1989 angenommenen Bericht nur vorübergehend zu ignorieren. Das Streitbeilegungsverfahren des GATT konnte das US-Verhalten kaum beeinflussen, zumal sich die Administration auch nicht mehr dadurch umstimmen ließ, dass andere Staaten im Rahmen der Uruguay-Runde des GATT die unverzügliche Reform des amerikanischen Patentschutzverfahrens verlangten.[153] Selbst Vorschläge, das verurteilte Patentschutzverfahren zwar formal beizubehalten, aber unabhängig von einer Gesetzesänderung durch den Kongress bestehende Spielräume zu nutzen, um es GATT-konform umzusetzen, wurden verworfen. Die Administration bestand vielmehr weiter darauf, dem Kongress das amerikanische Patentschutzverfahren nur im Rahmen einer GATT-Vereinbarung zum Schutz geistiger Eigentumsrechte zur Veränderung vorzulegen und dieses Patentschutzverfahren bis dahin unverändert einzusetzen (Journal of Commerce 27.06.1990, 13.03.1991).[154]

---

153 Die EU wollte die Verknüpfung der Verhandlungen über den Schutz geistiger Eigentumsrechte in der Uruguay-Runde des GATT mit dem Bericht über das amerikanische Patentschutzverfahren nicht akzeptieren. Der vom GATT-Rat angenommene Bericht verpflichte die USA ganz unabhängig von den Verhandlungen der Uruguay-Runde dazu, ihren Patentschutz GATT-konform zu reformieren (Financial Times 08.11.1989). Je länger sich die Verhandlungen in der Uruguay-Runde des GATT verzögerten, desto mehr kritisierten auch andere Staaten im GATT-Rat die USA (Journal of Commerce 13.03.1991, Financial Times 25.04.1991). Insbesondere warfen sie Washington vor, mit der Weigerung, den vom GATT-Rat akzeptierten Bericht umzusetzen, das Streitbeilegungsverfahren des GATT zu unterminieren (Financial Times 25.04.1991).

154 Der Schutz geistiger Eigentumsrechte selbst war unterdessen der für die Administration bedeutendste Verhandlungsgegenstand in der Uruguay-Runde des GATT geworden (Financial Times 16.05.1990, The Economist 07.07.1990). In Bezug auf die Uruguay-Runde erklärte ein hochrangiger Vertreter der Administration: »The United States puts enormous value in the

Doch nicht nur die Administration, sondern auch der Kongress zeigte im Patentstreit keine Skrupel, das Streitbeilegungsverfahren des GATT zu missachten. Er verhielt sich sogar noch unnachgiebiger als die Administration. So wurde diese – insbesondere die Handelsbeauftragte Carla Hills – im Kongress kritisiert, weil sie der Annahme des Berichts im GATT-Rat zugestimmt hatte. Den Bericht zu akzeptieren, dann aber zu missachten, sei, so argumentierten einige Kongressmitglieder, ungeschickter, als ihn schlicht zu blockieren (Dinan 1991). Darüber hinaus herrschte im Kongress die Ansicht vor, die USA sollten dem Bericht des Streitschlichtungspanels nur dann folgen, wenn sie dafür den von ihr in der Uruguay-Runde des GATT angestrebten Schutz geistiger Eigentumsrechte durchsetzen könnten. Die Beachtung des Berichts sah der Kongress letztlich also als verhandelbar an. So erklärte mit Blick auf eine Reform des amerikanischen Patentschutzverfahrens beispielsweise Senator John Heinz:

»If we are going to make any changes, we ought to get something for it« (New York Times 13.11.1989).

Die Patentlobby bedrängte dabei weiter Kongress wie auch Administration, den amerikanischen Patentschutz keinesfalls zu verwässern (Journal of Commerce 14.12.1990, 09.01.1992).[155] Das Intellectual Property Committee sowie die International Intellectual Property Alliance traten zwar wie Administration und Kongress für einen verbesserten Patentschutz im Rahmen des GATT ein.[156] Doch zugleich wollten sie im Gegensatz zu Administration und Kongress selbst im Rahmen eines verbesserten internationalen Patentschutz nicht auf das beanstandete amerikanische Patentschutzverfahren vor der International Trade Commission verzichten (Journal of Commerce 27.06.1990, Financial Times 08.08.1990). Dank dieses Patentschutzverfahrens könne deutlich wirksamer gegen den internationalen Patentraub vorgegangen werden.[157] Die in der Patentlobby neben der Chemie und der Elektroindustrie besonders aktive Pharmaindustrie unterstrich:

---

intellectual property area. We rank it equally high as agriculture« (Journal of Commerce 20.08.1992).

155 Gegen die mächtige Patentlobby konnte die Konsumentenlobby nur wenig ausrichten. Die Verbraucherschützer versuchten, darauf aufmerksam zu machen, dass aufgrund eines überzogenen Patentrechts die Konsumenten die Monopolgewinne der Patentinhaber zu tragen hätten (Financial Times 19.09.1991, Washington Post 11.02.1992).

156 Der Patentlobby gehörten zudem die Labor-Industry Coalition for International Trade, die Semiconductor Industry Association, die Pharmaceutical Manufacturers Association und die International Anti-Counterfeiting Coalition an (Journal of Commerce 27.06.1990, 16.10.1990, 09.01.1992, Financial Times 08.08.1990, 03.12.1992).

157 So sei es gelungen, durch Patentschutzverfahren vor der International Trade Commission beispielsweise Brasilien, Mexiko, Thailand und Südkorea zu einem verbesserten Patentschutz zu bewegen (Journal of Commerce 01.11.1990).

»An agreement (...) signed by all 99 GATT members would be a dramatic step forward. But it is important to retain the threat of US retaliation for inadequate intellectual property protection« (Journal of Commerce 01.11.1990).[158]

Die USA kehrten somit erst zu verfahrensgetreuem Verhalten zurück, als die Uruguay-Runde des GATT 1994 unter anderem mit einer Vereinbarung zum Schutz geistiger Eigentumsrechte erfolgreich abgeschlossen wurde. Dies hatte mit dem Streitbeilegungsverfahren des GATT selbst jedoch allenfalls insofern etwas zu tun, als es die Verhandlungsposition der Staaten gestärkt hatte, die im Rahmen der Uruguay-Runde die USA zur Anpassung ihres Patentschutzverfahrens drängten. Diesen gelang es, der Administration durch die Vereinbarung eines verbesserten Schutzes geistiger Eigentumsrechte im GATT eine Reform des amerikanischen Patentschutzverfahrens abzutrotzen. Just mit diesem Argument konnte dann auch die Administration den Kongress im Rahmen der Ratifikation der Ergebnisse der Uruguay Runde überzeugen, im Dezember 1994 – also mit fünfjähriger Verspätung – einer Reform des Patentschutzverfahrens zuzustimmen, die schließlich im Juni 1995 in Kraft trat.

Dieses reformierte Patentschutzverfahren räumt, wie vom Bericht des Streitschlichtungspanels des GATT verlangt, insbesondere den vor der International Trade Commission beklagten ausländischen Unternehmen das Recht ein, gegen klagende amerikanische Unternehmen Gegenklagen einzureichen, die dann vor einem ordentlichen Gericht zu verhandeln sind. Darüber hinaus müssen die beklagten Unternehmen nicht mehr damit rechnen, sich wegen derselben Patentstreitigkeit zugleich vor einem ordentlichen Gericht und der International Trade Commission verantworten zu müssen. Vielmehr sieht die neue Section 337 des Tariff Act vor, das Patentschutzverfahren vor einem ordentlichen Gericht auszusetzen, bis die International Trade Commission, für deren Patentschutzverfahren keine gesonderten Fristen mehr gelten, über den betreffenden Patentstreit entschieden hat. Das Gerichtsverfahren darf mithin erst im Anschluss wieder aufgenommen werden, wobei alle vor der International Trade Commission erhobenen Beweise vor Gericht verwendet werden können.

---

158 Die Labor-Industry Coalition for International Trade erklärte ebenso: »The United States must seek stronger international discipline against (...) infringement of intellectual property (...), while rejecting proposals that would weaken US trade laws« (Journal of Commerce 27.06.1990).

Insgesamt: Geringer Einfluss des Streitbeilegungsverfahrens

Insgesamt schwankte das US-Verhalten im Patentstreit zwischen verfahrensgetreuen, verfahrensvermeidenden und verfahrensmissachtenden Verhaltensweisen hin und her. Geprägt war es allerdings – abgesehen von der Thematisierungsphase – gerade in der Feststellungs- und Umsetzungsphase durch ein zunächst verfahrensvermeidendes später dann sogar verfahrensmissachtendes Verhalten.

Schaubild 6.1: Das US-Verhalten im Patentstreit: Einfluss des GATT-Verfahrens

<table>
<tr><th></th><th>US-Verhalten</th><th>Einfluss des Verfahrens</th></tr>
<tr><td>Thematisierungsphase</td><td>➢ verfahrensgetreu</td><td rowspan="3">Gering
➢ nur aufgrund von Reputationsverlusten</td></tr>
<tr><td>Feststellungsphase</td><td>➢ zunächst verfahrensgetreu
➢ dann lange verfahrensvermeidend
➢ dann verfahrensgetreu
➢ schließlich verfahrensmissachtend</td></tr>
<tr><td>Umsetzungsphase</td><td>➢ zunächst lange verfahrensmissachtend
➢ dann schließlich verfahrensgetreu</td></tr>
</table>

Dass die USA jeweils – wenn auch mit jahrelanger Verzögerung – trotzdem zu verfahrensgetreuen Verhaltensweisen zurückkehrten, hatte auch hier allenfalls begrenzt mit dem Streitbeilegungsverfahren des GATT zu tun. Denn dieses konnte im Patentstreit ähnlich wie im DISC-Streit lediglich über den Kausalpfad der Reputationseffekte wirksam werden. Und diese Reputationsverluste machten sich lediglich im Rahmen der GATT-Verhandlungen über einen verbesserten Schutz geistiger Eigentumsrechte hinreichend bemerkbar. Das Verfahren des GATT beeinflusste das US-Verhalten nur deshalb, weil in der Uruguay Runde zahlreiche Staaten ein verfahrensgetreues Verhalten der USA im Patentstreit zur Voraussetzung gedeihlicher Verhandlungen über den Schutz geistiger Eigentumsrechte machten. Denn durch diese Verknüpfung wurde das verfahrensvermeidende bzw. verfahrensmissachtende Verhalten der USA zunehmend kostspielig. Doch letztlich scheint das Verfahren trotz dieses Reputationseffekts allenfalls in der Feststellungsphase für das verfahrensgetreue US-Verhalten ausschlaggebend gewesen zu sein; in der Umsetzungsphase hingegen muss dieses wohl eher unabhängig vom Verfahren im GATT als Resultat der Verhandlungen in der Uruguay-Runde gesehen werden.

6.2 Das US-Verhalten im Stahlstreit (2002-2003)

Im Gegensatz zum Verfahren des GATT ist es dem Verfahren der WTO gelungen, das US-Verhalten im Stahlstreit, der 2002 und 2003 die transatlantischen Handelsbeziehungen teilweise massiv belastete, nicht unerheblich zu beeinflussen. Im Stahlstreit zwischen den USA und der EU ging es um die Schutzzölle, die US-Präsident George W. Bush im März 2002 beschlossen hatte, um die amerikanische Stahlindustrie vor wachsenden Stahlimporten wirksamer zu schützen (Washington Post 05.03.2002). Die amerikanische Stahlindustrie bedurfte aus Sicht der Administration dieses Schutzes, weil sie infolge der Asienkrise von 1997 durch unerwartet rasch anwachsende Stahlimporte hart getroffen worden war (Financial Times 06.03.2002, 08.03.2002). Viele ausländische Stahlproduzenten verkauften die in Asien nicht mehr absetzbaren Stahlprodukte auf den amerikanischen Stahlmärkten, so dass bereits 31 amerikanische Stahlbetriebe ein Konkursverfahren hatten anmelden müssen. Die Schutzzölle, die auf insgesamt zehn verschiedene Stahlprodukte erhoben wurden, sollten die amerikanischen Stahlmärkte allerdings nicht auf Dauer abschotten; sie sollten die amerikanische Stahlindustrie lediglich vorübergehend entlasten, um notwendige Restrukturierungsmaßnahmen zu ermöglichen (The Economist 09.03.2002). [159] Dementsprechend war vorgesehen, die Schutzzölle von 8 bis 30 Prozent innerhalb von drei Jahren schrittweise wieder zurückzufahren (New York Times 06.03.2002).

Die EU-Kommission kritisierte die amerikanischen Stahlzölle als rechtswidrig, weil sie insbesondere gegen das WTO-Abkommen für Schutzmaßnahmen verstießen (WT/DS248/1). Danach dürfen Staaten zwar Industriezweige vorübergehend schützen, die durch einen unerwartet auftretenden Importanstieg geschädigt werden. Doch die USA könnten nicht ernsthaft behaupten, ihre Stahlindustrie werde noch 2002 durch den Importanstieg aufgrund der Asienkrise von 1997 beeinträchtigt.[160] Denn die amerikanischen Stahlimporte seien bereits 1999 wieder deutlich gefallen (Financial Times 06.03.2002). Die US-Administration könne nicht, wie vom WTO-Abkommen für Schutzmaßnahmen verlangt, nachweisen, dass die amerikanische Stahlkrise ursächlich auf steigende Stahlimporte zurückgehe (WT/DS248/12). Tatsächlich sei die Stahlkrise darauf zurückzuführen, dass die amerikanische Stahlindustrie im Gegensatz zur europäischen Konkurrenz den Restrukturierungs-

159 Der Handelsbeauftragte der USA Robert Zoellick erklärte mit Blick auf die Schutzmaßnahmen: »That will give the US steel industry the opportunity to get back on its feet« (The Economist 09.03.2002).

160 EU-Außenhandelskommissar Pascal Lamy entrüstete sich: »Imports are not the cause of US difficulties« (New York Times 06.03.2002).

prozess versäumt habe (Newsweek 18.03.2002).[161] Der mittlerweile wettbewerbsfähigen europäischen Stahlindustrie drohten nun aber durch die illegalen Schutzzölle der USA Gefahren (New York Times 06.03.2002). Dies nicht nur, weil die amerikanischen Schutzzölle die europäischen Stahlexporte behinderten, sondern insbesondere weil aufgrund dieser Schutzzölle andere Stahlexporteure vermehrt auf die europäischen Stahlmärkte drängten (The Economist 09.03.2002). EU-Außenhandelskommissar Pascal Lamy beklagte:

»We cannot stand by and allow an industry that has gone through hell and high water to become the most competitive in the world, suffer the consequences of illegal measures by the US« (Financial Times 12.03.2003).

Die US-Administration hingegen bestand darauf, die verhängten Schutzzölle seien mit dem WTO-Abkommen für Schutzmaßnahmen voll vereinbar (WT/DS258/R). Die vorübergehend geltenden Stahlzölle verschafften der amerikanischen Stahlindustrie die angesichts wachsender Importe notwendige Verschnaufpause zur Restrukturierung.[162] Die amerikanische Stahlindustrie leide nach wie vor unter den 1997 und 1998 sprunghaft angestiegenen Importen (New York Times 06.03.2002). Diese unerwartete Importschwemme wirke sich trotz der nunmehr sinkenden Stahleinfuhren weiter schädigend auf die amerikanische Stahlindustrie aus, zumal die Importzahlen auch 2002 noch über denen von 1997 lägen (Washington Post 08.03.2002). Dazu komme, dass insbesondere auch die europäische Stahlindustrie jahrelang subventioniert worden sei, so dass sie gegenüber den amerikanischen Stahlproduzenten einen ungerechtfertigten Wettbewerbsvorteil genieße (Financial Times 06.03.2002, Washington Post 06.03.2002). Ein Vertreter des US-Handelsbeauftragten Robert Zoellick unterstrich:

»It should be noted that a wave of imports has overwhelmed the United States in 1997 and 1998. That wave has continued to have a substantial effect (...). And in fact 30 percent of the US industry has gone into the bankruptcy process since 1998« (Washington Post 08.03.2002).[163]

---

161 Darüber hinaus wurde darauf verwiesen, möglicherweise hätten neue amerikanische Stahlbetriebe – so genannte Mini-Mills –, die aus Schrott Stahl produzieren, die traditionellen amerikanischen Stahlbetriebe in den Bankrott getrieben. Die Stahlkrise sei hausgemacht (Newsweek 18.03.2002, New York Times 02.02.2002).

162 US-Präsident George W. Bush erklärte: »I decided that imports were severely affecting our industry, an important industry, in a negative impact, and, therefore, provide temporary relief so that the industry could restructure itself« (New York Times 06.03.2002).

163 In einem Beitrag für die Financial Times schrieb der Handelsbeauftragte selbst: »An unprecedented flood of imports [was brought] into US markets. WTO rules allow for safeguard measures precisely to enable countries to cope with such disruptions. Today about 30 per cent of US steel-making capacity has filed for bankruptcy. Domestic steel prices in the last quarter

Thematisierungsphase

Als die EU-Kommission, unmittelbar nachdem US-Präsident George W. Bush am 05. März 2002 die Stahlzölle bekannt gegeben hatte, ankündigte, dagegen in der WTO vorzugehen, reagierte die US-Administration zunächst mit weitgehend verfahrensgetreuen Verhaltensweisen (New York Times 06.03.2002).[164] Dem Gesuch der EU-Kommission nach entsprechenden Konsultationen in der WTO (WT/DS248/1) kam die US-Administration anstandslos nach. Die Konsultationen selbst, die bereits im April 2002 stattfanden (WT/DS248/11), wurden allerdings dadurch belastet, dass die EU und die USA in Verbindung mit dem eigentlichen Stahlstreit zwei weitere Streitgegenstände geschaffen hatten:

Der eine durch den Stahlstreit angestoßene Streit entzündete sich daran, dass die EU noch im März 2002 beschlossen hatte, ihrerseits ab April 2002 Schutzmaßnahmen gegen Stahlimporte zu ergreifen (New York Times 26.03.2002). Denn die EU-Kommission fürchtete, die Stahlerzeugnisse etwa aus China, Japan oder Südkorea, die aufgrund der amerikanischen Schutzmaßnahmen dort nicht mehr abgesetzt werden konnten, überschwemmten nun den europäischen Stahlmarkt (Financial Times 06.03.2002). Dabei unterstrich die Kommission, die europäischen Schutzzölle in Höhe von 15 bis 26 Prozent seien im Gegensatz zu den amerikanischen Schutzmaßnahmen insofern WTO-konform, als die Stahlimporte in die EU im Gegensatz zu denen in die USA deutlich zugenommen hätten (Washington Post 26.03.2002). Darüber hinaus sollten die Schutzzölle erst in Kraft treten, sofern das bisherige Importvolumen für Stahlerzeugnisse erneut überschritten werde (New York Times 26.03.2002, European Commission Press Release 27.03.2002).[165]

Die USA aber kritisierten die Schutzmaßnahmen der EU als WTO-widrig (New York Times 26.03.2002). Noch im März 2002 verlangte die US-Administration deshalb ihrerseits bei der WTO Konsultationen über die europäischen Schutzzölle (Washington Post 28.03.2002). Darüber hinaus drohte sie, gegen die europäischen Schutzzölle ein Streitschlichtungspanel der WTO

of 2001 were at their lowest for 20 years and nearly all US steel operations (...) were spilling red ink« (Financial Times 13.03.2002).

164 Außenhandelskommissar Pascal Lamy kündigte zudem an, dass sich die EU mit anderen Staaten, die wie etwa China, Japan und Südkorea von den rechtswidrigen Stahlzöllen der USA betroffen seien, abstimmen werde, um dagegen in der WTO möglichst wirksam vorgehen zu können (Financial Times 07.03.2002, Washington Post 08.03.2002).

165 Außenhandelskommissar Pascal Lamy erklärte: »Unfounded and unfair US action has forced us to take temporary steps to look after EU industry and EU workers. (...) These limited and carefully crafted measures have one simple goal: to prevent a flood of diverted steel coming into the EU market« (European Commission Press Release 27.03.2002).

zu beantragen (Washington Post 18.04.2002). Die EU habe es entgegen der WTO-Vorschriften versäumt, auch nur den geringsten Beweis dafür vorzulegen, dass die steigenden Stahlimporte die europäische Stahlindustrie schädigten (Financial Times 26.03.2002).[166] Ein Sprecher des US-Handelsbeauftragten Robert Zoellick erklärte:

»We have serious questions about the EU action under WTO rules. We will seek consultations with the EU under WTO rules and will consider filing a WTO action since the US has steel exports to the EU which may be harmed« (Financial Times 28.03.2002).

Der zweite durch den Stahlstreit motivierte Streit entstand, weil die EU von den USA Kompensationen für den Schaden verlangte, den die europäische Stahlindustrie durch die amerikanischen Stahlzölle zu erleiden hatte. Die EU wollte auf eine bislang ungenutzte Regelung des Abkommens für Schutzmaßnahmen bestehen, wonach Staaten, die von den Schutzmaßnahmen anderer Staaten betroffen sind, dann unmittelbar Kompensationen verlangen können, wenn diese nicht auf einen nominellen Importanstieg verweisen können (Financial Times 08.03.2002, 26.04.2002). Sollte sich die Administration weigern, angemessene Kompensationen in Höhe von mindestens 2 Mrd. Dollar anzubieten, so könne die EU nach Ansicht der Kommission sogar ohne weitere Genehmigung durch die WTO Sanktionen gegen die USA verhängen (Financial Times 20.03.2002, 11.03.2002). Biete die US-Administration nicht bis spätestens 18. Juni 2002 Kompensationen an, so werde die EU von diesem Sanktionsrecht Gebrauch machen (The Economist 11.05.2002).[167]

Die US-Administration hingegen lehnte Kompensationen entschieden ab (Financial Times 20.03.2002). Die USA besäßen in der WTO das Recht, Schutzmaßnahmen zu ergreifen, ohne den betroffenen Staaten Kompensationen anbieten zu müssen.[168] Dementsprechend verfüge die EU auch über kein Sanktionsrecht, um Kompensationen selbständig einzutreiben. Die EU könne allenfalls nach einer etwaigen Verurteilung der amerikanischen Schutzzölle durch das Streitbeilegungsverfahren der WTO Sanktionen verhängen (Financi-

166 Der US-Handelsbeauftragte Rober Zoellick ließ durch einen Vertreter erklären: »We question whether the EU action on safeguards is appropriate given that there has been no time to determine whether there's been an increase in exports that caused injury« (Financial Times 26.03.2002).

167 Obwohl die Kommission eingestehen musste, dieses Sanktionsrecht sei in der WTO nicht unstrittig, ließ sie – vom EU-Ministerrat unterstützt – entsprechende Sanktionsmaßnahmen bereits vorbereiten, ohne sich allerdings auf deren Anwendung endgültig festzulegen (Financial Times 16.03.2002, New York Times 23.03.2002).

168 Die US-Administration zeigte sich lediglich dann bereit, ihre Schutzzölle zu überdenken, wenn die Gespräche über die Beschränkung der globalen Stahlkapazitäten im Rahmen der OECD erfolgreich verliefen (Financial Times 11.03.2002).

al Times 11.03.2002). Jede vorzeitige Sanktionsmaßnahme hingegen sei eindeutig WTO-widrig (New York Times 28.05.2002, The Economist 11.05.2002). Ergreife die EU trotzdem derartige Sanktionen, so würden die USA – so drohte die Administration – ihrerseits mit Vergeltungsmaßnahmen reagieren (Financial Times 29.04.2002, Washington Post 03.05.2002). Ein Vertreter des Handelsbeauftragten Robert Zoellick kritisierte:

»Legal disputes have to be resolved in the dispute settlement process in the WTO. The EU wants to be the judge and jury. This strikes at the heart of the multilateral process« (Financial Times 20.04.2002).

Obwohl die EU-Kommission mit ihren Schutzmaßnahmen und ihren Sanktionsdrohungen zwei weitere Streitgegenstände geschaffen hatte, kam die US-Administration im eigentlichen Stahlstreit ihrer Konsultationspflicht im April 2002 anstandslos nach. Und auch in Bezug auf die beiden zusätzlichen Streitgegenstände agierte sie verfahrenskonform. In der Sache allerdings blieb die Administration von Präsident Bush im Stahlstreit auch während der Konsultationen völlig unnachgiebig.[169]

Dabei drängten in der Administration insbesondere die politischen Berater des Präsidenten, die Stahlzölle aufrecht zu erhalten. Denn sie schielten mit Blick auf die kommenden Kongresswahlen auf die Stimmen der Stahlarbeiter. George W. Bush hatte – im Gegensatz zu Al Gore – bereits bei den Präsidentschaftswahlen 2000 den Stahlarbeitern in Staaten wie West-Virginia, Pennsylvania oder Ohio versprochen, der Stahlindustrie gegebenenfalls mit Schutzzöllen zu helfen (Washington Post 05.03.2002, New York Times 06.03.2002). Dieses Versprechen mochte bei den Präsidentschaftswahlen insofern mit ausschlaggebend gewesen sein, als es George W. Bush die Stimmen für seinen hauchdünnen Sieg in West-Virginia bescherte, aufgrund dessen er sich insgesamt gegen Al Gore knapp durchsetzten konnte (The Economist 02.03.2002, New York Times 02.02.2002). Die politischen Berater des Präsidenten wollten angesichts der bevorstehenden Kongresswahlen diese Stimmen in den Stahlstaaten keinesfalls gefährden. Präsident Bush konnte sein Versprechen kaum brechen, ohne die Stimmen der Stahlarbeiter zu verlieren (New York Times 06.03.2002, 07.03.2002). Dies zumal die Administration dann auch die mächtige Stahllobby gegen sich aufgebracht hätte (New York Times 20.01.2002).

In der Administration lehnten allerdings die ökonomische Berater des Präsidenten die Stahlzölle ab (New York Times 16.03.2002). Sie forderten den Präsidenten auf, für die Stahlindustrie keine zweifelhaften Schutzmaßnahmen zu ergreifen. Andere Industrien könnten dies als Einladung auffassen, ihrer-

169 Die US-Administration versuchte allerdings, den Druck der EU-Kommission zu lindern, in dem sie einige Stahlprodukte von den Schutzzöllen ausnahm (Financial Times 11.04.2002).

seits von der Administration besondere Schutzmaßnahmen einzufordern. Darüber hinaus befürchteten die ökonomischen Berater, die Administration unterminiere durch die Stahlzölle das von den USA gewünschte liberale Handelsregime. Hinzu komme, dass die Schutzzölle die Stahl konsumierenden Industriezweige in den USA schädigten (New York Times 16.03.2002).[170] Aufgrund der Schutzzölle gingen in der Stahl verarbeitenden Industrie möglicherweise mehr Arbeitsplätze verloren als in der Stahlindustrie selbst erhalten werden könnten (New York Times 06.03.2002, 07.03.2002). Die ökonomischen Berater verwiesen dementsprechend darauf, dass sich die Stahl verarbeitende Industrie bereits in einer Lobbygruppe zusammengeschlossen habe, um gegen die Stahlzölle vorzugehen (New York Times 23.01.2002).[171]

Dass sich die Administration trotzdem für Stahlzölle entschied, lag an der von den politischen Beratern hervorgehobenen Überzeugung, für die Kongresswahlen seien die Stimmen der Stahlarbeiter wichtiger als die Stimmen der Arbeiter aus der Stahl verarbeitenden Industrie. Denn die Stahlarbeiter konzentrierten sich in für die Kongresswahlen besonders wichtigen, so genannten swing-states (The Economist 16.02.2002, New York Times 02.02.2002).[172] Ferner ließen sich die ökonomischen Berater davon überzeugen, die vorgesehenen protektionistischen Handelspraktiken im Stahlbereich schadeten der angestrebten liberalen Handelspolitik nur kurzfristig, stützten diese aber langfristig. Denn die Administration konnte nur hoffen, die für eine liberale Handelspolitik notwendige Fast-Track-Authority im Kongress zu gewinnen, wenn sie diesem demonstrierte, dass sie für die amerikanischen Handelsinteressen zu kämpfen bereit war (Financial Times 07.03.2002). Denn um hinreichend Stimmen für die Fast-Track-Authority im Kongress zu mobilisieren, war sie auf Kongressabgeordnete aus Stahlstaaten angewiesen (The Economist 16.02.2002, Newsweek 18.03.2002). Die Bedeutung der Stahlzölle für die angestrebte Fast-Track-Authority betonend, unterstrich der US-Handelsbeauftragte Robert Zoellick:

> »We are committed to moving forward with free trade, but (...) we have to manage political support for free trade at home. We have to create coalitions« (New York Times 14.03.2002).

Da somit für die US-Administration insgesamt wenig dafür sprach, der EU-Kommission entgegenzukommen, konnte der Stahlstreit bei den im April 2002

---

170 Finanzminister Paul H. O'Neill kritisierte die Stahlzölle deshalb sogar öffentlich (New York Times 16.03.2002).

171 Die Stahlkonsumenten schlossen sich in der Consuming Industries Trade Action Coalition zusammen (Financial Times 08.12.2003).

172 So werden in den USA die Bundesstaaten genannt, in denen nicht von vornherein feststeht, ob die Demokraten oder die Republikaner die Wahlen gewinnen.

durchgeführten Konsultationen nicht beigelegt werden. Die EU beantragte deshalb bereits im Mai 2002 bei der WTO ein Streitschlichtungspanel, das die Stahlzölle der USA rechtlich prüfen sollte (WT/DS248/12).

Feststellungsphase

Die USA verließen ihr verfahrensgetreues Verhalten auch nicht, nachdem die EU das Streitschlichtungspanel beantragt hatte. Die Administration war bereit, sich dem in der WTO verankerten Streitbeilegungsverfahren weitgehend zu fügen. Allerdings versuchte sie die Errichtung des Panels zunächst zu verzögern. Sie konnte zwar nicht verhindern, dass die Streitschlichtungsinstanz der WTO das Panel einrichtete. Doch als die Staaten, die neben der EU die Stahlzölle gleichfalls als WTO-widrig einschätzten, ihre Beteiligung beantragten, blockierte die Administration die entsprechenden Gesuche jeweils in der ersten Sitzung der Streitschlichtungsinstanz der WTO, um sie erst in einer zweiten Sitzung, in der eine solche Blockade nicht mehr möglich ist, passieren zu lassen.[173] Da jedoch das von der EU ursprünglich beantragte Panel warten musste, bis über alle diese Gesuche entschieden war, gelang es den USA somit, das ganze Streitbeilegungsverfahren gegen ihre Stahlzölle vorübergehend aufzuhalten (Financial Times 15.06.2002). Das Streitschlichtungspanel konnte folglich erst im Juli 2002 seine Arbeit aufnehmen.

Da die US-Administration das Kompensationsbegehren der EU-Kommission weiter ablehnte, bereitete diese zwischenzeitlich Sanktionsmaßnahmen vor (Financial Times 16.03.2002, New York Times 23.03.2002). Allerdings wollte sie erst später darüber entscheiden, ob Sanktionen verhängt werden sollten, noch bevor das Streitschlichtungspanel bzw. das Berufungsgericht der WTO über die amerikanischen Stahlzölle befunden hatten (Financial Times 11.06.2002, 22.06.2002).[174] Die Sanktionsliste beinhaltete insbesondere Erzeugnisse aus US-Bundesstaaten, die als swing-states sowohl für die bevorstehenden Kongress-, als auch die späteren Präsidentschaftswahlen entscheidend sein konnten. Insbesondere sah sie Sanktionsmaßnahmen gegen Textil-,

173 China, Japan, Kanada, Korea, Mexiko, Neuseeland, Norwegen, Schweiz und Venezuela traten der Klage gegen die amerikanischen Stahlzölle bei.

174 Gleichwohl legte die Kommission ihre Sanktionsliste frühzeitig der WTO vor, weil sie befürchtete, andernfalls das von ihr reklamierte Sanktionsrecht zu verlieren, also Sanktionen erst wieder nach einer Verurteilung der USA durch das Streitschlichtungspanel bzw. das Berufungsgericht verhängen zu dürfen (Financial Times 23.03.2002). Dabei teilte sie die Sanktionsliste in Maßnahmen auf, die sie sofort zu verhängen gedachte, sowie in Sanktionen, die sie erst nach einer entsprechenden Verurteilung ergreifen wollte (New York Times 18.04.2002, Financial Times 08.05.2002).

Zitrus- und Stahlprodukte vor (The Economist 11.05.2002). Dabei zielte sie mit den Sanktionen gegen die Textilindustrie auf North und South Carolina, mit den Sanktionen gegen die Zitrusindustrie auf Florida und mit den Sanktionen gegen die Stahlindustrie auf West-Virginia, Pennsylvania und Ohio (New York Times 23.03.2002, Financial Times 23.03.2002). Die Administration, die aus wahltaktischen Gründen die Stahlzölle beschlossen hatte, sollte sich nach dem Kalkül der Kommission dazu gezwungen sehen, diese aus wahltaktischen Gründen wieder aufzugeben. Außenhandelskommissar Pascal Lamy erklärte:

»We have got to be as clever as we can. (...) We want this decision to be reversed. For President Bush the pros for imposing the tariffs outweigh the cons. We have to rebalance this« (New York Times 27.03.2002).

Die Sanktionsdrohungen der EU-Kommission konnten die US-Administration vorerst jedoch nicht dazu bewegen, ihre Stahlzölle aufzugeben. Um die EU aber davon abzuhalten, vor den Kongresswahlen Sanktionsmaßnahmen zu ergreifen, war die Administration bereit, die bereits beschlossenen Ausnahmen von den Stahlzöllen zu erweitern (Financial Times 31.05.2002).[175] Dabei zwangen die zu gewährenden Ausnahmen die Administration allerdings gerade angesichts der bevorstehenden Kongresswahlen zu einem komplizierten Balanceakt (New York Times 24.08.2002, Washington Post 27.06.2002). Die Stahlindustrie drängte darauf, möglichst wenige Ausnahmen zuzulassen, um den eingeleiteten Restrukturierungsprozess nicht zu gefährden (Financial Times 07.06.2002, Washington Post 08.06.2002). Um bei den Kongresswahlen nicht die Stimmen der Stahlarbeiter zu verlieren, musste die Administration auf die Stahllobby eingehen, die die Ausnahmen als zu weit reichend kritisierte (New York Times 23.08.2002). Die Stahl verarbeitende Industrie hingegen verlangte von der Administration, die Ausnahmen möglichst großzügig zu erteilen (Financial Times 07.06.2002, Washington Post 08.06.2002). Um also bei den Kongresswahlen nicht die Stimmen etwa der Automobilarbeiter zu riskieren, musste die Administration die Lobby der Stahlkonsumenten berücksichtigen, die die beschlossenen Ausnahmen angesichts der steigenden Stahlpreise als zu restriktiv bemängelte (Financial Times 05.02.2003). Der Handelsbeauftragte Robert Zoellick beschrieb den Balanceakt der Administration bei der Erteilung von Ausnahmegenehmigungen folgendermaßen:

»The exclusions we are granting are the result of a complex decision-making process in which we have balanced the needs of steel consumers and producers while continuing to

175 Die US-Administration gab im August 2002 die endgültige Ausnahmenliste bekannt. Danach blieben nun 727 Stahlprodukte von den zusätzlichen Stahlzöllen verschont (New York Times 23.08.2002, 24.08.2002).

preserve the integrity of the program to give the US industry temporary protection from imports« (Washington Post 04.07.2002).

Bei der Erteilung von Ausnahmegenehmigungen vereinfachte sich der Balanceakt zwischen Stahlindustrie und Stahlkonsumenten für die Administration allerdings insofern, als der Kongress ihr im Juli 2002 endlich die lange angestrebte Fast-Track-Authority, mittlerweile Trade-Promotion-Authority genannt, erteilte (Washington Post 29.08.2002).[176] Damit musste die Administration nicht mehr jeden Schritt ihrer Handelspolitik im allgemeinen und in der Stahlpolitik im besonderen daraufhin überprüfen, ob er Kongressabgeordnete davon abhalten würde, der Administration die für ihre Handelspolitik als notwendig erachtete Fast-Track-Authority zu gewähren.[177] Dementsprechend konnte sie nunmehr den europäischen Stahlexporteuren vermehrt Ausnahmegenehmigungen erteilen, um Sanktionen der EU zumindest vorübergehend zu verhindern (Washington Post 29.08.2002).

Da diese von der US-Administration im August 2002 verkündeten Ausnahmen annähernd die Hälfte der ursprünglich mit Schutzzöllen belegten europäischen Stahlexporte betrafen (New York Times 24.08.2002), fand sich die EU-Kommission im September 2002 bereit, Sanktionen während des laufenden Streitbeilegungsverfahrens zurückzustellen (New York Times 26.09.2002). Die Kommission sah sich darin bestätigt, dass die Sanktionsdrohungen gewirkt hatten, machte aber zugleich deutlich, die Sanktionsdrohung sei durch die beschlossenen Ausnahmen nur aufgeschoben, nicht aber aufgehoben. Die EU bestehe weiterhin darauf, dass die USA ihre WTO-widrigen Schutzzölle ganz aufgäben (Financial Times 24.08.2002). Ein Sprecher von Außenhandelskommissar Pascal Lamy stellte klar:

»What we have obtained until now is far away from what the industry requested. We are sure that the US measures are not compatible with the WTO (...). The important thing is to win the case and make the US drop the measures« (Financial Times 24.08.2002).

Tatsächlich verurteilte das Streitschlichtungspanel der WTO in seinem im Juli 2003 veröffentlichten Bericht die amerikanischen Schutzmaßnahmen (WT/DS248/R). Das Panel beanstandete erstens, die amerikanischen Stahlzölle seien nicht als Resultat unvorhergesehener Stahlimporte erhoben worden; zweitens, beim Gros der betroffenen Stahlerzeugnisse liege kein Anstieg der Stahlimporte vor; sowie drittens, zwischen der amerikanischen Stahlkrise und

176 Die Administration hatte im Kongress um jede einzelne Stimme kämpfen müssen, um schließlich in beiden Häusern in jeweils äußerst knappen Abstimmungen die Fast-Track-Authority zu erlangen.

177 Die Fast-Track-Authority galt schließlich als einer der Gründe, warum die Administration die Stahlzölle überhaupt eingeführt hatte (Washington Post 29.08.2002).

den Stahlimporten lasse sich keine kausale Verbindung nachweisen.[178] Das Panel empfahl daher, die WTO-widrigen Stahlzölle zu beseitigen (New York Times 12.07.2003). Da das Berufungsgericht, das die US-Administration noch im August 2003 anrief, den Bericht des Streitschlichtungspanels im November 2003 bestätigte, waren die USA verpflichtet, ihre Stahlzölle aufzugeben (WT/DS248/AB/R).

Die Berichte der WTO brachten die US-Administration damit in eine heikle Situation. Denn die Stahlindustrie bedrängte sie massiv, die Schutzzölle beizubehalten (Financial Times 22.08.2003). Die Stahlindustrie unterstrich, zahlreiche Entscheidungen in ihrem Restrukturierungsprozess basierten darauf, dass die Schutzmaßnahmen, wie von der Administration versprochenen, drei Jahre aufrecht erhalten blieben (New York Times 11.11.2003). Insbesondere habe sie im Vertrauen auf die Schutzzölle insgesamt 3 Mrd. Dollar investiert, um einen erfolgreichen Restrukturierungsprozess einzuleiten. Die Restrukturierung dürfe deshalb nicht durch eine vorzeitige Aufgabe der Schutzmaßnahmen gefährdet werden (Financial Times 18.09.2003, The Economist 15.11.2003).[179] Dagegen versuchte die Stahl konsumierende Industrie die Administration davon zu überzeugen, die Schutzzölle wie gefordert zu beseitigen. Diese hätten die Stahlpreise ohnehin nach oben getrieben, so dass die Stahl verarbeitende Industrie – etwa die Autobranche – erheblich belastet werde (The Economist 15.11.2003).[180]

Den jeweiligen Argumenten der Stahl verarbeitenden bzw. der Stahlindustrie folgend, lösten die Berichte der WTO auch im Kongress unterschiedliche Reaktionen aus. Während Kongressmitglieder aus Stahlstaaten wie Pennsylvania und Ohio die Berichte scharf kritisierten, wollten ihre Kollegen aus Staaten wie Michigan mit Stahl verarbeitenden Industrien wie der Autoindustrie die Berichte peinlich genau eingehalten sehen (New York Times 12.11.2003). Darüber hinaus führte das Stahlurteil im Kongress jedoch auch zu einer grundsätzlichen Debatte über das Streitbeilegungsverfahren der WTO. Dabei

---

178 Darüber hinaus kritisierte der Bericht die diskriminierende Anwendung der amerikanischen Stahlzölle. Während einige Stahlexporteure ausgenommen seien, würden andere Stahlexporte zusätzlich belastet.

179 Insbesondere die Vorstandsvorsitzenden der beiden Stahlbetriebe, die im Verlauf des Restrukturierungsprozesses viele kleine Stahlbetriebe aufgekauft hatten, Thomas Usher von US Steel und Willbur Ross von der International Steel Group, kämpften für eine Fortführung der Stahlzölle (Financial Times 18.09.2003). Dabei wurden sie von den Stahlarbeitergewerkschaften unterstützt (New York Times 11.11.2003, Washington Post 11.11.2003).

180 Die Stahlkonsumenten erklärten, sie hätten aufgrund der Stahlzölle bereits mehr als 200.000 Arbeitsplätze verloren (Washington Post 19.09.2003, New York Times 20.09.2003), so dass per Saldo die amerikanische Industrie durch die Stahlzölle geschädigt werde (New York Times 11.11.2003, 02.12.2003, The Economist 16.02.2002, 02.03.2002).

meldeten sich zum einen Kongressabgeordnete, die die Berichte als einen weiteren Beleg dafür sahen, dass das Streitbeilegungsverfahren der WTO die Souveränität der USA zu weitgehend beeinträchtigte. Streitschlichtungspanels und das Berufungsgericht, so der Vorwurf, versuchten Rechtsnormen durchzusetzen, denen sich die USA niemals unterworfen hätten (New York Times 27.03.2003).[181] Dagegen betonten andere Kongressmitglieder, die USA könnten die normative Verpflichtung, die sich aus den Berichten ergäbe, nicht einfach ignorieren. Und wieder andere machten darauf aufmerksam, dass das Streitbeilegungsverfahren der WTO die amerikanischen Handelsinteressen grundsätzlich stütze (New York Times 11.11.2003). Um die Glaubwürdigkeit des Verfahrens nicht zu unterminieren, müssten die USA deshalb auch unliebsamen Berichten folgen (Washington Post 11.11.2003). Senator Charles E. Grassley erklärte:

»Although I may not agree with every decision at the WTO, it's important that we comply when decisions go against us. Complying with our WTO obligations is an important sign of American leadership« (Washington Post 11.11.2003).

Die US-Administration hatte unterdessen noch nicht entschieden, ob sie den Berichten des Streitschlichtungspanels sowie des Berufungsgerichts der WTO folgen wollte. Zunächst beschränkte sie sich darauf, diese Berichte als fehlerhaft zu kritisieren. Die amerikanischen Schutzzölle stünden – so insistierte sie weiterhin – im Einklang mit dem WTO-Recht, die Berichte seien mithin völlig unverständlich (New York Times 11.11.2003). Die EU-Kommission hingegen sah sich in ihrer Einschätzung der amerikanischen Schutzmaßnahmen bestätigt (Financial Times 05.11.2003). Die Kommission habe nie daran gezweifelt, sich im Stahlstreit durchzusetzen. Darüber hinaus unterstrich sie, sie werde die bislang zurückgehaltenen Sanktionsmaßnahmen in Höhe von 2,2 Mrd. US-Dollar unverzüglich verhängen, sobald die Streitbeilegungsinstanz am 10. Dezember 2003 die Berichte formal annehme. Die EU-Kommission werde der US-Administration dann lediglich eine fünftägige Bedenkzeit einräumen (Washington Post 05.11.2003, New York Times 05.11.2003). Um Sanktionen zu verhindern, musste die Administration also ihre Stahlzölle spätestens bis zum 15. Dezember 2003 aufgeben (Washington Post 28.11.2003, New York Times 29.11.2003, 02.12.2003).[182]

---

181 Senator Max Baucus unterstrich: »We have a growing problem with dispute settlement decisions that are inventing obligations and requirements to which the United States and other countries never agreed. Ultimately, these types of decisions will only undermine confidence in the WTO« (New York Times 27.03.2003).

182 Außenhandelskommissar Pascal Lamy machte den EU-Standpunkt unmissverständlich deutlich: »If the US does not move, retaliation is a racing certainty« (Washington Post

Umsetzungsphase

Angesichts der bevorstehenden Sanktionen durch die EU verkündete Präsident Bush am 04. Dezember 2003, die USA beendeten ihre Stahlzölle, schlügen mithin keine verfahrensmissachtende Vorgehensweise ein, sondern folgten einem verfahrensgetreuen Verhalten (New York Times 06.12.2003). Dabei begründete allerdings weder der Präsident selbst noch sein Handelsbeauftragter den Sinneswandel mit den Berichten des Streitschlichtungspanels und des Berufungsgerichts der WTO (Financial Times 05.12.2003). Der Präsident unterstrich vielmehr, die Stahlzölle hätten der amerikanischen Stahlindustrie lediglich die Verschnaufpause geben sollen, um die notwendigen Restrukturierungsmaßnahmen vornehmen zu können. Die amerikanische Stahlindustrie habe diese Verschnaufpause hervorragend genutzt, so dass die Restrukturierung vorzeitig abgeschlossen werden könne (Washington Post 05.12.2003, New York Times 04.12.2003). Die zahlreichen kleinen und wenig konkurrenzfähigen Stahlbetriebe seien in zwei großen, konkurrenzfähigen Stahlunternehmen – US Steel, International Steels Group – zusammengefasst worden (Financial Times 05.12.2003). Die amerikanische Stahlindustrie bedürfe somit angesichts steigender Stahlpreise und eines sinkenden Dollarkurses der Stahlzölle nicht mehr.[183] Der Präsident erläuterte:

> »I took action to give the industry a chance to adjust to the surge in foreign imports and to give relief to the workers and communities that depend on steel for their jobs and livelihoods. These safeguard measures have now achieved their purpose, and as result of changed economic circumstances it is time to lift them« (Washington Post 05.12.2003, New York Times 05.12.2003).[184]

Gleichwohl ist es mehr als offensichtlich, dass die US-Administration die Schutzzölle nicht nur deshalb aufgab. Für die Abschaffung der Stahlzölle war insbesondere auch entscheidend, dass sich aufgrund der durch die WTO nunmehr legitimierten Sanktionsdrohungen der EU die innenpolitischen Kräfteverhältnisse zugunsten einer Abschaffung der Sanktionen verschoben. Die Stahlindustrie, die sich für eine Aufrechterhaltung der Stahlzölle ausgesprochen hatte, kritisierte die Entscheidung der Administration zwar ebenso heftig, wie sie die Stahl konsumierenden Industrie lobte, die die Stahlzölle längst

---

05.11.2003). Darüber hinaus kündigten auch andere Staaten, die von den Stahlzöllen betroffen waren, Sanktionsmaßnahmen an (Financial Times 28.11.2003).

183 Die Administration werde allerdings, so Bush weiter, die Stahlimporte regelmäßig beobachten, um bei einem etwaigen Importanstieg reagieren zu können (Washington Post 05.12.2003).

184 Ebenso begründete auch der US-Handelsbeauftragte Robert Zoellick das Ende der Stahlzölle: »The safeguard worked. It provided the steel industry with the breathing space it needed to regain its competitiveness« (Financial Times 05.12.2003).

abgeschafft sehen wollte (Washington Post 05.12.2003, New York Times 02.12.2003, Financial Times 08.12.2003). Doch sowohl in der Administration als auch im Kongress schwächten die glaubhaften Sanktionsdrohungen der EU eindeutig die Position derjenigen, die für die Stahlzölle eintraten, während sie die Position derjenigen stärkten, die sich gegen die Stahlzölle aussprachen (Financial Times 07.11.2003, Washington Post 01.12.2003).

In der Administration sprachen sich nun aufgrund der Sanktionsdrohungen der EU nicht mehr nur die ökonomischen, sondern auch die politischen Berater gegen die Stahlzölle aus (Financial Times 07.11.2003, Washington Post 01.12.2003, Newsweek 17.11.2003). Die ökonomischen Berater des Präsidenten hatten sich zwar stets gegen die Stahlzölle gewandt, schädigten diese aus ihrer Sicht doch die Stahl konsumierende Industrie mehr als sie der Stahlindustrie nützen (New York Times 11.11.2003).[185] Doch nun konnten sie zudem darauf verweisen, dass die bevorstehenden Sanktionen der EU zusätzlich die Zitrus- und die Textilindustrie beeinträchtigten (Washington Post 01.12.2003). Doch auch die politischen Berater des Präsidenten sprachen sich angesichts der drohenden Sanktionen nunmehr gegen die Stahlzölle aus (Washington Post 11.11.2003). Sie fürchteten angesichts des bevorstehenden Präsidentschaftswahlkampfes nicht nur, dass die Stimmengewinne in den Stahlstaaten durch Stimmenverluste in den Stahl konsumierenden Staaten aufgezehrt würden, sondern dass sich die Sanktionen gegen die Textil- und Zitrusindustrie in zusätzliche Stimmenverluste in wichtigen swing-states wie North bzw. South Carolina und Florida übersetzen könnten (Washington Post 05.12.2003, The Economist 06.12.2003).[186]

Die Rolle der Sanktionen für die Entscheidung der Administration unterstreichend, berichtete die Financial Times (Washington Post 05.11.2003, Newsweek 17.11.2003):

---

185 Nach Berechnungen der International Trade Commission, die die US-Administration beriet, hatten die Stahlzölle unter dem Strich die amerikanische Industrie tatsächlich eher belastet (Washington Post 21.09.2003). Das Institute for International Economics kalkulierte, die Stahl verarbeitende Industrie habe aufgrund der Stahlzölle 600 Mio. Dollar und 26.000 Arbeitsplätze eingebüßt, während die Stahlindustrie lediglich zusätzlich 240 Mio. Dollar und 5.000 Arbeitsplätze als Gewinn verbuchen könne (The Economist 15.11.2003).

186 Insbesondere Karl Rove, der wichtigste innenpolitische Berater des Präsidenten, der die Stahlzölle mit Blick auf Stimmengewinne in Stahlstaaten ursprünglich gestützt hatte, war mit Blick auf die Stimmenverluste in anderen Bundesstaaten mittlerweile gegen die Stahlzölle (Washington Post 11.11.2003). Die New York Times schrieb: »The WTO made the price of protecting the steel industry simply too high. It was left to the Europeans to design the penalties, and they pinpointed textile mills in the Carolinas and farmers in the Midwest and California with a precision that Karl Rove, the president's political adviser, must have grudgingly admired« (New York Times 05.12.2003).

»US officials may have said yesterday that they ended the tariffs purely because of changed economic circumstances, but it was no coincidence that the decision came less than a week before the European Union was set to impose the largest trade sanctions in the history of the World Trade Organisation« (Financial Times 05.12.2003).

Die durch die WTO legitimierten Sanktionsdrohungen der EU blieben zudem nicht nur in der Administration, sondern auch im Kongress nicht wirkungslos. Die Kongressabgeordneten aus den Stahlstaaten verlangten zwar, die Stahlzölle fortzusetzen, und die Kongressabgeordneten aus Stahl konsumierenden Staaten waren ohnehin gegen die Stahlzölle (Washington Post 05.12.2003, New York Times 12.11.2003). [187] Doch immer mehr andere Kongressabgeordnete fürchteten, dass ihre Staaten von den Sanktionsmaßnahmen der EU betroffen sein könnten. Dementsprechend waren auch sie angesichts der bevorstehenden Kongresswahlen zunehmend geneigt, sich für ein Ende der Schutzzölle auszusprechen (New York Times 12.11.2003). Selbst Kongressmitglieder, die ursprünglich die Stahlzölle unterstützt hatten, sprachen sich angesichts drohender Sanktionen nun für deren Beendigung aus. So erklärte beispielsweise Senator Lamar Alexander aus Tennessee:

»Because of the WTO ruling continuing the tariff will destroy thousands more of our textile and agricultural jobs. President Bush's honest effort to save steel jobs is now backfiring and hurting American workers« (New York Times 12.11.2003).

Über die Sanktionsdrohungen hinaus trug aber auch die grundsätzliche Verpflichtung auf das Streitbeilegungsverfahren der WTO dazu bei, dass die USA ihre Schutzzölle für die Stahlindustrie aufzugeben bereit waren.[188] Dass Washington diese normative Verpflichtung durchaus ernst nahm, beweist der Sachverhalt, dass weder Administration noch Kongress jemals erwogen, den von der WTO autorisierten Sanktionsmaßnahmen mittels Vergeltungsdrohungen zu begegnen – die EU mithin vor etwaigen Sanktionsmaßnahmen abzuschrecken. Dies kann im Stahlstreit insofern mit einiger Sicherheit auf das Streitbeilegungsverfahren selbst zurückgeführt werden, als die USA ja gerade

187 Auch die demokratischen Präsidentschaftskandidaten kritisierten die von der Administration beschlossene Beseitigung der Stahlzölle (Washington Post 10.12.2003, New York Times 02.12.2003). Beispielsweise Richard A. Gephard, den die Gewerkschaften der Stahlindustrie unterstützten, beklagte: »The president's action today demonstrates a callous disregard for the workers and the communities whose jobs and livelihoods have been decimated by unfair competition. America needs a president who will not back down to foreign pressure when American jobs are on the line and when an industry vital to our nation's economy and security hangs in the balance« (New York Times 05.12.2003).

188 Selbst Dennis Kucinich, ein Mitglied des Repräsentantenhauses aus Ohio – einem Stahlstaat – erkannte an, dass die USA nunmehr die Stahlzölle abschaffen mussten: »Clearly the tariffs are needed and are effective. But the president has abandoned the sovereignty required to maintain them« (New York Times 02.12.2003).

in der Streitphase, in der die EU nicht-autorisierte Sanktionen erwogen hatte, durchaus mit Vergeltung drohten. Diese Verhaltensdifferenz ist letztlich nur aufgrund der normativen Verpflichtung der USA auf das Streitbeilegungsverfahren verständlich. Denn gerade aufgrund dieser Verpflichtung ließen sich Vergeltungsmaßnahmen gegen nicht-autorisierte Sanktionen eben erheblich einfacher rechtfertigen als gegen von der WTO autorisierte Sanktionen. Insofern bildete diese Verpflichtung im Stahlstreit das normative Rückgrad der vom Streitbeilegungsverfahren der WTO ausgehenden Sanktionsdrohungen.

Die verfahrensgetreue Aufgabe der Schutzzölle durch die USA wurde darüber hinaus dadurch begünstigt, dass das Streitbeilegungsverfahren der WTO den amerikanischen Interessen grundsätzlich entgegenkam. Darauf wiesen nicht nur einige Kongressmitglieder, sondern auch die Administration selbst wiederholt hin. Die USA müssten sich, so das Argument, im Stahlstreit davor hüten, die Glaubwürdigkeit dieses Streitbeilegungsverfahren durch einen offenen Verstoß gegen dessen Berichte zu unterminieren (Washington Post 11.11.2003). Die USA verlören andernfalls die notwendige Reputation eines zuverlässigen Rechtsgenossen, um auch andere Staaten anhalten zu können, sich in anderen Streitfällen an die Berichte der WTO zu halten. Ein Berater von US-Präsident George W. Bush erklärte die Entscheidung der Administration somit nicht nur mit den Verlusten, die aus den Sanktionen für die amerikanische Industrie drohten, sondern auch mit den Reputationsverlusten:

»Defiance had real costs. It was going to cost us exports and export jobs. It was going to cost us credibility around the world.« (New York Times 05.12.2003).

Die EU-Kommission zeigte sich unterdessen zufrieden, weil ihre im Stahlstreit gegenüber der US-Administration konsequent verfolgte Strategie aufgegangen war, im Rahmen des Streitbeilegungsverfahrens der WTO eine Verurteilung der amerikanischen Stahlzölle zu erreichen, welche sie zu Sanktionsmaßnahmen legitimieren würde (Financial Times 05.12.2003). Die Kommission sah sich darin bestätigt, einerseits die US-Administration mit glaubhaften Sanktionsdrohungen zum Einlenken gezwungen und andererseits die Sanktionsmaßnahmen konsequent innerhalb des Streitschlichtungsverfahrens der WTO angestrebt zu haben (New York Times 06.12.2003).[189]

189 Dementsprechend sah die Kommission das Streitbeilegungsverfahren der WTO durch ihren Sieg im Stahlstreit gestärkt. Der Stahlstreit mache deutlich, dass im Streitbeilegungsverfahren der WTO selbst große Staaten mit Sanktionen dazu gezwungen werden könnten, sich an internationale Vereinbarungen zu halten. Außenhandelskommissar Pascal Lamy erläuterte »The WTO is a system that is not perfect but it has the immense virtue of providing us with rules that are respected even by the elephants in the system« (Financial Times 05.12.2003).

Insgesamt: Gewisser Einfluss des Streitbeilegungsverfahrens

Insgesamt verhielten sich die USA damit im Stahlstreit mit der EU vorbildlich. Im Gegensatz zum Patentstreit agierten sie über die verschiedenen Streitphasen hinweg praktisch ausschließlich verfahrensgetreu. Lediglich mit ihrer vorübergehenden Verzögerungstaktik in der Feststellungsphase fielen sie etwas aus dem Rahmen. Doch auch hier bedienten sie sich keiner verfahrenswidrigen Verhaltensweisen.

Schaubild 6.2: Das US-Verhalten im Stahlstreit: Einfluss des WTO-Verfahrens

<table>
<tr><th></th><th>US-Verhalten</th><th>Einfluss des Verfahrens</th></tr>
<tr><td>Thematisierungsphase</td><td>➢ verfahrensgetreu</td><td rowspan="3">gegeben, aufgrund von
➢ Reputationseffekten
➢ Glaubwürdigkeitserwägungen
➢ Verpflichtungsgefühlen
➢ Sanktionsdrohungen</td></tr>
<tr><td>Feststellungsphase</td><td>➢ Verfahrensgetreu</td></tr>
<tr><td>Umsetzungsphase</td><td>➢ verfahrensgetreu</td></tr>
</table>

Dabei lässt sich im Stahl- im Gegensatz zum Patentstreit ein durchaus bemerkenswerter Einfluss des Streitbeilegungsverfahrens der WTO aufzeigen. Ähnlich wie im FSC-Streit machte sich dieser mittels drei verschiedener Kausalpfade bemerkbar. Der erste Kausalpfad hatte auch hier mit dem allgemeinen Interesse der USA an der Glaubwürdigkeit der Rechtsordnung der WTO zu tun. Denn in Administration wie auch Kongress wurde wiederholt davor gewarnt, sich im Stahlstreit über das WTO-Streitbeilegungsverfahren hinwegzusetzen, da dies die WTO-Rechtsordnung gefährde. Ein zweiter Kausalpfad beruhte hingegen auf den normativen Verpflichtungsgefühlen, die das Streitbeilegungsverfahren der WTO auslöste. Gerade aufgrund dieser Verpflichtungsgefühle schied offenbar sowohl für Administration als auch Kongress aus, die EU mit Vergeltungsdrohungen von den durch die WTO autorisierten Sanktionsmaßnahmen abzuhalten. Und ein dritter besonders wirksamer Kausalpfad bestand in den Sanktionsdrohungen selbst, die das Streitbeilegungsverfahren der WTO mit Glaubwürdigkeit ausstatteten. Denn diese Sanktionsdrohungen bewogen Administration wie auch Kongress dazu, die beanstandeten Schutzzölle für die Stahlindustrie vorzeitig aufzugeben.

6.3 Vergleich des US-Verhaltens im Patent- und Stahlstreit

Der Vergleich des Patent- mit dem Stahlstreit zeigt nochmals deutlicher als der des DISC- mit dem FSC-Streit, dass das judizialisierte Streitbeilegungsverfahren der WTO das amerikanische Verhalten stärker disziplinieren kann als das diplomatische Streitbeilegungsverfahren des GATT. Die USA verhielten sich in der WTO im Stahlstreit erheblich verfahrensgetreuer als während des Patentstreits im GATT. Dies zeigte sich allerdings nicht in allen Streitphasen gleichermaßen. Denn in der Thematisierungsphase verhielten sich die USA sowohl im Patent- als auch im Stahlstreit weitgehend verfahrensgetreu. Dagegen sind in der Feststellungs- und der Umsetzungsphase klare Verhaltensdifferenzen zu erkennen. Während die USA im Patentstreit in der Feststellungsphase das Streitbeilegungsverfahren des GATT zunächst verfahrensvermeidend blockierten, um sich diesem erst später zu unterwerfen, waren sie im Stahlstreit unmittelbar bereit, dem Streitbeilegungsverfahren der WTO verfahrensgetreu zu folgen. Darüber hinaus zeigten sie sich im Stahlstreit in der Umsetzungsphase unmittelbar geneigt, die Stahlzölle, wie von der WTO verlangt, verfahrensgetreu aufzugeben. Dagegen verweigerten sie sich im Patentstreit jahrelang verfahrensmissachtend der vom GATT geforderten Reform des verurteilten Patentschutzverfahrens.

Aufgrund des gewählten *most similar case design* untermauert bereits die offensichtliche Korrelation die Vermutung, dass die Judizialisierung des Streitbeilegungsverfahrens im GATT bzw. in der WTO eine Judizialisierung des Verhaltens der USA stützen kann. Die Vermutung wird aber auch dadurch bekräftigt, dass im Stahlstreit – wie im FSC-Streit – der Einfluss des judizialisierten Streitbeilegungsverfahrens der WTO über vier vergleichsweise robuste Kausalpfade gewirkt hat, während sich im Patentstreit – wie im DISC-Streit – der Einfluss des wenig judizialisierten Streitbeilegungsverfahrens des GATT lediglich über einen eher kontingenten Kausalpfad bemerkbar machte. Das Streitbeilegungsverfahren des GATT erlangte im Patentstreit letztlich nur aufgrund der Reputationsverluste, die sich auf die Verhandlungen über einen verbesserten Schutz geistiger Eigentumsrechte im Rahmen der Uruguay-Runde auswirkten, eine Bedeutung für das amerikanische Verhalten. Das Streitbeilegungsverfahren der WTO beeinflusste hingegen im Stahlstreit über verschiedene Kausalpfade das amerikanische Verhalten. Das weitgehend verfahrensgetreue Verhalten der USA wurde erstens durch die glaubhaften Sanktionsdrohungen des Streitbeilegungsverfahrens der WTO befördert. Die USA sahen sich zweitens zu verfahrensgetreuem Verhalten angehalten, da sie aufgrund handelspolitischer Interessen die Glaubwürdigkeit des Streitbeilegungsverfahrens der WTO nicht unterminieren wollten. Drittens vermochte das Streitbeilegungsverfahren der WTO das Verhalten der USA durch von ihm ausgehende normative Verpflichtungsgefühle zu beeinflussen. Und viertens spielten auch in der WTO offenbar Reputationserwägungen eine gewisse Rolle.

Darüber hinaus macht der Vergleich des Patent- mit dem Stahlstreit deutlich, dass die Judizialisierung des Streitbeilegungsverfahrens im GATT bzw. in der WTO nicht nur das amerikanische Streitverhalten, sondern die Streitbeilegung zwischen den USA und der EU insgesamt beeinflusst hat. In beiden Streitfällen agierten die USA und die EU zwar in der Thematisierungs- und zunächst auch in der Feststellungsphase innerhalb des durch die jeweiligen Streitbeilegungsverfahren vorgegebenen Rahmens. Doch während im Patentstreit noch in der Feststellungsphase die USA mittels der Blockade des Panelberichts den Streitaustrag praktisch vollständig aus dem Streitbeilegungsverfahren des GATT herausverlagerten, blieb dieser im Stahlstreit ganz innerhalb des Streitbeilegungsverfahrens der WTO. Dasselbe gilt zeitweilig für die Umsetzungsphase. Während die EU im Stahlstreit sich vollständig darauf konzentrierte, die Berichte des Streitschlichtungspanels und des Berufungsgerichts innerhalb des Streitbeilegungsverfahrens gegenüber den USA durchzusetzen, gingen die USA und die EU im Patentstreit ganz dazu über, außerhalb des Streitbeilegungsverfahrens zu verhandeln. Während die EU und die USA die Berichte des Streitschlichtungspanels und der Berufungsinstanz der WTO im Stahlstreit letztlich als verbindlichen Richterspruch akzeptierten, betrachteten beide im Patentstreit den Bericht des Streitschlichtungspanels selbst nach seiner Annahme durch den GATT-Rat als verhandelbar. Die EU sah ihn als Verhandlungstrumpf und die USA als Verhandlungsnachteil, aber beide behandelten ihn als verhandelbar und konzentrierten sich daher vor allem auf eine Streitbeilegung außerhalb des vorgegebenen Streitbeilegungsverfahrens.

Der Vergleich des Patent- mit dem Stahlstreit unterstreicht insgesamt, dass die Judizialisierung der Streitbeilegungsverfahren im GATT bzw. in der WTO neben der Judizialisierung des amerikanischen Streitverhaltens möglicherweise auch eine Judizialisierung des Streitaustrags insgesamt befördert hat. Jedenfalls kann für den Stahlstreit in der WTO – im Gegensatz zum Patentstreit des GATT – sogar von einer im strengen Sinne rechtsstaatlichen Streiterledigung gesprochen werden.

7 Die Judizialisierung des US-Verhaltens: Die beiden Hormonstreitfälle im Vergleich

Ob die Judizialisierung der Streitbeilegungsverfahren im GATT bzw. der WTO zu einer Judizialisierung des Streitverhaltens der USA führt, wird hier nun anhand der beiden Hormonstreitfälle mit der EU untersucht. Im Gegensatz zu den bisher untersuchten Streitigkeiten waren es hier die USA, die die EU beschuldigten, sich über das im GATT bzw. in der WTO verankerte Recht hinwegzusetzen. Dementsprechend ist hier nicht zu untersuchen, wie die USA auf eine Klage seitens der EU reagierten, sondern vielmehr zu prüfen, ob sie als Kläger verfahrenskonform agiert haben oder verfahrenswidrig gegen den vermeintlichen Rechtsbruch der EU vorgegangen sind.

Die beiden Streitfälle sind dabei ideale Vergleichsfälle, um den Effekten der Judizialisierung der Verfahren im GATT bzw. in der WTO auf das Verhalten der USA nachzugehen. Denn sie beide sind – abgesehen von den Streitbeilegungsverfahren, in denen sie ausgetragen wurden – praktisch identisch. In die beiden Hormonstreitfälle waren mit den USA und der EU nicht nur dieselben Streitparteien verwickelt, sondern es ging zweimal auch präzise um denselben Streitgegenstand. Beides mal beklagten sich die USA über das Einfuhrverbot der EU für Fleisch, das mit spezifischen wachstumsfördernden Hormonen erzeugt wurde. Darüber hinaus gleichen sich die beiden Streitfälle auch insofern, als die jeweilige US-Administration beide im Rahmen eines so genannten Section 301-Verfahrens auf die Agenda brachte. Hinter diesen stand jedesmal die Fleischlobby, der – von der einflussreichen Agrarlobby unterstützt – das Einfuhrverbot für ihre Fleischerzeugnisse in die EU natürlich ein Dorn im Auge war. Dementsprechend befasste sich auch der amerikanische Kongress mit beiden Streitfällen. Im Gegensatz zu den bisher untersuchten Streitfällen ging es zwar in beiden Hormonstreitfällen um vergleichsweise geringe Streitwerte, doch diese waren weitgehend vergleichbar. So darf über die beiden Streitfälle hinweg davon ausgegangen werden, dass die amerikanischen Fleischproduzenten durch das Einfuhrverbot jährlich ca. 100 bis 200 Mio. Dollar einbüßten (Hudec 1993: 545).

7.1 Das US-Verhalten im ersten Hormonstreit (1985-1993)

Im ersten Hormonstreit, der die transatlantischen Handelsbeziehungen zwischen 1985 und 1994 beschäftigte, ging es um ein von der EU beschlossenes Einfuhrverbot für mit bestimmten wachstumsfördernden Hormonen produziertes Fleisch. Den Bedenken von Verbraucherschützern folgend, die mit den entsprechenden Hormonen behandeltes Fleisch als krebserregend betrachteten, hatte die EU den Einsatz dieser Hormone in der europäischen Fleischproduktion 1985 untersagt. Die entsprechende Verordnung verbot freilich nicht nur den Einsatz der fraglichen Hormone in Europa, sondern eben auch die Einfuhr von Fleisch, das unter Einsatz wachstumsfördernder Hormone produziert wurde. Die europäischen Verbraucher sollten, wie nach den Hormonskandalen der frühen 1980er Jahre von zahlreichen Verbraucherverbänden gefordert, gänzlich vor den mutmaßlich krebserregenden Hormonen geschützt werden. Der Europäische Gerichtshof erklärte die entsprechende Verordnung zwar aufgrund von Verfahrensfehlern für nichtig. Sie trat aber nach einem nochmaligen Gesetzgebungsverfahren 1988 unverändert in Kraft (Meng 1990: 819-823).

Da die betreffenden Hormone in der amerikanischen Fleischerzeugung weit verbreitet waren, wollten die USA das geplante Einfuhrverbot der EU nicht unwidersprochen hinnehmen. Die US-Administration kritisierte dieses als willkürlich. Der damalige Handelsbeauftragte Clayton Yeutter argumentierte, das von der EU verbannte Fleisch sei gesundheitlich völlig unbedenklich. Das Einfuhrverbot lasse sich nicht mit Blick auf vermeintliche Gesundheitsrisiken für die Verbraucher rechtfertigen. Der angekündigte Einfuhrstopp stelle vielmehr eine willkürliche Einfuhrbeschränkung dar, die auf den europäischen Fleischmärkten zu einer ungerechtfertigten Diskriminierung amerikanischer Fleischerzeugnisse führe. Dementsprechend verstoße die EU mit ihrem Einfuhrverbot für Hormonfleisch gegen die im Rahmen des GATT von ihr selbst akzeptierten internationalen Verpflichtungen. Insbesondere sei das Einfuhrverbot nicht mit dem GATT-Abkommen über technische Handelshemmnisse vereinbar (Decker 2002: 150). Der US-Handelsbeauftragte Clayton Yeutter unterstrich:

> »The European Community has yet to present any evidence that proper application of the growth-producing Hormones in question poses any threat to human health« (New York Times 28.12.1988).

Dagegen argumentierte die EU, das Einsatzverbot für die betreffenden Hormone gelte gleichermaßen für europäische wie amerikanische Fleischerzeuger. Dementsprechend liege keine im GATT verbotene Diskriminierung amerikanischer gegenüber europäischen Fleischerzeugnissen vor. Die europäischen Fleischerzeuger müssten sich ebenso umstellen wie die amerikanischen, um dem Einsatzverbot zu entsprechen. Darüber hinaus unterstrich die EU-Kommission, die europäischen Verbraucher ließen sich nicht von den USA vorschreiben, was sie zu essen hätten. Wenn die Verbraucher in der EU aus Gesundheitsgründen kein mit Hormonen belastetes Fleisch in den Handel gelangen lassen wollten, dann dürften die USA sie dazu auch nicht zwingen (New York Times 28.12.1988, 29.12.1989). Schließlich sei es auch im GATT das Recht der Verbraucher eines jeden Staates, frei darüber zu entscheiden, welche Gesundheitsvorschriften sie für notwendig erachteten. Der EU-Außenhandelskommissar Willy de Clercq erklärte:

»Any country, and this includes the European Community, is entitled to take whatever measures it judges necessary to protect the health of consumers provided this is done in a non discriminatory way« (Financial Times 29.12.1988).[190]

Thematisierungsphase

Die USA eröffneten den Streit um das Einfuhrverbot für Hormonfleisch 1985 zunächst mit verfahrensmissachtenden Verhaltensweisen. Anstatt im Rahmen des GATT mit der EU in Konsultationen einzutreten, drohte die US-Administration unter dem damaligen Präsidenten Ronald Reagan der EU 1985 unmittelbar nach deren Ankündigung des Einfuhrverbots eigenmächtig mit Sanktionen (Financial Times 31.12.1985). Sei die EU nicht bereit, das geplante Einfuhrverbot aufzugeben, so sähe sich die US-Administration gezwungen, auf die Einfuhr europäischer Erzeugnisse Strafzölle zu verhängen, um so den Verlust ihrer Fleischexporte von jährlich 100 Mio. Dollar auszugleichen (Financial Times 01.11.1985).

Derartige Sanktionen erwiesen sich jedoch zunächst als überflüssig, weil in der EU beim Europäischen Gerichtshof ein Verfahren gegen die Verordnung anhängig war, die das Einsatzverbot für die fraglichen Hormone und damit auch das damit verbundene Einfuhrverbot für entsprechendes Fleisch beinhaltete. Tatsächlich erklärte der von Großbritannien angerufene Gerichtshof die Verordnung aufgrund von Verfahrensfehlern für nichtig. Allerdings verlangte er nicht, wie von Großbritannien gefordert, dass der Rat der EU die entsprechende Verordnung nur einstimmig beschließen könne. Damit war klar, dass

190 Kommissionspräsident Jacques Delors sprach von einer »unacceptable interference with the right each country has to decide what is good or not for the health of its citizens« (New York Times 29.12.1988).

durch eine erneute Abstimmung, die schließlich im März 1988 erfolgte, das Hormonverbot schlussendlich doch in Kraft treten würde. Die Vorbereitung des entsprechenden Einfuhrstopps für mit den fraglichen Hormonen behandeltes Fleisch konnte damit unverändert fortgesetzt werden (Meng 1990: 823).

Die US-Administration hatte den Hormonstreit unterdessen im März 1987 doch ins GATT getragen, um ein Streitbeilegungsverfahren auf der Grundlage des Abkommens über technische Handelshemmnisse anzustrengen (TBT/Spec/18). Allerdings rückte sie auch bei den nach diesem Streitbeilegungsverfahren vorgeschriebenen Konsultationen mit der EU-Kommission nicht von ihren eigenmächtigen Sanktionsdrohungen ab. Vielmehr beharrte sie weiterhin darauf, sie werde – letztlich unabhängig vom Vorankommen des Streitbeilegungsverfahrens – auf einen Einfuhrstopp der fraglichen Fleischprodukte aus den USA unverzüglich mit Sanktionsmaßnahmen gegen die EU reagieren. Tatsächlich ließ sie derartige Sanktionsmaßnahmen auch bereits vorbereiten, um diese mit dem geplanten Inkrafttreten des Einfuhrverbots im Januar 1988 unverzüglich verhängen zu können (Hudec 1993: 545, Meng 1990: 824).

Die Sanktionsdrohungen boten der Administration eine willkommene Gelegenheit, um dem Kongress zu demonstrieren, dass sie keineswegs, wie von zahlreichen Kongressabgeordneten wiederholt beklagt, die amerikanischen Handelsinteressen nicht entschlossen genug vertrete. Denn der Kongress diskutierte ein neues Handelsgesetz, das den Spielraum der Administration bei berechtigten Beschwerden amerikanischer Lobbygruppen über GATT-widrige Handelspraktiken anderer Staaten erheblich einschränken sollte. Der Kongress wollte durch das neue Handelsgesetz sicherstellen, dass die Administration derartigen Beschwerden künftig konsequenter nachgehen musste. Da die Administration ihren Handlungsspielraum jedoch nicht eingeschränkt sehen wollte, nutzte sie den Hormonstreit, um mit ihren massiven Sanktionsdrohungen gegen die EU dem Kongress zu demonstrieren, dass es keines strengeren Handelsgesetzes bedurfte, um die US-Handelsinteressen zu wahren (New York Times 27.11.1987, Financial Times 23.11.1987).

Diese Sanktionspolitik schien zudem vorteilhaft, weil die amerikanische Fleischlobby sowohl die Administration selbst als auch den in Bezug auf die Handelspolitik besonders sensiblen Kongress bedrängte, das von der EU vorgesehene Einfuhrverbot für amerikanische Fleischprodukte keinesfalls unwidersprochen hinzunehmen. Die von der amerikanischen Fleischwirtschaft verwandten Hormone seien für die Gesundheit der Verbraucher völlig unbedenklich. Tatsächlich unterliege die amerikanische Fleischwirtschaft den strengsten Verbraucherschutzvorschriften weltweit. Von der mächtigen Agrarlobby – u.a. dem American Farm Bureau – unterstützt, argumentierten Vertreter der Fleischlobby, die Administration müsse allen Versuchen seitens der EU widerstehen, den Verbraucherschutz zu missbrauchen, um willkürliche Handelsbeschränkungen zu rechtfertigen.[191]

Da somit der US-Administration für die Konsultationen mit der EU-Kommission nur ein geringer Spielraum blieb, mussten diese praktisch zwangsläufig scheitern. Deshalb beantragten die USA im Juni 1987 beim GATT ein formales Streitbeilegungsverfahren (Hudec 1993: 545, Meng 1990: 824).

Feststellungsphase

Die USA kehrten damit aber nicht zu verfahrensgetreuen Verhaltensweisen zurück, sondern hielten ihre eigenmächtigen Sanktionsdrohungen weiter aufrecht. Dies zumal nun zwischen der US-Administration und der EU-Kommission ein Streit über das angemessene Streitbeilegungsverfahren entbrannte. Die US-Administration verlangte, dass entsprechend dem aus ihrer Sicht einschlägigen Abkommen über technische Handelshemmnisse eine Expertengruppe darüber befinde, ob mit den fraglichen Hormonen behandeltes Fleisch eine Gesundheitsgefährdung darstellen könne, die das europäische Einfuhrverbot rechtfertige. Die EU jedoch zeigte sich nicht bereit, einer solchen Expertengruppe zuzustimmen (Financial Times 21.12.1988). Sie argumentierte, das Einfuhrverbot für mit Hormonen erzeugtes Fleisch falle nicht unter das Abkommen über technische Handelshemmnisse, weil es keinen Produktstandard, sondern vielmehr einen Produktionsstandard beinhalte (Hudec 1993: 225).

Um die EU-Kommission zum Einlenken zu zwingen, kündigte die US-Administration im September 1987 an, nunmehr konkrete Sanktionsmaßnahmen gegen die EU vorzubereiten (Financial Times 23.09.1987, 14.10.1987). US-Präsident Ronald Reagan ließ dementsprechend noch im November 1987 im Rahmen des eingeleiteten Section 301-Verfahrens gegen die EU einen Katalog möglicher Sanktionen erstellen. Die EU sollte danach durch Strafzölle von jährlich 100 Mio. Dollar gezwungen werden, ihr Einfuhrverbot für Hormonfleisch zurückzunehmen (Decker 2002: 150) oder zumindest die von den USA auf der Grundlage des Abkommens über technische Handelshemmnisse beantragte Expertengruppe zu akzeptieren. Die Administration war optimis-

191 Um die Administration zu entschlossenem Handeln zu zwingen, leiteten einige amerikanische Fleischproduzenten im Juli 1987 ein Verfahren nach Section 302 des amerikanischen Handelsgesetzes von 1974 ein (Meng 1990: 824).

tisch, die Kommission mit Sanktionen zum Einlenken bewegen zu können. Dementsprechend erklärte sie:

»The President is optimistic that the E.C. will permit dispute settlement to proceed in the interim in order to reach a permanent agreement based on scientific evidence« (New York Times 27.11.1987).

Darüber hinaus begründete die US-Administration ihre GATT-widrigen Sanktionsdrohungen damit, die EU-Kommission blockiere das Streitbeilegungsverfahren des Abkommens über technische Handelshemmnisse. Allerdings hatte sich die EU einem solchen Streitbeilegungsverfahren nicht grundsätzlich verschlossen. Vielmehr bot die EU-Kommission der US-Administration im Hormonstreit wiederholt an, wie im Abkommen über technische Handelshindernisse gleichfalls vorgesehen, ein ordentliches Streitschlichtungspanel des GATT darüber befinden zu lassen, ob das Abkommen über technische Handelshindernisse im Hormonfall einschlägig sei. Sollte das Panel dies bejahen, so signalisierte die EU ihre Bereitschaft, der von den USA geforderten Expertengruppe zuzustimmen (New York Times 01.01.1989). Doch die US-Administration weigerte sich, auf ein solchermaßen »vorgeschaltetes« Streitschlichtungsverfahren einzugehen. Sie bestand vielmehr darauf, unverzüglich eine Expertengruppe nach dem Abkommen über technische Handelshemmnisse einzuberufen (Hudec 1993: 225-226).

Angesichts der fortgesetzten Sanktionsdrohungen der USA zeigte sich die EU empört. Sollten die USA tatsächlich eigenmächtig Sanktionen verhängen, so stelle dies einen eklatanten Verstoß gegen das GATT dar. Gleichwohl zeigte sich die EU angesichts der bevorstehenden Sanktionen nunmehr deutlich kompromissbereiter. Um Sanktionen zu entgehen, kündigte sie im November 1987 an, das Einfuhrverbot nicht wie ursprünglich vorgesehen ab Januar 1988, sondern erst ab Januar 1989 umsetzen zu wollen (Financial Times 25.11.1987). Genauer: sie erlaubte den einzelnen EU-Staaten, das Einfuhrverbot für Hormonfleisch bis dahin nicht anzuwenden (Financial Times 10.11.1987).

Umsetzungsphase

Die US-Administration weigerte sich im Gegenzug allerdings, den bereits eingeleiteten verfahrenswidrigen Sanktionsprozess zu stoppen (Hudec 1993: 225-226, Meng 1990: 824-825). Vielmehr trieb sie diesen sogar noch weiter voran. Im Dezember 1987 beschloss US-Präsident Reagan im Rahmen des Verfahrens nach Section 301 des amerikanischen Handelsgesetzes Strafzölle insbesondere auf Agrarprodukte aus der EU (USTR 2002: 13). Die beschlossenen Strafmaßnahmen blieben zwar ausgesetzt, solange das Einfuhrverbot der EU nicht in Kraft trat (New York Times 25.12.1987). Um die Sanktionsdrohung jedoch möglichst glaubhaft zu halten, übertrug Reagan seinem Handelsbeauftragten Clayton Yeutter das Recht, die Strafzölle jederzeit zu aktivieren (Decker 2002: 150). Ein Sprecher des Präsidenten erklärte:

»We're prepared with a retaliatory package if during the next 12 month, the U.S. trade representative determines the U.S. beef imports in to the E.C. are being interrupted« (New York Times 25.12.1987).

Alle Versuche scheiterten, den sich dadurch weiter zuspitzenden Hormonstreit – zuletzt im November 1988 durch Verhandlungen zwischen dem US-Handelsbeauftragten Clayton Yeutter und dem EU-Außenhandelskommissar Willy de Clercq – zu lösen (New York Times 20.11.1988). Die EU-Kommission hielt am geplanten Einfuhrstopp für Hormonfleisch fest.[192] Sie war lediglich bereit, die Fleischeinfuhren für Tierfutter, die allerdings immerhin 20 Prozent der betroffenen Einfuhren ausmachten, von ihrem Einfuhrstopp auszunehmen. Darüber hinaus bot sie an, die Einfuhrquoten für hormonfreie Fleischimporte aus den USA anzuheben. Doch die US-Administration lehnte beide Vorschläge als ungenügend ab (Financial Times 23.11.1988). Sie könne auf die bereits beschlossen Sanktionsmaßnahmen nur dann verzichten, wenn die EU das geplante Einfuhrverbot ganz aufgebe. Die US-Administration werde ihre Sanktionsmaßnahmen lediglich entsprechend der durch die EU eingeräumten Einfuhrerleichterungen reduzieren (Financial Times 20.12.1988).[193]

Unmittelbar vor Inkrafttreten des Einfuhrstopps drehte sich die Spirale eigenmächtiger Sanktionsdrohungen sogar nochmals weiter (Decker 2002: 150). Die EU weigerte sich, aufgrund der nicht regelkonformen Sanktionsdrohungen der USA weiter zurückzustecken; sie reagierte nun ihrerseits mit eigenmächtigen Sanktionsdrohungen. Sollten die USA nicht autorisierte Strafzölle verhängen, so werde die EU ihrerseits zu Vergeltungsmaßnahmen greifen.[194] Die USA wiederum drohten, gegen etwaige Vergeltungsmaßnahmen der EU ihrerseits mit zusätzlichen Strafmaßnahmen vorzugehen. Halte die EU nicht

192 So erklärte de Clercq kämpferisch: »The Community legislation cannot be modified and will not be modified« (New York Times 20.11.1988).

193 Der US-Handelsbeauftragte Yeutter unterstrich: »We will suffer by this ban and we will have to retaliate« (New York Times 20.11.1988).

194 Agrarkommissar Frans Andriessen und Außenhandelskommissar Willy de Clercq drohten: »[The EU would] have no choice but to adopt equivalent retaliatory measures with regard to American exports« (New York Times 27.11.1987). Strafzölle sollten u.a. bei der Einfuhr von Honig, Walnüssen, Trockenfrüchten und Getreidesaaten erhoben werden (New York Times 20.11.1988).

still, so würden die USA zusätzlich zu den angekündigten Strafzöllen die Einfuhren von Rindfleisch aus der EU in Höhe von 450 Mio. Dollar unterbinden (Financial Times 21.11.1988, Washington Post 13.12.1988, New York Times 29.12.1988). Die US-Administration ließ sich jedenfalls von der Drohung mit Vergeltungsmaßnahmen der EU-Kommission nicht einschüchtern. Im Dezember 1988 unterstrich der US-Handelsbeauftragte Yeutter nochmals unmissverständlich:

»If they implement their ban at 9 [o'clock], I'm retaliating at 9:05« (Washington Post 13.12.1988).

Der US-Kongress bestärkte dabei die Administration in ihrer unnachgiebigen Sanktionspolitik im Hormonstreit. So wandten sich beispielsweise 14 Senatoren in einem Brief direkt an Präsident Reagan, das Einfuhrverbot der EU nicht ungeahndet durchgehen zu lassen. Die USA müssten gegen das willkürliche Einfuhrverbot der EU konsequent mit Sanktionen vorgehen (Financial Times 03.11.1988). Außerdem waren viele Kongressmitglieder der Ansicht, dass die Administration, dem unlängst verabschiedeten Handelsgesetz von 1988 folgend, ohnehin die Einfuhr verschiedener Fleischprodukte aus der EU unterbinden solle, weil dort bei der Fleischerzeugung nicht dieselben strengen Inspektionsstandards gälten wie in den USA (Meng 1990: 825).

Darüber hinaus drängte auch die Fleischlobby – u.a. die US Beef Exporting Association – unterstützt von der Agrarlobby in den USA auf Sanktionsmaßnahmen gegen das geplante Einfuhrverbot der EU (Financial Times 03.11.1988).[195] Die Agrarlobby sah in dem Einfuhrverbot für Hormonfleisch eine weitere ungerechtfertigte Handelsschranke, durch die die EU im Agrarbereich die Einfuhr nicht zuletzt amerikanischer Agrarprodukte behindere (New York Times 02.01.1989). Die EU verbiete die Einfuhr des mit den fraglichen Hormonen produzierten Fleischs aus den USA, während zugleich ihre eigene Fleischwirtschaft heimlich dieselben Hormone benutze, um Fleisch effizienter produzieren zu können (Washington Post 13.12.1988). Die Administration müsse dem Einfuhrverbot aber insbesondere deshalb konsequent mit Sanktionen begegnen, weil andernfalls die EU, aber auch andere Staaten, sich ermutigt fühlen könnten, absurde Verbraucherschutzstandards zu missbrauchen, um ihre Agrarmärkte abzuschotten (New York Times 03.01.1989).[196] Ein Sprecher des American Meat Institute erklärte:

195 Die Agrarlobby befürchtete zudem, durch das europäische Einfuhrverbot könnten in den USA diejenigen gestärkt bzw. aufgeweckt werden, die auch dort aus Verbraucherschutzgründen ein Hormonverbot befürworteten (New York Times 01.01.1989).

196 Lediglich einige kleinere Fleischerzeuger insbesondere in Texas, die selbst auf den Einsatz der fraglichen Hormone verzichteten, bedrängten die Administration, ein Zertifizierungssystem

»To cave in now would set a dangerous precedent. US meat producers have already had to comply with the EC trade barriers (...). If we permit this to continue, any country can selectively discriminate against specifications calling them ›unsafe‹ and thereby shut the United States out of the market. In this international trading world, (...) the EC should not be allowed to become ›Fortress Europe‹ blocking products on political whim« (Washington Post 09.01.1989).[197]

Die US-Administration wurde mithin zu einer konsequenten Sanktionspolitik gedrängt. Allerdings sah sie sich dazu nicht nur gezwungen, sondern vielmehr auch berechtigt. Bemerkenswerterweise begründete sie die Sanktionsdrohungen auch mit dem unbefriedigenden Streitbeilegungsverfahren des GATT. Dieses könne der Rechtsbrecher selbst, also die EU, beliebig blockieren (Hudec 1993: 574). Tatsächlich hatten freilich die USA gar kein GATT Streitschlichtungspanel beantragt. Einem solchen war die EU ja bereit zuzustimmen. Die EU blockierte lediglich die von den USA favorisierte Streitbeilegung durch eine Expertengruppe. Gleichwohl beklagte der Handelsbeauftragte Yeutter, aufgrund der Blockade des Streitbeilegungsverfahrens durch die EU stünden den USA im GATT keine weiteren Streitinstrumente mehr offen, so dass sie zu einseitigen Sanktionsentscheidungen greifen dürften (Financial Times 28.12.1988).[198] Die amerikanischen Sanktionsmaßnahmen rechtfertigend, erklärte er:

»We have tried repeatedly to bring this issue to a scientific disputes settlement, under the Gatt, in order to have it resolved. Our European counterparts have consistently blocked our efforts« (Financial Times 28.12.1988).[199]

---

einzurichten, das es ihnen erlaube, nachweislich hormonfreies Fleisch in die EU zu exportieren (Financial Times 14.01.1989).

197 Ähnlich äußerte sich ein Sprecher der National Cattlemen's Association: »We don't like the idea of losing market over there. But we'd rather hang our hat on principle and try to solve a longer-term problem than acquiesce on something that's totally absurd« (New York Times 03.01.1989).

198 Diese Rechtfertigung sticht allerdings nicht! Die Blockade des GATT Streitbeilegungsverfahrens mag zwar tatsächlich eine Rechtfertigung für nicht genehmigte Sanktionsmaßnahmen darstellen. Doch die USA versuchten das Streitbeilegungsverfahren des GATT nicht einmal zu aktivieren. Sie beharrten vielmehr darauf, eine Expertengruppe einzuschalten, die ihrerseits aber die Sanktionen gar nicht hätte autorisieren können. Insofern konnte die Blockade der Expertengruppe durch die EU auch die Sanktionen durch die USA nicht rechtfertigen (Meng 1990: 833-835, auch Hudec 1993: 249).

199 Ähnlich argumentierend, verteidigte auch der stellvertretende Handelsbeauftragte Michael Samuels die Sanktionen gegen die EU. Er erklärte: »We offered again to have the matter handled under the Gatt standards code. If they want to take that option, they could delay implementation of their directive« (Financial Times 21.12.1988).

Sanktionsphase

Als das Einfuhrverbot der EU wie geplant im Januar 1989 schließlich in Kraft trat, setzten die USA ihre verfahrenswidrigen Sanktionsmaßnahmen wie angekündigt um.[200] Der US-Handelsbeauftragte Yeutter ordnete an, auf die dafür vorgesehenen Erzeugnisse aus der EU unverzüglich Strafzölle zu erheben (Meng 1990: 825). Das hieß, er hob – von kleineren Veränderungen abgesehen – die Suspendierung der bereits von US-Präsident Reagan genehmigten Strafzölle in Höhe von insgesamt 100 Mio. Dollar auf (Hudec 1993: 225-226, USTR 2002: 13).[201]

Die EU kritisierte die Sanktionen der USA als eklatanten Verstoß gegen das GATT (Meng 1990: 826). Wie bereits im November 1988 angedroht, verlangte sie, dass der GATT-Rat die nicht autorisierten Sanktionsmaßnahmen der USA unmittelbar verurteile, zumindest aber ein Streitschlichtungspanel beschließe, um die Sanktionsmaßnahmen der USA zu beurteilen (Financial Times 09.02.1989, New York Times 10.02.1989). Doch obwohl der GATT-Rat fast einhellig ihre nicht autorisierten Sanktionsmaßnahmen verurteilte und selbst GATT-Generaldirektor Arthur Dunkel diese kritisierte, blockierten die USA entsprechende Beschlüsse (Hudec 1993: 229, 574). Darüber hinaus behaupteten sie weiterhin, die EU habe ein Streitbeilegungsverfahren im Rahmen des GATT selbst verhindert, mithin die von den USA beantragte Expertengruppe blockiert. Dementsprechend dürfe sie sich nicht darüber beklagen, dass die USA nun ihr Recht jenseits der im GATT vorgesehenen Streitbeilegungsverfahren zu wahren suchten. Die USA stimmten einem Streitschlichtungspanel nur dann zu, wenn die EU ihrerseits die beantragte Expertengruppe akzeptiere (Washington Post 10.02.1989).

Obwohl damit ein Streitbeilegungsverfahren im Rahmen des GATT weiter blockiert blieb, konnte der Streit ab Januar 1989 schrittweise entschärft werden. Denn nachdem mit US-Präsident George Bush eine neue Administration in Washington einzog und auch in Brüssel die Kommission unter Jacques Delors umgebildet worden war, zeigten sich beide Seiten etwas kompromissbereiter. Noch im Januar einigten sie sich darauf, dass Fleischprodukte aus den USA, die bereits im Dezember 1988 für die Ausfuhr in die EU zertifiziert worden waren, zumindest bis Februar 1989 ungehindert eingeführt werden können (New York Times 06.01.1989). Außerdem kündigte die EU an, zu-

200 Tatsächlich kann es als weitgehend unstrittig gelten, dass die Sanktionsmaßnahmen der USA als GATT-widrig einzuschätzen sind (Hudec 1993: 249, Meng 1990: 833-835).

201 Insbesondere für die Einfuhr von Rinderfilet, Fruchtsäften, Tierfutter, Kaffee, Tomatensoße und Schinken aus der EU wurden Strafzölle in Höhe von 100 Prozent erhoben.

nächst auf die zuvor angedrohten Vergeltungsmaßnahmen gegen die USA zu verzichten (Financial Times 23.01.1989).

Darüber hinaus einigten sich im Februar 1989 die USA, vertreten durch den neuen Agrarminister Clayton Yeutter und die neue Handelsbeauftragte Carla Hills, und die EU, für die der neue Agrarkommissar Ray MacSharry und der neue Außenhandelskommissar Frans Andriessen sprachen, auf die Einrichtung einer Arbeitsgruppe, die während einer 75-tägigen Stillhalteperiode bis Mai 1989 eine Einigung im Hormonstreit aushandeln sollte (New York Times 18.02.1989, Washington Post 19.02.1989).[202] Allerdings gelang es auch dieser nicht, den Hormonstreit wirklich beizulegen (Financial Times 05.05.1989). Nachdem das Mandat der Arbeitsgruppe verlängert wurde, einigten sich die US-Administration und die EU-Kommission im Juli 1989 lediglich auf ein Zertifizierungsverfahren, das die Einfuhr von hormonfrei produziertem Fleisch aus den USA ermöglichte.[203] Die USA senkten dafür ihre Strafzölle entsprechend (Financial Times 10.08.1989, USTR 2002: 13). Da die Einfuhr amerikanischen Fleischs in die EU trotz der vereinbarten Zertifizierung jedoch gering blieb, hielt die US-Administration das Gros der nicht autorisierten Sanktionen weiter aufrecht (Hudec 1993: 229). Der eigentliche Streit blieb weiterhin ungelöst, bis er 1994 in eine neue Runde gehen sollte (Financial Times 10.08.1989, 03.10.1989, 07.02.1990).[204]

Insgesamt: Geringer Einfluss des Streitbeilegungsverfahrens

Die USA verhielten sich im Hormonstreit zwischen 1985 und 1994 weitgehend verfahrensmissachtend. Die nicht autorisierten Sanktionsdrohungen, denen später dann tatsächlich auch nicht autorisierte Sanktionen folgten, zo-

202 Die EU war bereit, ihre Strafmaßnahmen gegen die unilateralen Strafzölle der USA bis dahin zurückzustellen (Washington Post 19.02.1989).

203 Bislang hatten sich die USA geweigert, ein solches Zertifizierungsverfahren zu akzeptieren. Ein solches Zertifizierungsverfahren befürworteten in den USA zwar einige kleinere Fleischproduzenten, die auf die fraglichen Hormone ohnehin verzichteten, doch die großen Fleischerzeuger sprachen sich vehement dagegen aus, auch weil sie befürchteten, durch die Zertifizierung könne beim amerikanischen Verbraucher der Eindruck entstehen, mit Hormonen behandeltes Fleisch sei gesundheitsgefährdend (Financial Times 10.02.1989, 16.02.1989, 27.04.1989, Washington Post 10.02.1989).

204 Landwirtschaftsminister Yeutter unterstrich erneut, ein Einlenken der USA im Hormonstreit verleite die EU – oder andere Staaten – möglicherweise dazu, in anderen Handelsbereichen ebenfalls ungerechtfertigte Einfuhrverbote zu verhängen: »If we permit that to occur, in the European Community or elsewhere, then we've opened up a gigantic loophole in the Gatt which will result in major impedements to agricultural trade throughout the world for years to come« (Financial Times 27.04.1989).

gen sich im Hormonstreit durch alle Streitphasen hindurch. Dies ist um so mehr als verfahrenswidrig einzustufen, als die USA letztlich nicht einmal versuchten, das für die Autorisierung von etwaigen Sanktionsmaßnahmen zuständige Streitbeilegungsverfahren des GATT einzuschalten. Ein solches lehnten die USA sogar ab, obwohl die EU angeboten hatte, sich diesem zu unterwerfen. Stattdessen beharrten sie fortwährend auf einer alternativen Streiterledigung durch eine Expertengruppe. Dieses im Abkommen über technische Handelshemmnisse in Ergänzung zum ordentlichen Streitbeilegungsverfahren des GATT vorgesehene Streitbeilegungsinstrument wurde zwar von der EU blockiert. Doch eine Expertengruppe hätte die von den USA angestrebten Sanktionen gegen die EU ohnehin nicht autorisieren können.

Schaubild 7.1: Das US-Verhalten im Hormonstreit: Einfluss des GATT-Verfahrens

	US-Verhalten	**Einfluss des Verfahrens**
Thematisierungsphase	➢ verfahrensmissachtend	sehr gering
Feststellungsphase	➢ verfahrensmissachtend	
Umsetzungsphase	➢ verfahrensmissachtend	
Sanktionsphase	➢ verfahrensmissachtend	

Der Hormonstreit erweist sich damit als ein Paradebeispiel für den mehr als geringen Einfluss, den das Streitbeilegungsverfahren des GATT auf das Verhalten der USA auszuüben vermochte. Praktisch an keiner Stelle im ganzen Streit lässt sich ein solcher Einfluss ausmachen – und zwar weder in der Administration noch im Kongress. Im Gegenteil: dass sich die Administration mehr Rückenwind aus dem Kongress für ihre liberale Handelspolitik versprach, indem sie – das Streitbeilegungsverfahren des GATT missachtend – eigenmächtig mit Sanktionen drohte und diese Sanktionen dann auch verhängte, mag verdeutlichen, wie wenig Respekt die USA dem Streitbeilegungsverfahren entgegenbrachten. Und dass die USA ihr verfahrensmissachtendes Verhalten just damit begründeten, im Streitbeilegungsverfahren des GATT könne nur wenig zuverlässig gegen Rechtsbrüche vorgegangen werden, mag die Bedeutung des Designs des jeweiligen Streitbeilegungsverfahrens unterstreichen.

7.2 Das US-Verhalten im zweiten Hormonstreit (1995-1999)

Im Gegensatz zum Streitbeilegungsverfahren des GATT gelang es dem der WTO, in einer zweiten Auflage des Hormonstreits zwischen den USA und der EU das amerikanische Verhalten zu lenken. Der Hormonstreit wurde ab 1995 nochmals aufgerollt, nachdem das in der Uruguay-Runde des GATT ausgehandelte so genannte SPS-Abkommen die Rechtslage u.a. für nationale Lebensmittelstandards konkretisierte, die als willkürliche Einfuhrbeschränkungen missbraucht werden können. Das alte GATT hatte lediglich allgemein festgehalten, derartige nationale Standards stellten dann keine unzulässige Einfuhrbeschränkung dar, wenn sie etwa gesundheitspolitisch begründet seien. Das SPS-Abkommen sieht hingegen konkret vor, dass sich die Staaten mit ihren Lebensmittelvorschriften an internationalen Standards orientieren sollen, die insbesondere die so genannte Codex Alimentarius-Kommission – eine gemeinsame Kommission der Weltgesundheitsorganisation (WHO) und der internationalen Ernährungs- und Landwirtschaftsorganisation (FAO) – festlegt. Danach können nationale Lebensmittelstandards, die dem Codex Alimentarius folgen, in der WTO nicht als ungerechtfertigte Einfuhrbeschränkung angegriffen werden. Das SPS-Abkommen erlaubt zwar auch über den Codex Alimentarius hinaus reichende nationale Lebensmittelvorschriften, doch müssen die betreffenden Staaten diese wissenschaftlich begründen. Das heißt, der betreffende Staat muss wissenschaftlich darlegen, dass die nationalen Lebensmittelstandards tatsächlich mehr Lebensmittelsicherheit mit sich bringen.

Als die Codex-Alimentarius-Kommission im Juli 1995 zu dem Ergebnis kam, wissenschaftlich betrachtet bringe der Einsatz der fraglichen wachstumsfördernden Hormone bei der Fleischerzeugung keine Gesundheitsgefährdung für die Verbraucher mit sich, ging der Hormonstreit in eine neue Runde. Denn die Einschätzung der Codex-Kommission gab den USA auf der Grundlage des SPS-Abkommens im Hormonstreit mit der EU neuen Rückenwind (Financial Times 14.07.1995). Schließlich hatte die US-Administration stets betont, das Einsatzverbot für die fraglichen Hormone in der Fleischerzeugung sowie das damit verbundene Einfuhrverbot für mit diesen Hormonen behandeltes Fleisch lasse sich wissenschaftlich nicht rechtfertigen. Denn aus ihrer Sicht war wissenschaftlich erwiesen, dass von den entsprechenden Fleischerzeugnissen keinerlei Gesundheitsgefährdung ausgehe. Die Einschätzung der Codex-Kommission zeige somit, dass das Einfuhrverbot der EU stets willkürlich gewesen sei. Dementsprechend müsse die EU nun endlich Schritte unternehmen, um ihr Einfuhrverbot für Hormonfleisch möglichst rasch aufzuheben.

Mit Blick auf die Entscheidung der Codex-Kommission unterstrich US-Agrarminister Daniel Glickmann:

»The growth promotants have cleared all the necessary tests more than five years ago and could have been publicly approved any time since then« (Financial Times 14.07.1995).

Die EU hingegen geriet durch die Einschätzung der Codex-Kommission unter Rechtfertigungsdruck. Denn sie hatte – von europäischen Verbraucherverbänden bedrängt – das Einfuhrverbot stets damit begründet, mit den fraglichen Hormonen behandeltes Fleisch könne krebserregend sein. Zumindest sei, so hatte sie betont, wissenschaftlich nicht auszuschließen, dass entsprechende Fleischprodukte eine Gesundheitsgefährdung darstellten. Die EU-Kommission reagierte dementsprechend gereizt auf die Entscheidung der Codex-Kommission. Agrarkommissar Franz Fischler ließ sich sogar zu der Behauptung hinreißen, die Codex-Kommission sei von den USA unter Druck gesetzt worden, die Gesundheitsgefährdung der betreffenden Hormone herunterzuspielen (Financial Times 14.07.1995). Darüber hinaus betonte er, die wissenschaftliche Einschätzung der Gesundheitsrisiken dieser Hormone könne nicht allein über deren Einsatz entscheiden. Vielmehr gelte es, die Bedenken der Verbraucher in der EU zu berücksichtigen (Financial Times 01.02.1996).[205] Dementsprechend äußerte er sich auch nach der Entscheidung der Codex-Kommission unnachgiebig:

»This decision will have no bearing on the the EU's policy on hormones« (Financial Times 14.07.1995).

Thematisierungsphase

Den mit der Einschätzung der Codex-Kommission erneut entbrannten Hormonstreit eröffnete die USA diesmal nicht mit verfahrenswidrigen Vorgehensweisen. Die bereits im ersten Hormonstreit verhängten Strafzölle blieben zwar zunächst weiter in Kraft, doch ansonsten setze die US-Administration nun ganz auf das in der WTO vorgesehene neue Streitbeilegungsverfahren. Dementsprechend drohten die USA nach der für sie günstigen Entscheidung der Codex-Kommission der EU verfahrensgetreu mit einem Streitbeilegungsverfahren im Rahmen der WTO. Falls sich die EU nicht bereit zeige, nunmehr

205 Gleichwohl wollte die EU wissenschaftliche Expertise einholen, um das Gesundheitsrisiko von Hormonfleisch besser abschätzen zu können (Financial Times 07.09.1995). Agrarkommissar Franz Fischler erklärte dazu: »We want to introduce an element of objectivity into the debate and to avoid an emotive approach to the issue« (Financial Times 22.11.1995).

rasch ihr WTO-widriges Einfuhrverbot für amerikanische Fleischerzeugnisse aufzugeben, würden die USA ein Streitbeilegungsverfahren bei der WTO beantragen (Financial Times 14.07.1995, 07.09.1995).

Die EU versuchte unterdessen, das durch die Einschätzung der Codex-Kommission kaum mehr zu rechtfertigende Einfuhrverbot für Hormonfleisch zu retten, indem sie im November 1995 zu einer internationalen Expertenkonferenz nach Brüssel einlud, die die gesundheitliche Gefährdung wissenschaftlich beurteilen sollte, die vom Verzehr des mit den fraglichen Hormonen behandelten Fleischs ausgehen konnte. Die EU-Kommission kündigte im Vorfeld sogar an, ihr Einfuhrverbot auch von den Ergebnissen dieser Expertentagung abhängig machen zu wollen. Gegebenenfalls könnten einzelne Hormone vom bestehenden Einsatz- und damit auch vom Einfuhrverbot ausgenommen werden (Financial Times 30.11.1995). Doch obwohl die Expertentagung zu dem Ergebnis kam, nach wissenschaftlichem Erkenntnisstand spreche nichts gegen den Einsatz der fraglichen Hormone in der Fleischwirtschaft, weigerte sich die EU-Kommission, den europäischen Verbraucherinteressen folgend, weiterhin, von ihrem Einfuhrverbot abzurücken. Nach einer Sitzung des Rats der EU-Agrarminister gab Agrarkommissar Fischler im Januar 1996 bekannt, die EU halte das beanstandete Einfuhrverbot unverändert aufrecht (Financial Times 23.01.1996).[206]

Da dies eine gütliche Einigung zwischen den USA und der EU im Hormonstreit unmöglich machte, beantragte die US-Administration – wie zuvor angedroht – im Januar 1996 die im Streitbeilegungsverfahren der WTO obligatorischen Konsultationen (WT/DS26/1). Da es nun bei der WTO ein wirksames Streitbeilegungsverfahren gab, in dem die EU weder eine Verurteilung noch eine Sanktionierung blockieren konnte, zeigte sich die Administration bereit, auf eigenmächtiges Verhalten zu verzichten. Doch auch im Kongress, wo sich insbesondere der Congressional Beef Caucus – eine überparteiliche Gruppierung von Kongressmitgliedern – im Hormonstreit engagierte, sowie bei der Fleisch- bzw. Agrarlobby, angeführt von der National Cattlemen's Beef Association bzw. dem American Farm Bureau, hoffte man, die EU durch das neue Streitbeilegungsverfahren der WTO zum Einlenken bewegen zu können. Deshalb bedrängten weder Kongress noch Fleisch- oder Agrarlobby die Administration, die EU verfahrenswidrig durch eigenmächtige Sanktionen zu zwingen, das Einfuhrverbot für amerikanisches Hormonfleisch aufzugeben.[207]

---

206 Der Agrarkommissar hatte gerade mit Blick auf die europäischen Verbraucherinteressen unmissverständlich klar gemacht: »We don't contemplate lifting the ban or negotiating with the Americans bearing in mind consumer trends« (Financial Times 23.1.1996).

207 Siehe dazu unter anderem das Statement der National Cattlemen's Beef Association vom 21.05.1995.

Die im März 1996 im Rahmen der Streitbelegung obligatorischen Konsultationen mit der EU brachten allerdings nichts ein (Ahearn 2002: 27). Weder konnten sich die Streitparteien – wie von den USA vorgeschlagen – auf eine Kennzeichnungspflicht für amerikanische Fleischerzeugnisse einigen noch gelang es, sich – wie von der EU bevorzugt – auf Kompensationsmaßnahmen zu verständigen. Denn bei der Kennzeichnungspflicht bestand die EU weiter darauf, diese müsse sich nicht nur auf die amerikanische Herkunft, sondern auch auf den Hormoneinsatz beziehen. Dies wollte die US-Administration jedoch unter dem Einfluss von Kongress und Fleischlobby nicht akzeptieren.[208] Und bei den Kompensationsmaßnahmen bot die EU weiterhin nur höhere Einfuhrquoten und niedrigere Einfuhrzölle für hormonfreies Fleisch an. Doch da die amerikanische Fleischwirtschaft schon die bestehende Einfuhrquote für hormonfreies Fleisch kaum ausschöpfte, sah die US-Administration, auch hier von Kongress und Fleischwirtschaft unterstützt, darin keinen angemessenen Ausgleich.[209] Da der Hormonstreit mithin nicht in Konsultationen beigelegt werden konnte, beantragten die USA im April 1996 bei der WTO ein Streitschlichtungspanel, das über das Einfuhrverbot der EU für mit Hormonen behandeltes Fleisch befinden sollte (WT/DS26/6).

Feststellungsphase

Die US-Administration hielt sich damit nicht nur an das vorgegebenen Streitbeilegungsverfahren der WTO, sondern als die EU-Kommission wegen der amerikanischen Sanktionsmaßnahmen aus dem ersten Hormonstreit bei der WTO ein Streitbeilegungsverfahren beantragte, gab sie sogar diese vormals verfahrenswidrig verhängten Sanktionen freiwillig auf (New York Times 06.07.1996). Die US-Handelsbeauftragte Charlene Barshefsky erklärte im Juli 1996, sie setze die seit 1989 gegen die EU erhobenen Strafzölle für die Dauer des nun von ihr beantragten Streitbeilegungsverfahrens aus (Journal of Commerce 16.07.1996). Dabei spielte das als zuverlässiger wahrgenommene Streitbeilegungsverfahren der WTO eine offenbar nicht unbedeutende Rolle. Denn zum einen konnten die USA nicht mehr die Verurteilung ihrer nicht genehm-

---

208 Insbesondere die National Cattlemen's Beef Association lehnte jede Kennzeichnung ab, die eine Gefährdung durch Hormonfleisch insinuieren könnte: »We are not willing to have some label that portrays it in a negative light« (New York Times 09.05.1997). Siehe auch ihr Statement vom 25.09.1997.

209 Die National Cattlemen's Beef Association erklärte: »We do not feel that having the European Union pay compensation is an acceptable alternative« (New York Times 09.05.1997). Siehe auch das Statement der National Cattlemen's Beef Association vom 25.09.1997.

nigten Sanktionen verhindern. Doch zum anderen schienen die eigenmächtig erhobenen Sanktionen insbesondere aber auch nicht mehr notwendig, um zuverlässig gegen die EU vorzugehen. Dementsprechend begründete die US-Handelsbeauftragte den amerikanischen Sanktionsverzicht auch damit, die USA müssten aufgrund des verbesserten Streitbeilegungsverfahrens nicht mehr mit dessen Blockade durch die EU rechnen. Da weder eine Verurteilung noch eine Sanktionierung eigenmächtig zu verhindern seien, könnten sich die USA nunmehr ganz auf das Streitbeilegungsverfahren in der WTO einlassen. In einem späteren Statement erklärte sie:

»As the United States now had effective multilateral procedures to address the matter of the EC's restrictions on imports of U.S. meat (...) the USTR (...) determined that it was in the interest of the United States to terminate (...) the increased duties« (USTR 2002: 13).

Ganz auf das Streitbeilegungsverfahren der WTO zu setzen, schien sich für die US-Administration auch tatsächlich rasch bezahlt zu machen. Denn bereits der im Mai 1997 vom Streitschlichtungspanel angefertigte vorläufige Bericht machte deutlich, dass das Einfuhrverbot der EU verurteilt werden würde (New York Times 09.05.1997, 02.07.1997). Der vorläufige wie auch im August 1997 der endgültige Bericht stellten fest, das Einfuhrverbot der EU beruhe nicht auf den einschlägigen wissenschaftlichen Erkenntnissen (WT/DS26/R/USA). Da die EU mit ihrem Hormonfleischverbot über international vereinbarte Standards wie den Codex Alimentarius hinausgehe, hätte sie dies auf wissenschaftliche Erkenntnisse stützen müssen, die das Gesundheitsrisiko von Hormonfleisch belegten. Das Einfuhrverbot sei somit als willkürlich zu verurteilen (Decker 2002: 151).

In den USA feierten Administration, Kongress und auch Fleisch- bzw. Agrarlobby den Bericht des Streitschlichtungspanels als Sieg über das ungerechtfertigte Einfuhrverbot der EU.[210] Schließlich hatten sie immer einvernehmlich behauptet, der Einsatz der fraglichen Hormone in der Fleischwirtschaft berge keinerlei Gesundheitsrisiko, so dass das europäische Einfuhrverbot sich nicht rechtfertigen lasse. Darüber hinaus sah sich die Handelsbeauftragte Barshefsky darin bestätigt, im Hormonstreit ganz auf das Streitbeilegungsverfahren der WTO gesetzt zu haben. Dies war für sie umso wichtiger, als sie dem Kongress beweisen wollte, dass die EU durch das neue Streitbeilegungsverfahren zur

210 Für die Fleischlobby siehe etwa das entsprechende Statement der National Cattlemen's Association vom 15.01.1998. Die Fleischlobby hatte bereits früher erklärt »We will support the U.S. negotiators in every possible way as they continue to resolve this dispute with the EU and work to find ways to export our beef and beef products to European consumers« (Statement der National Cattlemen's Beef Association vom 18.08.1997).

Räson zu bringen sei (Financial Times 01.07.1997). Dementsprechend unterstrich sie:

»This is a sign that the WTO dispute settlement system can handle complex and difficult disputes where a WTO member attempts to justify trade barriers by thinly disguising them as health measures« (Financial Times 19.08.1997).

Die EU hingegen zeigte sich über den Bericht des Streitschlichtungspanels verärgert. Sie beantragte bereits im September 1997 beim Streitschlichtungsorgan der WTO ein Berufungsverfahren (WT/DS26/9). Die EU kritisierte, der Bericht mache es Staaten unmöglich, den Bedenken von Verbrauchern nachzukommen (Financial Times 19.08.1997). Selbst auf wissenschaftliche Erkenntnisse gestützt, dürfe sich die WTO nicht einfach über die Bedenken der europäischen Verbraucher hinwegsetzen (Ahearn 2002: 27). Eine Sprecherin der EU-Kommission erklärte:

»We are concerned that the report's conclusions limit the right of governments to determine the level of protection which they deem to be appropriate for their consumers« (Financial Times 19.08.1997).[211]

Die EU verzögerte durch das bei der WTO beantragte Berufungsverfahren zwar einen endgültigen Entscheid nochmals, doch bereits im Januar 1998 bestätigte die Berufungsinstanz weitgehend den Bericht des Streitschlichtungspanels (WT/DS26/AB/R). Das europäische Einfuhrverbot für Hormonfleisch ist danach unzulässig, weil es nicht auf wissenschaftlichen Erkenntnissen über das Gesundheitsrisiko von Hormonfleisch beruhe. Die Berufungsinstanz, deren Bericht die Streitschlichtungsinstanz im Februar 1998 annahm, sprach Staaten zwar grundsätzlich das Recht zu, einen höheren Gesundheitsschutz zu verlangen, als in internationalen Standards wie dem Codex Alimentarius festgelegt. Doch dieser müsse sich durch wissenschaftliche Erkenntnisse stützen lassen. Derartige Erkenntnisse habe die EU aber nicht vorgelegt. Damit kam die Berufungsinstanz der EU zwar etwas entgegen, stützte insgesamt aber weiter die Position der USA (Decker 2002: 151). Trotzdem beanspruchten die EU und die USA in ersten Reaktionen auf den Bericht gleichermaßen den Sieg für sich.

Die US-Administration unterstrich, es gebe keine wissenschaftlichen Erkenntnisse, die auf eine Gesundheitsgefährdung durch Hormonfleisch hindeuteten (New York Times 14.03.1998). Dementsprechend verpflichte das Berufungsgericht die EU, ihr Einfuhrverbot für Hormonfleisch unverzüglich auf-

211 Agrarkommissar Franz Fischler sah durch die Berichte sogar die Demokratie bedroht: »In a world which is more globalised, it will be important to have clear democratic controls as far as international trade rules are concerned« (Financial Times 04.09.1997).

zuheben. Um die Glaubwürdigkeit des Streitbeilegungsverfahrens der WTO nicht zu unterminieren, müsse die EU nun einlenken. Die US-Administration sei jedenfalls nicht bereit, einen weiteren Aufschub hinzunehmen (Financial Times 13.02.1998). US-Agrarminister Dan Glickman erklärte:

»The WTO has agreed that Europe has no scientific basis for blocking sales of US beef based on the use of hormones. We hope and expect the EU will now take the necessary steps to bring its policies into compliance with WTO obligations by moving to lift the ban« (Farmers Weekly 23.01.1998).

Die EU-Kommission hingegen betonte, der Bericht der Berufungsinstanz verurteile die EU nicht. Der Bericht sage nicht, dass es keine wissenschaftlichen Erkenntnisse gebe, die eine mögliche Gesundheitsgefährdung durch Hormonfleisch belegen, sondern lediglich, dass die EU verpflichte sei, solche wissenschaftlichen Erkenntnisse vorzulegen, um ihr Einfuhrverbot für Hormonfleisch zu rechtfertigen (New York Times 14.03.1998). Und just solche wissenschaftlichen Erkenntnisse gedenke die EU vorzulegen (Financial Times 13.02.1998). Bis dies geschehen sei, werde das Einfuhrverbot aber bestehen bleiben. Agrarkommissar Franz Fischler erklärte:

»The judgement has not fined us, not asked us to lift this ban, just asked us to provide risk assessment, which we will do« (Financial Times 16.01.1998).[212]

Damit war zwischen den USA und der EU ein neuer Streit entbrannt; nämlich darüber, ob das Einfuhrverbot unverzüglich aufzuheben sei, ob die EU dafür 15 Monate beanspruchen könne oder ob sie, wie von der EU gewünscht, letztlich 48 Monate zur Verfügung habe. Doch auch in diesem Streit blieben die USA ihrer verfahrensgetreuen Vorgehensweise verpflichtet. Die US-Administration verlangte im April 1998, dass das Streitschlichtungspanel der WTO darüber befinde, bis wann die EU den Bericht der Berufungsinstanz der WTO umsetzen muss. Die Administration wollte der EU keinen Vorwand liefern, aufgrund dessen sie eine Missachtung des Streitbeilegungsverfahrens rechtfertigen konnte. Sie wollte sicher gehen, am Ende des Streitbeilegungsverfahrens nicht die USA angeprangert zu sehen – und mithin Reputationsverluste erleiden zu müssen – sondern die EU. Dabei wurde sie vom Kongress ebenso wie von der Fleisch- und Agrarlobby, welche den Bericht der Berufungsinstanz begrüßt hatten, grundsätzlich unterstützt. Der Kongress, der die Administration wiederholt aufgefordert hatte, gegen den Agrarprotektionismus der EU konsequent vorzugehen, drängte lediglich darauf, gegebenenfalls in der

212 Darüber hinaus machte er deutlich: »The WTO upheld all the views of the commission except one. Only the risk assessment was in question because we did a general assessment, not one looking specifically at the substances under debate« (Farmers Weekly 23.01.1998).

WTO Sanktionsmaßnahmen zu beantragen. Und auch die Fleischlobby verlangte, von der Agrarlobby unterstützt, lediglich, dass die Administration der EU ihre Verzögerungstaktik nicht straflos durchgehen lasse. Falls die EU nicht einlenke, müsse die Administration in der WTO Sanktionsmaßnahmen beantragen.[213] Die National Cattlemen's Beef Association erklärte, dies sei schon allein deshalb notwendig, um zu verhindern, dass das Hormonbeispiel Schule mache.

Umsetzungsphase

Die von den USA erneut angerufene Streitbeilegungsinstanz entschied unterdessen, die EU müsse die Berichte des Streitschlichtungspanels sowie des Berufungsgerichts innerhalb der regulären Frist von 15 Monaten umsetzen (WT/DS26/15). Auch diesen Entscheid nahmen die USA hin, ohne jenseits des vorgesehenen Streitbeilegungsverfahrens der WTO gegen die EU vorzugehen. Vielmehr akzeptierte die US-Administration, dass die EU ihr bereits verurteiltes Einfuhrverbot für amerikanische Fleischprodukte zumindest bis Mai 1999 straflos aufrechterhalten durfte. Und auch als sich im Februar 1999 abzeichnete, dass die EU das Einfuhrverbot für amerikanisches Fleisch nicht – wie von der WTO bestimmt – im Mai 1999 aufheben würde, folgten die USA weiter dem vorgesehenen Streitbeilegungsverfahren der WTO.[214] Im Gegensatz zum ersten Hormonstreit im Rahmen des GATT drohten sie auch jetzt

213 Eine breite Koalition der Fleisch- und Agrarlobby unterstrich in einem gemeinsamen Statement vom 17.11.1998: »If the EU won't abide by international law, the United States will have no choice but to respond by cutting off specific European imports. Not only because of U.S. interests in beef (…), but to preserve the credibility of the global trading system.« Ähnlich äußerte sich die Agrar- und Fleischlobby auch an 18.12.1998 in einem gemeinsamen Brief an Präsident Bill Clinton, der den Präsidenten aufforderte, Sanktionsmaßnahmen gegen die EU zu verhängen. Siehe auch die Statements der National Cattlemen's Beef Association vom 11.05.1998 und 13.02.1998.

214 Die USA boten der EU erneut Verhandlungen an, um den Hormonstreit zu lösen (Financial Times 04.02.1999). Sie zeigten sich bereit, einer Kennzeichnung von Fleischexporten aus den USA zuzustimmen, so dass die europäischen Verbraucher selbst entscheiden könnten. Die EU bestand aber darauf, dass das Fleisch nicht nur als aus den USA stammend zu kennzeichnen, sondern als Hormonfleisch auszuweisen sei. Dies lehnten die USA wiederum ab, weil dies eine Gesundheitsgefahr insinuiere, die von Hormonfleisch aber tatsächlich gar nicht ausgehe. Um den Streit beizulegen, bot die EU wiederum an, die Einfuhrquote sowie die Einfuhrzölle für hormonfreies Fleisch aus den USA anzuheben. Dies wiederum lehnten die USA ab, weil sie die bereits bestehende Einfuhrquote für dieses Fleisch ohnehin kaum ausschöpfen könne (Financial Times 15.02.1999, Decker 2002: 152).

nicht mit eigenmächtigen Sanktionsmaßnahmen, sondern kündigten lediglich an, bei der WTO Sanktionen gegen die EU zu beantragen.

Um diese Drohung zu unterstreichen, legte die US-Handelsbeauftragte Barshefsky zwar bereits im März 1999 im Rahmen des Section 301-Verfahrens einen Katalog möglicher Strafmaßnahmen in Höhe von 900 Mio. Dollar vor (USTR 2002: 13).[215] Doch zugleich betonte sie, erst nach einer entsprechenden Autorisierung durch die WTO sollten aus diesem Katalog die einzusetzenden Strafmaßnahmen ausgewählt und verhängt werden (Wall Street Journal 23.03.1999). Dass die Administration über Sanktionen ohne eine solche Autorisierung nicht einmal diskutierte, unterstreicht, wie eindeutig sie sich dem Streitbeilegungsverfahren der WTO verpflichtet fühlte. Aber auch Kongress bzw. Agrar- und Fleischlobby verlangten keine solchen Sanktionen. Die Bedeutung normativer Verpflichtungsgefühle gegenüber dem Streitbeilegungsverfahren der WTO wird zudem dadurch unterstrichen, dass gerade die Administration das Streitbeilegungsverfahren als die einzig gangbare Sanktionsoption ansah. So erklärte die US-Handelsbeauftragte Barshefsky schon zuvor in Bezug auf den bevorstehenden Sanktionsantrag bei der WTO:

»I don't want to do that, but I will, because there is no other means of asserting our rights in the face of the European Commission« (Financial Times 04.02.1999).

Die EU reagierte auf die amerikanischen Sanktionsdrohungen jedoch nicht; vielmehr erklärte die Europäische Kommission unmittelbar vor Ablauf der Umsetzungsfrist, ihr lägen nun aus den in Auftrag gegebenen Studien zumindest vorläufige wissenschaftliche Erkenntnisse vor. Diese deuteten darauf hin, dass selbst kleine Dosen der bei der Erzeugung von Fleisch eingesetzten Hormone krebserregend seien könnten (Financial Times 04.05.1999).[216] Trotz Ablauf der von der WTO zugestandenen Umsetzungsfrist komme deshalb für die EU selbst eine auch nur vorübergehende Aufhebung des bestehenden Einfuhrverbots überhaupt nicht in mehr Betracht (Financial Times

---

215 Die EU drohte nun ihrerseits – zumindest indirekt – mit Gegenmaßnahmen. Da die EU in Einfuhren von hormonfreiem Fleisch aus den USA Hormonrückstände gefunden habe, müsse für amerikanisches Fleisch ein generelles Einfuhrverbot erwogen werden (Financial Times 22.04.1999). Die USA zeigten sich darüber entrüstet. Die Handelsbeauftragte Barshefsky klagte: »Europe seems to be moving in a decidedly wrong direction with respect to US beef imports of any type. The timing of this announcement is obviously suspect« (Financial Times 22.04.1999). Der Streit über die Einfuhr hormonfreien Fleischs konnte allerdings dann doch unabhängig vom eigentlichen Hormonstreit beigelegt werden. Die USA fanden sich bereit, über ein verbessertes Zertifizierungsverfahren zu verhandeln (Financial Times 15.06.1999).

216 Eine Presseerklärung der EU unterstrich: »In a plain language this means that even small additional doses of residues of this hormone in meat arising from its use as a growth promoter in cattle has an inherent risk of causing cancer« (Financial Times 04.05.1999).

05.05.1999). Mit Blick auf die neuen Erkenntnisse erklärte Agrarkommissar Franz Fischler unmissverständlich:

»Given this opinion, it is quite clear that the ban on either the use of hormones within the EU or the import of beef produced using hormones cannot be lifted« (Financial Times 20.05.1999).

Die US-Administration warf der EU unterdessen vor, durch ihre Verzögerungstaktik, mit der sie letztlich einen fortgesetzten Verstoß gegen ihre internationalen Rechtspflichten kaschiere, das Streitbeilegungsverfahren der WTO zu gefährden. Das Streitbeilegungsverfahren verliere durch das europäische Verhalten im Hormonstreit an Glaubwürdigkeit. So unterminiere die EU insbesondere auch den Rückhalt, den das neue Streitbeilegungsverfahren der WTO bislang im amerikanischen Kongress genieße (Financial Times 24.03.1999). Die USA beantragten deshalb – so unterstrich Präsident Bill Clinton persönlich – bei der WTO nunmehr Sanktionen, um nicht zuletzt dem Kongress zu demonstrieren, dass sich niemand einfach straflos über das neuen Streitbeilegungsverfahren der WTO hinwegsetzen könne (New York Times 23.03.1999, Financial Times 24.03.1999). Gleichwohl zeigte sich die Administration weiter an einer gütlichen Einigung mit der EU interessiert. Sie betonte:

»We would still prefer to resolve this long-standing trade dispute in a way that provides access for US meat in the European market. However, the European Commission's recent misleading reports have made it all the more difficult to find a solution« (Financial Times 15.5.1999).

Die Administration, die hoffte, die EU durch die im Streitbeilegungsverfahren der WTO glaubhaften Sanktionsdrohungen tatsächlich zum Einlenken bewegen zu können, fand dabei weiterhin sowohl im Kongress als auch bei der Fleisch- bzw. Agrarlobby Unterstützung (New York Times 15.05.1999). Auch dort ging man davon aus, die EU durch autorisierte Sanktionen schlussendlich von ihrem Einfuhrverbot abbringen zu können. Der Kongress diskutierte zudem, wie von der WTO autorisierte Sanktionen wirksamer zu gestalten sind. Danach sollten Sanktionsmaßnahmen künftig von einem Sektor zum nächsten Sektor rotieren. Darin bestärkte auch die Agrar- und Fleischlobby den Kongress – nicht zuletzt mit Blick auf den Hormonstreit. Gerade die Fleischlobby betonte, dass ihr die Sanktionen selbst – wie auch etwaige Kompensationsmaßnahmen der EU – nichts einbrächten. Sie hoffe aber, dass rotierende Sanktionen die EU endlich dazu bewegen könnten, ihr ungerechtfertigtes Einfuhrverbot für amerikanisches Hormonfleisch aufzugeben (Financial Times 17.05.1999, 22.07.1999). Die National Cattlemen's Beef Association erklärte:

»The point of retaliation should be to put a ›burr under the saddle‹ sufficient to lead the EU member states to reconsider their position. Retaliation or compensation will not benefit the beef industry, and should be viewed only as a means to an end – market access« (Statement of the National Cattlemen's Beef Association 20.04.1999).

Um den scheinbar unvermeidbaren Sanktionen zu entgehen, bot die EU den USA unterdessen nochmals an, über Kompensationen zu verhandeln. Solange sie ihr Einfuhrverbot für Hormonfleisch nicht durch wissenschaftliche Erkenntnisse gestützt rechtfertigen könne, sei sie bereit, den USA als Kompensation andere Handelserleichterungen anzubieten (Financial Times 29.04.1999). Die USA waren zwar willens, Kompensationen vorübergehend zu akzeptieren, bis die EU ihre Studien abgeschlossen habe, die wissenschaftliche Erkenntnisse über die Gesundheitsgefährdungen durch Hormonfleisch liefern sollten. Doch bestanden sie darauf, dass sich die EU verpflichte, danach ihr Einfuhrverbot aufzuheben. Den amerikanischen Fleischproduzenten sei mit Kompensationen nicht geholfen; diese müssten ihre Absatzmärkte in der EU zurückerhalten (Financial Times 05.05.1999). Da die EU sich aber nicht auf ein Ende ihres Einfuhrverbots festnageln lassen wollte, blieben die Kompensationsgespräche erfolglos. Damit blieb eine gütliche Einigung zwischen den USA und der EU im Hormonstreit unerreichbar (Financial Times 21.05.1999).[217]

Sanktionsphase

Um gegen das WTO-widrige Einfuhrverbot nun tatsächlich mit Sanktionen vorgehen zu können, wandten sich die USA weiter verfahrensgetreu im Mai 1999 schließlich an das Streitschlichtungssystem der WTO (WT/DS26/19, USTR 2002: 13). Da die EU im Hormonfall die Berichte des Panels bzw. des Berufungsgerichts nicht fristgerecht umgesetzt hatte, beantragten sie, Sanktionsmaßnahmen in Höhe von 202 Mio. Dollar jährlich verhängen zu dürfen (New York Times 15.05.1999, Financial Times 15.05.1999). Dabei betonte die Administration erneut, die EU gefährde durch ihren beispiellosen Verstoß gegen die Berichte der WTO die Glaubwürdigkeit des WTO-Streitbeilegungsverfahrens (Financial Times 15.05.1999). Die USA müssten deshalb schon allein aus prinzipiellen Gründen mit Sanktionen gegen die EU vorgehen. Nur Sanktionen zeigten der EU, dass der Verstoß gegen WTO-Recht nicht straffrei

217 Dabei hatte EU-Außenhandelskommissar Leon Brittan stets die Vorzüge von Kompensationen der EU gegenüber Sanktionsmaßnahmen der USA für den internationalen Handel unterstrichen: »We must negotiate compensation. That keeps trade open rather than closing markets« (Financial Times 12.05.1999).

bleibe (Financial Times 17.05.1999). Die Handelsbeauftragte Barshefsky erläuterte:

»We will absolutely protect our rights and we will without question retaliate if the E.U. persist in disregarding the rules« (New York Times 15.05.1999).[218]

Die EU akzeptierte zwar, dass die USA nun Sanktionen bei der WTO beantragen konnten, bestritt jedoch, dass der Schaden, der den USA durch das Einfuhrverbot für Hormonfleisch entstand, auch nur annähernd 200 Mio. Dollar jährlich betrug. Der entstehende Schaden sei weit unterhalb von 100 Mio. Dollar anzusiedeln.[219] Die EU kündigte deshalb an, bei der WTO Einspruch gegen die Höhe der Sanktionsmaßnahmen der USA zu erheben (WT/DS26/20). Dementsprechend bewilligte das Streitschlichtungsorgan die von den USA beantragten Sanktionen zunächst nicht. Vielmehr beauftragte es ein Streitschlichtungspanel, über die Höhe der zu bewilligenden Sanktionsmaßnahmen zu entscheiden. Der EU war es damit gelungen, die Autorisierung von Sanktionen durch die WTO zumindest bis Juli 1999 hinauszuzögern (New York Times 15.05.1999).

Die USA blieben aber trotz dieser neuerlichen Verzögerung einem verfahrenskonformen Vorgehen verpflichtet. Die Administration war weiterhin bereit, ihre Sanktionen solange auszusetzen, bis sie von der WTO die entsprechende Autorisierung erhielt (USTR 2002: 13). Darüber hinaus wollte sie auch hinsichtlich der Höhe der Sanktionen auf eine Entscheidung der WTO warten. Dementsprechend hielt sie weiterhin nur den vorläufig erstellten Katalog möglicher Sanktionsmaßnahmen vor und verzichtete darauf, bereits genau festzulegen, welche Strafmaßnahmen sie konkret gegen die EU verhängen würde. Dies sollte erst geschehen, nachdem das Streitbeilegungsorgan der WTO Sanktionen bewilligt hatte (New York Times 04.06.1999).[220]

Dass die USA weiterhin – trotz der offensichtlichen Verzögerungstaktik der EU – dem Streitbeilegungsverfahren der WTO verbunden blieben, begründete die Administration selbst damit, dass sie der EU keinen Anlass geben wolle, die USA anzuprangern und ihre Reputation als zuverlässiger Rechtsgenosse zu beschädigen. Scherten die USA aus dem Streitbeilegungsverfahren eigenmächtig aus, so eröffneten sie der EU die Gelegenheit, ihren Verstoß

218 US-Agrarminister Glickmann unterstrich: »There is no legitimate reason for the EU's unfair restriction on free trade. The WTO decision recognizes that American beef is save. Scientific study after study confirms this« (New York Times 15.05.1999).

219 Agrarkommissar Franz Fischler ließ keine Zweifel aufkommen: »We will certainly challenge this sum and the US will have to try to justify before a WTO arbitrator« (New York Times 15.05.1999).

220 Die Vertreterin der USA bei der WTO Rita Hayes erklärte: »The final list of sanctions will not be drawn up until we have WTO authorization« (New York Times 04.06.1999).

gegen die Berichte des Streitschlichtungspanels und des Berufungsgerichts zu rechtfertigen. Zumindest könne die EU dann argumentieren, dass auch die USA widerrechtlich handelten. Indem die USA jedoch streng dem Verfahren der Streitbeilegung in der WTO folgten, könnten sie ihrerseits die EU wirksam anprangern. Dass sich die USA selbst verfahrensgetreu verhielten, ermögliche es ihnen, das in den Berichten des Streitschlichtungspanels und des Berufungsgerichts verurteile Einfuhrverbot der EU vor der Staatengemeinschaft wirksamer zu verurteilen (Financial Times 17.05.1999).

Die Administration hielt dementsprechend an dieser verfahrenskonformen Vorgehensweise auch dann weiter fest, als das Streitschlichtungsverfahren der WTO im Juli 1999 lediglich Sanktionsmaßnahmen von jährlich 116,8 Mio. Dollar autorisierte (WT/DS26/ARB). Dabei hatte die Administration auf drastischere Sanktionsmaßnahmen gehofft (Wall Street Journal 13.07.1999). Denn sie glaubte, durch Sanktionen die EU letztlich dazu bewegen zu können, das beanstandete Einfuhrverbot für amerikanische Fleischprodukte aufzugeben, anstatt lediglich Sanktionen hinzunehmen, ohne das Einfuhrverbot zu beseitigen (Financial Times 27.07.1999). Gleichwohl war die Administration bereit, der Entscheidung des Streitschlichtungspanels zu folgen und ihre Sanktionen zu beschränken (Decker 2002: 152). Die von der WTO autorisierten Sanktionen verschafften der Administration zumindest die Genugtuung, die EU mit ihrem rechtswidrigen Einfuhrverbot nicht straflos davon kommen zu lassen. Ohne weitergehende Sanktionen anzudrohen, forderte die Administration die EU auf, durch ein Einlenken die Glaubwürdigkeit des Streitbeilegungsverfahrens – und damit auch der Rechtsordnung der WTO – zu stärken. Die Handelsbeauftragte Barshefsky betonte:

»I would urge the EU to reconsider its damaging actions and to demonstrate a real commitment to a rules-based multilateral trading system« (Financial Times 13.07.1999).[221]

Die USA verhängten Strafzölle in Höhe von 100 Prozent insbesondere gegen Nahrungsmittel aus Deutschland, Frankreich, Italien und Dänemark, also aus Staaten, die innerhalb der EU besonders nachdrücklich auf dem Einfuhrverbot für Hormonfleisch bestanden hatten (Financial Times 27.07.1999).[222] Gleichwohl beharrten sie weiterhin darauf, die EU sei verpflichtet, ihr WTO-widriges Einfuhrverbot für Hormonfleisch aufzuheben. Dementsprechend waren sie

221 Die Handelsbeauftragte erklärte zudem: »The EU must understand that as a result of its failure to comply with WTO obligations the US will act firmly and swiftly under its WTO rights to sharply raise tariffs on imports from the EU in an amount equivalent to the trade damage« (Financial Times 13.07.1999).

222 Unter den für die Strafzölle ausgewählten Nahrungsmitteln befanden sich unter anderem Gänsestopfleber, Trüffel, Roquefort-Käse, Tomatensoße und Senf.

auch verärgert, als die EU im September 1999 ankündigte, die Auswertung der von ihr in Auftrag gegebenen Studien über wissenschaftliche Erkenntnisse über mögliche Gesundheitsgefährdungen durch Hormonfleisch verzögere sich weiter (Financial Times 23.09.1999). Denn das gab der EU eine weitere Begründung, warum sie trotz der Entscheidung der WTO ihr Einfuhrverbot nicht aufzugeben brauchte. Als dann die Studien selbst vorlagen, betonte die EU, nach wissenschaftlichem Erkenntnisstand lasse sich nicht ausschließen, dass die betreffenden Hormone krebserregend seien. Mit dieser Begründung hielt sie ihr Einfuhrverbot auch weiterhin aufrecht (New York Times 25.05.2000).

Die US-Administration reagierte zwar auf die bis heute anhaltende Verzögerungstaktik mit Empörung, hielt aber ihre Sanktionsmaßnahmen weiter im durch die WTO vorgegebenen Rahmen (USTR 2002: 113). Sowohl Kongress als auch Fleisch- und Agrarlobby unterstützten sie letztlich dabei. Diese waren zwar, wie die Administration selbst, mit den von der WTO autorisierten Sanktionsmaßnahmen unzufrieden. Auch sie hatten auf höhere Sanktionen spekuliert, die die EU zum Einlenken hätten zwingen können (New York Times 13.07.1999).[223] Gleichwohl forderten interessanterweise weder Kongress noch Fleisch- oder Agrarlobby Sanktionen jenseits des von der WTO genehmigten Sanktionsniveaus. Die Administration wurde lediglich bedrängt, die Sanktionen durch Rotation wirksamer zu gestalten (Financial Times 20.07.1999, 02.06.2000).[224] Die von der WTO autorisierten Sanktionen verschafften der Agrar- wie auch der Fleischlobby zumindest die Genugtuung, dass das WTO-widrige Einfuhrverbot für amerikanisches Fleisch nicht straflos blieb. In einem Statement der National Cattlemen's Beef Association und des American Meat Institute hieß es denn auch:

»Our objective throughout the WTO dispute settlement process has been to regain access to the European market. (…) US retaliation against EU products demonstrates that there is a price to pay for maintaining illegal policies. We stand firm in support of US (…) retaliatory

223 Die Agrar- und Fleischlobby erklärte einvernehmlich: »Retaliation is a necessary step to encourage EU compliance. The only real solution to this issue is access to the EU market for U.S. beef producers« (American Meat Institute, American Farm Bureau Federation, National Cattlemen's Beef Association, US Meat Export Federation: Statement Regarding US Retaliation Against Europe's Ban on US Beef, 13.07.1999).

224 Die Agrar- und Fleischlobby unterstrich: »We have urged the U.S. Trade Representative (USTR) to adopt a carousel approach for retaliation wherein the list of targeted EU products is rotated periodically to ensure that specific concessions are suspended for all EU member countries. (…) If the products designated for retaliation is spread to a broader sector, the impact will likely be deluted and ineffective« (American Meat Institute, American Farm Bureau Federation, National Cattlemen's Beef Association, US Meat Export Federation: Statement Regarding US Retaliation Against Europe's Ban on US Beef, 13.07.1999).

tariffs on European products« (Statement Regarding US Retaliation List Against European Union Products 20.07.1999).

Insgesamt: Gewisser Einfluss des Verfahrens

Die USA verhielten sich im zweiten Hormonstreit nach 1995 geradezu mustergültig. Im Gegensatz zum ersten Hormonstreit verzichteten sie gänzlich auf verfahrensmanipulierende oder gar verfahrensmissachtende Vorgehensweisen. Stattdessen setzten sie über alle Streitphasen hinweg ausschließlich auf verfahrensgetreues Verhalten. Dies ist umso bemerkenswerter, als sich die EU im zweiten Hormonstreit eher noch »widerspenstiger« verhielt als im ersten, so dass der Anreiz für die USA, eigenmächtig gegen die EU vorzugehen, eher zudenn abnahm. Dabei lässt sich das Verhalten der USA durchaus auch auf den Einfluss des Streitbeilegungsverfahrens der WTO zurückführen.

Schaubild 7.2: Das US-Verhalten im Hormonstreit: Einfluss des WTO-Verfahrens

	US-Verhalten	**Einfluss des Verfahrens**
Thematisierungsphase	➢ verfahrensgetreu	gegeben, aufgrund von: ➢ Sanktionsmöglichkeiten ➢ Reputationseffekten ➢ Verpflichtungsgefühlen ➢ Glaubwürdigkeitseffekten
Feststellungsphase	➢ verfahrensgetreu	
Umsetzungsphase	➢ verfahrensgetreu	
Sanktionsphase	➢ verfahrensgetreu	

Dieser Einfluss machte sich insbesondere über zwei Kausalpfade bemerkbar. Der erste Kausalpfad basierte auf den glaubhaften Sanktionsdrohungen, die vom Streitbeilegungsverfahren der WTO insofern zweifelsohne ausgingen, als es die EU nicht einseitig blockieren konnte. Die USA wandten sich deshalb an das Streitbeilegungsverfahren der WTO, weil im Gegensatz zu eigenmächtig verhängten Sanktionen die EU gegen autorisierte Sanktionen keine Vergeltungsmaßnahmen rechtfertigen konnte. Zugleich versprachen aber autorisierte Sanktionen, die EU möglicherweise zum Einlenken zu zwingen. Und als sich die Sanktionen als ineffektiv erwiesen, verschafften sie den USA zumindest die Genugtuung, dass das illegale Einfuhrverbot der EU nicht ungeahndet blieb. Der zweite Kausalpfad macht sich an den Reputationseffekten fest, die das zuverlässigere Streitbeilegungsverfahren der WTO insofern zu unterstützen versprach, als die EU eine etwaige Verurteilung nicht blockieren konnte. Danach ließen sich die USA auch gerade deshalb ganz auf das Streitbeilegungsverfahren ein, weil sie hoffen konnten, die EU dadurch besonders wirksam anprangern zu können. Doch eben um sie wirksam anprangern zu können, mussten sich die USA selbst – wie die Administration betonte – strikt an das vorgesehene Streitbeilegungsverfahren halten. Denn andernfalls hätten sie der EU die Gelegenheit gegeben, ihr eigenes, das Streitbeilegungsverfahren missachtendes Verhalten zu rechtfertigen und damit nicht nur die eigenen Reputationskosten zu senken, sondern auch die Reputation der USA anzugreifen.

Neben diesen beiden besonders bedeutenden Kausalpfaden lassen sich zwei weitere – allerdings schwer nachweisbare – Kausalpfade erkennen. Der erste dieser Kausalpfade beruht auf den normativen Verpflichtungsgefühlen, die die Administration, aber auch der Kongress und die Agrarlobby dem Streitbeilegungsverfahren entgegen brachten. Diese führten die USA zwar nicht direkt als Begründung für das eigene verfahrenskonforme Verhalten an. Dass jedoch im Hormonstreit weder Administration noch Kongress und noch nicht einmal die Agrarlobby verfahrenswidrige Verhaltensweisen ernsthaft diskutierten, deutet darauf hin, dass derartige Verpflichtungsgefühle ein eigenständiges Gewicht besaßen. Der zweite dieser Kausalpfade hat mit dem Interesse der USA an einem glaubhaften Streitbeilegungsverfahren – und damit an einer funktionierenden Rechtsordnung der WTO – zu tun. Die USA begründeten zwar das eigene verfahrenskonforme Verhalten im Hormonstreit nicht damit, dass andernfalls die Glaubwürdigkeit des Streitbeilegungsverfahrens leide. Doch da sie das Verhalten der EU wiederholt damit kritisierten, dieses unterminiere die Glaubwürdigkeit des Streitbeilegungsverfahrens der WTO, erscheint es zumindest plausibel, dass sie selbst auch deshalb nicht aus dem Streitbeilegungsverfahren ausscheren wollten, um ihrerseits nicht die Glaubwürdigkeit des Streitbeilegungsverfahrens zu beschädigen.

7.3 Vergleich des US-Verhaltens im ersten und zweiten Hormonstreit

Der Vergleich des ersten mit dem zweiten Hormonstreit unterstreicht die Vermutung, dass die Judizialisierung des Streitbeilegungsverfahrens im GATT bzw. in der WTO eine Judizialisierung des Streitverhaltens der USA befördern kann. Während sich die USA im ersten Hormonstreit im GATT konsistent über das wenig judizialisierte Streitbeilegungsverfahren des GATT hinwegsetzten, sich mithin fortgesetzt verfahrenswidrig verhielten, blieben sie im zweiten Hormonstreit über alle Streitphasen hinweg strikt dem in der WTO vorgegebenen erheblich judizialisierteren Streitbeilegungsverfahren treu. Im ersten Hormonstreit drohten sie von Beginn an, eigenmächtig mit Sanktionen gegen das aus ihrer Sicht ungerechtfertigte Einfuhrverbot der EU vorzugehen, und verhängten schließlich auch jenseits des Streitbeilegungsverfahrens des GATT eigenmächtig derartige Sanktionen. Dagegen waren sie im zweiten Hormonstreit bereit, ganz dem Streitbeilegungsverfahren der WTO zu folgen. Obwohl sich die EU im Verlaufe des Streits nur wenig kooperativ zeigte, verzichteten sie auf eigenmächtige Sanktionsdrohungen und hielten sich sowohl bei der Sanktionshöhe als auch dem Sanktionszeitpunkt strikt an die im Streitbeilegungsverfahren gemachten Vorgaben. Gerade weil die beiden Hormonstreitfälle so ähnlich sind – mithin viele Störvariablen konstant gehalten werden –, deutet diese Korrelation auf einen Kausalzusammenhang hin.

Der Vergleich der beiden Hormonstreitfälle unterstreicht zudem, dass die Judizialisierung des Streitbeilegungsverfahrens im GATT bzw. in der WTO die Kausalpfade zu aktivieren vermochte, über die sich dieses auf das Streitverhalten der USA auswirken konnte. Zumindest ließen sich diese Kausalpfade im zweiten Hormonstreit in der WTO viel eindeutiger identifizieren, als im ersten Hormonstreit des GATT. Danach zeigten sich die USA im zweiten Hormonstreit bereit, das Streitbeilegungsverfahren der WTO insbesondere auch deshalb zu nutzen, weil es ihnen erstens erlaubte, der EU wirksam Reputationsverluste zuzufügen, und ihnen zweitens glaubhafte Sanktionsdrohungen erleichterte. Beides – ein wirksames Anprangern und glaubhafte Sanktionen – vermochte das alte Streitbeilegungsverfahren des GATT nicht zu bieten, so dass diese Kausalmechanismen hier nicht greifen konnten, um die USA zu verfahrenskonformem Verhalten anzuhalten. Dazu kommt, dass im ersten Hormonstreit aber auch keine anderen Kausalmechanismen existierten, über die das Streitbeilegungsverfahren des GATT Einfluss auf das amerikanische Verhalten genommen hätte, wohingegen im zweiten Hormonstreit zudem die normative Verpflichtung der USA auf das Streitbeilegungsverfahren der WTO sowie ihr Interesse an der Glaubwürdigkeit dieses Streitbeilegungsverfahrens der WTO ein verfahrensgetreues Verhalten zusätzlich gestützt zu haben scheinen.

Darüber hinaus zeigt sich im Vergleich der beiden Hormonstreitfälle aber auch, dass nicht nur das Streitverhalten der USA, sondern auch der Streitaustrag zwischen den USA und der EU durch die Judizialisierung der Streitbeilegungsverfahren im GATT bzw. in der WTO vermehrt in rechtsstaatliche Bahnen gelenkt werden konnte. Während der erste Hormonstreit praktisch vollständig außerhalb des zuständigen Streitbeilegungsverfahrens des GATT ausgetragen wurde, fand der zweite Hormonstreit doch weitgehend innerhalb des Streitbeilegungsverfahrens der WTO statt. In beiden Hormonstreitfällen kam es zwar in der Thematisierungsphase zunächst verfahrenskonform zu Konsultationen, doch bereits in der Feststellungsphase unterschied sich der Streitaustrag. Während im ersten Hormonstreit die EU und die USA das jeweils vom anderen bevorzugte Streitbeilegungsverfahren blockierten, so dass der Streit bereits in der Feststellungsphase außerhalb des Streitbeilegungsverfahrens bearbeitet werden musste, kam es im zweiten Hormonstreit zu einem ordnungsgemäßen Streitbeilegungsverfahren, das dann auch den von den USA behaupteten Rechtsverstoß der EU feststellte. In der Umsetzungsphase scherte die EU zwar auch im zweiten Hormonstreit insofern aus dem Streitbeilegungsverfahren aus, als sie die Berichte des Streitschlichtungspanels bzw. Berufungsgerichts missachtete, doch im Gegensatz zum ersten Hormonstreit führte dies nicht zu einem Ausscheren der USA. Anstatt wie im ersten Hormonstreit eigenmächtig Sanktionen zu verhängen, beantragten die USA im zweiten Hormonstreit ordnungsgemäß Sanktionen und verhängten diese auch erst nach deren Autorisierung durch das Streitbeilegungsverfahren der WTO. Und die EU – und das ist hier das Entscheidende – verzichtete im Gegensatz zum ersten im zweiten Hormonstreit auf illegale Vergeltungsdrohungen. Offenbar weil die Sanktionen von der WTO autorisiert waren, zeigte sich die EU bereit, die Sanktionen der USA letztlich widerspruchslos hinzunehmen. Der zweite Hormonstreit drohte anders als der erste niemals, den durch das Streitbeilegungsverfahren vorgegebenen Rahmen ganz zu sprengen und in einen Abtausch illegaler Sanktions- und Vergeltungsmaßnahmen zu führen.

Der Vergleich der beiden Hormonstreitfälle deutet also insgesamt darauf hin, dass die Judizialisierung der Streitbeilegungsverfahren im GATT bzw. in der WTO nicht nur eine Judizialisierung des amerikanischen Streitverhaltens, sondern auch eine Judizialisierung des Streitaustrags zwischen den USA und der EU befördert hat. Eine im strengen Sinne rechtsstaatliche Streiterledigung konnte zwar das gerichtsähnliche Streitbeilegungsverfahren der WTO im zweiten Hormonstreit ebenso wenig garantieren wie das eher diplomatische Streitbeilegungsverfahren des GATT im ersten Hormonstreitfall, doch der Streitaustrag verlief in rechtsstaatsähnlicheren Bahnen.

8 Die Judizialisierung des US-Verhaltens: Der Zitrus- und der Bananenstreit im Vergleich

Um zu prüfen, ob die Judizialisierung des Streitbeilegungsverfahrens im GATT bzw. in der WTO bei Streitigkeiten mit der EU zu einer Judizialisierung des Streitverhaltens der USA geführt hat, wird nunmehr deren Verhalten im so genannten Zitrusstreit mit dem im Bananenstreit verglichen. Ähnlich wie in den beiden Hormonstreitfällen beschuldigten die USA auch in diesen beiden Streitfällen die EU, gegen im GATT bzw. der WTO verankerte Rechtsnormen zu verstoßen. Dementsprechend ist auch hier zu analysieren, ob sie dabei verfahrenskonform gegen die EU vorgegangen sind oder ob sie sich verfahrenswidrig verhalten haben.

Der Zitrus- und der Bananenstreit bieten sich als Vergleichsfälle besonders an, um die Effekte der Judizialisierung der Verfahren im GATT bzw. in der WTO zu studieren. Denn abgesehen davon, dass zwischen dem Zitrus- und dem Bananenstreit das zuständige Streitbeilegungsverfahren erheblich judizialisiert wurde, können die beiden Streitfälle als äußerst ähnlich gelten. In beide waren mit den USA und der EU nicht nur dieselben Streitparteien verwickelt, sondern es ging auch um annährend denselben Streitgegenstand. Beidesmal behaupteten die USA, die EU diskriminiere widerrechtlich amerikanische Erzeugnisse durch spezifische Einfuhrvergünstigungen für Erzeugnisse aus Entwicklungsländern – den Mittelmeeranrainern im Zitrus- und den so genannten AKP-Staaten im Bananenfall. Derselbe Streit bezog sich lediglich einmal auf die vermeintliche Diskriminierung amerikanischer Zitrusimporte und einmal auf Bananenimporte. Die Streitfälle gleichen sich zudem auch insofern, als die jeweilige US-Administration beide aufgrund eines Section 301-Verfahrens auslöste. Diese Section 301-Verfahren wurden jeweils von sehr speziellen, aber zugleich sehr motivierten und gut organisierten Lobbygruppen – der Zitrus- bzw. der Bananenlobby – angestrengt. Deshalb war auch der amerikanische Kongress in beiden Streitfällen engagiert. Dabei ging es in beiden Streitfällen vordergründig um relativ geringe Streitwerte – jährlich gut 50 Mio. Dollar im Zitrus- und jährlich knapp 200 Mio. Dollar im Bananenstreit. Doch die beiden Streitfälle sind insbesondere insofern gut vergleichbar, als hintergründig in beiden die Präferenzbehandlung von Entwicklungsländern seitens der EU auf dem Spiel stand (Hudec 1993: 157-158).

8.1 Das US-Verhalten im Zitrusstreit (1976-1986)

Der so genannte Zitrusstreit zwischen den USA und der EU belastete zwischen 1976 und 1986 teilweise massiv die transatlantischen Handelsbeziehungen. Die EU hatte seit den 1960er Jahren mit zahlreichen Staaten rund um das Mittelmeer so genannte Präferenzabkommen geschlossen, aufgrund derer sie sich verpflichtete, die Einfuhr zahlreicher Erzeugnisse – nicht nur Zitrusfrüchte – aus diesen Staaten bevorzugt zu behandeln. Gegen diese Präferenzabkommen gab es im Rahmen des GATT wiederholt Einwände, doch letztlich wurden sie von den übrigen GATT-Staaten zwar nicht akzeptiert, aber zumindest toleriert. Die meisten GATT-Staaten nahmen hin, dass die EU Entwicklungsländern, die aufgrund ihrer kolonialen Vergangenheit mit einem EU-Staat besonders eng verbunden waren, bei der Einfuhr ihrer Erzeugnisse besondere Präferenzen einräumte (Hudec 1993: 157).

Die für ihre Zitrusindustrie besonders schädliche Präferenzbehandlung bei der Einfuhr von Zitrusfrüchten aus den um das Mittelmeer angesiedelten Entwicklungsländern wollten die USA allerdings nicht dulden. Sie betrachteten diese Präferenzbehandlung als besonders verwerflich. Die USA räumten zwar ein, dass das GATT die Präferenzbehandlung von Entwicklungsländern grundsätzlich erlaube. Gleichwohl insistierten sie, die Präferenzabkommen der EU diskriminierten die amerikanischen Zitrusexporte über Gebühr. Insbesondere Zitrusfrüchte aus Tunesien, Marokko und Algerien, aber auch aus Israel unterlägen erheblich geringeren Einfuhrzöllen als Zitrusprodukte aus den USA. Für diese müssten bis zu fünfmal höhere Einfuhrzölle entrichtet werden (Public Papers of the President 20.06.1985). Die USA betrachteten diese Einfuhrpraxis als Verstoß gegen das im GATT verankerte Diskriminierungsverbot, das jeden Staat dazu verpflichtet, alle anderen Staaten im GATT gleich zu behandeln (Hudec 1993: 157-161). Dementsprechend verlangten die Administration sowohl von Jimmy Carter als auch Ronald Reagan von der EU, diese Einfuhrpraxis aufzugeben. US-Präsident Reagan erklärte:

»This discriminatory tariff treatment has impaired the ability of U.S. citrus exporters to market their fruits in the EEC and is, in the view of the United States, inconsistent with the EEC's obligations under the GATT« (Public Papers of the Presidents 20.06.1985).

Die EU, die durch den Zitrusstreit alle Präferenzabkommen bedroht sah, die sie mit den Mittelmeerländern geschlossen hatte, verteidigte ihre Einfuhrpraxis für Zitrusfrüchte. Die EU argumentierte zum einen, diese Einfuhrpraxis sei schon allein deshalb nicht angreifbar, weil es das GATT ausdrücklich gestatte, mit anderen Staaten Freihandelszonen zu bilden. Die EU habe dem GATT bereits früher angezeigt, dass sie die Präferenzabkommen als einen Schritt hin zu solchen Freihandelsabkommen mit den Mittelmeerländern ansehe. Da die Präferenzabkommen im GATT dabei nicht ausdrücklich zurückgewiesen worden seien, müssten sie heute als vom GATT akzeptiert angesehen werden (Hudec 1993: 158-159).[225] Die EU unterstrich zum anderen, ihre Einfuhrpraxis für Zitrusfrüchte aus Mittelmeerländern sei ferner nicht anzugreifen, weil das GATT die Präferenzbehandlung von Entwicklungsländern längst akzeptiert habe. Als besonders wirksames Entwicklungshilfeinstrument werde die Präferenzbehandlung von Entwicklungsländern im GATT sogar ausdrücklich unterstützt (Hudec 1993: 159) Außenhandelskommissar Willy de Clercq unterstrich:

»[The preferences] are only to contribute to the development of these Mediterranean countries. The community receives no economic benefit from it« (New York Times 21.06.1985, siehe auch Financial Times 20.06.1986).

Thematisierungsphase

Die USA versuchten, die EU im Zitrusstreit ab 1976 zunächst verfahrensvermeidend dazu zu bewegen, die Präferenzbehandlung der Zitruseinfuhren aus den betreffenden Mittelmeerländern zu beseitigen bzw. zu reduzieren. Die US-Administration hoffte, durch Verhandlungen mit der EU-Kommission zu einer Einigung zu kommen. Um die EU unter Druck zu setzen, nicht-diskriminierende Einfuhrzölle bei Zitrusfrüchten einzuführen, drohte sie weder eigenmächtig Sanktionen jenseits des GATT noch ein Streitbeilegungsverfahren beim GATT an. Vielmehr bemühte sich die US-Administration zwischen 1977 und 1978, durch informelle Verhandlungen zu einer gütlichen Einigung im Zitrusstreit zu kommen.

Auch im Zitrusstreit musste sich die Administration dabei des Eindrucks im amerikanischen Kongress erwehren, mit Verstößen gegen das GATT zu nachgiebig umzugehen. Neben einigen Kongressmitgliedern insbesondere aus

225 Die Europäische Kommission erklärte: »The preferences were cleared at the time with the General Agreement on Tariffs and Trade (GATT) but this is being ignored now« (United Press International 19.07.1982).

Kalifornien und Florida drängten vor allem aber die amerikanischen Zitrushändler die Administration, gegen die ungerechtfertigte Präferenzbehandlung der Zitrusprodukte aus den Mittelmeerländern in der EU vorzugehen. Vor allem die Florida Citrus Commission, die California-Arizona Citrus League, die Texas Citrus Mutual und die Texas Citrus Exchange klagten, sie hätten aufgrund dieser Präferenzbehandlung ihre europäischen Absatzmärkte partiell eingebüßt. Um diese Absatzmärkte zurück zu gewinnen, strengte die Zitruslobby bereits im November 1976 ein Section 301-Verfahren an, das die Administration zu einem entschiedenen Vorgehen gegen die EU zwingen sollte (USTR 2002: 2).

Die Administration befand sich damit im Zitrusstreit zwar keineswegs in einer einfachen Situation, ging aber trotzdem zunächst nicht von ihren verfahrensvermeidenden Verhaltensweisen ab. Nachdem die informellen Verhandlungen mit der EU nichts einbrachten, versuchte sie 1979 durch formelle Verhandlungen im Rahmen der Tokio-Runde des GATT, eine generelle Senkung der europäischen Einfuhrzölle für Zitrusfrüchte zu erreichen, um so die Präferenzbehandlung der Zitrusprodukte aus den Mittelmeerländern zumindest abzumildern. Doch die EU war auch hier nicht bereit, den USA wirklich entgegenzukommen. Die USA konnten lediglich bei Grapefruit eine nennenswerte Senkung der Einfuhrzölle erzielen (Public Papers of the President 20.06.1985).

Da auch weitere sowohl innerhalb als auch außerhalb des GATT geführte Verhandlungen den Zitrusstreit mit der EU nicht bereinigen konnten, brachte die US-Administration diesen im März 1982 schließlich in das Streitbeilegungsverfahren des GATT ein und beantragten die dort vorgesehenen Konsultationen (USTR 2002: 2, Hudec 1993: 158). Angesichts der jahrelangen Verhandlungen, welche die US-Administration und die EU-Kommission bereits geführt hatten, konnten die im April 1982 durchgeführten Konsultationen den Streit freilich nicht bereinigen (Wall Street Journal 21.04.1982, Financial Times 22.04.1982). Die US-Administration beantragte deshalb – von Kongress und Zitruslobby bedrängt (United Press International 19.07.1982) – noch im Juni 1982 beim GATT-Rat, ein Streitschlichtungspanel einzurichten, das die GATT-Konformität der Präferenzzölle der EU für die Einfuhr von Zitrusfrüchten aus einigen Mittelmeerländern prüfen sollte (L/5337, Hudec 1993: 158).

Feststellungsphase

Die USA hielten an ihrem verfahrensgetreuen Verhalten auch fest, als die EU im Zitrusstreit zunächst die Errichtung eines solchen Streitschlichtungspanels blockierte. Von zahlreichen Entwicklungsländern im GATT unterstützt, bestritt die EU, dass ein Panel des GATT über die europäischen Präferenzabkommen richten dürfe (Hudec 1993: 158). Die EU argumentierte, der GATT-Rat habe die beanstandeten Präferenzabkommen als Vorstufe umfassender Freihandelsabkommen akzeptiert, so dass sie nun nicht nachträglich über ein Streitbeilegungsverfahren des GATT angegriffen werden könnten. Darüber hinaus klagte die EU, das ›legalistische' Vorgehen der USA überfordere das Streitbeilegungsverfahren des GATT, das auf die Vermittlung zwischen Streitparteien ausgerichtet sei. Das GATT-Sekretariat unterstützte dabei die EU insofern, als es nicht zuletzt mit Blick auf den Zitrusstreit zu bedenken gab, manche in das GATT eingebrachten Streitigkeiten seien zu umfassend, um durch »semi-judicial« Streitschlichtungspanels beigelegt werden zu können (Financial Times 01.07.1982).

Um die aufkeimende Auseinandersetzung über die Errichtung eines Streitschlichtungspanels beizulegen, bat der GATT-Rat im Juli 1982 den GATT-Generaldirektor, zwischen den USA und der EU zu vermitteln (C/M/160). Doch auch dies brachte zunächst nichts ein (Hudec 1993: 503). Erst im November 1982 fand sich die EU schließlich dazu bereit nachzugeben, so dass der GATT-Rat das von den USA beantragte Streitschlichtungspanel beschließen konnte (C/M/162). Die Einrichtung des Panels selbst verzögerte sich allerdings weiter, weil sich die US-Administration und die EU-Kommission zunächst weder auf die Besetzung noch die Rechtsgrundlage einigen konnten. Darüber hinaus blieb strittig, ob die Mittelmeerländer an den Sitzungen des Streitbeilegungspanels teilnehmen durften. Dementsprechend dauerte es bis Oktober 1983, ehe das Panel erstmals zusammentreten konnte (Hudec 1993: 159, USTR 2002: 2).

Das Streitschlichtungspanel, das mit den Streitparteien im Oktober und November 1983 sowie im Februar und März 1984 mehrmals zusammentraf, schloss im Dezember 1984 einstimmig seinen Bericht ab (L/5776). Er verurteilte zwar nicht die Präferenzbehandlung der EU-Zitruseinfuhren aus den Mittelmeerländern (Hudec 1993: 159, Petersmann 1997: 160-164). Gleichwohl stellte der Bericht fest, die Präferenzbehandlung der Mittelmeerländer seitens der EU mache die Vorteile, die die EU den USA beim Zitrushandel bereits früher eingeräumt hatte, partiell zunichte. Dies gelte zumindest für zwei der neun relevanten Zitrusfrüchte – nämlich für Orangen und Zitronen. Die EU wurde deshalb angehalten, bis Oktober 1985 ihre Einfuhrzölle für Zitrusfrüchte zu senken, um sie den im Rahmen ihrer Präferenzabkommen geltenden Einfuhrzöllen anzugleichen. Die EU habe jedenfalls die den USA früher eingeräumten Vorteile wieder herzustellen (Petersmann 1997: 160-164).

Der Bericht des Streitschlichtungspanels stellte sich damit im Zitrusstreit selbst zwar auf die Seite der USA, folgte aber über den Zitrusstreit hinaus nicht deren Sichtweise, der gemäß die Präferenzabkommen der EU grundsätzlich abzulehnen seien (Hudec 1993: 160). Gleichwohl war die US-Administration gewillt, den Bericht zu akzeptieren (Public Papers of the President 20.06.1985). Der US-Handelsbeauftragte Bill Brock kündigte sogar an, den GATT-Rat aufzufordern, den Bericht des Panels anzunehmen (New York Times 18.02.1985). Die EU hingegen lehnte den Bericht ab.[226] Die EU-Kommission befürchtete, auch auf der Grundlage dieses Berichts würden ihre Präferenzabkommen insofern allesamt angreifbar, als diese stets Vorteile beeinträchtigten, die anderen Staaten im Rahmen des GATT bereits zugestanden wurden. Sowohl im März als auch im April 1985 blockierte die EU-Kommission im GATT-Rat den Bericht des Streitschlichtungspanels (Hudec 1993: 504).

Umsetzungsphase

Da die EU damit im Rahmen des GATT die bislang verfahrensgetreue Vorgehenswiese der USA blockierte, sah sich die Administration berechtigt, ihrerseits verfahrensmissachtend vorzugehen. Der Handelsbeauftragte erklärte noch im April 1985, dass die USA das Streitbeilegungsverfahren des GATT nun als abgeschlossen betrachteten (C/M/190). Die USA seien nunmehr berechtigt, eigenmächtig gegen die EU Sanktionsmaßnahmen zu verhängen. Das unzuverlässige Streitbelegungsverfahren des GATT biete schließlich keine weiteren Rechtsmittel (Financial Times 20.05.1985). Dementsprechend ließ er noch im Mai 1985 einen Katalog 23 möglicher Sanktionsmaßnahmen erstellen (USTR 2002: 2).

Da die EU auf die Sanktionsdrohungen nicht weiter reagierte, wuchs in den USA der Druck auf die Administration, die angedrohten Sanktionen nun endlich auch zu verwirklichen. Der Kongress, insbesondere aber auch die Zitruslobby kritisierten die US-Administration, sie habe darauf vertraut, den Zitrusstreit durch Verhandlungen mit der EU-Kommission einvernehmlich beilegen zu können. Dies habe sich als naiv erwiesen. Die Administration müsse deshalb nun entschlossener agieren, um die EU zu zwingen, die unge-

226 Die EU erklärte: »We fundamentally disagree with the report« (New York Times 18.02.1985).

rechtfertigte Präferenzbehandlung der Zitruseinfuhren aus zahlreichen Mittelmeerländern zu beseitigen (Financial Times 20.05.1985, 20.06.1985). Tatsächlich sprach sich der US-Handelsbeauftragte Clayton Yeutter noch im Juni 1985 für Sanktionen gegen die EU aus. Ohne das GATT nochmals mit dem Zitrusstreit zu befassen, sollte US-Präsident Ronald Reagan die von ihm vorgeschlagenen Strafzölle gegen die Einfuhr von Pasta-Produkten aus der EU – insbesondere aus Italien – beschließen (USTR 2002: 2).[227]

Die EU-Kommission hoffte zwar, dass Präsident Reagan das Sanktionsbegehren seines Handelsbeauftragten ablehnen würde, blies aber ihrerseits bereits zum Gegenangriff (Financial Times 20.06.1985). Sollten die USA eigenmächtig Sanktionsmaßnahmen verhängen, so sehe sich die EU gezwungen, Vergeltungsmaßnahmen zu ergreifen (Financial Times 20.06.1985, Los Angeles Times 20.06.1985). Und da die amerikanischen Zitrushändler für etwaige Sanktionsmaßnahmen verantwortlich seien, würden sich diese gegen deren Erzeugnisse richten (New York Times 21.06.1985).[228] Da die USA jenseits des GATT zu agieren beabsichtigten, sei die EU berechtigt, außerhalb des vom GATT vorgegebenen Rahmens zurückzuschlagen. Außenhandelskommissar Willy de Clercq kritisierte die USA:

»You cannot on the one side say you are for the liberalization of trade and on the other side take unilateral actions that undermine the system you claim to be defending« (Associated Press 19.06.1985).

Sanktionsphase

Die USA ließen sich durch die EU allerdings nicht mehr von dem eingeschlagenen verfahrensmissachtenden Vorgehen abbringen. Vielmehr begann die Administration, die angekündigten Sanktionsmaßnahmen rasch umzusetzen. Der Empfehlung seines Handelsbeauftragten folgend, beschloss Präsident Reagan am 20. Juni 1985 Strafzölle auf die Einfuhr von Pastaerzeugnissen aus der EU. Danach sollten auf verschiedene Pastaerzeugnisse Strafzölle zwischen 25 und 40 Prozent erhoben werden (New York Times 21.06.1985, Washington Post 21.06.1985). Pastaerzeugnisse boten sich für die Strafmaßnahmen der

227 Mittlerweile hatte nämlich die amerikanische Pasta-Industrie ein Section 301-Verfahren gegen die EU angestrengt, in dem sie über ungerechtfertigte Subventionen für ihre europäischen Konkurrenten klagte. Insofern konnte die Administration durch Strafzölle auf Pasta zwei Industriezweige auf einmal befriedigen: die Zitrus- und die Pasta-Industrie.

228 Außenhandelskommissar Willy De Clercq erklärte: »Retaliation is being considered. (...) It is possible that it will come on citrus« (New York Times 21.06.1985).

USA insbesondere deshalb an, weil die eigene Pastaindustrie über unfaire Subventionen der Pastaerzeuger in der EU geklagt hatte (Financial Times 21.06.1985).[229] Präsident Ronald Reagan erklärte:

»I have determined that the preferential tariffs granted by the European Economic Community (EEC) on imports of lemons and oranges from certain Mediterranean countries deny benefits to the United States arising under the General Agreement on Tariffs and Trade (GATT), are unreasonable and discriminatory, and constitute a burden and restriction on U.S. commerce. I have further determined that the appropriate course of action to respond to such practices is the withdrawal of equivalent concessions with respect to imports from the EEC. I will therefore proclaim an increase in duties on pasta products (...) imported from the EEC« (Public Papers of the President 20.06.1985).

Der Entscheidung des Präsidenten folgend, traten die Strafzölle am 15. Juni 1985 tatsächlich in Kraft. Ohne das GATT nach der Blockade des Berichts des Streitschlichtungspanels durch die EU im April 1985 nochmals angerufen zu haben, verhängten die USA nun ihre eigenmächtig beschlossenen Sanktionsmaßnahmen (Hudec 1993: 160). Bemerkenswerterweise begründete die US-Administration ihr verfahrensmissachtendes Verhalten dabei mit dem unzuverlässigen Streitbeilegungsverfahren des GATT. Der Handelsbeauftragte Yeutter erklärte, das Streitbeilegungsverfahren müsse dringend reformiert werden, um einseitige Blockaden unmöglich zu machen. (New York Times 20.07.1985). Denn letztlich habe die Blockade des Berichts des Streitschlichtungspanels des GATT durch die EU die USA erst zu einseitigen Sanktionen gezwungen (Hudec 1993: 204). Auch Präsident Reagan hieb in dieselbe Kerbe:

»The EEC (…) has been unwilling to accept either the panel's findings or recommendations and has effectively prevented a resolution of this issue in the GATT. (...) The EEC's unwillingness to implement the panel's finding (...) requires us to re-balance the level of concessions« (Public Papers of the President 20.06.1985).

Die EU, die die Sanktionen stets als ungerechtfertigt kritisierte, beschloss unterdessen, die von ihr angedrohten Vergeltungsmaßnahmen umzusetzen (New York Times 28.06.1985, Financial Times 28.06.1985). Unmittelbar nach dem Inkrafttreten der amerikanischen Strafzölle gegen die europäische Pastaindustrie erhob sie dementsprechend Strafzölle von 20 bzw. 30 Prozent gegen amerikanische Zitrusprodukte und Walnüsse (USTR 2002: 2). Dabei rechtfer-

229 Die amerikanische Pastaindustrie lobte dementsprechend die Entscheidung des Präsidenten (Washington Post 21.06.1985, New York Times 21.06.1985). Die National Pasta Association, die 90 Prozent der US-Pastaindustrie repräsentierte, unterstrich allerdings, die beschlossenen Strafzölle seien nicht nur aufgrund der Verstoßes des EU gegen den Panelbericht im Zitrusstreit, sondern auch aufgrund des Verstoßes der EU gegen den entsprechenden Panelbericht im Pastastreit gerechtfertigt. Denn auch im Pastastreit mit den USA weigerte sich die EU, den Bericht eines GATT-Streitschlichtungspanels umzusetzen.

tigte die Kommission ihre Vergeltungsmaßnahmen mit dem verfahrenswidrigen Verhalten der USA. Da sich die USA mit ihren Sanktionen eindeutig über das Streitbeilegungsverfahren des GATT hinwegsetzten, so Außenhandelskommissar Willy de Clercq, habe die EU das Recht, ihrerseits mit nicht im GATT genehmigten Vergeltungsmaßnahmen zu reagieren.[230]

Da unterdessen der amerikanische Kongress und auch die Zitruslobby Vergeltungsmaßnahmen gegen die europäischen Vergeltungsmaßnahmen verlangten, drohte der Zitrusstreit völlig aus dem Ruder zu laufen (Associate Press 27.06.1985). Angesichts des stetig wachsenden Außenhandelsbilanzdefizits, das vor allem auch auf ungerechtfertigte Einfuhrbeschränkungen anderer Staaten zurückgeführt wurde, bedrängte der Kongress die Administration, im Zitrusstreit nicht nachzugeben (New York Times 09.07.1985). Beispielsweise verlangte Senator Pete Wilson aus Kalifornien, dessen Zitrusindustrie die europäischen Vergeltungsmaßnahmen besonders trafen, zusätzliche Strafzölle gegen die EU zu verhängen (Financial Times 28.06.1985). Die Administration habe zu Recht Sanktionen gegen die EU verhängt. Doch da diese, anstatt nachzugeben, mit Vergeltung reagiere, müsse die Administration ihrerseits weitergehende Sanktionsmaßnahmen beschließen, um die EU zum Einlenken zu zwingen:

»The decision by the EEC today is unprecedented and demonstrates a complete disregard for the principles and legality of international trade agreements. (…) The strongest and most clear cut signal the president would send to the EEC (…) would be to immediately increase the duty on wine imported from the EEC« (Associated Press 27.06.1985).

Um zu verhindern, dass der Zitrusstreit nunmehr ganz aus dem Ruder lief, versuchten der US-Handelsbeauftragte Yeutter sowie der EU-Außenhandelskommissar de Clercq Anfang Juli 1985 telefonisch, eine Annäherung zu erreichen. Beiden gelang es immerhin, einen einwöchigen Waffenstillstand zu vereinbaren, der die bereits eingeführten Strafzölle auf beiden Seiten vorübergehend wieder aussetzte. Nach Vorstellung des europäischen Außenhandelskommissars und des amerikanischen Handelsbeauftragten sollten während dieses kurzen Waffenstillstands der Zitrusstreit sowie der damit einher gehen-

230 Der Außenhandelskommissar kritisierte die Sanktionsmaßnahmen der USA: »This measure does not have a legal basis and is contrary to GATT rules. It undermines the credibility of American declarations in favor of strengthening the multilateral trading system. The community has no choice but to (…) take retaliatory action« (Washington Post 21.06.1985, New York Times 21.06.1985).

de Pastastreit beigelegt werden (New York Times 09.07.1985, Wall Street Journal 09.07.1985).[231]

Die nachfolgenden Gespräche brachten zwar keine Einigung beim Zitrusstreit selbst, konnten aber zumindest den Pastastreit vorübergehend beilegen (USTR 2002: 2, Financial Times 13.07.1985). Die EU verpflichtete sich, ihre Subventionen für Pastaprodukte zu senken. Dafür wollten die USA ihre Strafzölle auf europäische Pasta aufgeben. Im Gegenzug fand sich die EU wiederum bereit, ihre Strafzölle auf amerikanische Zitrusprodukte und Walnüsse auszusetzen. Damit war also im Zitrusstreit wieder die Situation vor dem Inkrafttreten der jeweiligen Sanktionsmaßnahmen hergestellt. Beide Seiten verpflichteten sich, den damit erreichten Waffenstillstand bis Oktober 1985 zu halten, um bis dahin auch den Zitrusstreit einvernehmlich zu lösen (Financial Times 11.07.1985, 13.07.1985). Sollte allerdings bis Oktober 1985 keine Einigung erreicht werden, so behielten sich beide Streitparteien vor, ihre Sanktionsmaschinerie wieder in Gang zu setzen.[232]

Durch die Vereinbarung eines Waffenstillstands gelang es der Administration, den amerikanischen Kongress sowie die Zitruslobby vorübergehend ruhig zu stellen. Die Zitruslobby hoffte, es gelinge nunmehr tatsächlich, die amerikanischen Zitrusexporte in die EU zu erleichtern.[233] Und auch im Kongress war man zunächst zufrieden, dass die Sanktionsmaßnahmen die EU in einen Waffenstillstand gezwungen hatten. Allerdings machten Kongress wie Zitruslobby gegenüber der Administration auch deutlich, am Ende komme es insbesondere darauf, dass die EU die ungerechtfertigte Präferenzbehandlung der Zitrusprodukte aus den Mittelmeerländern tatsächlich aufgebe.[234] Alles andere schien weder für den Kongress noch für die Zitruslobby akzeptabel (PR Newswire 11.07.1985). Dementsprechend gering war der Spielraum der US-Administration, um im Zitrusstreit mit der EU-Kommission eine Einigung

231 Der US-Handelsbeauftragte Yeutter erklärte: »We've made some progress, definitive progress, in my judgement, over the weekend. And we're a lot closer to a solution of this controversy than we were a few days ago« (New York Times 09.07.1985).

232 Der Handelsbeauftragte der USA Yeutter stellte ganz unmissverständlich klar: »[B]oth sides acknowledge that the United States reserves the right to retaliate against the EC's discriminatory tariff treatment on U.S. citrus exports« (New York Times 20.07.1985).

233 Die Zitruslobby erklärte in Bezug auf die Vereinbarung: »We have lived with the discriminatory tariff treatment from the European Community since 1969, and this is the loudest signal we have received yet that a satisfactory resolution may be possible« (Washington Post 20.07.1985).

234 In einem Brief an Präsident Reagan lobte Senator Pete Wilson aus Kalifornien nicht nur dessen Sanktionsmaßnahmen, sondern unterstrich zudem: »Any settlement of the current dispute must put an end to the GATT-certified discrimination by EEC that has cost U.S. citrus exporters $48 million per year« (PR Newswire 11.07.1985).

zu erzielen. Deshalb erklärte beispielsweise Vizepräsident George Bush mit Blick auf den Zitrusstreit:

»There is a possibility that a US policy aimed at containing a global trade war will get lost in the congressional stampede« (Washington Post 24.07.1985).

Da die Spielräume jedoch nicht nur in den USA, sondern auch in der EU begrenzt waren, brachten die Verhandlungen während des vereinbarten Waffenstillstands aber nichts ein. Beide Seiten aktivierten deshalb nach dessen Ablauf wieder ihre Sanktionsmaschinerie (New York Times 01.11.1985). Die US-Administration setzte im November 1985 die vorübergehend suspendierten Sanktionsmaßnahmen gegen europäische Pastaerzeugnisse wieder in Kraft.[235] Die EU-Kommission hob dafür im Gegenzug noch im November 1985 die Suspendierung ihrer Vergeltungsmaßnahmen gegen amerikanische Zitrusprodukte und Walnüsse auf.[236] Und beide Seiten beschuldigten sich wechselseitig, durch ihre Sanktionsmaßnahmen nicht nur GATT-widrig zu handeln, sondern zudem den Zitrusstreit unnötig zu eskalieren (Washington Post 01.11.1985, 02.11.1985).

Als auch die zwischenzeitlichen Versuche, zu einer Verhandlungslösung zu gelangen, nichts einbrachten (New York Times 04.08.1986), drehten beide Seiten tatsächlich nochmals an der Sanktionsspirale. Die US-Administration drohte bereits seit Juli 1986, ihre Sanktionsmaßnahmen gegen die EU nochmals auszuweiten. Die Strafmaßnahmen sollten sich nicht mehr allein auf europäische Pastaerzeugnisse begrenzen, sondern vielmehr auch auf europäischen Wein ausgeweitet werden (Financial Times 05.08.1986).[237] Und die EU-Kommission kündigte im Gegenzug an, gegebenenfalls ihre Sanktionsmaßnahmen auszudehnen. Die Strafzölle sollten dann nicht mehr nur Zitrusprodukte und Walnüsse, sondern auch amerikanische Avokado, Orangen und Grapefruit betreffen (Financial Times 06.08.1986). Erneut schien der Zitrusstreit außer Kontrolle zu geraten.

---

235 Der US-Handelsbeauftragte Yeutter erklärte: »We agreed to suspend our pasta duty increase in response to a commitment by the European Community to resolve this dispute by Oct. 31. Regrettably, the EC did not table a negotiating proposal until today, and that was clearly inadequate« (United Press International 01.11.1985).

236 Der EU-Außenhandelskommissar de Clercq unterstrich: »The United States has taken the responsibility for triggering a process which unduly aggravates an already tense trade situation. This escalation makes no sense. It can only hurt the two parties« (United Press International 01.11.1985).

237 Auch gerade der Kongress drängte die Administration zu solchen Vergeltungsmaßnahmen. So beklagte angesichts der europäischen Vergeltungsmaßnahmen etwa Senator Pete Wilson aus Kalifornien in einem Brief an Präsident Reagan: »This latest retaliatory act makes it unmistakably clear that the more patient we are with the European Community the more our good faith is abused« (PR Newswire 06.11.1985).

Angesichts des bevorstehenden Auftakts zur Uruguay-Runde des GATT brachte allerdings die mit diesen Sanktionsdrohungen verbundene Aussicht auf eine weitere Eskalation des Zitrusstreits die US-Administration und die EU-Kommission zurück an den Verhandlungstisch (Wall Street Journal 11.08.1986). Da beide Seiten wussten, dass die Uruguay Runde zum Scheitern verurteilt war, falls sie sich gleichzeitig im Zitrusstreit in einen Abtausch wechselseitiger Sanktionsmaßnahmen verstrickten, verliefen die Verhandlungen diesmal erfolgreich. Der US-Handelsbeauftragte Yeutter und EU-Außenhandelskommissar de Clercq erzielten ein Abkommen, demgemäß die USA und die EU ihre Strafmaßnahmen beseitigen sollten (Wall Street Journal 11.08.1986). Die EU verpflichtete sich, ihre Einfuhrzölle auf mehrere Zitrusprodukte abzusenken, um sie denen der Präferenzabkommen mit den Mittelmeerländern anzugleichen. Darüber hinaus sollte sie die Einfuhrbedingungen für Erdnüsse und Mandeln verbessern. Dafür verpflichteten sich die USA, Einfuhrerleichterungen u.a. für Käse, Oliven und Paprika zu gewähren. Insbesondere aber waren die USA bereit zu versprechen, die Präferenzabkommen der EU mit den Mittelmeerländern künftig im GATT nicht mehr anzugreifen (Financial Times 11.08.1986, 12.08.1986, Economist 16.08.1986). Yeutter und de Clercq erklärten unmittelbar im Anschluss an den Verhandlungskompromiss durchaus erleichtert:

»[B]oth sides will proceed immediately to dismantle the various trade restrictions on pasta, lemons and walnuts introduced in November 1985. At a later stage, both sides will implement a series of reciprocal measures that will further liberalize E.C.-U.S. trade« (New York Times 11.08.1986).

Das Abkommen konnte allerdings zunächst nicht umgesetzt werden, weil auf beiden Seiten intern Widerstände auftauchten. In den USA musste die Administration für die Annahme des Abkommens im Kongress hart kämpfen. Denn nicht nur die Zitrusindustrie zeigte sich skeptisch, dass das Abkommen ihr tatsächlich die europäischen Zitrusmärkte öffnen würde,[238] sondern insbesondere einige Kongressabgeordnete aus Florida und Kalifornien – den amerikanischen »Zitrusstaaten« – lehnten das Abkommen vehement ab (New York Times 18.08.1986).[239] Das darin festgehaltene Versprechen der Administration,

238 Joel Nelson, der Präsident von California Citrus Mutual erklärte in Bezug auf das Abkommen: »Theoretically it does give us greater access to the European market (...) From a government standpoint it's a plus. From a marketing standpoint it's too early to tell. (...)We'll just have to watch the marketing forces to unfold to see if we can take advantage of it« (States News Service 11.08.1986).

239 Neben Senator Pete Wilson setzten sich vor allem zwei Repräsentanten aus Florida, Andy Ireland und Tom Lewis, dafür ein, dass der Kongress das von der Administration ausgehandelte Abkommen so nicht akzeptierte: »Our trade negotiators have proceeded with an agree-

die Präferenzabkommen der EU mit Mittelmeerländern künftig nicht mehr anzugreifen, sei nicht akzeptabel (States News Service 14.08.1986, 12.09.1986). Doch nachdem die EU-Kommission Italien, Spanien und Griechenland überzeugt hatte, das Abkommen zu akzeptieren,[240] gelang es auch der US-Administration, dessen Annahme im Kongress zu sichern. Der Zitrusstreit war damit nach mehr als zehn Jahren im November 1986 beendet (Journal of Commerce 28.10.1986, Financial Times 28.10.1986).

Insgesamt: Geringer Einfluss des Verfahrens

Die USA setzten im Zitrusstreit auf verfahrensvermeidende, verfahrensgetreue sowie insbesondere aber auch verfahrensmissachtende Verhaltensweisen. Zunächst versuchten sie, den Streit verfahrensvermeidend durch Verhandlungen mit der EU beizulegen. Als dies nichts einbrachte, schalteten sie verfahrensgetreu das Streitbeilegungsverfahren des GATT ein. Und als sich dies nicht als zielführend erwies, gingen sie gestützt auf eigenmächtige Sanktionen zu verfahrensmissachtenden Verhaltensweisen über.

Schaubild 8.1: Das US-Verhalten im Zitrusstreit: Einfluss des GATT-Verfahrens

	US-Verhalten	**Einfluss des Verfahrens**
Thematisierungsphase	➢ zunächst verfahrensumgehend ➢ dann verfahrensgetreu	sehr gering
Feststellungsphase	➢ verfahrensgetreu	
Umsetzungsphase	➢ verfahrensmissachtend	
Sanktionsphase	➢ verfahrensmissachtend	

Der Zitrusstreit zeigte dabei deutlich, wie wenig Einfluss das Streitbeilegungsverfahren auf das Verhalten der USA besaß. Der Streitverlauf deutet vielmehr darauf hin, dass aus Sicht der USA das Verfahren ein Streitbeilegungsinstrument unter mehreren war, das man ausprobieren, aber auch dann ohne weiteres missachten konnte, wenn es nicht die gewünschten Ergebnisse lieferte. Denn als das Streitbeilegungsverfahren blockiert war, gingen die USA unver-

ment that is anti-trade and anti-citrus. And now the White House has to scramble and reach some explanations. Thus far, they haven't sounded very convincing« (States News Service 14.08.1986, siehe auch States News Service 11.08.1986).

240 Italien drohte mit einem Veto gegen das Abkommen und fand dabei Unterstützung bei Griechenland und Spanien (New York Times 15.08.1986, Financial Times 17.09.1986).

blümt zu verfahrensmissachtenden Verhaltensweisen über. Und sie rechtfertigten ihre eigenmächtigen Sanktionen just mit dem unzuverlässigen – weil wenig judizialisierten – Streitbeilegungsverfahren selbst. Weil das Streitbeilegungsverfahren willkürlich blockiert werden konnte, sahen sich die USA danach berechtigt, verfahrensmissachtend mit Sanktionen gegen die EU vorzugehen (Hudec 1993: 204). Und letztlich wurde der Zitrusstreit dann ja auch nicht im Schatten des Rechts, sondern vielmehr im Schatten wechselseitiger Sanktionsdrohungen beigelegt, weil sowohl die USA als auch die EU den Erfolg der Uruguay-Runde nicht durch einen eskalierenden Zitrusstreit aufs Spiel setzen wollten.

8.2 Das US-Verhalten im Bananenstreit (1994-2001)

Die EU beschloss 1993 im Rahmen des Binnenmarktprogramms eine komplexe Bananenmarktordnung, die die verschiedenen bisherigen Einfuhrpraxen der Mitgliedsstaaten ersetzen sollte (Hanrahan 2002: 66, Tangermann 2003). Dabei billigte sie aufgrund der Lomé-Abkommen zahlreichen Staaten aus Afrika, der Karibik und der Pazifikregion – den so genannten AKP-Staaten – bei deren Bananenexporten eine Präferenzbehandlung zu, die gleichzeitig die Bananenexporte von Staaten aus Lateinamerika diskriminierte (Cadot/Webber 2001: 3-6). Grob vereinfacht, sah die Bananenmarktordnung zwei Einfuhrquoten mit unterschiedlichen Einfuhrzöllen vor (Hanrahan 2002: 66). Während für Bananen insbesondere aus den Karibik-Staaten eine Einfuhrquote von 0,85 Mio. Tonnen reserviert war, innerhalb derer diese keine Einfuhrzölle zu entrichten hatten, unterlagen Bananen aus Lateinamerika innerhalb einer Einfuhrquote von 2,2 Mio. Tonnen Einfuhrzölle von 20 bis 30 Prozent (Hanrahan 2002: 66).[241]

Darüber hinaus sah die Bananenmarktordnung die Vergabe von Einfuhrlizenzen an die zumeist europäischen oder amerikanischen Bananenhändler vor. Danach waren wiederum 30 Prozent der Einfuhrquote für Bananen aus Lateinamerika für Bananenhändler reserviert, die auch Bananen aus der Karibik

241 Diese Einfuhrquote für Dollar-Bananen war wiederum zur Hälfte durch gesonderte Abkommen mit einigen Staaten aus Lateinamerika aufgeteilt, während die übrigen Staaten aus Lateinamerika um die zweite Hälfte dieser Einfuhrquote konkurrierten. Danach erhielten Costa Rica mit 23, Kolumbien mit 21, Nicaragua mit 3 und Venezuela mit 2 Prozent einen festen Anteil der Einfuhrquote für Lateinamerika zugesprochen, während u.a. Ecuador, Guatemala, Honduras, Mexiko und Panama um ihre Anteile konkurrieren mussten. Jenseits der Einfuhrquoten war ein Einfuhrzoll von 250 Prozent vorgesehen (Cadot/Webber 2001: 3-6).

vermarkteten (Hanrahan 2002: 66, Tangermann 2003). Da nun aber die europäischen Bananenvermarkter vielfach mit Bananen aus der Karibik handelten, während die amerikanischen Bananenhändler – insbesondere Chiquita, aber auch Dole – vornehmlich so genannte Dollar-Bananen aus Lateinamerika verkauften, sahen sich diese sowohl durch die Einfuhrquoten als auch Einfuhrlizenzen diskriminiert (Hanrahan 2002: 66, Tangermann 2003).

Da die amerikanischen Bananenhändler behaupteten, aufgrund der europäischen Bananenmarktordnung massiv Anteile auf den europäischen Bananenmärkten zu verlieren, wollten die USA diese nicht unwidersprochen hinnehmen (Josling 2003: 178-182). Die USA unterstrichen – von zahlreichen Staaten aus Lateinamerika unterstützt –, dass weder die Einfuhrquoten noch die Einfuhrlizenzen mit bestehenden WTO-Verpflichtungen der EU zu vereinbaren seien. Die USA wollten zwar nicht an der Präferenzbehandlung der AKP-Staaten im Rahmen der Lomé-Abkommen rütteln. Die Abhängigkeit vieler Karibikstaaten vom Bananenhandel sei den USA voll bewusst. Doch die Präferenzbehandlung für Bananen aus den Karibikstaaten müsse so ausgestaltet werden, dass die amerikanischen nicht gegenüber den europäischen Bananenvermarktern diskriminiert würden (WT/DS27/R/USA). US-Präsident Bill Clinton versicherte:

»Our objectives are to encourage the EU to adopt a regime that allows Caribbean nations to continue to supply the EU market, retaining preferences for the Caribbean bananas, but not discriminating against US marketing companies« (Journal of Commerce 20.06.1995).[242]

Die EU hingegen wies – unterstützt von den betroffenen Karibikstaaten – die Vorwürfe der USA zurück (Josling 2003: 178-182). Die Präferenzbehandlung der Bananenexporte aus Karibikstaaten hätten die betroffenen Staaten in der WTO durch eine Verzichtserklärung akzeptiert. Deshalb könne die Bananenmarktordnung in der WTO nicht angegriffen werden (WT/DS27/R/USA). Die EU betrachte die Präferenzbehandlung als wichtiges Entwicklungshilfeinstrument. Da für die Entwicklung zahlreicher Karibikstaaten der Bananenhandel völlig unverzichtbar sei, könne die Präferenzbehandlung ihrer Bananenexporte keinesfalls aufgegeben werden. Denn die Bananen aus der Karibik könnten andernfalls mit denen aus Lateinamerika nicht konkurrieren (Josling 2003: 178-182). Die EU-Kommission erklärte:

242 Die US-Administration unterstrich: »The United States supports the preferences which the EU extends to Caribbean banana producers and does not want to disrupt banana exports from the Caribbean to the EU. (...) The US opposes the discrimination against US companies inherent in the EU's banana regime« (Journal of Commerce 09.06.1995). Und: »American banana marketing companies should be able to compete on a fair basis in the European market, just as European firms can here« (Financial Times 19.10.1994).

»The US claims that the EU licensing system has taken market share away from US firms to the advantage of EU firms. This is not the case. The licensing system was designed to favour any operator, of any nationality, who market ACP bananas in the EU in order to ensure that these relatively more expensive bananas continued to find an outlet on the new EU market« (Financial Times 17.11.1995).[243]

Thematisierungsphase

Die USA eröffneten den Bananenstreit zunächst mit verfahrensumgehenden Verhaltensweisen. Noch vor Inkrafttreten der neuen Bananenmarktordnung der EU versuchte die US-Administration, die EU-Kommission in Verhandlungen inner- wie außerhalb der WTO dazu zu bewegen, die Einfuhr von Bananen so zu gestalten, dass sich keine Diskriminierung der amerikanischen gegenüber den europäischen Bananenhändlern ergebe. In der EU waren jedoch über die Bananenmarktordnung heftige Auseinandersetzungen u.a. zwischen Deutschland und Frankreich entbrannt, so dass sich Brüssel entsprechenden Verhandlungsbemühungen der USA widersetzte. Die EU-Kommission wollte verhindern, dass die US-Administration diese internen Auseinandersetzungen nutzte, um eine letztlich für Europa unvorteilhafte Bananenmarktregelung durchzusetzen.

Da somit die Verhandlungsbemühungen der US-Administration, insbesondere ihres Handelsbeauftragten Mickey Kantor, gescheitert waren, ging diese zu einer energischeren Vorgehensweise über. Die Bananenlobby, aber auch der Kongress drängten die Administration massiv dazu (Wallstreet Journal 07.09.1994, Journal of Commerce 18.10.1994). Insbesondere der Eigentümer des Bananenvermarkters Chiquita, Carl Lindner, versuchte, die US-Administration an der Bananenfront zu aktivieren (Cadot/Webber 2001: 27).[244] Da er in der Vergangenheit sowohl die Demokraten als auch die Republikaner in zahlreichen Kongress- und Präsidentschaftswahlkämpfen erheblich finanziell unterstützt hatte, besaß er beste Verbindungen sowohl in die Administration als auch in den Kongress (Journal of Commerce 02.05.1995,

243 Die EU-Kommission erklärte: »Far from disadvantaging US firms, the introduction of the EU banana regime has actually opened up new, previously protected European markets, as is demonstrated by the fact that a wider choice of bananas is now available on EU markets and dollar bananas are commonly sold in all Member States, including those previously closed to dollar imports« (Financial Times 17.11.1995).

244 Chiquita behauptete, die Hälfte seiner Anteile auf dem europäischen Bananenmarkt verloren zu haben (Financial Times 11.01.1995).

11.01.1996).[245] Deshalb konnte er mehrfach persönlich mit dem US-Handelsbeauftragten Kantor sprechen, um im Rahmen des von Chiquita – gemeinsam mit der *Hawaiian Banana Industry Association* – angestrengten Section 301-Verfahrens für seine Bananeninteressen zu werben (Stovall/Hathaway 2003: 153).

Die US-Administration, insbesondere ihr Handelsbeauftragter, wollte sich allerdings zunächst weder auf ein Streitbeilegungsverfahren in der WTO noch gar eigenmächtige Sanktionsdrohungen außerhalb der WTO einlassen. Um die Administration zu einem solchen Vorgehen zu bewegen, brachte Carl Lindner seine Verbindungen im Kongress ins Spiel (Stovall/Hathaway 2003: 153). Im September 1994 forderten mehr als 60 zumeist von Carl Lindner unterstützte Kongressmitglieder – 50 Repräsentanten und 12 Senatoren – in einem Brief an US-Präsident Clinton ein energisches Vorgehen gegen die EU (Journal of Commerce 18.10.1994). Insbesondere jedoch hatte Carl Lindner den Führer der Republikaner im Senat, Bob Dole, auf seiner Seite, den er bei Kongresswahlen stets unterstützt hatte und dessen Präsidentschaftskandidatur er bald fördern sollte (Journal of Commerce 13.11.1995).[246] Dessen Verlangen, gegen die europäische Bananenmarktordnung vorzugehen, vermochte die Administration kaum zu ignorieren. Denn mit ihren handelspolitischen Vorhaben konnte sie sich im Kongress nicht allein auf die Stimmen der Demokraten verlassen, sondern war auch auf die der Republikaner angewiesen (Journal of Commerce 02.05.1995).[247] Um den Kongress zu beschwichtigen, beschloss die Administration im Oktober 1994, die europäische Bananenmarktordnung im Rahmen des von Chiquita beantragten Section 301-Verfahrens zu untersuchen (Cadot/Webber 2001: 27, Stovall/Hathaway 2003: 155).[248]

Da sich die EU-Kommission dadurch jedoch nicht einschüchtern ließ, ging die US-Administration ab August 1995 schließlich dazu über, verfahrensgetreu ein Streitbeilegungsverfahren vorzubereiten (Journal of Commerce 28.09.1995,

245 Carl Lindner war im Wahljahr 1993-1994 angeblich der zweitgrößte Geber von »soft money«. Er spendete den Demokraten 525.000, den Republikanern 430.000 Dollar (Washington Post 20.10.1995). Siehe dazu auch sehr detailliert Stovall/Hathaway (2003: 153) sowie Cadot/Webber (2001: 27).

246 Die Verbindung zwischen Carl Lindner und Bob Dole wurde als »legale Korruption« kritisiert (Cadot/Webber 2001: 19, siehe auch Journal of Commerce 30.11.1995).

247 Die Administration bestätigte den Einfluss, den Chiquita im Bananenstreit besaß. Ein Vertreter des Handelsbeauftragten erklärte: »Chiquita did what any good lobbyist does in this town to influence governmental policy. They made a strong technical and legal case for their position, they brought in data and analysis and mobilized congressional support for their position« (Stovall/Hathaway 2003: 160).

248 Dem vorangegangen sein soll im Büro von Senator Bob Dole ein Treffen des US-Handelsbeauftragten Mickey Kantor mit Carl Lindner von Chiquita (Journal of Commerce 02.05.1995).

Financial Times 28.09.1995).[249] Der US-Handelsbeauftragte Kantor beschloss, nicht wie vorübergehend angedeutet, Sanktionen gegen die EU zu verhängen, sondern stattdessen im September 1995 das Streitbeilegungsverfahren der WTO anzurufen (WT/DS16/1, WT/DS27/1). Denn zum einen wollte er die Glaubwürdigkeit des soeben reformierten – und aus Sicht der USA verbesserten – Streitbeilegungsverfahrens der WTO nicht unterminieren. Und zum anderen wusste er, dass die Reputation der USA durch eigenmächtige Strafmaßnahmen in der WTO gelitten hätte. Die EU hätte sie anprangern und den eigenen Rechtsbruch kaschieren können (Journal of Commerce 02.05.1995). Im Rückblick erklärte er den Verzicht auf einseitige Sanktionen folgendermaßen:

»If we had gone with unilateral sanctions, all we would have done was raise the ire of all the other WTO members, including the member states in the EU who favoured our position. You can't have the Community and the Commission united by antipathy to the US and their unilateral action. You always need some people on the inside helping bring about change« (zit. nach Stovall/Hathaway 2003: 155-156).

Die im Rahmen des Streitbeilegungsverfahrens der WTO im November 1995 durchgeführten Konsultationen zwischen der US-Administration und der EU-Kommission brachten allerdings nichts ein (Josling 2003: 175-176).[250] Beide Seiten bewegten sich nur unwesentlich aufeinander zu (Financial Times 10.01.1996). Die EU-Kommission machte lediglich das Angebot, die Einfuhrquote für Dollarbananen leicht anzuheben. Doch da dies letztlich nur der Erweiterung der EU um Schweden, Finnland und Österreich Rechnung trug, fand sich die US-Administration nicht bereit, eine entsprechend modifizierte Bananenmarktordnung der EU zu akzeptieren (Journal of Commerce 07.03.1996, 12.04.1996). Die Konsultationen endeten somit im April 1996 erfolglos (Josling 2003: 176-177).

---

249 Die USA erweckten vorübergehend den Eindruck, ohne ein Streitbeilegungsverfahren der WTO zu bemühen, eigenmächtig Sanktionen verhängen zu wollen (Journal of Commerce 11.01.1995, New York Times 29.01.1995). Die EU drohte daraufhin, sie werde gegen unilaterale Sanktionen der USA in der WTO vorgehen. Außenhandelskommissar Leon Brittan unterstrich: »I am disturbed by your reference to ›possible trade retaliation‹ against European goods and services. (...) Europe clearly cannot accept any unilateral action« (Journal of Commerce 11.01.1995).

250 Da die USA die WTO zweimal um ein Streitbeilegungsverfahren anrief, kam es genau genommen auch zweimal zu Konsultationsverfahren. Diese zweimalige Anrufung der WTO war notwendig geworden, um neben Guatemala, Honduras und Mexiko auch Ecuador in das Streitbeilegungsverfahren einbeziehen zu können.

Feststellungsphase

Die USA ließen sich allerdings von ihrem eingeschlagenen verfahrensgetreuen Vorgehen nicht abbringen. Im April 1996 beantragte die US-Administration bei der WTO ein Streitschlichtungspanel, das über die europäische Bananenmarktordnung entscheiden sollte (WT/DS27/6). Das Panel, das die Streitschlichtungsinstanz der WTO im Juni 1996 einsetzte (WT/DS27/7), erachtete in seinem Bericht, den es im Mai 1997 vorlegte, die Präferenzbehandlung der AKP-Staaten durch die EU zwar grundsätzlich für mit WTO-Recht vereinbar (WT/DS27/R/USA). Die Präferenzen zugunsten der Einfuhr von Bananen aus der Karibik wurden also nicht kritisiert. Der Bericht monierte gleichwohl, dass die Bananenmarktordnung der EU nicht mit ihren Verpflichtungen in der WTO vereinbar sei (Josling 2003: 178-182, Hanrahan 2002: 66).

Die EU müsse sowohl die Einfuhrquoten als auch die Einfuhrlizenzen reformieren (WT/DS27/R/USA). Beide führten zu einer nicht hinnehmbaren Diskriminierung einzelner Bananenexporteure und Bananenhändler. Bei den Einfuhrlizenzen sei insbesondere nicht aufrecht zu halten, dass die EU nahezu ein Drittel der Einfuhrquote für Dollar-Bananen für Bananenhändler reserviere, die auch Bananen aus der Karibik vermarkteten. Bei der Einfuhrquote sei demgegenüber vor allem nicht zu akzeptieren, dass einige Staaten aus Lateinamerika einen festen Anteil an der Einfuhrquote für Dollar-Bananen besäßen, während andere lateinamerikanische Staaten um ihren Anteil konkurrieren müssten (Josling 2003: 178-182, Hanrahan 2002: 66).

Die US-Administration sah sich durch den Bericht des Streitschlichtungspanels voll und ganz bestätigt. Die neue US-Handelsbeauftragte Charlene Barshefsky forderte deshalb die EU noch im Mai 1997 auf, ihre Bananenmarktordnung grundlegend zu reformieren. Die USA erwarteten von der EU, dass sie sich ohne weitere Verzögerungen dem Bericht des Panels beugt. Die diskriminierende Einfuhrpraxis der EU habe die amerikanischen Bananenhändler bereits mehr als hinreichend geschädigt (Journal of Commerce 27.05.1997).[251] Die EU-Kommission rief jedoch im Juni 1997 zunächst die Berufungsinstanz der WTO an (WT/DS27/9). Da das Streitschlichtungspanel die europäische Bananenmarktordnung rechtlich falsch beurteilt habe, müsse

251 Die Handelsbeauftragte wurde gelobt, das Recht der amerikanischen Bananenhändler im Rahmen des Streitbeilegungspanels der WTO gewahrt zu haben, anstatt auf einseitige Sanktionsmaßnahmen zu setzen. So schrieb etwa das Journal of Commerce, der Bericht des Streitschlichtungspanels werde in der EU mehr Gewicht besitzen, als dies eigenmächtige Sanktionen gehabt hätten: »Those in Washington who believe that all trade disputes must be settled over the barrel of a gun should reflect on the growing success of dispute resolution under WTO rules« (Journal of Commerce 21.03.1997).

das Berufungsgericht eingeschaltet werden. Die EU-Kommission hielt auch weiterhin die beanstandete Bananenmarktordnung für mit ihren Verpflichtungen in der WTO vereinbar (Financial Times 12.06.1997, Journal of Commerce 12.06.1997).

Das Berufungsgericht der WTO bestätigte allerdings in seinem Bericht vom September 1997 das Streitschlichtungspanel in seiner Einschätzung, die europäische Bananenmarktordnung sei rechtswidrig (WT/DS27/AB/R). Die US-Administration feierte den Bericht des Berufungsgerichts und forderte die EU auf, ihre Bananenmarktordnung nunmehr umgehend zu reformieren. Die EU-Kommission war zwar ihrerseits mit dem Bericht unzufrieden – sie befürchtete, dass er als Präzedenz genutzt werden konnte, um in der WTO letztlich alle Arten von Einfuhrzollquoten anzugreifen – fand sich aber bereit, die Bananenmarktordnung anzupassen (Josling 2003: 182-186).[252] Die EU zeigte der WTO im Oktober 1997 an, entsprechende Reformbemühungen in Angriff nehmen zu wollen.[253]

Umsetzungsphase

Der Streit ließ sich allerdings trotzdem nicht rasch beenden. Denn zwischen den USA und der EU entspann sich nun ein andauernder Streit darüber, wie die von der Streitschlichtungsinstanz im September 1997 angenommenen Berichte umzusetzen sind. Die USA verhielten sich allerdings auch in diesem Streit mit der EU zunächst verfahrenskonform. So scherte die Administration auch dann nicht aus dem Streitbeilegungsverfahren der WTO aus, als die EU-Kommission ankündigte, lediglich innerhalb der üblichen Umsetzungsfrist von 15 Monaten mit einer neuen Bananenmarktordnung aufwarten zu wollen. Die Bananenmarktregelungen seien derart komplex, dass sich eine zügige Reform

252 Agrarkommissar Franz Fischler sah damit nicht nur die Einfuhrpraxis der EU im Rahmen der Präferenzbehandlung zugunsten vieler Entwicklungsländer aus Afrika, der Karibik und der Pazifikregion bedroht, sondern insgesamt die Einfuhrregelungen der EU im Agrarbereich (Financial Times 17.09.1997).

253 Außenhandelskommissar Brittan betonte, die EU werde das Streitbeilegungsverfahren der WTO schon allein deshalb weiter unterstützen, weil es die USA zu einer multilateralen Streitbeilegung anhalte. In einem Kommentar für die Financial Times unterstrich er: »The WTO is also a powerful deterrent: (...) the US is now legally bound to try and resolve its disputes through the WTO before threatening Europe with trade sanctions under its ›301‹ legislation, a menacing tool which has soured transatlantic relations in the past« (Financial Times 10.09.1997).

verbiete (Financial Times 17.10.1997).[254] Die US-Administration hatte auf eine auf wenige Monate beschränkte Umsetzungsfrist gedrängt. Die Reform der Bananenmarktordnung könne, so argumentierte sie, kaum 15 Monate beanspruchen. Gleichwohl akzeptierten die USA, dass der angerufene Schiedsrichter, der EU folgend, die Umsetzungsfrist auf 15 Monate festlegte (WT/DS27/16, WT/DS27/ 15). Danach musste die EU erst im Januar 1999 die von den USA beanstandete Bananenmarktordnung korrigiert haben (Josling 2003: 183-185).

Die EU kam allerdings mit der Reform ihrer Bananenmarktregelung nur schleppend voran. Da es in der EU heftige Auseinandersetzungen über eine veränderte Bananenmarktordnung gab, dauerte es bis Januar 1998 ehe die Kommission erste vage Vorschläge für eine neue Einfuhrpraxis bei Bananen vorlegen konnte, die sie dann bis Juli 1998 schrittweise konkretisierte (Hanrahan 2002: 67). Danach sollte das System der Einfuhrquoten weitgehend erhalten bleiben, so dass die Bananen aus der Karibik weiterhin eine eigene zollfreie Einfuhrquote zugewiesen bekämen, während bei der Einfuhrquote für Bananen aus Lateinamerika, die lediglich angehoben werden sollte, weiter Einfuhrzölle zu entrichten sein würden. Das System der Einfuhrlizenzen sollte hingegen überarbeitet werden, ohne allerdings zu einer fundamentalen Verschiebung der Anteile auf dem europäischen Bananenmarkt zu führen (Financial Times 16.01.1998, 23.01.1998).

Die USA lehnten diese Vorschläge für eine veränderte Bananenmarktordnung vehement ab (Josling 2003: 186). Die Administration beschuldigte die EU, an ihrer WTO-widrigen Bananenmarktordnung lediglich kosmetische Veränderungen vorzunehmen, um diese in ihrem rechtswidrigen Kern beizubehalten. Die Vorschläge der Kommission seien völlig ungeeignet, um die Berichte des Streitschlichtungspanels und des Berufungsgerichts auch nur ansatzweise umzusetzen (Cadot/Webber 2001: 30). Durch die angedachte Bananenmarktordnung würden sich die Einfuhrhindernisse für amerikanische Bananenhändler sogar vergrößern (Journal of Commerce 23.01.1998).[255] Die EU versuche durch derartige Vorschläge, den Streitbeilegungsprozess unnötig zu verzögern.

254 Noch im September 1997 erklärte ihr Vertreter bei der WTO Roderick Abbott, dass die EU, wie im Streitbeilegungsverfahren der WTO vorgesehen, im Oktober 1997 erklären werde, wie man den Bericht des Berufungsgerichts umzusetzen gedenke (Financial Times 26.09.19997). Die USA hatten ihrerseits bereits gefordert, dass die EU ihre Bananenmarktordnung WTO-konform reformiere. Angebote der EU zu Kompensationen jenseits des Bananenhandels lehnten die USA ab (Financial Times 12.09.1997, 26.09.1997).

255 Die US-Administration unterstrich: »Nothing we have heard concerning plans for the administration of import licenses gives us confidence that the EC has interpreted correctly the (WTO) panel and appellate body reports« (Journal of Commerce 26.06.1998).

Um die EU von ihrer Verzögerungstaktik abzubringen, drohten die USA zunehmend vehement, nach Inkrafttreten der reformierten Bananenmarktordnung im Januar 1999 bei der WTO Sanktionen gegen die EU zu beantragen (WT/DS27/21).[256] Da die EU mit der angedachten Bananenmarktordnung den Berichten der WTO nicht entspreche, könnten die USA nunmehr die WTO um Sanktionen ersuchen (Cadot/Webber 2001: 31). Um die Sanktionsdrohung zu unterstreichen, ließ die US-Handelsbeauftragte Barshefsky im Rahmen des laufenden Section 301-Verfahrens bereits im Juli 1998 einen Katalog möglicher Strafmaßnahmen vorbereiten, die nach einer entsprechenden Autorisierung durch die WTO im Februar 1999 zur Anwendung kommen sollten (Financial Times 24.07.1998). Die US-Administration könne nicht zulassen, dass die EU ungestraft gegen ihre internationalen Verpflichtungen verstoße (Financial Times 18.11.1998). Denn – so unterstrich die Administration – dies würde die Glaubwürdigkeit des Streitbeilegungsverfahrens der WTO unterminieren:

»If the EU is allowed to disavow its market opening obligations in this case, then it could encourage other countries to do the same« (Financial Times 11.11.1998).

Obwohl die EU ein Sanktionsbegehren der USA in der WTO nicht verhindern, sondern allenfalls durch einen Einspruch gegen das Sanktionsmaß einen Aufschub bis März 1999 erwirken konnte, ließ sie sich nicht einschüchtern (Financial Times 15.10.1998, 22.10.1998). Die Kommission kritisierte vielmehr, die USA verlasse mit ihren Sanktionsdrohungen eindeutig das in der WTO verankerte Streitbeilegungsverfahren (Financial Times 18.11.1998). Die USA könnten in der WTO nur dann Sanktionen beantragen, wenn ein Streitschlichtungspanel bzw. das Berufungsgericht die reformierte Bananenmarktordnung der EU beanstandet habe. Dies sei bislang nicht erfolgt (Josling 2003: 186-187). Um ein Sanktionsbegehren stellen zu können, müssten die USA zunächst ein neues Streitschlichtungsverfahren beantragen, das über die reformierte Bananenmarktordnung befinde (Financial Times 22.10.1998).[257] Außenhandelskommissar Brittan beklagte:

256 Der Vertreter der EU bei der WTO Roderick Abbott verwahrte sich hingegen gegen den Verzögerungsvorwurf. Die Gemeinschaft versuche in guter Absicht, die Berichte des Streitschlichtungspanels und des Berufungsgerichts umzusetzen, um eine rechtskonforme Bananenmarktregelung zu finden (Journal of Commerce 23.01.1998, Financial Times 23.01.1998).

257 Das Gros der Staaten in der WTO schloss sich dieser Auffassung der EU an. Die USA dürfe nicht eigenmächtig festlegen, dass die reformierte Bananenmarktordnung die Berichte des ursprünglichen Streitschlichtungspanels und des Berufungsgerichts nicht hinreichend umsetze, um darauf gestützt Sanktionen zu beantragen (Financial Times 18.11.1998).

»It is difficult to think of a more obvious breach of the multilateral trade system than to take the law into your own hands in defiance of WTO rules« (New York Times 22.12.1998).[258]

Die Vorgehensweise der USA ist allerdings schwer zu beurteilen. Denn das Streitbeilegungsverfahren der WTO regelte nicht eindeutig, ob die USA in dieser Situation Sanktionen beantragen durften. Die von den USA ausgesprochenen Sanktionsdrohungen waren insofern nicht eindeutig verfahrenswidrig, als die Administration bereit war, ihre Sanktionen, wie im Streitbeilegungsverfahren vorgesehen, bei der WTO zu beantragen.[259] Da dem Streitbeilegungsverfahren gemäß das Sanktionsgesuch in der WTO gar nicht abgelehnt werden konnte, war das Vorgehen der USA aber auch nicht eindeutig verfahrensgetreu. Denn das Streitbeilegungsverfahren bestimmt schließlich, dass es erst dann zu Sanktionen kommen darf, wenn die Berichte des Streitschlichtungspanels bzw. Berufungsgerichts missachtet werden. Doch weder Streitschlichtungspanel noch Berufungsgericht hatten die reformierte Bananenmarktordnung der EU ja beurteilt. Die US-Administration machte sich mit ihrem Sanktionsgesuch zu nutze, dass das Streitbeilegungsverfahren an dieser Stelle offensichtlich widersprüchlich war; ihr Verhalten kann daher als verfahrensmanipulierend bezeichnet werden.

Dass die US-Administration das Verfahren »nur« manipulierte, anstatt es zu missachten, mag für sich genommen bereits darauf verweisen, dass sie sich diesem durchaus verpflichtet fühlte. Denn für ihre Sanktionsdrohungen konnte sie eine rechtliche Begründung vorbringen, die nicht von vornherein als fadenscheinig erscheinen musste. Dass sie ihre Verpflichtung auf das Streitbeilegungsverfahren ernst nahm, wird aber auch dadurch unterstrichen, dass sie versuchte, ihre Sanktionsdrohungen durch das Streitbeilegungsverfahren zusätzlich abzustützen – ihnen die Spitze des Eigenmächtigen zu nehmen.[260] Um den durch das – zumindest an dieser Stelle – unklare Streitbeilegungsverfahren ausgelösten Streit um Sanktionen beizulegen, machte die Handelsbeauftragte der USA Barshefsky noch im November 1998 den Vorschlag, beide Seiten sollten einem beschleunigten Streitbeilegungsverfahren zustimmen (Financial

258 Die EU drohte dementsprechend, gegen etwaige Sanktionen in der WTO vorzugehen, um sich ihrerseits Gegenmaßnahmen autorisieren zu lassen (Financial Times 11.11.1998).

259 Die Genehmigung der Sanktionen in der WTO war allerdings letztlich auch nicht mehr zu verhindern. Denn nur bei ihrer einstimmigen Ablehnung in der Streitschlichtungsinstanz wäre das Sanktionsbegehren der USA durchgefallen.

260 Die Handelsbeauftragte unterstrich in Bezug auf diesen Vorschlag: »We have consistently indicated we are interested in solving this issue through the WTO, and not because we are obligated to take this extra step that we proposed last week, but as good faith effort to solve the problem« (Financial Times 24.11.1998).

Times 20.11.1998).[261] Die EU war zwar bereit, dem zuzustimmen, wollte aber nicht akzeptieren, dieses unter ein zeitliches Diktat der USA zu stellen.[262] Da die USA jedoch darauf bestanden, das Streitbeilegungsverfahren zeitlich zu begrenzen, kam keine Einigung zustande (Financial Times 24.11.1998, 26.11.1998).

Da der Kongress die Administration massiv bedrängte, gegen die Bananenmarktordnung der EU nunmehr endlich energischer vorzugehen, besaß diese mittlerweile auch kaum mehr zeitlichen Spielraum, um zu einer Einigung mit der EU zu gelangen. Von Chiquitas größtem Anteilseigner, Carl Lindner, bedrängt, verlangte der Kongress von der Administration im Bananenstreit ein konsequentes Vorgehen (Stovall/Hathaway 2003: 161). Nach Gesprächen von Carl Lindner mit führenden Kongressmitgliedern – u.a. dem Sprecher des Repräsentantenhauses Newt Gingrich sowie dem Mehrheitsführer im Senat Trent Lott – wurde im Kongress im Oktober 1998 ein Gesetzentwurf eingebracht, der die Administration zwingen sollte, spätestens im Februar 1999 Sanktionen gegen die vorgesehene Bananenmarktordnung der EU zu verhängen (Journal of Commerce 14.10.1998, Financial Times 15.10.1998).[263] In einem gemeinsamen Brief an US-Präsident Clinton erklärten Gingrich und Lott im Oktober 1998:

»If the administration will not take action to protect trade agreements, Congress will have no choice but to take action on its own« (Journal of Commerce 14.10.1998).

Die Administration wollte allerdings trotz dieses Drucks aus dem Kongress nicht gänzlich aus dem Streitbeilegungsverfahren der WTO ausscheren. Mit ihrer Drohung, im Januar 1999 Sanktionen bei der WTO zu beantragen, kam

261 Danach wäre noch vor Inkrafttreten der Bananenmarktordnung im Januar 1999 ein neues Streitschlichtungspanel einzuberufen gewesen, das möglichst rasch über die reformierte Bananenmarktordnung zu befinden gehabt hätte. Wollten die EU oder die USA den Entscheid des Streitschlichtungspanels anfechten, so sollte das Berufungsgericht ebenfalls in einem beschleunigten Streitbeilegungsverfahren entscheiden, so dass die USA gegebenenfalls noch im Februar 1999 Sanktionen beantragen und ab März 1999 verhängen hätten können (Financial Times 24.11.1998).

262 Außenhandelskommissar Brittan nannte zwei Bedingungen: »First not to seek authorization for retaliatory measures (...) until after a ruling has been made (...) including, if necessary, an appeal. Second, that, in the event of a panel ruling against the US (...) the US would accept that ruling and not resort to unilateral action« (Financial Times 24.11.1998).

263 Chiquita gab auch 1997 und 1998 Spenden in Höhe von 1,4 Mio. Dollar an Kongressabgeordnete der Demokraten wie der Republikaner (Cadot/Webber 2001: 31-32). Die großen Anteilseigner von Chiquita spendeten nochmals 1,2 Mio. Dollar. Dabei war das Gros dieser Spenden just dann gegeben worden, als der Kongress auf Sanktionen gegen die EU drängte (Cadot/Webber 2001: 32) Zu Carl Lindners Spenden an führende Kongressmitglieder siehe auch ausführlich Financial Times (14.11.1998).

sie dem Kongress bereits entgegen. Doch sie wollte sich durch eigenmächtige Sanktionen nicht gänzlich außerhalb des Streitbeilegungsverfahrens der WTO stellen (Financial Times 22.10.1998). Die Handelsbeauftragte Barshefsky war dementsprechend über die Sanktionsdrohung des Kongress keineswegs glücklich (Stovall/Hathaway 2003: 161). Aus ihrer Sicht barg dies die Gefahr, dass sich die USA in der WTO unnötig isolierten. Die USA könnten im Bananenstreit bislang die EU anprangern. Sollten sie jedoch eigenmächtig Sanktionen verhängen, versetzten sie die EU in die Lage, den Spieß umzudrehen und den USA Reputationsverluste zuzufügen. Um den Kongress deshalb davon abzuhalten, mit einem Gesetz die Administration zu eigenmächtigen Sanktionen zu zwingen, versprach diese in einem Brief an führende Kongressmitglieder, spätestens ab März 1999 mit Sanktionen gegen die Bananenmarktordnung der EU vorzugehen (Financial Times 15.10.1998). Erskine Bowles, Chief of Staff von Präsident Clinton, versicherte dem Kongress in diesem Brief:

»A refusal by the EU to come into full compliance with these early rulings would impair the effectiveness and credibility of the multilateral system. Therefore we are committed to taking all necessary action to ensure full and timely EU compliance« (Journal of Commerce 14.10.1998).

Bemerkenswerterweise wurde die Administration in den USA allerdings dafür kritisiert, dem Drängen des Kongress und der Bananenlobby nachgegeben zu haben. Die amerikanische Presse forderte die Administration mehrfach auf, die normative Verpflichtung auf das Streitbeilegungsverfahren der WTO ernst zu nehmen. Die Administration müsse, dem Rechtsstaatsprinzip folgend, auf Selbstjustiz außerhalb des Streitbeilegungsverfahrens der WTO verzichten. Die europäische Bananenmarktordnung sei zwar, wie von der Administration behauptet, tatsächlich rechtswidrig. Und die europäische Verzögerungstaktik im Bananenfall verdiene, wie von der Administration gewünscht, bestraft zu werden. Doch dies autoritativ festzustellen, sei nicht Sache der Administration, sondern müssen dem Streitbeilegungsverfahren der WTO vorbehalten bleiben (Financial Times 26.01.1999). In einem Editorial des Journal of Commerce heißt es:

»[T]he EU's compliance, or lack thereof, must be judged by the WTO, not unilaterally by the United States, or the legal process would be rendered equally meaningless by the side that actually won« (Journal of Commerce 27.10.1998).

Die Clinton-Administration drohte gleichwohl weiterhin, mit Ablauf der Umsetzungsfrist im Januar 1999 bei der WTO Sanktionen zu beantragen, die dann spätestens im März 1999 verhängt werden könnten (Josling 2003: 187). Dabei hatte sich die EU-Kommission im Dezember 1998 zu dem ungewöhnlichen Schritt durchgerungen, selbst die WTO um die Einsetzung eines Streitschlichtungspanels zu bitten, das die reformierte Bananenmarktordnung beurteilen sollte (WT/DS27/40). Doch die US-Handelsbeauftragte Barshefsky ließ sich nicht beirren. Sie legte im Dezember 1999 den im laufenden Section 301-Verfahren erstellten Katalog möglicher Sanktionsmaßnahmen vor (New York Times 22.12.1998, Financial Times 22.12.1998). Die Administration wollte die EU mit Sanktionsdrohungen weiter unter Druck halten, um sie zum Einlenken zu zwingen (Financial Times 13.01.1999, Journal of Commerce 15.01.1999). Dabei betonte die Administration wiederholt, dass es ihr auch darum gehe, die Glaubwürdigkeit des Streitbeilegungsverfahrens der WTO zu erhalten:

»What's at stake here is the credibility of the World Trade Organization. (…) If we cannot demonstrate that there is a price to pay for refusing to comply with the W.T.O., then there is no incentive to use this system« (New York Times 22.12.1998).

Die EU-Kommission beklagte hingegen ihrerseits, die US-Administration untergrabe durch die eigenmächtigen Sanktionsdrohungen die Glaubwürdigkeit des Streitbeilegungsverfahrens (Journal of Commerce 12.11.1998). Eine Rechtsordnung könne durch praktisch nichts mehr erschüttert werden, als durch die Selbstjustiz eines der Rechtsgenossen (Journal of Commerce 22.12.1998).[264] Sollten die USA im März 1999 tatsächlich mit Sanktionen gegen die europäische Bananenmarktordnung vorgehen, so werde die EU ein Streitbeilegungsverfahren bei der WTO beantragen, das über diese Sanktionen befindet. Die EU werde eigenmächtige Sanktionen der USA nicht unbeantwortet lassen. Außenhandelskommissar Brittan drohte:

»No WTO member has the right unilaterally to judge the compliance of another, nor to be judge and jury in its own cause. If the United States persists with such unilateral action, the EU will have no choice but to take rapid steps to challenge it in the WTO« (Journal of Commerce 12.11.1998).

Sanktionsphase

Sich weiter verfahrensmanipulierend verhaltend, ließen die USA ihren Sanktionsdrohungen nun trotzdem entsprechende Sanktionsmaßnahmen folgen (Josling 2003: 187-189). Obwohl die WTO die reformierte Bananenmarktordnung bislang nicht verurteilt hatte, beantragten sie im Januar 1999 bei der

264 Außenhandelskommissar Brittan klagte: »It is difficult to think of a more obvious breach of the multilateral trade system than to take the law into your own hands in defiance of the W.T.O. rules« (New York Times 22.12.1998). Und: »This dispute is no longer about bananas; it is about respect for the multilateral trade system« (Journal of Commerce 22.12.1998).

Streitschlichtungsinstanz Sanktionsmaßnahmen in Höhe von 520 Mio. Dollar (WT/DS27/43).[265] Die EU schaltete im Gegenzug im Februar 1999 die Streitbeilegungsinstanz ein, um ein Schiedsverfahren über das von den USA beantragte Sanktionsmaß einzuleiten (WT/DS27/46).

Um eine Eskalation zu verhindern, griff nun der Generaldirektor der WTO, Renato Ruggero, ein. Er bat die USA, mit der Verhängung von Sanktionen möglichst bis zu einer Entscheidung des von der EU angerufenen Streitschlichtungspanels im März 1999 zu warten. Die EU wiederum solle akzeptieren, dass dasselbe Streitschlichtungspanel noch im März 1999 auch über die beantragten Sanktionen entscheiden dürfe (Financial Times 23.01.1999). Nach einigem hin und her konnten sich die EU und die USA tatsächlich auf diesen Vorschlag einigen, der zumindest sicherstellte, dass ein und dasselbe Streitschlichtungspanel über die Bananenmarktordnung selbst und die gegebenenfalls zu verhängenden Sanktionen befand (New York Times 30.01.1999, Financial Times 01.02.1999). Das Streitschlichtungspanel teilte allerdings Anfang März 1999 mit, dass es nicht über die von den USA beantragten Sanktionen befinden könne, ohne vorher über die Bananenmarktordnung selbst entschieden zu haben. Und über diese könne es erst im April 1999 einen Bericht fertig stellen (WT/DS27/48).[266]

Die US-Administration war somit zu einem Spagat zwischen dem Streitbeilegungsverfahren der WTO, aufgrund dessen sie mit Sanktionen bis April 1999 warten sollte, und dem amerikanischen Kongress gezwungen, dem sie versprochen hatte, spätestens im März 1999 mit Sanktionen gegen die EU vorzugehen (Financial Times 03.03.1999). Tatsächlich drängte sie auch der Kongress, ungeachtet des Streitbeilegungsverfahrens der WTO die Sanktionen wie angekündigt in Kraft zu setzen (Financial Times 04.03.1999). Im Kongress wollte man die auf rechtlichen Spitzfindigkeiten aufbauende Verzögerungstaktik der EU ohnehin nicht mehr länger akzeptieren (Journal of Commerce 29.01.1999). Die Administration müsse zeigen, dass das Streitbeilegungsverfahren geeignet sei, Rechtsbrecher zuverlässig zu bestrafen. Denn andernfalls sinke der Rückhalt für das Streitbeilegungsverfahren in den USA weiter (Financial Times

265 Die EU, die dies als einen eindeutigen Bruch des Streitbeilegungsverfahrens betrachtete, rief darauf hin den Allgemeinen Rat der WTO um eine Entscheidung darüber an, ob der Sanktionsantrag der USA überhaupt zulässig sei (Financial Times 22.01.1999). Doch da der Allgmeine Rat erst im Februar 1999 wieder zusammentreten sollte, versuchte WTO-Generaldirektor Renato Ruggero, noch im Januar 1999 zwischen den USA und der EU zu vermitteln (Financial Times 23.01.1999).

266 Schließlich drohte die etwas groteske Situation, dass in einem Sanktionsverfahren in der WTO den USA im Bananenstreit Sanktionsmaßnamen zugebilligt werden, noch bevor das parallel laufende Streitschlichtungspanel überhaupt festgestellt hat, dass die Bananenmarktordnung der EU rechtswidrig ist.

26.01.1999). Tatsächlich sah die Administration diesen Rückhalt im Kongress aufgrund des Glaubwürdigkeitsverlusts des Streitbeilegungsverfahrens der WTO als gefährdet an. Der bei der Handelsbeauftragten für Agrarfragen zuständige Peter Scher erklärte:

»There are a lot of doubts in this country about the international trading system, and if the EU is allowed to take the position that they don't have to comply with a WTO decision, how do I explain to Congress that in the three or four cases we've lost, we had to change the rules?« (Washington Post 04.03.1999).

Dem Drängen des Kongress nachgebend, beschloss die US-Administration tatsächlich, mit Sanktionen nicht weiter zuzuwarten (Cadot/Webber 2001: 33). Dass sie sich dabei allerdings nicht offen über das Streitbeilegungsverfahren hinwegsetzen wollte, sondern den Schein der Verfahrenstreue zu wahren suchte, deutet dabei gleichwohl auf ihre normativen Verpflichtungsgefühle gegenüber dem Streitbeilegungsverfahren hin (Washington Post 04.03.1999). Dementsprechend entschied die Handelsbeauftragte Barshefsky zwar, ab 03. März 1999 Strafzölle in Höhe von 520 Mio. Dollar zu erheben, diese aber vorerst nicht einzuziehen. Bei der Einfuhr der mit Strafzöllen belegten Erzeugnisse aus der EU war vielmehr ein Schuldschein zu hinterlegen, der erst eingelöst werden sollte, nachdem das Streitschlichtungspanel der WTO über die beantragten Sanktionen entschieden hatte (Washington Post 04.03.1999, Journal of Commerce 05.03.1999). Die USA – so erklärte die Handelsbeauftragte dieses ungewöhnliche Vorgehen – verhänge damit noch keine Sanktionen, sondern erhalte sich damit lediglich während des laufenden Streitbeilegungsverfahrens das Recht, ab März 1999 Sanktionen verhängen zu dürfen:

»The United States has simply preserved its ability to increase duties as of March 3 depending on the outcome of the arbitration decision« (Journal of Commerce 09.03.1999).[267]

Die EU, die bereits ein weiteres Streitbeilegungsverfahren bei der WTO beantragt hatte, um jenseits des Bananenstreits die Rechtmäßigkeit von US-Sanktionen im Rahmen des Section 301-Verfahrens prüfen zu lassen, zeigte sich empört über die Sanktionsmaßnahmen der USA (Journal of Commerce 05.03.1999). Die USA setze sich mit ihren nicht genehmigten Sanktionen eindeutig über das in der WTO geltende Streitbeilegungsverfahren hinweg. Die EU-Kommission verlangte unverzüglich eine Sondersitzung des Allgemeinen Rates der WTO, in der über die Sanktionen der USA abgestimmt werden sollte

267 Der bei der Handelsbeauftragten für Agrarfragen zuständige Peter Scher ergänzte: »We do not take these steps lightly. We must conclude that it is time for the EU to bear some of the consequences for its complete disregard for its [WTO] obligations. The international trading system only works if all countries fulfil their obligations« (Washington Post 04.03.1999).

(Financial Times 06.03.1999). Darüber hinaus beantragte sie bei der WTO unverzüglich ein Streitschlichtungsverfahren, um die Rechtswidrigkeit der US-Sanktionen festzustellen und die EU gegebenenfalls zu Vergeltungsmaßnahmen zu autorisieren (Journal of Commerce 05.03.1999). Außenhandelskommissar Brittan kritisierte:

»The US has today decided to defy the WTO system by introducing a form of sanctions which has no WTO authorization whatsoever. What the US has done is therefore both unacceptable and unlawful« (Washington Post 04.03.1999).

Bemerkenswerterweise kritisierte jedoch nicht nur die EU-Kommission, sondern auch die amerikanische Presse die US-Administration wegen ihrer eigenmächtigen Sanktionen.[268] Dabei tauchen unterschiedliche Argumente auf. So wurde beispielsweise kritisiert, die Sanktionen beschädigten die amerikanische Reputation als rechtstreuer Staat.[269] Die Administration habe praktisch alle Staaten in der WTO gegen sich aufgebracht und es der EU ermöglicht, sie anzuprangern (Financial Times 05.03.1999, 24.03.1999, Journal of Commerce 12.03.1999).[270] Darüber hinaus wurde moniert, die Administration gefährde durch ihr »macho brinkmanship« entgegen amerikanischer Interessen die Glaubwürdigkeit des Streitbeilegungsverfahrens der WTO (Journal of Commerce 05.03. 1999, Financial Times 24.03.1999, 08.03.1999). Und die US-Administration wurde aufgefordert, ihre normative Verpflichtung auf das Streitbeilegungsverfahren – und die damit verbundenen Prinzipien der Rechtsstaatlichkeit – ernst zu nehmen. Ein Editorial im Journal of Commerce forderte:

---

268 Die Financial Times kritisierte in einem Leitartikel: »The US administration finds itself trapped by its own foolish deadline – conceded in order to head off hostile action in Congress – to press ahead with retaliatory measures« (Financial Times 05.03.1999).

269 So kritisierte beispielsweise in einem Leserbrief an die Financial Times Professor Jagdish Bagwhati – ein Ökonom, kein Jurist! – die US-Sanktionsmaßnahmen: »True the EU has prevaricated for 17 months, using every conceivable legal device in the rich lexicon of international trade legislation to put off the day when the WTO ruling against its banana regime would have to be implemented. But does a legitimate utilisation of dilatory procedures justify the deliberate use of unilateral actions by the US? Indeed, the use by the US of such unilateral threats and actions has earned it opprobrium over the years as a nation that believes in the law of the jungle, not the rule of law« (Financial Times 09.03.1999).

270 Ein Editorial im Journal of Commerce kritisierte die Handelsbeauftragte der USA Barshefsky: »She went too far, however, by promising to impose sanctions on the EU by March 3, regardless of the status of the WTO process. Had Washington been willing to wait until mid-April, it could have been as tough as it liked. With the backing of the WTO panel, which is almost certain to rule that the new banana regime violates the rules, the United States would hold the moral and legal high ground. Instead, the United States has angered almost every WTO member by its decision to impose sanctions without WTO approval« (Journal of Commerce 12.03.1999).

»[The US] should allow the WTO's dispute settlement mechanism to do its work, however slow it may be. (...) Until now the WTO dispute settlement process has worked remarkably well, imposing the rule of law instead of the law of the jungle in trade disputes, and it must not be endangered in any way« (Journal of Commerce 26.03.1999).

Die so gescholtene Administration konnte sich jedoch schon bald in ihrer Auffassung bestätigt fühlen. Denn Anfang April 1999 entschied das Streitschlichtungspanel der WTO, auch die reformierte Bananenmarktordnung der EU sei – wie von den USA beanstandet – nicht mit deren internationalen Verpflichtungen vereinbar (WT/DS27/RW/EEC). In seinem Bericht erklärte es, zwar sei die Präferenzbehandlung der Bananen aus der Karibik nicht zu beanstanden. Doch die Einfuhrquoten und Einfuhrlizenzen brächten nach wie vor eine unzulässige Diskriminierung einzelner Bananenhändler und Bananenexporteure mit sich (Hanrahan 2002: 67, Josling 2003: 187-189). Deshalb stünde den USA ein Recht auf Sanktionen gegen die EU zu. Allerdings gestand es den USA nicht die beantragten Sanktionsmaßnahmen in Höhe von jährlich 520 Mio. Dollar zu, sondern beschränkte diese auf jährlich 191 Mio. Dollar (WT/DS27/ARB).

Die Autorisierung von Sanktionen durch das Streitschlichtungspanel der WTO verschaffte der US-Administration ebenso wie dem Kongress offenbar eine gewisse Genugtuung. Beide betonten, das Streitbeilegungsverfahren habe damit bewiesen, dass es seine Sanktionsautorität effektiv einzusetzen in der Lage sei (Financial Times 08.04.1999). Durch die Sanktionsentscheidung sahen beide jedenfalls die Glaubwürdigkeit des Streitbeilegungsverfahrens gewahrt.[271] US-Präsident Clinton selbst hatte mehrfach erklärt, die USA insistierten im Bananenstreit auch deshalb auf Sanktionen, weil andernfalls die Glaubwürdigkeit des Streitbeilegungsverfahrens gelitten hätte.[272] Die Administration habe anderen Staaten, aber auch dem Kongress demonstrieren müssen, dass das Streitbeilegungsverfahren Staaten gegebenenfalls mit Sanktionen zur Rechtstreue zwingen könne (New York Times 07.04.1999). Peter Scher, der für Agrarfragen zuständige Vertreter der US-Handelsbeauftragten, erklärte:

»We view this as a major victory for the WTO dispute settlement system. This demonstrates that there are time limits that must be respected and if countries don't come into compliance

271 So erklärte beispielsweise Senator Sam Browback mit Blick auf den Sanktionsentscheid: »It shows the WTO will not allow member countries to skirt their agricultural trade obligations by engaging in endless litigation« (Financial Times 08.04.1999).

272 Bei einem Besuch in Europa hatte US-Präsident Clinton zuvor erklärt: »If we are going to have a global trading system and a system for resolving disputes, then Europe is going to have to learn to obey W.T.O decisions. I think most people in Europe believe we shouldn't have won, but sometime we lose cases we think we shouldn't have lost« (New York Times 21.03.1999).

at the end of a reasonable time period, they have to pay the price« (Washington Post 07.04.1999).[273]

Die US-Administration, die den Bericht des Streitschlichtungspanels akzeptierte, kehrte nun zu verfahrensgetreuem Verhalten zurück. Jedenfalls reduzierte sie die Sanktionen, die sie über Schuldscheine auf Einfuhren aus der EU bereits erhobenen hatte, auf die vom Streitschlichtungspanel festgelegten 191 Mio. Dollar jährlich (New York Times 20.04.1999). Darüber hinaus bestand sie auch nicht mehr darauf, diese Strafzölle rückwirkend zum 3. März 1999 einfordern zu dürfen. Die US-Administration argumentierte zwar, das Streitbeilegungsverfahren der WTO gebe Staaten das Recht, Sanktionen dann zu verhängen, wenn ein Staat einen gültigen Bericht nicht fristgerecht umsetze. Dies wiederum akzeptierte aber die EU-Kommission nicht. Sanktionen dürften, so ihr Argument, grundsätzlich erst nach ihrer Autorisierung durch die WTO erhoben werden. Doch als das Streitschlichtungspanel keine rückwirkend erhobenen Sanktionen zulassen wollte, waren die USA bereit, auch dem zu folgen (Josling 2003: 189).

Die EU-Kommission erklärte unterdessen im April 1999, auch sie nehme den Bericht des Streitschlichtungspanels an, strenge also nicht, wie ursprünglich angedacht, ein Berufungsverfahren an (Josling 2003: 190-191). Die EU sei gewillt, ihre Bananenmarktordnung zu reformieren (Financial Times 20.04.1999).[274] Die entsprechenden Verhandlungen über eine solche Bananenmarktordnung verliefen allerdings sowohl innerhalb der EU selbst als auch mit den USA äußerst zäh. In der EU konnte man sich nur auf kosmetische Veränderungen einigen, die dann nicht die Zustimmung der USA fanden.[275]

273 Die Handelsbeauftragte Barshefsky erklärte: »The EU has yet another opportunity to demonstrate that it is willing to respect the rules of world trade and thereby bolster confidence in the WTO as a forum for redressing trade barriers« (Financial Times 08.04.1999).

274 Ein Vertreter von Agrarkommissar Franz Fischler erklärte: »As soon as we have taken a decision not to appeal, then the focus will turn to amendments we will have to make to the banana regime to make it WTO-compatible« (Journal of Commerce 20.04.1999). Die USA hatten die EU auch ausdrücklich aufgefordert, nicht nur die autorisierten Strafmaßnahmen der USA hinzunehmen, sondern ihren Rechtsbruch durch eine reformierte Bananenmarktordnung zu korrigieren (Journal of Commerce 20.04.1999).

275 Die EU schlug vor, die Einfuhr von Bananen ab 2006 allein durch Einfuhrzölle zu regulieren und dementsprechend das komplexe System von Einfuhrquoten und Einfuhrlizenzen ganz abzuschaffen. Die Bananen aus der Karibik würden dann nur noch durch Präferenzzölle gegenüber denen aus Lateinamerika bevorzugt. Um die Bananenerzeuger aus der Karibik auf die dann entstehende Konkurrenzsituation vorzubereiten, wollte die EU allerdings bis 2006 ein modifiziertes System mit Einfuhrquoten und Einfuhrzöllen aufrechterhalten (New York Times 11.11.1999, Financial Times 11.11.1999). Dieses System wollten die USA aber nicht akzeptieren (Financial Times 05.07.2000). Die US-Administration beklagte, die vorgeschlagene Vergabe von Einfuhrquoten und Einfuhrlizenzen verschlimmere möglicherweise noch die

Dementsprechend dauerte es bis April 2001, ehe die mittlerweile neu besetzte EU-Kommission unter Kommissionspräsident Romano Prodi und die neue US-Administration von Präsident George W. Bush den Bananenstreit endgültig beilegen konnten (Hanrahan 2002: 68).[276]

Der neue Handelsbeauftragte Robert Zoellick und der neue Außenhandelskommissar Pascal Lamy vereinbarten, ab 2006 den EU-Bananenhandel nur mehr durch Einfuhrzölle zu regulieren (Journal of Commerce 11.04.2001). Bis dahin bleibt das System von Einfuhrquoten und Einfuhrlizenzen zwar prinzipiell erhalten, doch die EU wird die für die Bananen aus der Karibik reservierte Einfuhrquote senken, um die für Bananen aus Lateinamerika entsprechend anzuheben (Josling 2003: 191). Darüber hinaus vergibt sie Einfuhrlizenzen an Bananenhändler gemäß ihres Anteils auf den europäischen Bananenmärkten zwischen 1994 und 1996 (Financial Times 12.04.2001, Washington Post 12.04.2001).[277] Dieser Vereinbarung gemäß hoben die USA schließlich im Juli 2001 ihre Strafzölle auf und die EU setzte die entsprechend veränderte Bananenmarktordnung im Januar 2002 in Kraft (Wall Street Journal 02.07.2001, Journal of Commerce 19.12.2001).

In den USA unterstützten nicht nur Administration und Kongress, sondern auch die Bananenlobby diese Vereinbarung. Jedenfalls zeigte sich Chiquita, das inzwischen in finanzielle Schwierigkeiten geraten war, mit dem Erreichten zufrieden. Lediglich der amerikanische Bananenvermarkter Dole war entrüstet (Financial Times 12.04.2001, New York Times 14.04.2001). Durch die Vereinbarung würden die Anteile verschiedener Bananenvermarkter auf den europäischen Bananenmärkten fixiert, anstatt die freie Konkurrenz über die Anteile entscheiden zu lassen. Dies komme Chiquita zwar entgegen, sei aber für Dole nachteilig. Doch Dole verfügte im Gegensatz zu Chiquita über keine engen Verbindungen in den Kongress, um die Administration zu beeinflussen (Stovall/Hathaway 2003: 164-165). Der Kongress, für den es längst nicht mehr nur um Bananen ging, begrüßte die Vereinbarung jedenfalls ausdrücklich, denn

---

Diskriminierung von Dollar-Bananen (New York Times 05.10.2000, Financial Times 06.10.2000).

276 Unterdessen hatte sich der Bananenstreit sogar nochmals verschärft, weil in den USA der Kongress die Administration bedrängte, die Sanktionen gegen die EU durch ein Rotationsverfahren effektiver zu gestalten. Auch hier galt Carl Lindner, der größte Anteilseigner von Chiquita, als Drahtzieher (Financial Times 08.05.2000, 13.07.2000). Doch die Administration – zunächst von Bill Clinton und später dann auch von George W. Bush – konnte ein Gesetz verhindern, mit dem ihr die Rotation vorgeschrieben worden wäre (Financial Times 23.08.2000, 23.02.2001).

277 Der EU-Kommission gelang es zudem, auf der Grundlage dieser Vereinbarung mit der US-Administration mit den Staaten aus Lateinamerika eine Einigung zu erzielen (Financial Times 01.05.2001).

sie bewahre die Glaubwürdigkeit des Streitbeilegungsverfahrens der WTO.[278] Senator Charles Grassley, der Vorsitzende des Finanzausschusse im Senat, erklärte:

»The agreement removes a major impediment to the effective functioning of the global trading system« (Washington Post 12.04.2001).

Insgesamt: Einfluss des Verfahrens gegeben

Die USA agierten damit im Bananenstreit zwischen 1994 und 2001 zwar keineswegs so mustergültig wie im zweiten Hormonstreit; vielmehr schwankten sie insbesondere zwischen verfahrensgetreuen und verfahrensmanipulierenden Verhaltensweisen hin und her und verhielten sich zumindest vorübergehend sogar auch verfahrensmissachtend. Gleichwohl orientierten sie sich im Bananenstreit eindeutig stärker am Streitbeilegungsverfahren der WTO als im Zitrusstreit am Verfahren des alten GATT.

Schaubild 8.2: Das US-Verhalten im Bananenstreit: Einfluss des WTO-Verfahrens

<table>
<tr><th></th><th>US-Verhalten</th><th>Einfluss des Verfahrens</th></tr>
<tr><td>Thematisierungsphase</td><td>➢ zunächst verfahrensumgehend
➢ schließlich verfahrensgetreu</td><td rowspan="4">Gegeben, aufgrund von
➢ Verpflichtungsgefühlen
➢ Glaubwürdigkeitseffekt
➢ Reputationserwägungen
➢ Sanktionsdrohungen</td></tr>
<tr><td>Feststellungsphase</td><td>➢ Verfahrensgetreu</td></tr>
<tr><td>Umsetzungsphase</td><td>➢ zunächst verfahrensgetreu
➢ dann verfahrensmanipulierend</td></tr>
<tr><td>Sanktionsphase</td><td>➢ zunächst verfahrensmanipulierend
➢ dann verfahrensgetreu</td></tr>
</table>

Dabei übte das Streitbeilegungsverfahren der WTO offenbar auch einen gewissen Einfluss auf das amerikanische Verhalten aus. Wie in den anderen mit Blick auf die WTO untersuchten Streitfällen machte sich dieser Einfluss über verschiedene Kausalpfade bemerkbar. Ein erster dieser Kausalpfade beruhte auf den normativen Verpflichtungsgefühlen, die die Administration, aber auch – allerdings mit Abstrichen – der Kongress dem Streitbeilegungsverfahren

278 Der US-Handelsbeauftragte Zoellick unterstrich: »It's a good sign if the US and Europe can resolve some tough problems (…). That is especially true, since on the U.S. side, many members of Congress have seen this as something that goes way beyond bananas and gets to whether the U.S. can ever get resolution to a problem« (Washington Post 12.04.2001).

entgegen brachten. Diese zeigten sich insbesondere daran, dass die Administration vom vorgegebenen Streitbeilegungsverfahren nur dann abzuweichen bereit war, wenn sie dies rechtlich einigermaßen überzeugend rechtfertigen konnte, es aber ansonsten klar bevorzugte, innerhalb des Streitbeilegungsverfahrens zu agieren. Darüber hinaus sind die normativen Verpflichtungsgefühle, die vom Streitbeilegungsverfahren der WTO ausgingen, insbesondere daran zu erkennen, dass die amerikanische Presse Administration und Kongress massiv kritisierte, als sie aus dem Streitbeilegungsverfahren ausscherten. Ein zweiter Kausalpfad basiert dagegen auf dem amerikanischen Interesse an der Glaubwürdigkeit des Streitbeilegungsverfahrens der WTO. Administration und Kongress verwiesen wiederholt auf dieses Interesse. Und zwar nicht nur dann, wenn damit begründet wurde, warum man die EU in die Rechtstreue zwingen müsse, sondern auch, wenn es zu begründen galt, warum dies besser im Rahmen des Streitbeilegungsverfahrens der WTO geschehen sollte.

Darüber hinaus kamen hier als dritter Kausalpfad die Sanktionsmöglichkeiten, die das Streitbeilegungsverfahren der WTO offerierte, ins Spiel. Insbesondere die Administration wollte sich an das Streitbeilegungsverfahren der WTO wenden, weil dieses Sanktionen zuverlässig autorisieren konnte. Dabei war für die Administration, vor allem aber den Kongress nicht nur entscheidend, dass mit autorisierten Sanktionen die EU eventuell zum Einlenken bewegt werden konnte, sondern insbesondere auch die Genugtuung, dass der Rechtsbruch der EU nicht ungestraft bleiben würde. Diese Genugtuung kann zumindest mit erklären, warum die USA nach dem Sanktionsentscheid sich nicht mehr über das Streitbeilegungsverfahren hinwegsetzten, obwohl die EU ja weiterhin nicht eingelenkt hatte. Und schließlich spielten als vierter Kausalpfad insbesondere in der Administration auch Reputationserwägungen eine Rolle. Die Administration war auch deshalb bereit, dem Streitbeilegungsverfahren zu folgen, weil sie die Reputation der USA nicht beschädigen wollte. Insbesondere galt es zu vermeiden, bei einem Ausscheren aus dem Streitbeilegungsverfahren von der EU angeprangert werden zu können.

8.3 Vergleich des US-Verhaltens im Zitrus- und im Bananenstreit

Auch der Vergleich zwischen dem Zitrus- und dem Bananenstreit stützt die Vermutung, dass die Judizialisierung des Streitbeilegungsverfahrens im GATT bzw. in der WTO eine Judizialisierung des Streitverhaltens der USA bewirkt hat. Die Korrelation zwischen der Judizialisierung der Verfahren und der des amerikanischen Verhaltens ist allerdings weniger offensichtlich als in den beiden Hormonstreitfällen. Insbesondere in den frühen Streitphasen agierten die USA im Zitrusstreit des GATT ähnlich wie im Bananenstreit in der WTO. In beiden Streitfällen versuchten sie, ein Streitbeilegungsverfahren zu vermeiden, um die Streitigkeiten durch außergerichtliche Verhandlungen beizulegen. Doch als dies nichts einbrachte, wandten sie sich im Zitrus- und im Bananenstreit gleichermaßen an das jeweilige Streitbeilegungsverfahren des GATT bzw. der WTO. In den späteren Streitphasen zeigen sich dann aber doch klare Verhaltensunterschiede. Während die USA im Zitrusstreit sich schließlich mit eigenmächtigen Sanktionsmaßnahmen eindeutig über das Streitbeilegungsverfahren des GATT hinwegsetzten, scherten sie im Bananenstreit nie vollständig aus dem Streitbeilegungsverfahren der WTO aus.

Diese Korrelation deutet insofern auf einen Kausalzusammenhang zwischen der Judizialisierung der Verfahren und dem des amerikanischen Verhaltens hin, als die beiden Streitfälle vergleichsweise ähnlich sind, so dass viele Störvariablen konstant gehalten werden konnten. Dieser Kausalzusammenhang wird aber auch dadurch plausibilisiert, dass im Zitrusstreit letztlich keiner der Kausalpfade aufgedeckt wurde, über die das Streitbeilegungsverfahren des GATT auf das amerikanische Verhalten hätte Einfluss ausüben können. Dagegen zeigten sich im Bananenstreit vier verschieden Kausalpfade, über die sich das Streitbeilegungsverfahren der WTO auf das amerikanische Verhalten ausgewirkt haben mag. Danach verhielten sich die USA im Bananenstreit unter anderem – sicherlich aber nicht nur! – vergleichsweise verfahrenskonform, weil das Streitbeilegungsverfahren normativ Verpflichtungsgefühle wecken konnte, weil es glaubhafte Sanktionen versprach, weil die USA seine Glaubwürdigkeit erhalten wollten und weil ein Verstoß gegen das Streitbeilegungsverfahren Reputationsverluste mit sich gebracht hätte. Dieselben Kausalpfade mögen zwar im Zitrusstreit auch eine gewisse Rolle gespielt haben, aber sie traten niemals derart in den Vordergrund wie im Bananenstreit.

Darüber hinaus zeigt sich im Vergleich von Zitrus- und Bananenstreit, dass nicht nur das Streitverhalten der USA, sondern auch der Streitaustrag zwischen den USA und der EU insgesamt durch die Judizialisierung der Streitbeilegungsverfahren im GATT bzw. in der WTO rechtsstaatlich gebändigt wurde. Besonders auffällig ist, dass nach etwa gleich verlaufenden Thematisierungs- und Feststellungsphasen der Zitrusstreit in der Umsetzungs- und Sanktionsphase von beiden Streitparteien ganz außerhalb des Streitbeilegungsverfahrens des GATT ausgetragen wurde und sich dabei beide Streitparteien rechtswidriger Sanktionsmaßnahmen bedienten, während beide Streitparteien im Bananenstreit das Streitbeilegungsverfahren der WTO nie offen missachteten. Im Zitrusstreit verhängten die USA eigenmächtige Sanktionen und die EU fühlte sich deshalb berechtigt, dagegen eigenmächtig mit Vergeltungsmaßnahmen vorzugehen. Dagegen scherten beide Streitparteien im Bananenstreit auch in der Umsetzungs- und der Sanktionsphase nicht ganz aus dem Streitbeilegungsverfahren aus. Zwar ist zuzugestehen, dass sowohl die EU als auch die USA die Grenzen des Streitbeilegungsverfahrens austesteten und beide das Streitbeilegungsverfahren zu ihren Gunsten zu manipulieren versuchten. Die EU tat dies durch ihre Verzögerungstaktik und die USA durch ihr zweifelhaftes Sanktionsbegehren. Doch beide scheuten davor zurück, wie im Zitrusstreit offen widerrechtliche Sanktionen bzw. Vergeltungsmaßnahmen zu ergreifen. Die USA ließen ihre verfrüht erhobenen Sanktionsmaßnahmen in der WTO autorisieren und die EU drohte als Vergeltungsmaßnahme mit einem Streitbeilegungsverfahren in der WTO, das die Sanktionen prüfen sollte, nicht aber, wie im Zitrusstreit, mit eigenmächtiger Vergeltung. Der Streitaustrag blieb somit im Bananenstreit insgesamt ganz deutlich mehr innerhalb des Streitbeilegungsverfahrens und damit ganz deutlich mehr innerhalb eines rechtsstaatlichen Rahmens als im Zitrusstreit.

Der Vergleich des Zitrus- und des Bananenstreits deutet also darauf hin, dass die Judizialisierung des Streitbeilegungsverfahrens im GATT bzw. in der WTO nicht nur zu einer Judizialisierung des amerikanischen Streitverhaltens, sondern auch zu einer Judizialisierung des Streitaustrags geführt hat. Eine im strengen Sinne rechtsstaatliche Streiterledigung konnte das gerichtsähnliche Streitbeilegungsverfahren der WTO im Bananenstreit zwar sicher nicht erreichen, doch der Streitaustrag verlief zweifelsohne in erheblich rechtsstaatlicheren Bahnen als der im Zitrusstreit, in dem die Streitparteien lediglich auf das eher diplomatische Streitbeilegungsverfahren des GATT zurückgreifen konnten.

Schluss: Rechtsstaatlichkeit in der postnationalen Konstellation

Der Vergleich des internationalen Streitverhaltens der USA in insgesamt acht auf das GATT bzw. die WTO bezogenen internationalen Streitfällen mit der EU unterstreicht, dass sich der für die nationale Konstellation kennzeichnende *»halbierte« Rechtsstaat* der OECD-Welt in der postnationalen Konstellation zu einem *»komplettierten« Rechtsstaat* entwickeln kann. Danach sind die Staaten der OECD-Welt nicht mehr, wie in der nationalen Konstellation, nur nach innen an nationales Recht gebunden, sondern können in der postnationalen Konstellation zunehmend zuverlässig nach außen auf internationales Recht verpflichtet werden. Denn in den untersuchten Streitfällen wird, gemessen am amerikanischen Streitverhalten, deutlich, dass die Staaten der OECD-Welt gerichtlichen Streitbeilegungsverfahren eher zu folgen bereit sind als diplomatischen Streitbeilegungsmechanismen. Gerichtliche Streitbeilegungsverfahren errichten in der postnationalen Konstellation offenbar sowohl eine zusätzliche Schranke gegen fortgesetzte Rechtsbrüche als auch eine ebensolche Schranke gegen Selbstjustiz. Diese Schranken können zwar auch in der postnationalen Konstellation umgangen, aber offenbar weniger umstandslos durchbrochen werden als bei den für die nationale Konstellation typischen diplomatischen Streitbeilegungsverfahren.

Durch den Vergleich der acht untersuchten Streitfällen zwischen den USA und der EU konnte jedenfalls widerlegt werden, dass, wie vom Realismus behauptet, die Judizialisierung internationaler Streitbeilegungsverfahren nicht zu einer Judizialisierung internationaler Streitbeilegung führen kann, so dass internationale Rechtsstaatlichkeit prinzipiell ausgeschlossen ist. Die hier untersuchten Streitfälle zeigen, dass sich aufgrund der Judizialisierung des Streitbeilegungsverfahrens die Streitbeilegung in der WTO gegenüber dem GATT an rechtsstaatliche Standards angenähert hat. Zugleich belegt aber der Vergleich der untersuchten Streitigkeiten zwischen den USA und der EU auch, dass nicht, wie vom Idealismus unterstellt, die Judizialisierung internationaler Streitbeilegungsverfahren durch eine Judizialisierung der internationalen Streitbeilegung automatisch zu internationaler Rechtsstaatlichkeit führt. Die untersuchten Streitfälle machen vielmehr deutlich, dass trotz der weitgehenden

Judizialisierung der Streitbeilegungsverfahren die Streitbeilegung auch in der WTO rechtsstaatlichen Standards nicht immer genügt. Der Vergleich der untersuchten Streitfälle in GATT und WTO unterstreicht somit die dem Institutionalismus folgend formulierte Vermutung, dass – zumindest in Staaten der OECD-Welt – die *je jure* Judizialisierung internationaler Streitbeilegungsverfahren eine *de facto* Judizialisierung der internationalen Streitbeilegung begünstigen kann. Danach folgt internationale Rechtsstaatlichkeit der Judizialisierung von Streitbeilegungsverfahren zwar nicht automatisch, sie ist aber eben auch nicht ausgeschlossen.

Die Vermutung, die Judizialisierung internationaler Streitbeilegungsverfahren begünstige eine ebensolche des internationalen Streitverhaltens von Staaten, wird in den untersuchten Streitfällen vor allem durch den *paarweisen Vergleich* des Streitverhaltens der USA in acht jeweils ähnlichen Streitfällen unterstrichen. In jedem der vier untersuchten Streitfälle des GATT waren die USA weniger bereit, das dort weitgehend diplomatische Streitbeilegungsverfahren zu achten, als sie in den vier paarweise ähnlichen Streitfällen der WTO bereit waren, sich deren gerichtlichen Streitbeilegungsverfahren zu fügen. Während sie im DISC-Streit die Streitbeilegungsverfahren des GATT zeitweilig zu manipulieren versuchten, waren sie im FSC-Streit bereit, dem Streitbeilegungsverfahren der WTO weitgehend zu folgen. Während sie im Patentstreit das Streitbeilegungsverfahren des GATT partiell missachteten, ließen sie sich im Stahlstreit ganz auf das Streitbeilegungsverfahren der WTO ein. Während sie sich im ersten Hormonstreit durchgehend über das Streitbeilegungsverfahren des GATT hinwegsetzten, agierten sie im zweiten Hormonstreit ganz im Rahmen des Streitbeilegungsverfahrens der WTO. Und während sie im Zitrusstreit das Streitbeilegungsverfahren des GATT teilweise massiv hintergingen, schreckten sie im Bananenstreit davor zurück, das Streitbeilegungsverfahren der WTO zu missachten. Bei keinem der paarweisen Vergleiche lässt sich mithin argumentieren, die USA hätten im eher diplomatisch geprägten Streitbeilegungsverfahren des GATT verfahrensgetreuer agiert als im eher gerichtlichen Streitbeilegungsverfahren der WTO.

Schaubild 9.1: Das amerikanische Streitverhalten in GATT und WTO

	Thematisierungsphase	Feststellungsphase	Umsetzungsphase	Sanktionsphase
DISC (GATT)	Vermeidend	Getreu Vermeidend	Manipulierend Getreu	–
FSC (WTO)	Vermeidend	Getreu	Getreu	Getreu
Patente (GATT)	Getreu	Getreu Vermeidend Missachtend	Missachtend Getreu	–
Stahl (WTO)	Getreu	Getreu	Getreu	–
Hormone (GATT)	Missachtend	Missachtend	Missachtend	Missachtend
Hormone (WTO)	Getreu	Getreu	Getreu	Getreu
Zitrus (GATT)	Vermeidend Getreu	Getreu	Missachtend	Missachtend
Bananen (WTO)	Vermeidend Getreu	Getreu	Getreu Manipulierend	Manipulierend Getreu

Im ersten Vergleichspaar – DISC- und FSC-Streit – versuchten die USA zwar in der Thematisierungsphase zunächst gleichermaßen, das von der EU angestrebte Streitbeilegungsverfahren zu verhindern, doch als dies misslang, verhielten sie sich in beiden Streitfällen ganz unterschiedlich. Im DISC-Streit blockierten sie in der Feststellungsphase den Bericht des Streitschlichtungspanels des GATT, der die Steuervorteile für ihre Exportwirtschaft verurteilte, jahrelang verfahrensvermeidend. Und nachdem sie ihm schließlich zugestimmt hatten, weigerten sie sich in der Umsetzungsphase jahrelang verfahrensmanipulierend bis verfahrensmissachtend, den Bericht umzusetzen. Dagegen erklärten sich die USA im FSC-Streit, nachdem in der Feststellungsphase die WTO in entsprechenden Berichten die Steuervorteile für die US-Exportwirtschaft beanstandete, unmittelbar bereit, ihr Steuergesetz verfahrensgetreu zu reformieren. Tatsächlich verabschiedeten sie auch in der Umsetzungsphase ein neues Steuergesetz, das allerdings die WTO erneut verurteilte. Doch die deshalb fälligen Sanktionen nahmen die USA in der Sanktionsphase verfahrensgetreu hin und machten sich darüber hinaus daran, das Steuerrecht erneut – diesmal WTO-konform – zu überarbeiten.

In den beiden Streitfällen des zweiten Vergleichspaars – dem Patent- und dem Stahlstreit – agierten die USA zwar in der Thematisierungsphase gleichermaßen verfahrensgetreu, doch danach gingen sie im Patentstreit zu verfahrensvermeidenden und verfahrensmissachtenden Verhaltensweisen über, wohingegen sie sich im Stahlstreit weiter verfahrensgetreu verhielten. Zwar stimmten sie im Patentstreit in der Feststellungsphase noch verfahrensgetreu einem Streitschlichtungspanel zu, blockierten dann aber verfahrensvermeidend dessen Bericht, der das amerikanische Patentschutzverfahren beanstandete. Die USA stimmten dem Bericht später zwar zu, weigerten sich aber in der Umsetzungsphase jahrelang verfahrensmissachtend, das verurteilte Patentschutzverfahren anzupassen. Im Stahlstreit hingegen agierten die USA in der Feststellungsphase, in der Berichte der WTO ihre Stahlzölle verurteilten, verfahrensgetreu. Jedenfalls versuchten sie das Streitbeilegungsverfahren weder aufzuhalten noch zu beeinträchtigen. Insbesondere aber setzten sie sich im Gegensatz zum Patentstreit in der Umsetzungsphase des Stahlstreits nicht über die gegen sie ergangenen Berichte hinweg, sondern beseitigten die dort beanstandeten Stahlzölle fristgerecht.

In den beiden Streitfällen des dritten Vergleichspaars – den beiden Hormonstreitfällen – hätte das Verhalten der USA nicht unterschiedlicher sein können. Um die EU zu zwingen, ihr Einfuhrverbot für Hormonfleisch aufzugeben, setzten die USA im ersten Hormonfall bereits in der Thematisierungsphase verfahrenswidrig auf eigenmächtige Sanktionsdrohungen. Und als die EU in der Feststellungsphase ein Voranschreiten des angestrengten Streitbeilegungsverfahrens blockierte, machten sie in der Sanktionsphase von den zuvor nur angekündigten Sanktionsmaßnahmen auch verfahrensmissachtend Gebrauch. Ganz anders dagegen agierten sie im zweiten Hormonstreit. Diesmal verzichteten sie nicht nur in der Thematisierungsphase auf eigenmächtige Sanktionsdrohungen, sondern nahmen in der Feststellungsphase sogar die im ersten Hormonstreit eigenmächtig beschlossenen Sanktionsmaßnahmen zurück, um nunmehr innerhalb des Streitbeilegungsverfahrens der WTO verfahrensgetreu gegen die EU vorzugehen. Und obwohl die EU, deren Einfuhrverbot für Hormonfleisch in entsprechenden Berichten verurteilt wurde, in der Umsetzungsphase eine für die USA ärgerliche Verzögerungstaktik einschlug, blieben sie dem Streitbeilegungsverfahren sowohl in der Umsetzungs- als auch der Sanktionsphase treu. Jedenfalls verhängten sie erst Sanktionen, nachdem die WTO sie dazu autorisierte.

Auch in den beiden Streitfällen des letzten Vergleichspaars – dem Zitrus- und dem Bananenstreit – agierten die USA unterschiedlich; allerdings sind hier die Verhaltensunterschiede deutlich weniger ausgeprägt. Sowohl in der Thematisierungs- als auch der Feststellungsphase verliefen diese beiden Streitfälle sogar weitgehend identisch. Die USA versuchten jeweils, ein Streitbeilegungsverfahren zu vermeiden, riefen aber, als dies misslang, verfahrensgetreu das jeweils zuständige Streitbeilegungsverfahren des GATT bzw. der WTO an. Als die EU im Zitrusstreit jedoch auf einen Bericht, der die Diskriminierung amerikanischer Zitruseinfuhren kritisierte, nicht angemessen reagierte, drohten die USA in der Umsetzungsphase verfahrenswidrig mit eigenmächtigen Sanktionen und setzten diese in der Sanktionsphase tatsächlich auch um. Dagegen verzichteten sie im Bananenstreit in der Umsetzungsphase weitgehend auf verfahrensmissachtende Sanktionsdrohungen und erhoben dann auch in der Sanktionsphase letztlich nur die von der WTO autorisierten Strafmaßnahmen. Dabei hatte sich die EU auch im Bananenstreit geweigert, die Berichte der WTO, die die Diskriminierung amerikanischer Bananenvermarkter beanstandete, angemessen umzusetzen.

Die Vermutung, dass die Judizialisierung internationaler Streitbeilegungsverfahren eine Judizialisierung des internationalen Streitverhaltens begünstigen kann, wird aber nicht nur durch den paarweisen Vergleich, sondern auch durch den *Vergleich aller* untersuchten Streitfälle unterstützt. Denn die USA verhielten sich in allen vier Streitfällen in der WTO insgesamt erheblich verfahrensgetreuer als in den vier Streitfällen des GATT. Stellt man eine Rangliste auf, so belegen die Streitfälle in der WTO bei der Verfahrenstreue die ersten vier, die Streitfälle des GATT hingegen die letzten vier Ränge. Diese Rangliste wird »punktgleich« vom Stahl- und Hormonstreit angeführt, dicht gefolgt vom FSC-Streit. In diesen drei WTO-Streitfällen agierten zumindest die USA – dasselbe ist nicht immer über die EU zu sagen – fast durchweg verfahrensgetreu. Auf den Rängen vier und fünf folgen dann fast gleichauf mit dem Bananenfall der Streitfall der WTO, in dem die USA am deutlichsten vom vorgegebenen Streitbeilegungsverfahren abwichen, und mit dem DISC-Streit der Streitfall des GATT, in dem die USA noch am ehesten dem Streitbeilegungsverfahren gehorchten. Und auf den Rängen sechs bis acht finden sich dann mit dem Patent-, dem Zitrus- und dem Hormonstreit nur mehr Streitigkeiten aus dem GATT. Kurzum, der GATT-Streit, in dem sich die USA am verfahrenkonformsten verhalten haben, schneidet nicht besser ab als der WTO-Streit, in dem die USA sich am weitesten vom vorgegebenen Streitbeilegungsverfahren entfernten.

Allerdings wirkt sich die Judizialisierung des Streitbeilegungsverfahrens in GATT und WTO offenbar nicht in allen Streitphasen gleichermaßen auf das Streitverhalten der USA aus. Ob ein Streit in den gerichtsähnlichen Streitbeilegungsverfahren der WTO oder in den diplomatischen Streitmechanismen des GATT ausgetragen wird, bekommt vielmehr im Streitverlauf zunehmende Bedeutung. In der *Thematisierungsphase* lösten bei den untersuchten Streitfällen gerichtsähnliche und diplomatische Streitbeilegungsverfahren bei den USA kaum unterschiedliches Streitverhalten aus. Abgesehen von den beiden Hormonstreitfällen unterschied sich das amerikanische Streitverhalten bei allen Vergleichspaaren in der Thematisierungsphase zwischen GATT und WTO nur unwesentlich. Im DISC- und im FSC-Streit war es verfahrensvermeidend, im Patent- und im Stahlstreit verfahrensgetreu und im Zitrus- und Bananenstreit zunächst jeweils verfahrensvermeidend, später dann verfahrensgetreu.

In der *Feststellungsphase* hingegen beeinflussten die gerichtsähnlichen Streitbeilegungsverfahren der WTO das amerikanische Streitverhalten schon erheblich stärker als das diplomatische Streitbeilegungsverfahren des GATT. Sowohl in der Rolle der klagenden als auch in der der beklagten Streitpartei verhielten sich die USA in allen vier Streitfällen in der WTO während der Feststellungsphase, rechtsstaatlichen Standards folgend, verfahrensgetreu. Weder im Stahl- noch im Hormon-, Bananen- oder FSC-Streit versuchte sie in der Feststellungsphase das Streitbeilegungsverfahren zu vermeiden, zu manipulieren oder zu missachten. Eine ähnlich »weiße Weste« wiesen sie bei den Streitfällen des GATT nur im Zitrus- und ansatzweise im DISC-Streit auf. Beim Patent- und Hormonstreit hingegen setzten sie zumindest phasenweise auch auf verfahrensmissachtende Verhaltensweisen.

In der *Umsetzungs-* sowie der *Sanktionsphase* konnte das gerichtsähnliche Streitbeilegungsverfahren der WTO die USA zwar nicht über alle Streitfälle hinweg zu verfahrensgetreuem Verhalten anhalten, doch die Verhaltensdifferenz zwischen den GATT- und den WTO-Streitfällen wurde eher noch deutlicher. Denn in drei von vier WTO-Streitfällen – dem Stahl-, dem Hormon- und dem FSC-Streit – verhielten sie sich in der Umsetzungs- und auch der Sanktionsphase verfahrensgetreu. Und auch im Bananenstreit kam es nicht zu verfahrensmissachtenden Verhaltensweisen, sondern lediglich zu manipulierendem Verhalten. Im GATT setzten die USA hingegen in der Umsetzungs- und Sanktionierungsphase in drei von vier Streitfällen – nämlich im Patent-, Hormon- und Zitrusstreit – auch auf verfahrensmissachtendes Verhalten. Und im vierten Streitfall, dem DISC-Streit, kam es zumindest zu verfahrensmanipulierenden Verhaltensweisen.

Der Vergleich des amerikanischen Streitverhaltens in den vier GATT-Streitfällen mit den vier untersuchten WTO-Streitigkeiten unterstreicht zudem, dass die Judizialisierung der Streitbeilegungsverfahren in GATT und WTO nicht nur mit der Judizialisierung des amerikanischen Streitverhaltens *korreliert*, sondern darauf auch *kausal* zurückzuführen ist. Jedenfalls griffen die Kausalpfade, über die internationale Streitbeilegungsverfahren aufgrund von Reputations-, Glaubwürdigkeits-, Sanktions- und Verpflichtungseffekten allgemein das Streitverhalten von Staaten prägen können, in der WTO erheblich besser als im GATT. Das diplomatische Streitbeilegungsverfahren des GATT konnte in den untersuchten Streitfällen das amerikanische Streitverhalten lediglich aufgrund von Reputationseffekten beeinflussen. Und auch diese Reputationseffekte spielten jeweils nur dann eine Rolle, wenn die mit verfahrensmissachtenden Verhaltensweisen verbundenen Reputationsverluste sich wie im Patent- und im DISC-Streit für die USA im GATT zu einem ernsthaften Verhandlungshindernis entwickelten. In den beiden genannten Streitfällen gaben die USA ihre verfahrenswidrigen Verhaltensweisen nur deshalb auf, weil sich die damit verbundenen Reputationsverluste bei zeitgleich stattfindenden GATT-Verhandlungen über den Schutz geistiger Eigentumsrechte bzw. über eine verbesserte Subventionskontrolle als hinderlich erwiesen.

Dagegen konnte sich das Streitbeilegungsverfahren der WTO in den betrachteten Streitfällen jeweils nicht nur durch derartige Reputationseffekte, sondern auch über Glaubwürdigkeits-, Sanktions- und Verpflichtungseffekte bemerkbar machen. So hielten die von der Streitschlichtungsinstanz der WTO autorisierten Sanktionen die USA insbesondere im Stahl- und FSC-Streit zu verfahrensgetreuem Streitverhalten an. Und im Bananen- wie auch im Hormonstreit spielte das Interesse der USA, die Glaubwürdigkeit des Streitbeilegungsverfahrens der WTO nicht durch verfahrenswidriges Verhalten zu unterminieren, eine entscheidende Rolle. Darüber hinaus waren es in allen vier Streitfällen offenbar auch normative Verpflichtungsgefühle gegenüber dem Streitbeilegungsverfahren der WTO, die die USA in die Verfahrenstreue »zwangen«. Das gerichtsähnliche Streitbeilegungsverfahren der WTO aktivierte in den untersuchten Streitfällen die genannten Kausalpfade offenbar stärker als der diplomatische Streitbeilegungsmechanismus des GATT.

Dabei machten sich in den Streitfällen in der WTO die angesprochenen Kausalpfade nicht nur in Bezug auf die Administration, sondern auch den Kongress und sogar die jeweils betroffenen Lobbygruppen bemerkbar. Allerdings erwies sich nicht jeder Kausalpfad für Administration, Kongress und Lobby gleichermaßen als relevant. Bei den jeweiligen *Lobby-Gruppen* wirkte sich das Streitbeilegungsverfahren der WTO insbesondere über die von ihm ausgehenden Sanktionsdrohungen aus. Weil sie Sanktionen fürchtete, unterbreitete beispielsweise die amerikanische Lobby, die die Steuervergünstigungen für die eigene Exportwirtschaft nicht verlieren wollte, im FSC-Streit sogar selbst Vorschläge, wie die amerikanische Steuergesetzgebung anzupassen sei. Dazu kommt, dass Sanktionen bzw. glaubhafte Sanktionsdrohungen häufig neue Lobby-Gruppen auf den Plan riefen, die, weil selbst von Sanktionsmaßnahmen betroffen, für ein verfahrenskonformes Verhalten plädierten. So halfen im Stahlstreit die von der WTO autorisierten Sanktionsdrohungen, die Textil- und Zitruslobby gegen die von der WTO beanstandeten Stahlzölle aufzubringen.

Und wie der Hormonstreit zeigt, können autorisierte Sanktionen, die die USA gegen von der WTO verurteilte Rechtsbrüche der EU verhängt, sogar dazu beitragen, dass die jeweils betroffenen Lobby-Gruppen eine gewisse Genugtuung empfinden, so dass sie nicht auf weitergehende Sanktionen drängen.

Auch im amerikanischen *Kongress* wirkte sich dieser auf Sanktionen beruhende Kausalpfad aus. Sowohl im Stahl- als auch im FSC-Streit ist ganz offensichtlich, dass der Kongress die Abschaffung der beanstandeten Stahlzölle bzw. die Abänderung der verurteilten Steuergesetze nicht zuletzt deshalb unterstützte, weil viele Kongressmitglieder die im Streitbeilegungsverfahren der WTO autorisierten Sanktionsmaßnahmen der EU fürchteten. Und auch im Kongress scheinen Sanktionen der USA gegen Rechtsbrüche der EU eine Genugtuung auszulösen, die dazu beitragen kann, keine weitergehenden Sanktionsmaßnahmen zu fordern. Im Hormon- wie auch im Bananenstreit führten die von der WTO autorisierten Sanktionen gegen die EU jedenfalls dazu, dass der Kongress nicht weiter darauf drängte, energischer gegen die EU vorzugehen. Darüber hinaus wirkte im Kongress aber auch ein weiterer Kausalpfad. Das Gros der Kongressmitglieder wollte die Glaubwürdigkeit des Streitbeilegungsverfahrens der WTO nicht unterminieren. Dies hat gerade auch im Stahl-, Hormon- und FSC-Streit offensichtlich viele Kongressmitglieder davor zurückschrecken lassen, einen offenen Verstoß gegen das Streitbeilegungsverfahren zu unterstützen.

Die verschiedenen Kausalpfade, über die internationale Streitbeilegungsverfahren zu einem verfahrensgetreuen Streitverhalten beitragen können, sind allerdings bei der *Administration* am deutlichsten zu erkennen. Und hier spielten offenkundig nicht nur die von Streitbeilegungsverfahren ausgehenden Sanktionsdrohungen sowie die damit verbundenen Glaubwürdigkeitserwägungen eine Rolle – also strategische Effekte –, sondern insbesondere auch Reputationserwägungen und Verpflichtungsgefühle – also normative Effekte. Zwar zeigten sich gerade diese Verpflichtungsgefühle nicht zuletzt von Administration zu Administration unterschiedlich stark ausgeprägt; in der Clinton-Administration mochten sie stärker gewesen sein als in der darauf folgenden Bush-Administration. Doch gerade im FSC-Streit scheint es völlig offensichtlich, dass sowohl die Clinton- als auch die Bush-Administration eine Reform des amerikanischen Steuerrechts nicht nur deshalb anstrebten, weil sie die im Streitbeilegungsverfahren autorisierten Sanktionen der EU fürchteten oder weil sie die Glaubwürdigkeit des Streitbeilegungsverfahrens gefährdet sahen, sondern auch, weil sie sich aufgrund der dort ergangenen Verurteilung dazu normativ verpflichtet fühlten. Jedenfalls erwogen beide Administrationen nicht, das beanstandete Steuergesetz einfach unverändert zu lassen.[279] Darüber hinaus forderten nicht nur in diesen beiden Administrationen insbesondere die Handelsbeauftragten ein verfahrenskonformes Verhalten der USA mit dem Argument ein, verfahrenswidriges Verhalten beschädige zum einen die Reputation der USA und gefährde zum anderen die Glaubwürdigkeit der WTO.

Der Vergleich der acht untersuchten Streitfälle unterstreicht allerdings nicht nur, dass die Judizialisierung der Streitbeilegungsverfahren im GATT bzw. in der WTO das amerikanische *Streitverhalten* beeinflusst, sondern macht zudem deutlich, dass sie sich auch auf die transatlantische *Streitbearbeitung* auswirkt. Das Streitverhalten der EU mag zwar durch das veränderte Streitbeilegungsverfahren des GATT bzw. der WTO insgesamt weniger beeinflusst worden sein als das der USA, doch auch die EU verhielt sich in den gerichtlichen Streitbeilegungsverfahren der WTO verfahrensgetreuer als im diplomatischen Streitbeilegungsverfahren des GATT. Deshalb verlief in den untersuchten Streitfällen der Streitaustrag – also die Interaktion zwischen den USA und der EU – gemessen an rechtsstaatlichen Standards in der WTO ganz offensichtlich verfahrensgetreuer als noch im GATT. Der FSC-Streit wurde verfahrensgetreuer behandelt als der DISC-Streit, der Stahlstreit verfahrensgetreuer als der Patentstreit, der zweite Hormonstreit verfahrensgetreuer als der erste Hormonfall und der Bananenstreit verfahrensgetreuer als der Zitrusstreit. Dabei zeigt sich in den acht untersuchten Streitfällen insbesondere zweierlei:

In der WTO *korrigiert* zum einen der jeweils betroffene Staat die im Streitbeilegungsverfahren autoritativ festgestellten *Rechtsbrüche* zuverlässiger als im GATT. Jedenfalls ignorierten in allen drei Streitfällen des GATT, in denen sie zu Verhaltenskorrekturen aufgefordert wurden, sowohl die USA als auch die EU zunächst die entsprechenden Berichte. Die USA weigerten sich im Patentstreit ebenso jahrelang, das beanstandete Patentschutzverfahren zu reformieren, wie im DISC-Streit, die verurteilten Steuervergünstigungen für die Exportwirtschaft aufzugeben. Und im Zitrusstreit setzte die EU die beanstandete Diskriminierung amerikanischer Zitrusimporte jahrelang unverändert fort. In

279 Dabei darf, diesem Kausalpfad folgend, darüber spekuliert werden, ob die normativen Verpflichtungsgefühle in der jeweiligen Administration auch dadurch begünstigt werden, dass sich die amerikanische *Öffentlichkeit* einer gerichtlichen Streitbeilegung verpflichtet fühlt. So ist es immerhin bemerkenswert, dass die Administration im Bananenstreit, dem einzigen der untersuchten Streitfälle in der WTO, bei dem die USA aus dem vorgegebenen Streitbeilegungsverfahren ausscherten, dafür in der amerikanischen Presse massiv kritisiert wurde. Als die Administration auf Drängen des Kongresses und der entsprechenden Bananenlobby Sanktionen gegen die EU verhängte, ohne dazu von der WTO autorisiert worden zu sein, billigte die amerikanischen Presse diesen Schritt nicht. Vielmehr verwies sie insbesondere darauf, die USA dürften sich nicht über rechtsstaatliche Standards hinwegsetzen, die im Streitbeilegungsverfahren der WTO verankert seien, sondern hätten dem Streitbeilegungsverfahren zu folgen.

der WTO kam es hingegen bei den vier Streitfällen, in denen eine Streitpartei durch einen Bericht verurteilt wurde, immerhin nur einmal – nämlich im Hormonstreit – zu keiner Verhaltenskorrektur. Allerdings wurde auch nur ein Bericht – nämlich der im Stahlstreit – ohne Verzögerung beachtet. Sowohl im Bananen- als auch FSC-Streit setzten die EU bzw. die USA die jeweiligen Berichte zunächst nicht angemessen um, so dass sich auch hier die geforderten Verhaltenskorrekturen verzögerten. Gemessen an rechtsstaatlichen Standards mag diese Bilanz der WTO unbefriedigend sein, doch sie ist erkennbar besser als die des GATT.

Die WTO *verhindert* aber zum anderen insbesondere auch die für die Streitbeilegung im GATT charakteristischen *Vergeltungsspiralen*. In den untersuchten Streitfällen im GATT blockierte oftmals die beklagte Streitpartei das Streitbeilegungsverfahren, so dass sich die jeweils klagende Streitpartei dazu berechtigt sah, eigenmächtig mit Sanktionsdrohungen oder gar Sanktionen vorzugehen, was dann wiederum zufolge hatte, dass die beklagte Streitpartei sich berechtigt fühlte, mit eigenmächtigen Vergeltungsdrohungen oder gar Vergeltungsmaßnahmen zu reagieren. Der Zitrus-, aber auch der Hormonstreit sind gute Beispiele dafür, wie Streitfälle dadurch eskalieren können. Derartige Vergeltungsspiralen setzten dagegen in keinem der beobachteten Streitfälle in der WTO ein. Weder die USA noch die EU verhängten in den beobachteten Streitfällen eigenmächtig Sanktionen; vielmehr warteten beide stets, bis das Streitbeilegungsverfahren sie dazu autorisierte. Dies gilt zumindest für den Hormon-, Stahl- und FSC-Streit, trifft im Kern aber auch auf den Bananenstreit zu. Darüber hinaus kam es in keinem Streitfall zu ernsthaften Vergeltungsdrohungen seitens der von Sanktionen betroffenen Streitpartei. Vielmehr nahmen die USA im FSC-Streit und die EU im Hormon- sowie im Bananenstreit die von der WTO autorisierten Sanktionsmaßnahmen jeweils hin.[280] Gemessen an rechtsstaatlichen Standards ist diese Bilanz der WTO nicht nur bemerkenswert, sie ist insbesondere auch besser als die des GATT.

Die Judizialisierung der Streitbeilegungsverfahren trägt in GATT und WTO also, gemessen an den untersuchten acht Streitfällen, zu einer Judizialisierung der Streitbeilegung bei. Gleichwohl mag man einwenden, dass trotz der Auswahl ähnlicher Streitfälle die Judizialisierung des amerikanischen Streitverhaltens angesichts der geringen Anzahl untersuchter Streitigkeiten nur zufällig mit der Judizialisierung der Streitbeilegungsverfahren im GATT und in der WTO korreliert. Der behauptete Einfluss der Judizialisierung der Streitbeile-

280 Und selbst als im Bananenstreit die USA kurzzeitig mit eigenmächtigen Sanktionen drohten, griff die EU bemerkenswerterweise nicht zu eigenmächtiger Vergeltung, sondern zur Anrufung des Streitbeilegungsverfahrens der WTO.

gungsverfahren auf das Streitverhalten hätte sich danach in den untersuchten Streitfällen nur zufällig bestätigt. Dieser Einwand ist insbesondere dann schlagend, wenn man *alternative Einflussfaktoren* benennen kann, die das Verhalten der USA in den untersuchten Streitfällen verständlich machen, ohne auf die Judizialisierung der Streitbeilegungsverfahren verweisen zu müssen.

Diesem Einwand soll hier Rechnung getragen werden, indem drei besonders prominente Einflussfaktoren untersucht werden: erstens die Machtrelation zwischen den beteiligten Streitparteien, zweitens die Außenhandelsverflechtung der betrachteten Streitpartei und drittens die politischen Grundüberzeugungen der Entscheidungsträger der untersuchten Streitpartei.

(1) Dem ersten Einflussfaktor folgend, mag man einwenden, dass die Judizialisierung des Streitverhaltens der USA sich in den acht untersuchten Streitfällen mit der EU unabhängig von der Judizialisierung der Streitbeilegungsverfahren im GATT bzw. in der WTO durch die veränderten *Machtrelationen* zwischen den USA und der EU erklären lässt (McCall 2000). Es ist zwar strittig, ob ein Machtgleichgewicht zwischen den Streitparteien sich eher gut oder eher schlecht für ein judizialisiertes Streitverhalten auswirkt. Dementsprechend bleibt auch ungeklärt, ob sich ein klarer Machtvorteil einer der Streitparteien gegenüber der anderen eher zugunsten eines judizialisierten Streitverhaltens auswirkt oder ob dies einem judizialisierten Streitverhalten eher abträglich ist. Und falls der Machtvorteil einer Streitpartei ein judizialisiertes Streitverhalten fördert, ist weiterhin unklar, ob sich dies nur auf die unterlegene, nur auf die überlegene oder auf beide Streitparteien bezieht. Doch wie auch immer sich die konkrete Machtkonstellation zwischen den Streitparteien auf das Streitverhalten auswirken mag, um deren Einfluss zu untermauern wäre zumindest zu zeigen, dass eine wie auch immer geartete Veränderung der Machtrelation gegenüber der EU das im Vergleich zum GATT veränderte Streitverhalten der USA in der WTO verständlich machen kann.

Um die Machtrelationen zwischen den USA und der EU in Bezug auf die Handelspolitik im GATT bzw. der WTO zu bemessen, wird hier auf das Verhältnis des Bruttoinlandsprodukts der USA und der EU zurückgegriffen. Denn das Bruttoinlandsprodukt misst die Marktgröße eines Staates, die insofern den entscheidenden Machtfaktor in der Handelspolitik darstellt, als sie bestimmt, wie nachhaltig andere Staaten durch eine Marktöffnung belohnt bzw. durch eine Marktschließung bestraft werden können. Das Verhältnis des Bruttoinlandsprodukts der USA und der EU misst also deren relative Marktgröße und damit auch deren relative Macht in der internationalen Handelspolitik.

Schaubild 9.2: Bruttoinlandsprodukt (in Mrd. Dollar, Wechselkurs von 1995)

	1975	1980	1985	1990	1995	2000
USA	3969	4772	5563	6521	7338	8987
EU[281]	4548	5300	5849	7424	8613	9802
US/EU[282]	0,87	0,90	0,95	0,87	0,85	0,91

Quelle: Weltbank, World Development Indicators Database

Die Machtrelation erweist sich ganz offenbar als untauglich, die Judizialisierung des Streitverhaltens der USA bei den untersuchten Streitigkeiten mit der EU in GATT und WTO verständlich zu machen. Sicherlich ist nicht zu bestreiten, dass die Machtrelation zwischen den USA und der EU Einfluss auf das jeweilige Streitverhalten ausübt. Verfügten die USA lediglich über die Machtressourcen von Luxemburg, so hätten sie sich in den betrachteten Streitfällen gegenüber der EU sicherlich anders verhalten. Doch die Machtverhältnisse zwischen den USA und der EU können – und allein darauf kommt es an – das unterschiedliche Streitverhalten der USA in den Streitfällen des GATT und der WTO nicht verständlich machen. Und dies gilt ganz unabhängig davon, welche Machtkonstellation man einem judizialisierten Streitverhalten für zu- oder abträglich hält. Denn abgesehen von kleineren Schwankungen, erwies sich die Machtrelation zwischen den beiden Supermächten der internationalen Handelspolitik über die betrachteten Streitfälle hinweg als weitgehend konstant. Das Bruttoinlandsprodukt der USA blieb fast gleichmäßig etwa um 10 Prozent hinter dem der EU zurück.[283] Doch eine konstante Machtrelation ist kaum geeignet, ein verändertes Streitverhalten zu erklären.

(2) Dem zweiten angesprochenen Einflussfaktor folgend, könnte die Judizialisierung des Streitverhaltens der USA in den untersuchten Streitfällen mit der EU statt mit der Judizialisierung der Streitbeilegungsverfahren von GATT und WTO mit ihrer wachsenden *Außenhandelsverflechtung* zusammenhängen. Denn eine wachsende Außenhandelsverflechtung, so die vielfache Behauptung, stützt die Bereitschaft von Staaten, international vereinbarten Handelsregelungen zu folgen (Keohane/Nye 1977). Dementsprechend wäre zu prüfen,

281 Um die Erweiterung der EU berücksichtigen zu können, wurde das Bruttoinlandsprodukt der EU durch die Addition der Bruttoinlandsprodukte ihrer Mitgliedstaaten zum jeweiligen Zeitpunkt berechnet.

282 Hier handelt es sich um das Verhältnis zwischen dem amerikanischen und dem europäischen Bruttoinlandsprodukt.

283 Dass das Bruttoinlandsprodukt in den USA in den letzten beiden Dekaden schneller gewachsen ist als in den meisten europäischen Staaten, wurde offenbar durch den Beitritt weiterer Staaten zur EU ausgeglichen.

ob die in den untersuchten Streitfällen beobachtete Judizialisierung des Streitverhaltens der USA gegenüber der EU unabhängig von der Judizialisierung der Streitbeilegungsverfahren in GATT und WTO auf ihre wachsende Außenhandelsverflechtung zurückzuführen ist.

Um diese abzubilden, soll hier nicht nur das Außenhandelsvolumen – die Exporte aus und die Importe in die USA – erfasst werden. Denn ob das Außenhandelsvolumen absolut angestiegen oder gesunken ist, sagt über die Außenhandelsverflechtung der USA vergleichsweise wenig aus. Als entscheidend erweist sich vielmehr, inwieweit sich der Außenhandel – Exporte und Importe – relativ zur Gesamtwirtschaft entwickelt hat. Um die Außenhandelsverflechtung der USA angemessen abzubilden, wird deshalb hier auf die Außenhandelsquote zurückgegriffen.

Schaubild 9.3: Die Außenhandelsverflechtung der USA (in Mrd. Dollar)

	1975	1980	1985	1990	1995	2000	2005
Export	149	280	302	552	812	1096	1175
Import	151	293	417	630	903	1475	1781
BIP	1825	2789	4220	5803	7397	9817	11735
Quote[284]	16%	20%	17%	20%	23%	26%	25%

Quelle: US Census Bureau, Foreign Trade Division

Die Außenhandelsquote kann die Judizialisierung des Streitverhaltens der USA bei den untersuchten Streitigkeiten mit der EU in GATT und WTO grundsätzlich durchaus verständlich machen. Denn sie wuchs zwischen 1975 und 2005 recht kontinuierlich von 16 auf 25 Prozent an. Insofern ist zu konzedieren, dass das im Vergleich zum GATT relativ verfahrenskonforme Streitverhalten der USA in den untersuchten Streitigkeiten mit der EU durch die wachsende Außenhandelsverflechtung begünstigt worden sein mag. Gleichwohl reicht die zunehmende Außenhandelsverflechtung als Erklärung für die in diesen Streitfällen beobachtete Judizialisierung des Streitverhaltens allein nicht aus. Denn während die Außenhandelsverflechtung recht kontinuierlich anwuchs, hat sich die Judizialisierung des amerikanischen Streitverhaltens sprunghaft mit dem Judizialisierungsschub entwickelt, den das Streitbeilegungsverfahren des GATT bzw. der WTO 1994 erfahren hat.

---

284 Es handelt sich hier um die Außenhandelsquote, die sich aus dem Quotienten der Summen von Exporten und Importen einerseits sowie dem Bruttoinlandsprodukt andererseits berechnet.

Dass die wachsende Außenhandelsverflechtung der USA deren Streitverhalten in den untersuchten Streitfällen nicht hinreichend erklären kann, wird dann besonders deutlich, wenn man die untersuchten Streitfälle chronologisch ordnet. Danach führt bei den GATT-Fällen der DISC-Streit (1971-1985) den Reigen an, gefolgt vom Zitrus- (1976-1986), dem Hormon- (1985-1993) und dem Patentstreit (1986-1994); sodann kommen in der WTO der dortige Hormonstreit (1994-2001), der Bananen- (1994-2001), der FSC- (1997-2004) und schließlich der Stahlstreit (2002-2003). Diese zeitliche Reihenfolge – die ja die wachsende Außenhandelsverflechtung der USA widerspiegelt – entspricht allerdings keineswegs der oben angedeuteten Rangliste, in der die Streitfälle danach geordnet wurden, wie sehr sich die USA verfahrensgetreu bzw. verfahrensmissachtend verhalten haben.

Schaubild 9.4: Die chronologische Reihenfolge der untersuchten Streitfälle

Streitfall	**Zeitraum des Streits (chronologisch geordnet)**	**Platzierung des Streits (nach relativer Verfahrenstreue)**[285]
DISC	1: 1971-1985	5 (Wert 1,8)
Zitrus	2: 1976-1986	7 (Wert 2,6)
Hormone	3: 1985-1993	8 (Wert 4,0)
Patentrechte	4: 1986-1994	6 (Wert 1,9)
Hormone	5: 1994-2001	1 (Wert 1,0)
Bananen	6: 1994-2001	4 (Wert 1,6)
FSC	7: 1997-2004	3 (Wert 1,2)
Stahl	8: 2002-2003	1 (Wert 1,0)

So sind unter den GATT-Streitfällen die älteren Streitfälle – und damit die mit einer besonders geringen Außenhandelsverflechtung der USA – keineswegs diejenigen, in denen die USA besonders verfahrensmissachtend agiert haben. So belegt beispielsweise der älteste der untersuchten GATT-Streitfälle – der

285 Die hier angegebene Reihenfolge errechnet sich dadurch, dass zunächst jedem Verhaltenstyp ein bestimmter Wert zugeordnet wird. Getreues Verhalten erhält den Wert »1«, vermeidendes den Wert »2«, manipulierendes den Wert »3« und missachtendes den Wert »4«. Sodann wird für die Phasen, in denen mehrere Verhaltensweisen zu beobachten sind, der für diese Phase spezifische Durchschnittswert errechnet. Davon ausgehend wird dann der Durchschnittswert über die Phasen hinweg gebildet, der schließlich für die Reihung entscheidend ist. Danach erhalten der Stahl- und der zweite Hormonstreit den Wert »1,0«, der FSC-Streit den Wert »1,25«, der Bananenstreit den Wert »1,6«, der DISC-Streit den Wert »1,8«, der Patentstreit den Wert »1,9«, der Zitrusstreit den Wert »2,6« und der erste Hormonstreit den Wert »4«.

DISC-Streit – nach den vier WTO-Streitfällen immerhin einen fünften Rang. Dagegen liegt der jüngste der GATT-Streitfälle – der Patentstreit – auf Rang sechs und der zweitjüngste Streit – der Hormonstreit – gar auf Rang acht. Und auch in der WTO sind die jüngeren Streitfälle – und damit die mit besonders großer Außenhandelsverflechtung – nicht diejenigen, in denen sich die USA besonders verfahrensgetreu verhielten. So kommen hier der älteste und der jüngste Streitfall – der Stahl- und der Hormonstreit – punktgleich auf Rang eins, während die beiden anderen Streitfälle – der Bananen- und der FSC-Streit – die Ränge drei und vier belegen. Die Außenhandelsverflechtung kann mithin das Streitverhalten der USA in den untersuchten Streitfällen nur bedingt verständlich machen.

(3) Dem dritten hier benannten alternativen Einflussfaktor gemäß könnte die Judizialisierung des Streitverhaltens der USA nicht der Judizialisierung des Streitbeilegungsverfahrens von GATT und WTO geschuldet, sondern auf die sich wandelnden außenpolitischen *Grundüberzeugungen* amerikanischer Präsidenten zurückzuführen sein (Axelrod 1976, Little/Smith 1988). So ließe sich insbesondere vermuten, dass ein Präsident mit dem Multilateralismus verbundenen außenpolitischen Grundüberzeugungen eher zu einem judizialisierten Streitverhalten bereit ist als ein Präsident, der in seinen Grundüberzeugungen eher dem Unilateralismus zuneigt.

Um zu prüfen, inwieweit sich damit die Judizialisierung des Streitverhaltens der USA in den untersuchten Streitfällen in GATT und WTO verständlich machen lässt, werden den sieben relevanten Präsidenten – Richard Nixon (1969-1974), Gerald Ford (1974-1977), Jimmy Carter (1977-1981), Ronald Reagan (1981-1989), George Bush sen. (1989-1993), Bill Clinton (1993-2001) und George Bush jun. (2001-2005) – folgende außenpolitische Grundüberzeugungen zugeschrieben: Jimmy Carter, George Bush sen. und Bill Clinton werden als Multilateralisten, Richard Nixon, Gerald Ford, Ronald Reagan und George Bush jun. als Unilateralisten eingestuft. Diese Einstufung kann bei Jimmy Carter und Bill Clinton einerseits sowie Richard Nixon, Gerald Ford, Ronald Reagan und George Bush jun. andererseits als weitgehend konsensual betrachtet werden; lediglich die Einstufung von George Bush sen. mag strittig erscheinen. Doch auch hier sollte zumindest als konsensual gelten können, dass er einerseits mehr zum Multilateralismus neigte als insbesondere Ronald Reagan und George W. Bush, aber andererseits stärker vom Unilateralismus geprägt war als Jimmy Carter oder Bill Clinton.

Akzeptiert man diese Einschätzung, so widerlegen die untersuchten Streitfälle zwar sicherlich nicht, dass außenpolitische Grundüberzeugungen amerikanischer Präsidenten für das internationale Streitverhalten der USA im GATT bzw. in der WTO bedeutsam sein können. Doch auch die jeweiligen außenpolitischen Grundüberzeugungen ihrer Präsidenten können das gegenüber dem GATT in der WTO veränderte Streitverhalten der USA allenfalls partiell verständlich machen. So ist richtig, dass viele der im GATT untersuchten Streitigkeiten unter die Präsidentschaft Ronald Reagans und viele der bei der WTO untersuchten Streitigkeiten in die Präsidentschaft Bill Clintons fielen. Dies drückt sich dann auch in der Anzahl der Streitjahre aus, die bei den untersuchten Streitfällen in GATT und WTO unter multi- bzw. unilateral orientierten Präsidenten anfielen. Während im Rahmen der hier betrachteten Streitfälle im GATT 21 Streitjahre unter einem unilateral orientierten und 17 unter einem multilateral orientierten Präsidenten ausgetragen wurden, fielen in der WTO lediglich 4 Streitjahre in eine unilateral, aber 16 in eine multilateral ausgerichtete Präsidentschaft. Dementsprechend war diesem Einflussfaktor folgend ganz unabhängig von der Judizialisierung der Streitbeilegungsverfahren damit zu rechnen, dass sich die USA im GATT weniger judizialisiert verhalten als in der WTO.

Schaubild 9.5: Außenpolitische Grundüberzeugungen amerikanischer Präsidenten

1973-1977	**1977-1981**	**1981-1985**	**1985-1989**	**1989-1993**	**1993-1997**	**1997-2001**	**2001-2005**
Nixon/ Ford Unilateralist	Carter Multilateralist	Reagan Unilateralist	Reagan Unilateralist	Bush, sen. Multilateralist	Clinton Multilateralist	Clinton Multilateralist	Bush, jun. Unilateralist

Dieser Einflussfaktor trug sicherlich auch dazu bei, bei den untersuchten Streitfällen in der WTO gegenüber dem GATT eine Judizialisierung des amerikanischen Streitverhaltens diagnostizieren zu können. Dass diese aber allein durch die unterschiedlichen Grundüberzeugungen der jeweiligen Präsidenten verständlich zu machen ist, lässt sich bereits mit Blick auf die einzelnen Vergleichspaare bestreiten. Denn in der WTO wurden lediglich der Bananen- und der zweite Hormonstreit fast ausschließlich unter einem multilateral orientierten Präsidenten ausgetragen, während mit dem Zitrus- und dem ersten Hormonstreit die beiden Vergleichsfälle im GATT sowohl von unilateral als auch multilateral orientierten Präsidentschaften geprägt wurden. Beim Vergleich des FSC-Streit in der WTO mit dem DISC-Streit im GATT ist das Verhältnis von multilateralen und unilateralen Präsidentschaften schon ausgeglichener. Aber beim Vergleich des Stahlstreits in der WTO mit dem Patentstreit im GATT dreht sich das Verhältnis schließlich um. Während der Stahlstreit in der WTO ausschließlich von einem unilateral orientierten Präsidenten betrieben wurde, waren im Patentstreit sowohl unilaterale als auch multilaterale Präsidenten verwickelt. Trotzdem – und dies verdeutlicht, dass der Einfluss der außenpolitischen Grundüberzeugungen des Präsidenten begrenzt bleibt – verhielten sich die USA hier wie bei allen anderen Vergleichspaaren in der WTO verfahrenskonformer als im GATT.

Dass sich in der WTO die Judizialisierung des amerikanischen Streitverhaltens gegenüber dem GATT allein durch die außenpolitischen Grundüberzeugungen der jeweiligen Präsidenten verständlich machen lässt, ist aber insbesondere mit Blick auf den Vergleich des amerikanischen Streitverhaltens unter dem Unilateralisten Bush jun. in der WTO und dem Multilateralisten Carter im GATT zu bestreiten. Denn der Multilateralist Carter verhielt sich in den beiden in seine Präsidentschaft fallenden Streitfällen – dem DISC- und dem Zitrusstreit – weniger verfahrensgetreu als der Unilateralist Bush jun. in den unter seiner Präsidentschaft durchgefochtenen Streitfällen – dem Bananen-, Stahl- und FSC-Streit.[286]

Dazu kommt, dass sich insgesamt in den beobachteten Streitfällen das amerikanische Streitverhalten durch die Amtsübernahme eines Präsidenten mit veränderten außenpolitischen Grundorientierungen kaum verändert hat. So lässt sich beispielsweise nicht behaupten, im Zitrus- und DISC-Streit habe sich das amerikanische Streitverhalten durch die Amtsübergabe von Jimmy Carter an Ronald Reagan grundlegend verändert. Das gleiche gilt für das amerikanische Streitverhalten im Patent- und ersten Hormonstreit, als George Bush sen. von Ronald Reagan die Amtsgeschäfte übernahm, oder für den FSC- sowie den Bananenstreit und die Amtsübergabe von Bill Clinton an George Bush jun.

Kurzum, die genannten drei Einflussfaktoren – Machtrelation, Außenhandelsverflechtung, außenpolitische Grundüberzeugungen – beeinflussten die Judizialisierung des Streitverhaltens der USA in den betrachteten Streitfällen zweifelsohne; zwei dieser Faktoren – Außenhandelsverflechtung und Grundüberzeugungen – haben sie sicher auch begünstigt. Dies zu bestreiten wäre töricht. Doch keiner der Einflussfaktoren kann das unterschiedliche Streitverhalten der USA in den Streitfällen des GATT und der WTO hinreichend verständlich machen. Dasselbe gilt zwar zweifellos auch für den Einfluss, den die Judizialisierung der Streitbeilegungsverfahren von GATT und WTO auf das amerikanische Streitverhalten ausübt. Doch es war hier ja auch nicht darum zu tun, *den* einen oder auch nur den wichtigsten Einflussfaktor für die Judizialisierung des amerikanischen Streitverhaltens zu identifizieren, sondern es ging

286 Darüber hinaus ist bemerkenswert, dass die USA im WTO-Streit – dem Bananenfall –, in dem sie sich an wenigsten verfahrenskonform verhielten, von einem multilateral orientierten Präsidenten geführt wurden, wohingegen im GATT-Streit – dem DISC-Fall –, in dem sie sich noch am meisten verfahrenskonform verhielten, unilateral orientierte Präsidenten überwogen.

»nur« darum, den Einfluss der Judizialisierung der Streitbeilegungsverfahren von GATT und WTO zu bemessen. Und just dieser ist aufgrund des konstatierten Einflusses, den die Machtverteilung, die Außenhandelsverflechtung und die jeweiligen außenpolitischen Grundüberzeugungen ausüben, nicht grundsätzlich anzuzweifeln.

Die Judizialisierung der Streitbeilegungsverfahren in GATT und WTO hat also gemessen an den acht untersuchten Streitfällen unabhängig von den jeweiligen Machtkonstellationen, Außenhandelsbeziehungen und außenpolitischen Grundüberzeugungen offenbar zu einer Judizialisierung des amerikanischen Streitverhaltens beigetragen. Dass das diplomatische Streitbeilegungsverfahren des GATT in der WTO zugunsten eines gerichtsähnlichen Streitbeilegungssystems aufgegeben wurde, führte danach dazu, dass die USA ihr Streitverhalten in der WTO erheblich mehr innerhalb rechtsstaatlicher Standards zu halten bereit sind als noch im GATT.

Bleibt freilich zu fragen, ob auch jenseits des Handelsbereichs durch eine Judizialisierung internationaler Streitbeilegungsverfahren eine ebensolche des Streitverhaltens von Staaten zu erreichen ist. Schließlich mag das internationale Streitverhalten von Staaten im Sicherheits-, Menschenrechts-, Kommunikations- oder Umweltbereich schwieriger zu beeinflussen sein als im Handelsbereich. Gleichwohl scheint es durchaus auch berechtigt anzunehmen, dass, wenn die Judizialisierung der Streitbeilegungsverfahren im Handelsbereich zu einer Judizialisierung des Streitverhaltens führen kann, dies dann letztlich auch im Sicherheitsbereich nicht prinzipiell ausgeschlossen und im Umwelt-, Kommunikations- oder Menschenrechtsbereich sogar wahrscheinlich ist. Schließlich gehört die Handelspolitik neben der Sicherheitspolitik für die meisten Staaten – oder auch Staatenverbünde – zu den wichtigsten außenpolitischen Bereichen. Die Handelspolitik stellt ferner in allen Staaten der OECD-Welt einen innenpolitisch besonders brisanten Bereich der Außenbeziehungen dar, in dem es im Gegensatz etwa zum Menschenrechtsbereich auch zwischen den Staaten der OECD-Welt häufig zu internationalen Streitigkeiten kommt, die vehement ausgetragen werden. Insofern mag gerade der Handelsbereich für die Beziehungen zwischen den Staaten der OECD-Welt besonders repräsentativ sein.

Unabhängig davon, ob die Judizialisierung internationaler Streitbeilegungsverfahren auch in anderen Bereichen zu einer Judizialisierung der Streitbeilegung beitragen kann, bleibt das Entstehen internationaler Rechtsstaatlichkeit in der internationalen Handelspolitik für sich genommen bemerkenswert. Der »halbierte« Rechtsstaat der nationalen Konstellation, der zwar nach innen an sein Recht gebunden war, sich aber nach außen oftmals willkürlich über das internationale Recht hinwegsetzten konnte, wird damit zumindest in der Handelspolitik überwunden. Dieser halbierte Rechtsstaat entwickelte sich in der aufscheinenden postnationalen Konstellation zumindest im Handelsbereich bereits zu einem weitgehend »komplettierten« Rechtsstaat – zu einem Rechtsstaat, der weder nach innen noch nach außen jenseits des Rechts willkürlich zu agieren vermag, sondern wirksam an nationales wie internationales Recht gebunden ist. Ob dieser neue Rechtsstaat jenseits der Handelspolitik für die Staaten der OECD-Welt zu einer Realität der postnationalen Konstellation wird, muss sich zeigen. Der jüngste Irakkrieg hat sicherlich die Skeptiker gestärkt. Doch dass sich die USA im Irakkrieg an Standards von Rechtsstaatlichkeit messen lassen mussten, mag man als Optimist als Anzeichen dafür werten, dass internationale Rechtsstaatlichkeit auch in Bereiche jenseits der Handelspolitik eindringen kann.

Literatur

Abbott, K.W., »GATT Dispute Settlement Panel: United States – Section 337 of the Tariff Act of 1930«, American Journal of International Law, Jg. 84, H. 1 (1990), S. 274-280.

Abbott, K.W./Keohane, R.O./Moravcsik, A./Slaughter, A.-M. und Snidal, D., »The Concept of Legalization«, International Organization, Jg. 54, H. 3 (2000), S. 401-419.

Ahearn, R.J., »Trade Conflict and the U.S. European Union Economic Relationship«, in J.V. Lane (Hg.), Europan Union – U.S. Trade Conflicts and Economic Relationship. 1-43. New York 2002.

Albert, M., Zur Politik der Weltgesellschaft. Identität und Recht im Kontext internationaler Vergesellschaftung. Göttingen 2002.

Alexy, R., Begriff und Geltung des Rechts. Freiburg 1994.

Alter, K.J., »European Governments and the ECJ«, International Organization, Jg. 52, H. 1 (1998), S. 121-147.

Alter, K.J., Establishing the Supremacy of European Law. The Making of an International Rule of Law in Europe. Oxford 2001.

Austin, J., Lectures on Jurisprudence or the Philosophy of Positive Law. London 1885.

Axelrod, R. (Hg.), Structure of Decision. The Cognitive Maps of Political Elites. Princeton, N.J. 1976.

Axelrod, R./Keohane, R.O., »Achieving Cooperation under Anarchy. Strategies and Institutions«, in K. Oye (Hg.), Cooperation under Anarchy. 226-254, Princeton, N.J. 1986.

Bhagwati, J., »Agressive Unilateralism. An Overview«, in J. Bhagwati und P.T. Hug (Hg.), Aggressive Unilateralism. America's 301 Trade Policy and the World Trading System. 1-45. Ann Arbor 1990.

Brownlie, I., The Rule of Law in International Affairs. International Law at the Fiftiest Anniversary of the United Nations. The Hague 1998.

Brumbaugh, D.L., Export Tax Benefits and the WTO. Foreign Sales Corporations and the Extraterritorial Replacement Provisions. (Congressional Research Service. CRS Report for Congress RS20746), Washington, D.C. 2002.

Burley, A.-M. und Mattli, W., »Europe Before the Court: A Political Theory of Legal Integration«, International Organization, Jg. 47, H. 1 (1993), S. 41-76.

Cadot, O. und Webber, D., »Banana Splits and Alipping over Banana Skins. The European and Transatlantic Politics of Bananas«, RSC No 2001/3, EUI Florence 2001.

Cameron, J./Werksman, J. und Roderick, P. (Hg.), Improving Compliance With International Environmental Law. London 1996.

Carr, E.H., The Twenty Years' Crisis, 1919-1939. An Introduction to the Study of International Relations. London 1964.

Charnovitz, S., »Should the Teeth be Pulled? An Analysis of WTO Sanctions«, in D.L.M. Kennedy und J.D. Southwick (Hg.), The Political Economy of International Trade Law. Essays in Honor of Robert E. Hudec. 602-635. Cambridge 2002.

Chayes, A. und Chayes, A.H., »On Compliance«, International Organization, Jg. 47, H. 2 (1993), S. 175-205.

Chayes, A. und Chayes, A.H., The New Sovereignty. Compliance with International Regulatory Agreements. Cambridge, MA. 1995.

Checkel, J.T., »Why Comply? Social Learning and European Identity«, International Organization, Jg. 55, H. 3 (2001), S. 553-588.

Clark, G. und Sohn, L., World Peace Through World Law. Cambridge, MA. 1966.

Cortright, D. und Lopez, G.A., The Sanctions Decade. Assessing UN Strategies in the 1990s. Boulder, Colo. 2000.

Cortright, D. und Lopez, G.A., Sanctions and the Search for Security. Challenges to UN Action. Boulder, Colo. 2002.

Cronin, B., »The Paradox of Hegemony. America's Ambigous Relationsship with the United Nations« European Journal of International Relations, Jg. 7, H 1 (2001), S. 103-130.

Decker, C., Handelskonflikte der USA mit der EU seit 1985. Eine Studie des Reziprozitätsprinzips in der US-Außenpolitik. Berlin 2002.

Dinan, D.R., »Book Review: Federal Unfair Competition Actions. Practice and Procedure Under Section 337 of the Tariff Act of 1930«, The International Lawyer, H. 25 (1991).

Downs, G.W./Rocke, D.M. und Barsoom, P.N., »Is the Good News About Compliance Good News About Cooperation?«, International Organization, Jg. 50, H. 3 (1996), S. 379-406.

Duvall, D.K., Federal Unfair Competition Actions. Practice and Procedure Under Section 337 of the Tariff Act of 1930. New York 1990.

Dworkin, R., Bürgerrechte ernstgenommen. Frankfurt am Main 1984.

Fearon, J.D., »Bargaining, Enforcement, and International Cooperation«, International Organization, Jg. 52, H. 2 (1998), S. 269-305.

Finnemore, M., »Norms, Culture and World Politics: Insights From Sociology's Institutionalism«, International Organization, Jg. 50, H. 2 (1996), S. 325-347.

Frowein, Jochen A., »Konstitutionalisierung des Völkerrechts«, in: K. Dicke (Hg.), Völkerrecht und internationales Privatrecht in einem sich globalisierenden internationalen System. Auswirkungen der Entstaatlichung transnationaler Rechtsbeziehungen. 427-445. Heidelberg 2000.

Franck, T.M., The Power of Legitimacy Among Nations. Oxford 1990.

Garrett, G., »The Politics of Legal Integration in the European Union«, International Organization, Jg. 49, H. 1 (1995), S. 171-181.

Gerstenberg, O., Bürgerrechte und deliberative Demokratie. Elemente einer pluralistischen Verfassungstheorie. Frankfurt am Main 1997.

Goldstein, J./Kahler, M./Keohane, R.O. und Slaughter, A.-M., »Introduction. Legalization and World Politics«, International Organization, Jg. 54, H. 3 (2000), S. 385-399.

Haas, P.M./Keohane, R.O. und Levy, M.A. (Hg.), Institutions for the Earth: Sources of Effective International Environmental Protection. Cambridge, MA 1993.

Habermas, J., Faktizität und Geltung. Beiträge zur Diskurstheorie des Rechts und des demokratischen Rechtsstaats. Frankfurt am Main 1994.

Habermas, J., Die Postnationale Konstellation. Politische Essays. Frankfurt am Main 1998.

Habermas, J., Der gespaltene Westen. Frankfurt am Main 2004.

Hanrahan, C.E., »The U.S.-European Union Banana Dispute«, in J.V. Lane (Hg.), European Union - U.S. Trade Conflicts and Economic Relationship. 65-73. New York 2002.

Hart, H.L.A., The Concept of Law. Oxford 1994.

Hasenclever, A./Mayer, P. und Rittberger, V., Theories of International Regimes. Cambridge 1997.

Hasenclever, A./Mayer, P. und Rittberger, V., »Integrating Theories of International Regimes«, Review of International Studies, Jg. 26, H. 1 (2000), S. 3-33.

Hauser, H. und Schanz, U., Das neue GATT. Die Welthandelsordnung nach Abschluß der Uruguay-Runde. München 1995.

Helfer, L.R. und Slaughter, A.-M., »Toward a Theory of Effective Supranational Adjudication«, Yale Law Journal, Jg. 107, H. 1 (1998), S. 273-389.

Herz, J.H., Politischer Realismus und politischer Idealismus. Eine Untersuchung von Theorie und Wirklichkeit. Meisenheim am Glan 1959.

Hudec, R. E., The GATT Legal System and World Trade Diplomacy. New York 1975.

Hudec, R. E., Enforcing International Trade Law. The Evolution of the Modern GATT Legal System. Salem, NH 1993.

Hudec, R. E., The New WTO Dispute Settlement Procedure: An Overview of the First Three Years. Genf 1998.

Hufbauer, G. C., The Foreign Sales Corporation Drama. Reaching the Last Act? (Institute for International Economics. International Economics Policy Briefs PB02-10), Washington, D.C. 2002.

Hurrel, A., »International Society and the Study of Regimes. A Reflective Approach«, in V. Rittberger (Hg.), Regime Theory and International Relations. 49-72. Oxford 1993.

Höffe, O., Politische Gerechtigkeit. Grundlegung einer kritischen Philosophie von Recht und Staat. Frankfurt am Main 1987.

Jackson, J. H., »The Jurispridence of International Trade. The Disc Case in GATT«, American Journal of International Law Jg. 72, H. 4 (1978), S. 747-781.

Jackson, J. H., The World Trading System. Law and Policy of International Economic Relations. London 1997.

Jackson, J. H., The World Trade Organization. Constitution and Jurisprudence. London 1998.

Jackson, J. H., The World Trading System. Law and Policy of International Economic Relations. London 2000.

Jackson, J. H., »Effektivität und Wirksamkeit des Streitbeilegungsverfahrens der WTO«, in: B. Zangl und M. Zürn (Hg.), Verrechtlichung - Baustein für Global Governance. 99-118. Bonn 2004.

Josling, T.E., »Bananas and the WTO. Testing the New Dispute Settlement Process«, in T.E. Josling und T.G. Taylor (Hg.), Banana Wars. The Anatomy of a Trade Dispute. 169-194. Cambridge, MA 2003.

Kant, I., »Metaphysik der Sitten«, in K.P. Akademie der Wissenschaften (Hg.), Kant's gesammelte Schriften. Bd. VI. Berlin 1907.

Kant, I., »Über den Gemeinspruch: das mag in der Theorie richtig sein, taugt aber nicht für die Praxis«, in K.P. Akademie der Wissenschaften (Hg.), Kant's gesammelte Schriften. Bd. VIII. Berlin 1912.

Katzenstein, P.J. (Hg.), The Culture of National Security. Norms and Identity in World Politics. New York 1996.

Kelemen, D.R., »The Limits of Judicial Power. Trade-Environment Disputes in the GATT/WTO and the EU«, Comparative Political Studies, Jg. 34, H. 6 (2001), S. 622-650.

Kelsen, H., Reine Rechtslehre. Wien 1960.

Keohane, R.O., After Hegemony. Collaboration and Discord in the World Political Economy. Princeton, NJ 1984.

Keohane, R.O., International Institutions and State Power. Essays in International Relations Theory. Boulder, Colo. 1989.

Keohane, R.O., »International Relations and International Law. Two Optics«, Harvard International Law Journal, Jg. 38, H. 2 (1997), S. 487-502.

Keohane, R.O. und Nye J.S., Power and Interdependence. World Politics in Transition. Toronto 1977.

Keohane, R.O./Moravcsik, A. und Slaughter, A.-M., »Legalized Dispute Resolution: Interstate and Transnational«, International Organization, Jg. 54, H. 3 (2000), S. 457-488.

King, G./Keohane, R.O. und Verba, S., Designing Social Inquiry. Scientific Inference in Qualitative Research. Princeton, NJ 1994.

Klotz, A., »Norms Reconstituting Interests: Global Racial Equality and U.S. Sanctions Against South Africa«, International Organization, Jg. 49, H. 3 (1995), S. 451-478.

Koh, H.H., »Why Do Nations Obey International Law?«, Yale Law Journal, Jg. 106, H. 8 (1997), S. 2599-2659.

Koller, P., Theorie des Rechts. Eine Einführung. Wien 1997.

Koremenos, B./Lipson, C. und Snidal D. 2001: »The Rational Design of International Institutions«, International Organization, Jg. 55, H. 4 (2001), S. 761-799.

Kratochwil, F., »How Do Norms Matter«, in M. Byers (Hg.), The Role of Law in International Politics. Essays in International Relations and International Law. 35-68. Oxford 2000.

Langbein, S., »United States - Tax Treatment of ›Foreign Sales Corporations‹«, American Journal of International Law, Jg. 94, H. 3 (2000), S. 546-555.

Levy, M./Young, O. und Zürn, M., »The Study of International Regimes«, European Journal of International Relations, Jg. 1, H. 3 (1995), S. 267-330.

Liese, A., Staaten am Pranger: Zur Wirkung internationaler Regime auf die innerstaatliche Menschenrechtspolitik, Dissertation, Universität Bremen 2001.

List, M. und Zangl, B., »Verrechtlichung internationaler Politik«, in G. Hellmann/K. D. Wolf und M. Zürn (Hg.), Die neuen Internationalen Beziehungen. Forschungsstand und Perspektiven in Deutschland. 361-399. Baden-Baden 2003.

Little, R. und Smith, S. (Hg.), Belief Systems and International Relations. Oxford 1988.

Martin, L., »Interests, Power, and Multilateralism«, International Organization, Jg. 46, H. 4 (1992), S. 765-792.

Mc Call Smith, J., »The Politics of Dispute Settlement Design. Explaining Legalism in Regional Trade Pacts«, International Organization, Jg. 54, H. 1 (2000), S. 137-180.

Mc Call Smith, J. und Tallberg, J., Compliance Bargaining in International Cooperation. Unveröffentlichtes Manuskript 2005.

Meng, W.P., »The Hormone Conflict Between the EEC and the United States within the Context of GATT«, Michigan International Law Journal, Jg. 11, H. 4 (1990), S. 819-839.

Menzel, U., Zwischen Idealismus und Realismus. Die Lehre von den Internationalen Beziehungen. Frankfurt am Main 2001.

Merrils, J.G., International Dispute Settlement. Cambridge 1998.

Miles, E.L./Underdal, A./Andresen, S. und Carlin, E.M. (Hg.), Environmental Regime Effectiveness. Cambridge 2001.

Mitchell, R.B., Intentional Oil Pollution at Sea. Environmental Policy and Treaty Compliance. Cambridge, MA 1994.

Mitchell, R.B., »Compliance Theory: An Overview«, in J. Cameron/J. Werksman und P. Roderick (Hg.), Improving Compliance With International Environmental Law. 3-28. London 1996.

Morgenthau, H.J., Politics among Nations. The Struggle for Power and Peace. New York 1948.

Müller, H., »The Internalization of Principles, Norms, and Rules by Governments: The Case of Security Regimes«, in V. Rittberger (Hg.), Regime Theory and International Relations. 361-388. Oxford 1993.

Müller, H., »Internationale Beziehungen als kommunikatives Handeln. Zur Kritik der utilitaristischen Handlungstheorien«, Zeitschrift für Internationale Beziehungen, Jg. 1, H. 1 (1994), S. 15-44.

Murphy, S.D., »Contemporary Practice of the United States Relating to International Law«, American Journal of International Law, Jg. 94, H. 3 (2000), S. 516-545.

Neyer, J., Politische Herrschaft in der postnationalen Konstellation. Vergesellschaftung und Verrechtlichung jenseits des Staates. Baden-Baden 2004.

Nye, J.S., Understanding International Conflicts. An Introduction to Theory and History. New York 1993.

Ohlhoff, S., »Beteiligung von Verbänden und Unternehmen im WTO Streitbeilegungsverfahren. Das Shrimps-Turtle-Verfahren als Wendepunkt?«, Europäische Zeitschrift für Wirtschaftsrecht, Jg. 10, H. 5 (1999), S. 139-144.

Palmeter, D. und Alexandrov, S.A., »›Inducing Compliance‹ in WTO Dispute Settlement«, in D.L.M. Kennedy und J.D. Southwick (Hg.), The Political Economy of International Trade Law. Essays in Honor of Robert E. Hudec. 646-666. Cambridge 2002.

Palmeter, D. und Mavroidis, P.C., Dispute Settlement in the World Trade Organization. Practice and Procedure. Cambridge 2004.

Parent, J., Subsidies and the GATT: DISC and Other Tax Aspects. Genf 1989.

Petersmann, E.-U. (Hg.), International Trade Law and the GATT/WTO Dispute Settlement System. The Hague 1997.

Radbruch, G., Der Mensch im Recht. Göttingen 1957.

Raustiala, K. und Slaughter, A.-M., »International Law, International Relations and Compliance«, in W. Carlsnaes/T. Risse und B. Simmons (Hg.), Handbook of International Relations. 538-558. London 2002.

Risse, T., »›Let's Argue!‹ Communicative Action in World Politics«, International Organization, Jg. 54, H. 1 (2000), S. 1-40.

Risse, T./Jetschke, A. und Schmitz, H.P., Die Macht der Menschenrechte. Internationale Normen, kommunikatives Handeln und politischer Wandel in den Ländern des Südens. Baden-Baden 2002.

Rittberger, V. (Hg.), International Regimes in East-West Politics. London 1990.

Rittberger, V. und Zangl, B., Internationale Organisationen - Politik und Geschichte. Europäische und weltweite zwischenstaatliche Zusammenschlüsse. Opladen 2003.

Romano, C.P.R., »The Proliferation of International Judicial Bodies. The Pieces of a Puzzle«, New York Universtity Journal of International Law and Politics, Jg. 31, H. 4 (1999), S. 709-751.

Scharpf, F.W., Games Real Actors Play. Actor-Centered Institutionalism in Policy Research. Boulder, Colo. 1997.

Schimmelfennig, F., »International Socialization in the New Europe: Rational Action in an Institutional Environment«, European Journal of International Relations, Jg. 6, H. 1 (2000), S. 109-139.

Schimmelfennig, F., »Internationale Sozialisation. Von einem 'erschöpften' zu einem produktiven Forschungsprogramm?«, in G. Hellmann/K. D. Wolf und M. Zürn (Hg.), Die neuen Internationalen Beziehungen. Forschungsstand und Perspektiven in Deutschland. 401-427. Baden-Baden 2003.

Schleyer, G.T., »Power to the People: Allowing Private Parties to Raise Claims Before the WTO Dispute Resolution System«, Fordham Law Review, Jg. 64, H. 5 (1997), S. 2275-2311.

Senti, R., GATT - Allgemeines Zoll und Handelsabkommen als System der Welthandelsordnung. Zürich 1986.

Shapiro, M. und Stone Sweet, A., On Law, Politics and Judicialization. Oxford 2002.

Stone Sweet, A., »Judicialization and the Construction of Governance«, RSC 96/59 Florence 1996.

Stone Sweet, A., »The New GATT. Dispute Resolution and the Judicialization of the Trade Regime«, in M.L. Volcansek (Hg.), Law Above Nations. Supranational Courts and the Legalization of Politics. 118-141. Gainesville, FL. 1997.

Stone Sweet, A., Governing with Judges. Constitutional Politics in Europe. Oxford 2000.

Stovall, J.G. und Hathaway, D.E., »U.S. Interests in the Banana Trade Controversy«, in T.E. Josling und T.G. Taylor (Hg.), Banana Wars. The Anatomy of a Trade Dispute. 151-168. Cambridge, MA 2003.

Tamanaha, B.Z., On the Rule of Law. Histrory, Politics, Theory, Cambridge 2004.

Tangermann, S., »The European Common Banana Policy«, in T.E. Josling und T.G. Taylor (Hg.), Banana Wars. The Anatomy of a Trade Dispute. 45-66. Cambridge, MA 2003.

Underdal, A., »Explaining Compliance and Defection: Three Models«, European Journal of International Relations, Jg. 4, H. 1 (1998), S. 5-30.

USTR (United States Trade Representative), »Section 301 Table of Cases. Initiated Cases«, http://www.ustr.gov/html/act301.htm, 27.08.2003).

Victor, D./Raustiala, K. und Skolnikoff, E.B. (Hg.), The Implementation and Effectiveness of International Environmental Commitments. Theory and Practice. Cambridge, MA 1998.

Watts, A. »The Importance of International Law«, in M. Byers (Hg.), The Role of Law in International Politics: Essays in International Relations and International Law. 5-16. Oxford 2000.

Watts, A. »The International Rule of Law«, German Yearbook of International Law Jg. 36 (1993), S. 15-45.

Waincymer, J., WTO Litigation. Procedural Aspects of Formal Dispute Settlement. London 2002.

Weiss, E. B. und Jacobson, H.K. (Hg.), Engaging Countries. Strengthening Compliance with International Environmental Accords. Cambridge, MA 1998.

Wendt, A., »Anarchy is What States Make of It. The Social Construction of Power Politics«, International Organization, Jg. 46, H. 2 (1992), S. 391-425.

Wendt, A., Social Theory of International Politics. Cambridge 1999.

Wettestad, J., Designing Effective Environmental Regimes. The Key Conditions. Cheltenham 1999.

Williamson, O.E., The Economic Institutions of Capitalism. Firms, Markets, Relational Contracting. New York 1985.

Woolf, L.S. International Government. New York 1916.

Yarbrough, B.V. und Yarbrough, R.M., »Dispute Settlement in International Trade: Regionalism and Procedural Coordination«, in E.D. Mansfield und H.V. Milner (Hg.), The Political Economy of Regionalism. 134-163. New York 1997.

Young, O., The Effectiveness of International Environmental Regimes. Causal Consequences and Behavioral Mechanisms. Cambridge 1999.

Zacher, M.W., »The Territorial Integrity Norm: International Boundaries and the Use of Force«, International Organization, Jg. 55, H. 2 (2001), S. 215-250.

Zangl, B., »Politik auf zwei Ebenen. Hypothesen zur Bildung internationaler Regime«, Zeitschrift für Internationale Beziehungen, Jg. 1, H. 2 (1994), S. 279-312.

Zangl, B., Interessen auf zwei Ebenen. Internationale Regime in der Agrarhandels-, Währungs-, und Wahlfangpolitik. Baden-Baden 1999.

Zangl, B., »Bringing Courts Back In. Normdurchsetzung im GATT, in der WTO und der EG«, Schweizerische Zeitschrift für Politikwissenschaft, Jg. 7, H. 2 (2001), S. 49-80.

Zangl, B., »Is There an Emerging International Rule of Law?«, in S. Leibfried und M. Zürn (Hg.), Transformations of the State? 73-92. Cambridge 2005a.

Zangl, B., »Von der nationalen zur postnationalen Konstellation. Die Transformation globaler Sicherheitspolitik«, in A. Sahm/E. Jahn und S. Fischer (Hg.), Die Zukunft des Friedens weiterdenken. Opladen 2005b.

Zangl, B. und Zürn, M., »Interessen in der internationalen Politik. Der akteursorientierte Institutionalismus als Brücke zwischen interesseorientierten und normorientierten Handlungstheorien«, Zeitschrift für Politikwissenschaft, Jg. 9, H. 3 (1999), S. 923-950.

Zangl, B. und Zürn, M., Frieden und Krieg. Sicherheit in der nationalen und postnationalen Konstellation. Frankfurt am Main 2003.

Zangl, B. und Zürn, M. (Hg.), Verrechtlichung – Baustein für Global Governance? Bonn 2004a.

Zangl, B. und Zürn, M., »Make Law, Not War. Internationale und transnationale Verrechtlichung als Baustein für Global Governance «, in B. Zangl und M. Zürn (Hg.), Verrechtlichung - Baustein für Global Governance? 12-45. Bonn 2004b.

Zangl, B. und Zürn, M., »Verrechtlichung jenseits des Staates - Zwischen Hegemonie und Globalisierung«, in B. Zangl und M. Zürn (Hg.), Verrechtlichung - Baustein für Global Governance? 239-262. Bonn 2004c.

Zimmern, A.E., The League of Nations and the Rule of Law 1918-1935. London 1936.

Zürn, M., Interessen und Institutionen in der internationalen Politik. Grundlegung und Anwendungen des situationsstrukturellen Ansatzes, Opladen 1992.

Zürn, M,, »Introduction: Law and Compliance at Different Levels«, in M. Zürn und C. Joerges (Hg.), Law and Governance in Postnational Europe: Compliance Beyond the Nation-State. 1-39. Cambridge 2005.

Zürn, M und Neyer, J., »Conclusions - The Conditions of Compliance«, in M. Zürn und C. Joerges (Hg.): Law and Governance in Postnational Europe: Compliance Beyond the Nation-State. 183-217. Cambridge 2005.

Index*

* Kursiv gesetzte Zahlen verweisen auf Fußnoten auf der gleichen Seite.